청춘, 고전에 길을 묻다 1

청춘, 고전에 길을 묻다 1

제2판 인쇄 2025년 12월 15일
제2판 발행 2025년 12월 30일

기획 단국대학교 교양기초교육연구소
지은이 김유미 김주환 서문석 성은애 오준영 윤승준 윤채근 이봉우
이유진 이항재 이현경 이현영 임승필 정재철 조헌국
펴낸이 이대현
편집 이태곤 권분옥 임애정 강윤경
디자인 안혜진 최선주 김다윤
마케팅 박태훈

펴낸곳 도서출판 역락
출판등록 1999년 4월 19일 제303-2002-000014호
주소 서울시 서초구 동광로 46길 6-6 문창빌딩 2층 (우06589)
전화 02-3409-2060
팩스 02-3409-2059
홈페이지 www.youkrackbooks.com
이메일 youkrack@hanmail.net

ISBN 979-11-7396-438-1 04080
979-11-6742-331-3 04080(세트)

정가는 뒤표지에 있습니다.
잘못된 책은 바꿔드립니다.

이 책은 2022년 대한민국 교육부와 한국연구재단의 지원을 받아 수행된 연구임.
(NRF-2022S1A5C2A04092622)

청춘, 고전에 길을 묻다

1

단국대학교 교양기초교육연구소

역락

|| 책머리에

"나는 한 아이나 젊은이가 자신의 길 위에서 방황하고 있는 모습이 낯선 길 위에서 바르게 걷고 있는 것보다 훨씬 바람직하다고 생각해요." 괴테의 『빌헬름 마이스터의 수업 시대』에 나오는 말이다. 자신의 길을 찾기 위해 노력하는 과정에는 시련도 있고 착오도 있을 수 있으며 먼 길을 돌아가야 할 때도 있지만, 그래서 방황하는 것처럼 보이기도 하는 그 노력이 내 길이 아닌, 결국 되돌아 나와야 할 길 위에서 일말의 회의도 없이 일로매진하는 것보다 훨씬 바람직하다는 말이다.

현실을 모르는 시대착오적인 말이라고 생각할 수도 있을 것이다. 빠르고 손쉽게 안락한 삶에 이르고자 하는 것이 오늘을 살아가는 일반적인 사람들의 감출 수 없는 욕망이고, 생각지도 못한 자극을 통해 그러한 욕망의 추구를 강요하는 사회가 오늘의 현실이기 때문이다. 그래서 자신의 길 위에서 방황하지 말고 낯선 길이라 할지라도 주저하지 말고 빠르게 걸어가라고 유혹한다.

기나긴 인생의 출발점에 선 청춘은 묻는다. 어느 길로 가야 하느냐고? 조언해 주는 사람은 많지만, 최종적인 선택은 오롯이 청춘의 몫일 수밖에 없다. 외로운 존재인 인간은 언제나 그 모든 책임을 홀로 지고 가야 하기 때문이다. 그래서 청춘은 괴롭고 힘들다. 방황한다. 그런 청춘에게 따뜻한 위로가 되고 기댈 수 있는 언덕이 되며, 다시 일어설 수 있는 힘을 주는 것이 고전이고 명저이다. 어떠한 시련에도 흔들리지 않고 자신의 삶을 주체적으로 열어갈 수 있는 내공을 쌓게 해 주는 것이 고전이고 명저인 것이다.

이 책은 우리가 사랑하는 청춘들이 제각기 자신의 길을 찾아갈 수 있기를 바라는 마음에서, 우리가 사랑하는 청춘들이 그 길 위에서 쓰러지지 않도록 붙잡아줄 수 있는 손이 될 수 있으면 좋겠다는 바람에서 기획되었다. 그래서 이것은 이런 것이고 저것은 저런 것이니 이렇게 해야 한다고 이야기하지 않으려고 노력했다. 단웅이와 단비가 질문을 던지고 교수님들이 답하는 형식을 취한 것은 이와 같은 취지에서이다. 고전 명저의 내용을 구구절절 설명하기보다 묻고 답하는 과정 속에서 자연스럽게 그 배경이나 그 속에 담긴 사상을 이해하고, 함께 새기고 생각해 보아야 할 문제들에 대해 음미해 볼 수 있도록 구성하였다.

이 책은 총 4부로 구성하였다. 제1부는 소포클레스, 괴테, 디킨스, 투르게네프, 도스토옙스키의 대표적인 작품들을 통해서 인간의 삶과 내면을 들여다볼 수 있는 시간을 가질 수 있게 하였다. 작품 속에 등장하는 인물들의 처지나 고뇌가 결코 그 당시 그들만의 문제가 아니라 책을 읽고 있는 오늘 우리의 문제일 수 있다는 섬에서 공감하고 함께 고민하는 시간이 될 것이다.

제2부는 애덤 스미스, 프로이트, 막스 베버, 사르트르의 대표적인 저작을 통해 개인과 사회의 문제를 조명해 볼 수 있도록 하였다. 현재 우리 사회의 근간을 이루고 있는 자본주의에 대해 생각해 봄으로써 개인과 사회의 본질과 속성에 대한 이해를 새롭게 하는 기회가 될 것이다. 또한 우리가 일상 속에서 늘 같이하면서도 여전히 미지의 세계로 남아 있는 무의식의 세계, 꿈에 대한 이해를 새롭게 할 수 있는 시간이 될 수 있도록 하였으며, 인간의 본질이 무엇인지, 그 본질에 앞서는 실존이란 또 무엇이며, 인간은 어떻게 살아야 하는지, 인간이 추구해야 하는 가치는 과연 어떤 것인지와 같은 근본적인 물음에 대해서도 고민해 보는 시간이 될 수 있도록 하였다.

제3부는 로버트 크리스, 토머스 쿤, 스티븐 호킹의 대표적인 저작들에 대해 다루면서 세계에 대한 이해의 시각을 새롭게 할 수 있도록 하였다. 과학이란 무엇이고 과학적으로 사고한다는 것은 무엇인지, 과학사에 중요한 전기가 되었던 실험들은 어떤 의미가 있는 것이고, 오늘날 우리는 우주와 자연에 대한 이해의 시각을 어떻게 정립할 수 있게 되었는지를 흥미진진하게 이해할 수 있게 될 것이다.

마지막 제4부는 『논어』와 『맹자』가 그 오랜 세월을 전해 오면서도 케케묵은 과거의 유물이 아니라 21세기 오늘의 살아 있는 고전으로 와닿을 수 있는 까닭에 대해서 되새겨 볼 수 있도록 하였으며, 그리고 오늘 우리의 삶에 대해서도 성찰할 수 있도록 하였다. 단웅이와 또한 신비한 이야기 속에 우리 역사의 진실을 담고 있는 『삼국유사』를 재조명해 봄으로써 우리 자신의 정체성을 되돌아보는 시간도 가질 수 있게 하였다.

『청춘, 고전에 길을 묻다』는 앞으로도 계속해서 인문학과 사회과학, 자연과학 분야 동서양 고전 명저에 대한 이야기를 더 풍성한 내용과 더 다양한 목소리로 들려드릴 계획이다. 그 첫발을 뗄 수 있도록 도와주신 여러 교수님들과 연구소 식구들에게 깊은 감사를 드린다. 특히 이 책의 전체적인 체제를 잡아 주시고 통일성을 기할 수 있도록 애써 주신 김유미 교수님께 깊이 감사드린다. 또한 고전 교육의 의의를 공감하고 기꺼이 출판을 수락해 주신 단국대학교출판부에도 심심한 감사의 마음을 전한다.

2021년 여름에

단국대학교 교양기초교육연구소장

윤승준 삼가 적음

|| 재출간에 부쳐

『청춘, 고전에 길을 묻다』 1권을 도서출판 역락에서 다시 출간하게 되었다. 학생이 묻고 교수가 물음에 답하는 방식을 활용하여 고전 명저에 대한 접근성을 높이고자 기획한 이 책은 본래 시리즈로 간행하고자 한 것이었다. 그런데 안타깝게도 1권 간행 이후 출판사 사정으로 인해 2권 간행이 어려워졌다. 부득이 새로운 출판사를 찾아 나설 수밖에 없었다. 다행히 도서출판 역락에서 이 시리즈의 출간을 맡아 주었다. 그리고 이후 『청춘, 고전에 길을 묻다』 시리즈는 5권까지 세상에 빛을 보게 되었다. 그러나 도서출판 역락에서는 2권부터 출간을 했기 때문에 하나의 시리즈로서 완성도를 결여할 수밖에 없었다. 연구소로서도 처음부터 마지막까지 하나의 시리즈물을 같은 출판사에서 간행하는 것이 바람직했다. 다행히 출판사 사이에 원만한 협의를 통해 이 문제를 해결함으로써 『청춘, 고전에 길을 묻다』 시리즈는 도서출판 역락에서 5권 전체를 낼 수 있게 되었다. 재출간 과정에서 초판과 달라진 점이 있다면 2권부터의 체제에 맞춰 1권의 목차를 새롭게 구성하고 표지 디자인도 새롭게 단장했다는 점이다. 이로써 『청춘, 고전에 길을 묻다』 시리즈는 하나의 완성된 결과물로 세상에 나올 수 있게 되었다. 이 과정에서 남모르게 수고해주신 여러 선생님들께 깊은 감사의 마음을 전한다.

2025년 12월 15일

단국대학교 교양기초교육연구소장

윤승준 삼가 적음

|| 목차

제3부 : 과학사로 보는 세계 279

제1부

서양 문학을 통해 본 인간상

근원적 가치 추구의 영향력

—소포클레스, 『안티고네』

김유미

> 내게 그런 포고령을 내린 것은 제우스가 아니었으며 하계의 신들과 함께 사는 정의의 여신께서도 사람들 사이에 그런 법을 세우시지 않았으니까요. 나 또한 한날 인간에 불과한 그대의 포고령이 신들의 변함없는 불문율을 무시할 수 있을 만큼 강력하다고는 생각지 않았어요. 그 불문율은 어제 오늘에 생긴 게 아니라 영원히 살아 있고 어디서 왔는지 아무도 모르니까요. 나는 한 인간의 의지가 두려워 그 불문율들을 어김으로써 신들 앞에서 벌 받고 싶지 않았어요.

소포클레스와 그리스 비극

단웅이 저희가 살펴볼 작품이 소포클레스의 『안티고네』라는 그리스 비극입니다. 작가와 작품을 이해하기에 앞서 시대적인 배경이라고 할까요, 먼저 이해하면 좋을 부분에 대해 말씀해 주세요.

김 교수 『안티고네』*Antigone*가 처음 상연되었다고 추정되는 기원전 442년, 아테네는 스파르타와 평화조약을 유지한 가운데 그리스 반도의 중부를 장악하고 남부 이태리에 식민지를 건설하는 등 강대국의 면모를 확립했습니다. 통치자 페리클레스의 정치적 영향력과 학문적인 성숙도가 높았던 시기였습니다. 거기다 26년 차 극작 경력의 50대에 들어선 소포클레스의 작품이니 완성도 면에서 어느 정도 신뢰할 수 있는 배경이 마련된 셈이죠. 국가적으로나 개인적으로 성숙한 시기의 작품이라고 이야기할 수 있겠네요.

단웅이 소포클레스는 「오이디푸스 왕」도 쓴 것으로 알고 있는데 소포클레스에 대해 설명을 듣고 싶습니다.

김 교수 소포클레스Sophocles, B.C.496~B.C.406는 B.C.496년 경 아테네 근처 콜로누스에서 출생했습니다. 123편의 작품을 썼고 비극 경연대회에서 18번 우승했습니다. 「오이디푸스 왕」은 「안티고네」 와 함께 소포클레스의 대표작이며 아리스토텔레스는 『시학』에서 이 작품을 비극의 전범으로, 가장 예술적 완성도 높은 작품으로 이야기한 바 있습니다. 그렇지만 「안티고네」도 「오이디푸스 왕」에 못지않게 많은 학자들이 작품의 우수성을 언급했다는 점에서 그리스 비극의 대표적인 두 작품을 쓴 소포클레스에 주목하게 됩니다. 그만큼 그리스 비극 전성기의 작품을 보여 주고 있는 작가라고 할 수 있습니다. 아이스퀼로스, 에우리피데스와 함께 고대 그

소포클레스

리스 3대 비극시인이라고 일컬어지는데 시기적으로도 가운데 위치해 그리스 비극의 절정기의 작가라고 할 수 있습니다. 작가로서뿐만 아니라 고위 공직의 역할도 수행했던 인물입니다.

단웅이 소포클레스에 대해 이야기를 들으니 소포클레스의 대표작 외에 다른 작품들도 궁금해집니다. 그리고 다른 작가와 구분되는 소포클레스 작품의 특징이 있다면 무엇일까요.

김 교수 소포클레스Sophocles의 초기 작품으로 「안티고네」 「아이아스」 「트라키스의 여인들」이 있고 중기 작품으로 「오이디푸스 왕」, 후기 작품으로 「엘렉트라」 「필록테테스」 「콜로누스의 오이디푸스」를 들 수 있습니다. 소포클레스는 또 다른 비극 작가인 아이스퀼로스와 달라서 3부작의 구성을 하지 않았지만 「오이디푸스 왕」, 「콜로누스의 오이디푸스」, 「안티고네」는 마치 3부작처럼 내용상으로는 연결이 되어 있습니다. 그런데 창작 순서는 「안티고네」, 「오이디푸스 왕」, 「콜로누스의 오이디푸스」 입니다. 「엘렉트라」라는 작품은 아이스퀼로스의 3부작 「오레스테이아」의 2부인 「제주를 바치는 여인」들과 같은 소재를 다룬 내용입니다. 또한 소포클레스나 에우리피데스의 「엘렉트라」와도 내용이 중복됩니다. 같은 전설을 가지고 여러 작가들이 창작을 했기 때문에 그리스 비극을 읽다보면 같은 소재를 다룬 경우를 자주 발견하게 됩니다. 여기서 작가별 특징이 잘 드러나겠죠. 아이스퀼로스가 전통적인 시각을 더 많이 보여 주었다면 소포클레스는 거기서 벗어나 강조점을 다르게 함으로써 새로운 시각을 제시해 주었고 완성도 면에서도 돋보였습니다. 에우리피데스의 경우 문제제기

능력이 뛰어났지만 완성도에서는 아쉬운 부분도 있거든요. 작가들마다 개성이 달라서 우열의 문제로 일반화할 수 없지만 소포클레스의 「안티고네」, 「오이디푸스 왕」은 깊이가 있다고 평가받습니다.

단웅이 소포클레스만 알고 있었는데 다른 작가들의 이름이 나오니 궁금해집니다. 소포클레스 말고 아이스퀼로스, 에우리피데스의 작품도 말씀해 주시면 좋겠습니다.

김 교수 네, 지금 다 읽지는 못한다고 하더라도 대표 작가들의 대표작들을 알고 있는 것은 그리스 비극 전체를 이해하는 데 도움이 될 수 있어요. 3대 비극작가는 아이스퀼로스, 소포클레스, 에우리피데스입니다. 연대순으로 나열했으니 시대를 반영한 그리스 비극의 변화와 특징도 고려해서 보면 좋겠습니다. 아이스퀼로스가 비극을 창시했다면 소포클레스가 비극을 완성했다고 표현하기도 합니다. 소포클레스의 7편 외에 아이스퀼로스의 7편 에우리피데스의 19편이 있어요. 대표작만을 말하자면 아이스퀼로스의 3부작 「아가멤논」, 「제주를 바치는 여인들」, 「자비로운 여신들」과 「결박된 프로메테우스」가 잘 알려져 있고 에우리피데스 작품으로는 「메데이아」, 「트로이의 여인들」, 「안드로마케」, 「엘렉트라」, 「다우리케의 이피게니아」, 「히폴리토스」, 「바커스의 여신도들」 등이 비교적 많이 알려져 있습니다.

단웅이 말씀해 주셨듯이 내용상으로 「안티고네」는 「오이디푸스 왕」과 연관되는 것 같습니다. 안티고네는 오이디푸스 왕의 딸이고요. 그렇지만 오이디푸스 가문의 이야기 전체를 다 아는 것이 아니라서 그런지 안티고네가 목숨을 걸고 오라버니의 시체를 묻어 주려고 하는 배경이 따로 있을 것 같다는 생각이 듭니다. 이 작품을 이해하기 위해서 알아야 할 배경이 있다면 듣고 싶습니다.

김 교수 「안티고네」를 이해하기 위해서 「오이디푸스 왕」과 「콜로누스의 오이디푸스」를 같이 읽으면 좋습니다. 「오이디푸스 왕」에서 오이디푸스는 스핑크스의 수수께끼를 풀고 테바이의 왕이 되었지만 테바이에 역병이 돌게 만든 장본인임이 밝혀져 두 눈을 찌르고 테바이를 떠나게 되는 인물입니다. 자신의 잘못이라기보다는 저주의 운명에 발목을 잡힌 인물입니다.

「오이디푸스 왕」은 많이 알려진 이야기이기도 합니다. 오이디푸스의 아내이자 엄마인 이오카스테는 자살하고 두 아들과 두 딸이 남게 됩니다. 큰딸인 안티고네의 안내를 받아 고국 테바이를 떠나 콜로누스에 가서 죽음을 맞게 되는 이야기가 「콜로누스의 오이디푸스」입니다. 그럼 왜 오이디푸스가 고국을 떠나야 했을까요. 새 통치자가 된 크레온과 자신의 왕권을 이어받은 두 아들, 폴뤼네이케스와 에테오클레스는 오이디푸스가 테바이에 남아 있는 것을 부담스러워하여 떠나기를 바랐기 때문이죠. 물론 「오이디푸스 왕」 마지막에 오이디푸스 자신이 추방해 달라고 말하지만 오이디푸스의 마음을 헤아린 결정이 아니라 그들의 여러 가지 고려와 계산 뒤에 내려진 결론이라는 점을 생각할 필요가 있어요.

오이디푸스는 자신이 원하는 대로 할 수 없고 자신을 이용하기만 하는 크레온과 아들들에게 좋은 감정을 갖고 있지 않았죠. 그런데 오이디푸스가 묻히는 땅에는 승리와 번영이 약속된다는 신탁을 받았다는 것을 알고 크레온과 폴뤼네이케스가 콜로누스에 있는 오이디푸스를 다시 데려오고 싶어합니다. 오이디푸스는 당연히 그들을 거절하고 자신을 받아주었던 테세우스에게 도움이 되고자 콜로누스에 묻히도록 합니다. 이 때 크레온과 폴뤼네이케스는 적대적 관계에서 전쟁을 하고 있는 상황입니다. 오이디푸스의 또 다른 아들 에테오클레스와 폴뤼네이케스가 왕권을 놓고 싸우는데 왕권을 빼앗긴 폴뤼네이케스가 조국 테바이를 떠나 이웃 나라 아르고스와 연대해 테바이를 공격했기 때문입니다.

폴뤼네이케스는 오이디푸스에게 청을 거절당하자 안티고네에게 다음과 같이 말합니다. "아버지의 악담이 이루어져서 너희들도 고국으로 돌아갈 수 있게 되면 나를 욕되게 하지 말고 나를 묻어서 장례를 지내다오." 이 말이 결정적으로 작용한 것이라고 단정할 수는 없지만 안티고네는 아버지와 오빠들을 돌봐야 하는 역할을 부여받았다는 점에서 영향을 주었으리라 생각해 볼 수 있습니다.

단웅이 「안티고네」뿐만 아니라 다른 그리스 비극에도 코러스는 항상 등장하여 주인공의 상황에 대해 부연하거나 조언하거나 질문하거나 하는 역할을 하더라고요. 그렇지만 대부분은 의례적인 표현들로 가득 차 있어서 중요한 사건을 따라가고 싶은데 방해 되는 느낌이 들 때도 있어요. 작품에서 많은 비중을 차지하는 것으로 보아 중요한 것 같기는 한데 독자의 입장에서는 그렇지 않기도 해요. 코러스를 어떻게 이해해야 하는 것일까요. 혹은 읽을 때 어떤 방식으로 수용해야 할까요?

박찬문 ⓒ 디오니소스극장

김 교수 희곡이 익숙하지 않고 고전 희곡은 더 익숙하지 않죠. 주인공의 이름도 낯설고 신에 대한 표현이 다양하여 각주를 참고하면서 읽어야 하는데 코러스까지 등장하니 사건에 집중하기 어렵다고 느낄 수 있어요. 그렇지만 「안티고네」도 사건은 단순해요. 처음 읽는 사람들에게는 내용이나 사건이 중요하게 보일 수 있지만 그 당시 그리스 관객들 입장에서 그리스 비극의 사건이나 내용은 이미 다 알고 있는 것들이에요. 다 아는 내용을 보고 또 보고 감탄하고 놀라고 하는 것이거든요.

우리의 선조들이 이미 다 알고 있는 이야기 『심청전』이나 『춘향전』을 판소리 공연으로 즐기는 것과 같은 이치예요. 그러니까 처음 보고 내용을 이해한다는 입장에서는 코러스가 방해된다고 느낄지 모르지만 그 단계가 지나면 코러스의 반응은 작품을 깊이 이해하는 데 도움이 되고 코러스의 존재 자체가 연극적인 재미를 주는 역할을 해요. 희곡으로만 읽을 때는 상황을 입체적으로 바라보기 어려울 수 있는데 희곡은 연극 공연을 전제로 한 것으로 그리스 비극은 산비탈을 이용한 실외극장에서 그리스 시민들이 함께 즐기던 연극이었다는 점을 기억할 필요가 있어요. 당시 실외극장 사진을 보면 짐작하기가 쉬울 거예요.

배우들은 멀리서도 잘 보일 수 있도록 부츠를 신고 가면을 사용했으며 여러 명의 코러스의 움직임은 연극적으로 유용한 장면을 연출해 줍니다. 주인공 내면의 복잡한 심정을 비춰주기도 하고 사건이 비극으로 치달을 때 분위기를 고조시키기도 하고 관객의 입장에서 궁금한 것을 물어봐 주기도 하고 주인공과 대화하면서 마음의 변화를 이끌어가기도 합니다. 그런 부분을 시청각적으로 보여 준다는 점에서 중요하죠. 비극에서 코러스의 숫자는 변동이 있었는데 소포클레스 생존 시에는 15명 정도로 구성되어 있었다고 알려져 있어요. 그리스의 마지막 비극작가 에우리피데스는 코러스의 역할을 축소하여 코러스의 역할이 애매해지기도 했다고 합니다. 보통 코러스는 단체로 노래하거나 행동하지만 반반으로 나뉘어 번갈아 연기하거나 대사를 주고받거나 대사를 나눠하거나 했어요. 그리고 극이 끝날 때까지 무대 위에 머무는 경우가 대부분이고요. 그러니까 코러스의 역할은 그리스극의 특징이고 중요하다고 할 수 있어요.

오스카 브로케트의 『연극개론』을 참고하여 코러스의 역할을 정리해서 설명하자면 다음과 같아요. 첫째 코러스는 주인공의 입장을 반영해요. 둘째 코러스는 희곡의 윤리적 틀을 설정해 줘요. 셋째 코러스는 이상적인 관객이 되어 작가가 관객들이 반응해 주기를 바라는 대로 사건과 등장인물들에 반응해 줘요. 넷째 코러스는 작품의 분위기를 설정하고 연극적 효과를 높이는 데 도움을 줘요. 다섯째 코러스는 색조와 명암, 동작 및 장관을 더해 줘요. 5세기에는 모든 코러스들의 막간극이 음악 반주에 맞춰 춤과 노래로 진행되었어요. 여섯째 코러스는 중요한 리듬을 만들어 줘요. 그리스 신전에는 기둥들이 있었고 시각적으로 가렸다 보였다 하기 때문에 코러스들이 극의 진행과 휴지를 통해 전체적인 흐름을 만들어 줘요. 그러니까 처음 읽는 독자 입장에서 코러스는 낯설 수 있고 방해될 수 있지만 한편으로는 작품을 이해하는 데 도움을 주기도 해서 이를 빼고 읽기도 하고 포함하고 읽기도 하면서 적절히 활용하면 좋아요. 어떤 장면에서는 코러스의 반응이 되게 중요하거든요. 그리고 미묘한 부분들을 감지할 수 있게 해 주거든요.

『안티고네』 속 인물들

단웅이 작품 내용으로 들어가서 질문을 하고 싶어요. 안티고네는 죽는 것을 두려워하지 않습니다. 여동생 이스메네가 안티고네의 생각을 말리자 협조를 구하지 않고 자신이 옳다고 생각하는 것을 의심 없이 수행합니다. 신념이 강한 인물이라고 생각할 수 있지만 어떤 이념에 사로잡힌 경직된 인물처럼 보이기도 합니다. 그래서 이 인물이 이런 생각을 하게 된 배경이 있을 것 같다고 생각했고 앞의 설명에서 가족에 대한 책임이 부여된 측면을 알 수 있었습니다. 그렇다고 해도 안티고네의 행동이 쉽게 수긍되는 것은 아닙니다. 이 인물을 어떻게 이해해야 할까요?

김 교수 안티고네의 성격을 이해하는 게 좀 힘들죠. 별 고뇌가 없다는 점에서 그렇죠. 안티고네는 흔들리지 않는 성격을 지니고 있습니다. 직진만 한다는 점에서 캐릭터가 현실성이 떨어진다고도 생각할 수 있을 것 같습니다. 이 부분도 연구자들에게는 흥미로운 분석 지점인 것 같습니다. 그렇지만 안티고네는 그 당시 그리스인의 세계관을 반영하는 행동과 가치관을 보여 주었다는 점에서 상식적인 면도 없지는 않습니다. 자신의 행동이 옳다고 판단한 저변에는 당시 사람들의 의견이 전제되어 있었다고 할 수 있죠. 죽은 자를 묻어 주는 것은 너무도 당연한 일이었기 때문입니다. 그것이 신들의 존재를 믿는 그리스인들의 태도였던 것이죠. 현대적 관점에서 신을 믿지 않는다고 해도 인간적인 도리의 측면에서 이를 이해하면 될 것 같아요. 다만 법으로 금지하는 것을 하면 죽음을 면치 못하니 그것에 저항하지 못하는데 안티고네는 그 저항을 두려워하지 않은 것이죠. 그것이 안티고네의 특별함이라고 할 수 있습니다. 죽음을 두려워하지 않을 정도로 자신이 옳다고 여기는 것을 해내는 성격을 지닌 사람입니다. 이런 부분은 아버지 오이디푸스를 닮은 것처럼 보이기도 합니다. 사건을 파헤칠수록 자신을 옭아매는 진실이 드러나지만 그것을 그만두지 않았잖아요.

『정신현상학』에서 헤겔Georg Wilhelm Friedrich Hegel은 「안티고네」를 비극

중에서 가장 훌륭하다고 꼽으면서 분석했는데 신적인 법칙과 인간적인 법칙, 가족과 국가의 대립으로 나누고 주체적 개별성과 공동체적 보편성의 대립과 갈등으로 보았습니다. 이는 어느 쪽만 정당하다고 할 수 없는 성질의 것이라고 했지만 결국 자연법보다 국가법의 우위를 인정했어요. 헤겔의 관점에서 인류역사는 유한한 개별성들이 지양되고 절대적 보편성으로 나가는 과정이기에 남성의 법, 보편성의 법을 우위에 둔 것이죠. 헤겔의 이러한 관점은 작품을 이해하는 중요한 축이면서 넘어서야 하는 해석이기도 했어요. 실제로 많은 연구자들이 헤겔식 분석을 비판하고 새로운 읽기를 시도했고요.

이렇게 고전은 읽는 사람에 따라 다른 해석이 가능합니다. 서평가 이현우의 해석에 따르면『로쟈와 함께 읽는 문학 속의 철학』 안티고네가 너무 경직된 인물이라는 점, 크레온은 자신의 생각을 바꿀 줄 안다는 점에서 입체적 인물이라는 점, 안티고네에 가려져 소극적으로만 인식되었던 이스메네도 합리적인 생각을 하고 있다는 점을 제시하기도 했어요. 현실적인 정황에 맞게끔 판단하고 행동하는 능력이 분별력인데 안티고네에게는 이것이 결여되어 있다는 것입니다. 안티고네가 분별력이 없다는 견해에 개인적으로 동의하지는 않지만 현대적 관점에서 보면 이런 해석도 가능하죠. 영문학자 강태경은 주인공 격인 안티고네와 크레온 모두에게 결핍과 과잉이 발견된다고 했어요. 여러분도 기존의 관점을 참고하긴 하되 이를 벗어나서 바라볼 수 있는 시각을 가질 필요가 있어요.

단웅이 그런데 안티고네가 남편이나 아들이 아니라 오라버니이기 때문에 자신의 행동이 정당하다고 주장하는 부분에서는 좀 억지스럽다는 생각이 들었습니다. 남편은 새로 얻을 수 있고 아이도 또 낳을 수 있지만 이 오라비는 어머니와 아버지가 모두 돌아가셨기 때문에 다시 태어나지 않아서 그렇다는 논리인데 이렇게까지 이야기하는 것은 어떤 집착으로 보이기도 합니다.

김 교수 그렇게 보일 수 있습니다. 수긍하기가 쉽지는 않죠. 그래서 「안티고네」에서 가장 악명 높은 구절이기도 합니다. 그만큼 이에 대한 해석이 다양하기도 하고 전체 작품 해석에 미치는 영향이 크기도 합니다. 주디스 버틀러Judith Butler는 이 부분을 보면 안티고네가 친족 전체를 대표한다는 헤겔의 말에 절대 동의할 수 없다고 합니다. 오라버니 폴뤼네이케스는 친족 중 극히 일부이기 때문이죠. 라캉Jacques-Marie-Émile Lacan은 버틀러만큼은 아니지만 헤겔과 달리 안티고네를 국가와 친족의 경계에 있는 인물로 표현했습니다. 저도 이 부분을 보면 헤겔의 분석에 동의하기 어려운 면이 있다고 생각합니다. 앞에서도 잠깐 언급했지만 「콜로누스의 오이디푸스」에서 안티고네의 역할을 생각하면 좀 더 이해하기가 쉬울 것 같습니다. 오빠를 묻어줄 사람이 자신밖에 없다는 것이죠. 가족을 돌봐야 하는 책임을 맡게 된 안티고네에게 가족의 의미는 남달랐을 것입니다. 오이디푸스 가문의 저주와 실현을 오이디푸스 다음으로 온몸으로 받아내는 인물이라는 점에서 그것에 대한 콤플렉스를 극복하는 안티고네만의 방식이라고도 해석됩니다. 그래서 이 작품에 대해서 정신분석학적인 연구가 많은 것 같습니다. 겉으로 발화된 이면의 의미 분석을 통해 서양의 국가와 국가를 이루는 가족의 사회적 의미, 법과 상징계의 관계 등에 대해 깊이 있는 접근을 보여 줍니다. 라캉은 정신분석학에 기반한 철학자이고 주디스 버틀러는 젠더 이론가이지만 「안티고네」 연구에서는 정신분석학의 맥락에서 분석을 진행하고 있습니다. 버틀러는 안티고네가 젠더규범을 혼란스럽게 하는 인물로 봐요. 크레온에게 말을 하면서 안티고네는 남성스러워지고 그 말을 들으면서 크레온은 남성성을 잃어요. 남성적 안티고네를 통해 드러내고자 하는 것은 동성애 금기이고요. 근친상간의 금기는 이성애에 기반한 친족을 정상적인 것으로 만드는 효과가 있는 반면 안티고네는 여성이지만 남성적 정체성으로 표현됨으로써 동성애적인 금기를 보여 준다는 것입니다.

'오이디푸스와 안티고네'라는 요한 페테르 그라프트의 그림을 보면 오이디푸스와 안티고네의 연결성이 더 강하게 드러납니다. 『그리스비극 걸작선』이라는 책에 이 그림이 실려 있고 그림의 설명을 보면 「안티고네」는 오이디푸스의 두 아들 에테오클레스와 폴뤼네이케스가 일대일 전투에서 함께 전사함으로써 저주받은 가문의 남계 혈통이 끊긴 시점에서 시작된다고 되어 있습니다. 안티고네를 친족의 입장에서 바라보든 아니든 오이디푸스와의 관계, 그의 저주와 같은 주문이 실현되는 측면을 함께 살펴보는 일은 중요합니다. 오이디푸스는 안티고네에게 죽은 남자만을 사랑할 것이라든지, 아버지만을 사랑하라든지 하는 말을 합니다. 안티고네라는 이름의 의미에 이미 자손이 이어지지 못한다는 뜻이 담겨 있기도 합니다. gone가 generation을 의미한다고 합니다.

단웅이 그렇다면 좀 무섭다는 생각이 드네요. 작품에 나오는 신탁뿐만 아니라 오이디푸스의 말도 이루어진다는 점에서 언어가 지닌 특별한 힘을 이 시대의 작품들, 그리스 비극에서는 강조한 것 같기도 하고요. 말이 지닌 주술적인 힘에 대해서는 중고등학교 국어 시간에도 배운 적이 있긴 하지만 그리스 비극에서는 너무도 극적으로 확실하게 부각되니까요.

김 교수 그리스 비극은 신탁이든 저주이든 자신도 어쩔 수 없는 운명 때문에 그렇게 되는 것으로 나오죠. 오이디푸스는 자신도 모르는 사이에 죄를 저지르게 된다는 점에서 수긍이 되는데 안티고네는 알면서도 죄를 짓고 죽음을 자처하고 파멸하거든요. 그래서 두 인물이 같은 운명이라고 해도 차이가 있어요. 그리고 신탁과 운명을 구분해서 살펴볼 필요도 있어요. 그리스 비극의 인물들은 신탁이 정치적으로 이용될 수 있음을 드러내거든요. 우리가 주목해야 할 지점은 인간이 자신의 힘과 지혜로 어쩔 수 없는 부분이에요. 사실 안티고네는 이미 근친상간의 결과물로 나온 자식이기 때문에 운명에서 자유로울 수 없는 존재예요. 아버지이자 오빠인 오이디푸스로부터도 자유롭지 못하고요. 이런 운명과의 싸움에서 주목해야 하는 것은 안티고네 개인의 문제가 아니라는 것, 그것이 인간과 사회의 보편적 측면 무엇인가를 드러내 준다는 점이에요. 그래서 정신분석학적인 접근이 이루어지는 것이고요.

단웅이 앞에서 안티고네의 매장 행위는 당시 그리스인들의 가치관에 부합하는 것이었다고 했는데 그렇다면 크레온도 이를 이해할 수 있는 것 아닌가요. 크레온 역시 당시 그리스인이고 다른 그리스인들의 생각도 이해할 수 있었을 텐데 그가 고집을 부리는 이유가 왕이기에 권력자의 권위를 지키기 위해서인가요.

김 교수 통치자로서 규율을 세우는 것이 크레온에게는 중요했을 것입니다. 왕권을 가지고 통치하는 나라에서 역적에게 어떤 형벌을 가하는지 알고 있기에 크레온의 이러한 인식을 이해하는 것이 어렵지 않을 것입니다. 역사적으로도 반역자의 매장을 금지하는 것이 당시 아테나이인에게 생소한 것은 아니었다고 합니다. 그런데 사적 영역의 매장을 공적 영역의 매장으로 바꾼 것은 사적 매장에서 큰 역할을 하는 여성의 목소리를 축소시킨다는 점에서 당대에도 문제가 되었다고 해요. 「안티고네」가 쓰인 시대는 페리클레스가 통치할 때인데 전몰자의 장례 문제는 심각한 사회 갈등 중 하나였습니다. 페리클레스는 귀족을 누르고 민주화를 급진적으로 추진하는 과정에서 사적인 가족장을 국가 주도의 장례로 전환하면서 여성 유가족의 지나친 애도를 경계했거든요. 그러므로 이러한 갈등 전반을 염두에 두고 바라볼 필요가 있어요.

작품으로 돌아와서 크레온 입장에서 보면 이유가 어찌되었든 조국을 공격했던 폴뤼네이케스의 행동을 강하게 처벌하는 의미를 백성들에게 전달할 필요가 있었겠죠. 문제는 안티고네가 조카이기 때문에 크레온이 생각했던 단순한 문제가 복잡해집니다. 안티고네는 가족과 국가 모두를 포함하는 존재이기 때문입니다. 그렇지만 여기서 예외를 둔다면 결국 통치자로서 자신의 권위뿐만 아니라 약속과 신뢰가 무너진다고 생각하는 거죠.

또 하나 재미있는 것은 안티고네가 여성이기 때문에 여성에게 진다는 것을 무척 수치스럽게 여긴다는 점입니다. 여성을 약자로 보는 시각이 전제되어 있지만 자신이 여성이나 돈 등 육체적이고 물질적인 것에 휘둘리지 않는 강직한 면을 갖고 있다는 점을 드러냄으로써 자신의 판단에 대한 합리화를 하고 있다는 것입니다. 그래서 크레온의 판단이 얼마나 자기합리화의 방향으로 진행되고 있는지를 보는 것도 흥미로운 부분입니다. 이는 높은 자리에 있는 사람들한테 자주 발견할 수 있는 부분인데 정치적 이유로 자신이 공격받고 있다고 생각하기 쉽습니다. 그러나 이 작품의 경우 안티고네가 왕이 되고 싶어서 혹은 왕을 흠집내고 싶어서 그런 것이 아니라는 것을 크레온도 알고 있습니다. 그래서 크레온은 자기 합리화의 방향으로 가는 것입니다. 크레온은 자신의 판단이 틀려서가 아니라 다른 이유 때문에 조금씩 의견을 수정합니다. 크레온이 의견을 바꾸기는 합니다만 그 특성과 이유를 살펴보는 것이 작품 이해에 도움이 될 것입니다.

단웅이 그리스 비극에는 예언자가 자주 등장하는 것 같아요. 이 작품에도 테이레시아스가 나오는데 「오이디푸스 왕」에서도 봤던 인물이에요. 오이디푸스도 테이레시아스의 예언을 믿지 못했는데 이 작품에서 크레온도 그래요. 명색이 왕 앞에 불려온 예언자인데 그들의 말을 신뢰할 수 없다면 신탁의 신성성이 무슨 의미가 있을까요. 실제로는 정치적으로 신탁이 이용되는 측면이 있기 때문에 그런 것 같기도 하지만 결국 작품들에서 테이레시아스의 예언이 맞잖아요. 그리스 비극에 드러난 신탁과 예언에 대한 인물들의 이중적인 태도는 좀 혼란스럽습니다. 어떻게 이해해야 할까요.

김 교수 신탁에 대한 태도는 인물들마다 차이가 납니다. 오이디푸스와 크레온의 경우도 다르고요. 같은 인물이라도 입장에 따라 달라지기도 하고요. 그래서 그리스 비극 전반을 일관되게 하나로 설명하기는 어려운데 이 작품에서 크레온의 태도에 대해서는 저자 소포클레스의 관점이 반영되었다고 볼 수 있습니다. 이를 위해 당시의 실제 통치자였던 페리클레스를 살펴보는 게 도움이 될 것 같습니다. 크레온은 페리클레스를 모델로 했다는 이야기가 있기 때문입니다.

김진경의 「소포클레스와 아테나이의 정치」라는 논문을 보면『역사학보』 94·95, 1982 소포클레스가 「안티고네」로 유명해지면서 사모스 원정군의 스트라테고스라는 공직에 임명됩니다. 당시 통치자가 바로 페리클레스입니다. 페리클레스는 「안티고네」에 나오는 크레온처럼 정치가, 통치자로서의 정체성이 강한 사람이었습니다. 물론 소포클레스는 페리클레스의 정치 방식에 동의하지 않았습니다. 엄밀히 말하자면 그 시대를 풍미하던 합리주의 사상에 동의하지 않았던 것입니다. 당시 페리클레스는 합리주의자의 대표자인 아낙사고라스의 영향을 받았는데 아낙사고라스는 태양신에 대한 모욕죄로 재판을 받은 바 있습니다. 이렇게 이 시기에는 합리주의와 전통주의가 대립하고 있었고 합리주의 반대파들은 정치적으로 페리클레스를 공격할 수 없었기 때문에 종교적으로 공격한 것으로 볼 수 있습니다. 그러므로 종교주의자였던 소포클레스 역시 작품에서 이런 방식으로 드러냈다는 의견이 가능합니다.

물론 소포클레스와 페리클레스가 반목했다는 뜻은 아닙니다. 지향하는 가치가 다를 뿐입니다. 페리클레스는 소포클레스와 가치관이나 태도가 상반되는데도 소포클레스를 공직에 기용했고 소포클레스 역시 완고한 보수주의자가 아니라는 점에서 두 사람이 서로를 이해하고 존중했기 때문입니다.

또 다른 관점에서 설명할 수 있는데 크레온이 믿는 신과 안티고네가 믿는 신이 다르다는 것입니다. 태양신 아폴론과 술과 황홀경의 신 디오니소스는 대척점에 있는 존재이기 때문입니다. 아폴론은 인간들에게 자신의 죄를 깨닫게 하는 동시에 정화시켜주며 종교적인 법과 도시의 법령들을 주재하고 신탁을 통해 미래를 예언하는 역할이 특징적이죠. 디오니소스는 테바이의 시조 카드모스의 딸 세멜레와 제우스 사이의 아들로 헤라에 의해 살해되었다가 살아났기에 농경과 풍요의 신이며 산자와 죽은 자를 매개하는 역할도 합니다. 니체는 이 두 신이 그리스인들의 종교적-신화적 상상력의 근원으로서 삶의 원리를 표상하고 있다고 했습니다.

단웅이 하이몬이 아버지 크레온을 설득하는 말하기 방식과 안티고네가 자신의 주장을 크레온 앞에서 말하는 방식에서 차이가 많이 난다고 느꼈습니다. 하이몬의 말하기가 특별한 것인지 안티고네의 말하기가 특별한 것인지 생각하게 되는 부분이 있습니다. 이에 대한 의견을 듣고 싶습니다.

김 교수 하이몬과 안티고네의 말하기는 대조되는 면이 있습니다. 하이몬은 아버지 마음에 들도록 말하기 위해 참 애를 씁니다. 특히 안티고네의 발언과 비교해 보면 차이가 확실히 드러납니다. 안티고네는 직설적이기도 하지만 자기 이야기만 합니다. 이스메네의 지원에 대해서도 선긋기를 하면서 주변의 누군가와 연합하지도 않고 혼자, 일관되게 자기 관점을 주장합니다. 이는 동생의 생명을 지켜 주기 위한 행동으로 해석되기보다 자신의 신념에 집중하는 모습으로 보입니다.

그렇지만 하이몬은 상대방을 고려하여 설득하려고 하는 말하기를 시도합니다. 예를 들어 하이몬은 아버지께서 지혜롭게 규칙을 정해 주시니 거기에 따른다고 이야기합니다. 뒤의 동사를 보면 따른다고 하지만 앞의 전제를 보면 단서가 있다는 것을 알 수 있습니다. 아버지께서 지혜롭게 규칙을 정해 주셔서 따른다는 말입니다. 그러면 지혜롭게 규칙을 정해 주지 못한다면 따르지 않을 수도 있다는 말로 해석할 수 있습니다. 그러면서 이성은 인간이 지닌 최고의 재산이라고 이야기합니다. 그리고 다른 사람들도 쓸만한 생각을 할 수 있다고 이야기합니다. 이런 말을 하는 이유도 생각해 보면 좋겠어요. 그리고 크레온이 하이몬의 의도를 외면하고 이 문제를 어떤 방식으로 결론 짓는지도 살펴보면 좋을 것 같아요. 크레온은 하이몬이 여자애에게 굴복하는 것으로 생각해요. 국가가 개인의 것이 아니라는 중요한 주장이 나왔음에도 이런 말들이 무시돼요. 이 이후로는 하이몬도 자신의 결심을 드러내면서 대화와 타협이 불가능해져요. 말하기 방식을 비교해 보면 인물들에 대한 이해가 깊어지니 문제 의식을 갖고 자세히 읽기를 권합니다.

단웅이 크레온은 통치권자로서의 권리를 더 중요하게 생각하는 것 같아요. 안티고네한테는 물론이고 아들인 하이몬한테도요. 아버지로서 아들의 마음을 헤아려 주지 못하거든요. 그렇다고 이성적인 통치권자의 모습만 보여 주는 것은 아니고 감정적인 측면도 많이 드러나요. 무엇보다도 통치권자의 권리를 이성적으로 설득하고 있지 못한 것 같아요. 그리고 다른 사람들의 조언도 무시하지요. 그렇지만 결국 크레온이 마음을 바꾸기는 해요. 그런 결정적인 이유는 무엇인가요?

김 교수 이것은 학생이 생각해 보아야 할 부분입니다. 크레온 마음의 변화는 텍스트 상으로 잘 드러나지 않아요. 그렇지만 결정들이 달라지는 것은 드러나죠. 그러므로 마음의 변화가 어느 지점에서 조금씩 발생했는지 상상력을 동원해서 생각해 보세요. 하이몬, 테이레시아스와의 대화에서 모두 감정적이었지만 형벌에는 변화가 조금씩 있었다는 점을 통해 유추해 볼 수 있는 것들이 있어요. 크레온은 통치자로서 통제력을 제대로 발휘하기를 바라는 사람이라는 점을 기억할 필요가 있어요. 여러분이 통치자의 입장이 되어 보면 안티고네에 대한 형벌이 조금씩 완화될 수밖에 없겠다는 생각이 들 거예요. 이 외에 하이몬, 테이레시아스와의 대화를 살펴보는 것도 필요하고요. 마지막까지도 크레온은 자신이 옳지 않다고 생각하지는 않아요. 그런 점을 염두에 두고 읽어보면 좋겠어요.

비극의 현대적 의미

단비 이 작품은 비극답게 많은 사람들이 죽어요. 안티고네도 죽고 하이몬도 죽고 하이몬의 어머니 에우뤼디케도 자살해요. 에우뤼디케는 아들의 죽음을 남편 크레온 탓이라고 생각해요. 비극에서는 많은 사람들이 죽어야 하는 것인가요. 비극의 가치는 어디에 있는 것인가요. 그리스인들이 큰 극장에 모여 비극을 즐겼다고 하는데 현대인들은 비극을 즐기지 못하잖아요. 슬픈 영화나 드라마를 비극이라고 이야기하지 않는 것 같고요. 오히려 현대인들은 예능 프로그램을 보며 즐거움과 위안을 받죠.

김 교수 비극과 관련해 여러 질문들이 나왔어요. 하나씩 살펴볼게요. 이 작품에서는 특히 인물들이 많이 죽기는 해요. 그리스 비극 작품을 보면 죽음이 자주 등장하는 것은 사실이에요. 그렇다고 인물의 죽음을 비극의 조건이라고 할 수는 없어요. 그리스 비극은 운명 비극의 특성을 보여 주는데 인간이 더 큰 힘 앞에 무력하게 굴복하게 되지만 그것이 그저 실패에 그치지 않는다는 것을 느끼게 해 주는 것이 비극의 본질에 가까워요. 인물이 죽어서 슬픈 감정이 생기는 것은 비극의 본질과 거리가 있어요. 오히려 이는 멜로드라마의 감정에 더 가까워요. 멜로드라마를 속화된 비극이라고 이야기하기도 하지만 그리스 비극의 특징은 주인공이 죽거나 실패하는 듯 보여도 결국은 정신적으로 패배자가 아니라는 것을 강조하죠. 주인공의 영웅적 측면은 거기서 드러나요. 거기서 관객은 고양감을 느끼고 슬픔보다는 놀라움과 전율, 그리고 연민을 느끼는 거죠. 비극을 통해 카타르시스, 즉 감정의 고양과 정화를 경험한다는 이야기를 들어봤을 거예요. 오이디푸스가 아버지를 죽이고 어머니와 동침한 것은 사실이지만 오이디푸스의 잘못은 아니거든요. 물론 성격적 결함은 있죠. 사건을 끝까지 파헤침으로써 진실을 드러나게 했다는 점에서.

아리스토텔레스는 이러한 인간적 결함을 하마르티아hamartia라고 했어요. 그러나 이것은 인간이면 누구나 지닐 수 있는 결함이에요. 열심히 파헤치는 성격을 장점이라고만 생각하기 쉽지만 인간의 성격은 상황에 따라 장점이 단점이 되기도 하니까요. 결국 오이디푸스는 스핑크스의 수수께끼를 풀고 테바이를 구했기에 영웅이기도 하지만 저주를 겪고 받아들임으로써 영웅 그 이상의, 현자의 지위까지 획득하게 되는 것이죠. 안티고네도 죽지만 그녀의 죽음이 실패로 해석되지는 않거든요. 오히려 죽음을 불사했기 때문에 그녀의 신념이 어떤 가치를 지니는 것인지에 대해 사람들이 생각할 수 있도록 해 주었거든요. 물론 에우뤼디케의 죽음까지 필요했느냐는 질문을 할 수 있어요. 에우뤼디케에게는 하이몬 말고도 아들이 하나 더 있었는데 그 아들도 나라를 위해 죽었다는 점에서 크레온의 국가 지키기 이념에 자식들이 결국 희생된 것이죠. 작가 소포클레스 입장에서는 크레온의 가치에 동의할 수 없다는 것을 강조하기 위해 필요했을 수 있죠.

그리스인들은 비극 경연 대회를 열어 우수한 작품을 뽑는 행사를 하고 다 같이 연극을 관람함으로써 공동체의 결속을 다지기도 했어요. 어떤 문화든 그 당시의 사회 정치적인 면과 관련되어 있어요. 폴리스를 위해 기여한 사람들에게 표창장을 주고, 성인이 된 전쟁고아들을 격려하고, 동맹국가의 공물을 전시하는 행위가 비극 경연 대회 전에 중요한 행사로 거행되었거든요. 중요한 것은 이것이 통치자의 정치적인 행위로 그치지 않았다는 것이죠. 공동체적인 의미를 담아내어 이 정도의 문화 수준을 보여 주었다는 것이 놀랍죠. 현재까지도 여전히 의미를 지닐 정도로요. 그리스 비극은 현재에도 원작의 의미를 살리는 방향이든, 재해석을 하는 방향이든 계속 공연되고 있어요.

과학의 발달은 기원전 5세기와 현재를 비교하면 엄청난 차이가 있지만 인문학은 사실 그렇게까지 큰 차이가 있지 않죠. 물론 현대인에게 그리스 비극은 당시의 그리스인들이 즐기고 느끼던 것과는 차이가 있죠. 현대는 영웅의 시대가 아니니까요. 그 반대라고도 할 수 있죠. 현대 비극으로는 아서 밀러의 『세일즈맨의 죽음』을 이야기해요. 판매원으로 평생 열심히 일했지만 결국 보험금을 위해 자살을 위장하는 윌리 로먼의 삶을 통해 부속품이 되어버린 현대인의 비극을 보여 줍니다. 오이디푸스나 안티고네와 비교하면 차이가 느껴지죠. 현대인들은 우리 시대에 맞는 다양한 장르의 문화를 즐기고 있어요. 예능 프로그램도 그런 것 중 하나이고요. 그렇지만 그리스 비극이 주는 경이감은 현재에도 유효해요. 그것이 그리스 비극이 계속해서 공연되는 이유죠. 비극이란 장르가 지닌 미학적인 개념이 있지만 당시 관객들의 공연 체험은 미학적 측면에 고정된 것만은 아니에요. 사회 정치적인 측면이 함께 기능했겠죠. 그러므로 현대 관객들에게 그리스 비극을 공연한다고 하면 우리 시대에 공감할 수 있도록 우리의 사회 정치적인 문제와 연결되어야 의미가 생길 거예요.

단비 저는 안티고네가 스스로 목을 매지 않았으면 이렇게까지 비극이 되지 않았을 것 같아서 좀 안타까워요. 자신의 주장을 굽히지 않고도 가능한 방법이 있었을 것 같아서요. 크레온이 안티고네를 당장 죽이는 것이 아니라 가두어서 서서히 죽도록 하잖아요. 그런데 안티고네는 스스로 죽음을 재촉하잖아요.

김 교수 독자나 관객 입장에서는 안티고네가 조금만 늦게 죽음을 선택했더라도 하는 생각이 들 수 있죠. 그런데 이 작품에서 드러난 안티고네의 성격을 보면 그 상황에서 주체적이고 능동적인 행동을 할 사람일 수밖에 없어요. 즉시 죽이지 않는다고 자신의 목숨이 크레온 손에 달려 있지 않은 것은 아니거든요. 안티고네는 크레온과 타협과 협상을 할 생각이 없어요. 오빠의 시신 문제뿐만 아니라 자신에 대한 처분에 대해서도요. 안티고네는 사실 논리 없이 어느 하나를 향해 모든 것을 거는 사람이에요. 모든 것을 걸지 못한다면 옳지 않다고 생각하죠. 이 작품에서 안티고네의 성격을 보면 안티고네는 죽을 수밖에 없는 사람이고 죽음을 선택한 사람이고 죽음을 원하는 사람이기도 해요. 죽음을 향해 직진하는 인물이라는 점은 앞에서 언급했듯이 정신분석학적 접근이 요구되는 측면이 있어요. 주디스 버틀러의 젠더 관점 역시 정신분석학적인 접근이에요.

프랑스 극작가 장 아누Jean Marie Lucien Pierre Anouilh, 1910~1987가 쓴 『안티고네』란 작품이 있어요. 이 작품을 읽어 보면 안티고네가 죽음을 선택하고 원하는 사람이라는 설정이 훨씬 더 강조되어 있어요. 우리가 소포클레스의 「안티고네」를 읽으면서 가졌던 의문들이나 안타까움들을 다 해결한 상태에서도 안티고네는 죽음을 선택하거든요. 이 작품에서 크레온은 안티고네를 죽이고 싶지 않아서 기회를 줘요. 그리고 폴뤼네이케스와 에테오클레스의 죽음 모두가 가치 없는 것이고 안티고네가 그들의 죽음에 대해 의미 부여를 해 줄 필요가 없다는 비밀을 이야기해 줌으로써 안티고네의 죽음을 최대한 막아요. 그럼에도 안티고네는 죽음을 선택하거든요. 정치적인 것을 위해 '네'라고 대답해야 하는 상황에 대한 전면적인 문제제기라고 할 수 있어요. 타협이나 협상이라는 수단을 통해 결국 '너는 내 말을 들어야 한다'는 복종의 요구를 수용하지 못하는 것이죠. 안티고네는 그런 방식으로 더 이상 통용되지 않는 가치, 더 본질적인 가치의 중요성을 목숨으로 증명하고자 하는 거예요. 크레온도 어쩔 수 없이 그녀의 죽음을 허락하고 아들과 아내의 죽음이라는 비극을 맞이하죠.

단비　그럼 그것이 이 작품에서 등장하는 정의라는 키워드와 관련되는 것인가요? 코러스들이 에우뤼디케까지 죽고 나자 정의를 너무 늦게 깨달은 것 같다고 이야기하거든요. 이 작품에서 말하고자 하는 것이 결국 정의의 문제인가요? 소포클레스는 안티고네의 행동이 정의를 대변하는 것으로 말하고 싶은 것이 아닌가 싶거든요.

김 교수　물론 크레온과 안티고네의 대결은 자유와 평등, 소유와 분배, 개인과 사회의 대립처럼 보편적인 성격을 지닌다고 할 수 있어요. 그런데 크레온이 문제를 공적인 것과 사적인 것의 대결로 간주하여 자신의 견해가 공적인 가치를 중요시하는 것으로 되어 있지만 그 공적인 가치를 얼마나 제대로 구현하고 있는가에 대해서는 하이몬에게 공격받은 바가 있죠. 공적인 것이라도 그것이 전제군주의 독단적인 판단에 의한 것이라면 민주적인 것과는 거리가 있는 것이고 독재자의 그것과 다를 바가 없으니까요. 감정적으로 안티고네의 반항이 괘씸하다고 해서, 백성들에게 본보기 규율을 보여 줘야 한다고 해서 내린 결정이라도 지금의 민주화된 관점에서 보자면 한계가 명확하죠. 사회가 발전하면서 법률로써 그런 부분을 규정하고 있고 인간의 기본권에 대한 이해도 높아져서 범죄자에게도 기본권을 인정하고 있죠.

우리나라에서 1980년대 독재정권 시절에 이 작품이 대학극 레퍼토리로 자주 채택되었는데 그 이유가 이런 저항의 의미를 우회적으로 표현하고 싶어서였던 것으로 기억해요. 2013년 명동예술극장에서의 공연에서도 절대 권력자에 대항해 자신의 전 존재를 걸고 희생하며 신념을 실현하는 인물로 표현돼요. 독재정권에 대한 저항에 국한되지 않는 포괄적인 의미의 정치성을 지니죠. 안티고네는 크레온에 대한 저항이라는 점에서는 언제든 정치적인 의미로 해석될 수 있거든요. 그런 점에서 여전히 현대적인 텍스트인 거죠. 이 작품이 19세기에 특별히 더 의미 있게 받아들여졌던 것도 이러한 정치적 함의와 관련되는 것이고 들라크루아의 그림에 나오는 주인공처럼 인식된 측면이 있지요.

단비 「안티고네」가 매력적인 작품이라서 후대의 작가들이 이를 소재로 작품을 쓴 것 중에 장 아누이의 「안티고네」 말고 또 어떤 것들이 있나요?

김 교수 브레히트의 「안티고네」도 있어요. 그런데 이 작품은 번역되어 소개되지 않아서 잘 알려져 있지는 않아요. 「안티고네」와 관련한 연구서로 젠더 입장에서 아주 새로운 해석을 한 주디스 버틀러의 『안티고네의 주장』도 살펴보면 좋아요. 여기서 버틀러는 안티고네를 젠더 교란자로 명명하는데 안티고네는 여성이지만 남성적인 언술을 수행하며 오이디푸스를 돌봄으로써 아들과 같은 역할을 부여받기 때문이에요. 앞에서도 언급했었죠. 이를 통해 서양문명을 이끌어온 근친상간에 대한 금기보다 동성애에 대한 금기가 더 깊은 무의식 안에 숨겨져 있다고 보았어요. 「오이디푸스 왕」의 근친상간에 대한 금기가 정신분석에 미친 영향이 매우 큰데 프로이드가 「안티고네」를 분석했다면 달라지지 않았을까하는 이야기를 해요. 정신분석학이 지닌 남성 중심적인 관점에서 벗어날 수 있었을 지도 모른다는 의미로 해석되네요. 이렇게 「안티고네」란 작품은 시대에 따라 강조점이 달라졌고 연구자에 따라서도 다양한 해석이 가능해요.

최근에 「안티고네」2019, 소피 드라프스 감독란 영화도 만들어진 것으로 보아 언제든 재해석을 기다리는 고전이라는 생각이 들어요. 그렇지만 이 작품에서 중심을 잡고 봐야 하는 부분은 맨 앞에 제시한 핵심 구절이 잘 보여 줘요. 안티고네의 의지나 가치관이 잘 드러나 있기 때문이에요. 그것은 자신의 힘으로 어쩔 수 없는 여러 고통을 경험한 안티고네이기에 가능한, 혹은 상대적으로 쉬운 결정이기도 해요. 옳다고 생각하는 일로 죽음을 맞는다면 이득이라고 생각할 수 있을 정도로 자신이 통제할 수 없는 일들을 경험했기 때문이에요. 그만큼 남들과는 다르게 자신의 소신을 수행할 수 있는 힘을 발휘하죠.

참고 문헌

아이스퀼로스·소포클레스· 에우리피데스, 천병희 옮김, 『그리스비극 걸작선』, 숲, 2010.

소포클레스, 강태경 옮김, 『안티고네』, 홍문각, 2018.

아이스퀼로스·소포클레스, 조우현 외 옮김, 『희랍비극』 1, 현암사, 1994.

강대진, 『비극의 비밀』, 문학동네, 2013.

김진경, 「소포클레스와 아테나이의 정치」, 『역사학보』 94·95, 1982.

김진경, 『그리스 비극과 민주정치』, 안티쿠스, 2019.

베른트 자이덴슈티커, 이재민 옮김, 『고대 그리스 로마 연극』, 태학사, 2018.

오스카 브로케트, 김윤철 옮김, 『연극개론』, 한신문화사, 1989.

이현우, 『로쟈와 함께 읽는 문학 속의 철학』, 책세상, 2017.

장 아누이, 안보옥 옮김, 『안티고네』, 지만지드라마, 2019.

주디스 버틀러, 조현순 옮김, 『안티고네의 주장』, 동문선, 2005.

근대 이행기, 인간 본질에 대한 탐구 보고서

—요한 볼프강 폰 괴테, 『파우스트』

윤승준

> 자유도 생명도 날마다 싸워서 얻는 자만이
> 그것을 누릴 자격이 있는 것이다.
> 그래서 위험에 둘러싸이더라도 여기에선
> 남녀노소가 모두 값진 나날을 보내는 것이다.
> 나는 이러한 군중을 지켜보며,
> 자유로운 땅에서 자유로운 백성들과 살고 싶다.
> 그러면 순간을 향해 이렇게 말해도 좋으리라.
> "멈추어라, 너 정말 아름답구나!"

18세기 유럽과 괴테

단움이 괴테가 살았던 시대는 어떤 시대였나요? 그의 생몰연대를 보면 프랑스 대혁명과 같이 세계사적으로 중요한 일들이 많이 일어났던 시대로 보이는데요.

윤 교수 요한 볼프강 폰 괴테Johann Wolfgang von Goethe, 1749~1832는 1749년에 독일의 프랑크푸르트에서 태어나 1832년에 죽었으니, 18세기 중반에서 19세기 전반까지 유럽에서 살았던 인물이지요. 이 시기 유럽에서 있었던 주요한 사건을 한두 가지 들라면 무엇보다 '산업혁명'과 '프랑스 대혁명'을 들지 않을 수 없을 거예요. 영국에서 시작된 산업혁명은 기계를 이용해 생산 규모를 크게 증대시킴으로써 가내 수공업이 공장제로 전환되면서 생활 방식에 적지 않은 변화를 가져왔지요. 또한 프랑스 대혁명은 절대왕정을 무너뜨리고 근대 시민사회로의 문을 연 계기가 되었지요. 절대왕정의 앙시앵 레짐에 저항하고 자유와 평등을 주장한 군중들은 마침내 루이 16세를 단두대에서 처형하기에 이르지요. 나폴레옹이 등장하여 황제에 등극하고 대제국을 건설한 것도 프랑스 대혁명의 자장 안에 있는 것이었지요. 이렇게 보면 괴테가 살았던 시기는 경제적 측면에서, 그리고 신분제도적 측면에서 중세의 봉건체제가 무너지고 자유 시민사회로 이행하던 시기였다고 할 수 있을 거예요.

요한 볼프강 폰 괴테

그런데 독일은 신성로마제국 황제의 봉신에 불과한 제후들의 영지가 '준 독립국'처럼 인식되는 영방국가領邦國家 체제가 오랫동안 지속되어 온 탓에 영국이나 프랑스에 비하면 그와 같은 변화가 비교적 늦게 이루어졌다고 할 수 있어요. 그렇지만 칸트1724~1804나 괴테1749~1832, 베토벤1770~1827과 같은 철학자, 작가, 음악가들의 철학이나 예술 세계를 보면 개인의 자유 의지와 그 힘에 대한 인식이나 믿음은 독일에서도 꿈틀대고 있었음을 알 수 있어요. 괴테는 젊은 시절 질풍노도의 시대를 거쳐 바이마르 고전주의 시대를 연 인물이라고 하는데, 질풍노도Strum und Drang의 격정적 측면이나 바이마르 고전주의의 완결미를 추구한 세계가 표면적으로는 다르게 보일지 모르지만, 그 밑바닥에는 인간의 자유 의지에 대한 긍정과 믿음이 관통하고 있다고 할 수 있어요.

『시와 진실』이나 『괴테와의 대화』를 보면 괴테가 경험했던 리스본 지진이나 7년 전쟁, 프랑스 혁명에 대한 기록들이 눈에 띄지요. 그의 유년기 경험이기는 하지만 괴테는 지진으로 인해 올바른 자와 부정한 자를 가릴 것 없이 모두가 똑같이 파멸에 빠지는 모습을 보면서 지혜롭고 자비롭다고 하는 신이 어떻게 이런 일을 보면서 가만히 있을 수 있느냐고 의문을 제기하지요. 이는 곧 중세를 지탱해 온 종교에 대한 회의로 이해할 수도 있어요.

그런가 하면, 괴테는 7년 전쟁이 발발했을 당시 그의 가족을 포함한 독일인들은 관객으로서 또는 심판자로서 오스트리아나 프로이센의 편을 들었다고 기록하고 있지요. 괴테는 가족 구성원 안에서도 정치적 입장에 따라 의견이 갈라지고 비방하는 일이 벌어지는 것을 경험하면서 당파가 존재할 수 있고, 어느 한 당파에 속한다고 하는 것이 무엇을 의미하는지 어렴풋이 눈뜨게 되지요. 특히 그로 인해 발생하는 파당적 불공정함에 대해 괴테는 심각한 문제의식을 가졌지요.

또 괴테는 프랑스 대혁명과 관련하여 자신은 혁명을 일으키는 사람이나 그 원인을 조성하는 사람들을 다 같이 미워한다고 하면서 약탈이나 살인, 방화 같은 것을 자행하는 폭력적 혁명에 대해서는 찬성할 수 없다고 했지요. 그렇다고 해서 자신을 민중의 벗이 아니라고 한다면, 그것도 오해라고 했어요. 급진적 사회 개혁보다는 온건한 사회 변화를 바람직하다고 생각했던 거지요.

단웅이 네. 그렇군요. 그런 괴테는 어떤 가정환경 속에서 성장했는지 궁금하네요. 그의 부모님에 대해서 들려주실 수 있나요?

윤 교수 괴테는 『시와 진실』 첫머리에서 말하기를, 자신은 1749년 8월 28일 낮 12시 프랑크푸르트 암마인에서 태어났는데 산파가 미숙해서 거의 죽을 뻔했다가 겨우 살아났다고 해요. 프랑크푸르트 시장이었던 그의 외할아버지는 이를 계기로 산파를 고용하여 산파 교육을 실시하게 했다고 하지요.

괴테는 매우 유복한 환경 속에서 성장했다고 할 수 있어요. 튀링겐 출신인 괴테의 친가는 농업, 수공업, 여관업에 종사하면서 경제적인 기반을 탄탄히 다졌고, 외가는 남서 독일의 학자·법률가 집안이었지요. 괴테의 아버지 요한 카스피어 괴테는 할아버지 때 축적한 재산의 유일한 상속자로, 라이프치히 대학에서 법학을 공부했고 프랑스와 이탈리아 여행을 하면서 견문을 넓힌 분이었어요. 원래는 프랑크푸르트 시의 하급 관직을 하나 얻어서 공직 생활을 하고자 했는데, 그것이 좌절되면서 공직에 대한 미련을 버리고 1742년 명예직인 궁중 고문관의 직위를 받았지요. 그러면서 당시 시장의 큰따님이었던 어머니에게 청혼을 하여 결혼하게 됨으로써 시의회 의원으로도 활동할 수 있는 길을 스스로 막았다고 해요. 괴테의 아버지는 자녀 교육에도 커다란 관심을 보였는데, 괴테가 대학에서 법학을 공부했던 것도 아버지의 청을 저버릴 수 없었기 때문이라고 하지요. 한편 명랑한 성격을 지니고 있던 괴테의 어머니는 감성적으로 아이들을 많이 품어주었다고 해요. 특히 괴테의 어머니는 이야기를 꾸며내는 데 탁월한 재주를 가지고 있었다고 하는데, 어머니가 가지고 있었던 그 같은 재주가 괴테의 문학적 재능의 원천이 되었다고도 하지요.

괴테는 본래 형제가 여섯이었는데 안타깝게도 그 가운데 넷이 어린 나이에 세상을 뜨지요. 어린 시절 괴테는 천연두, 홍역, 수두를 비롯한 질병으로 고생을 많이 했는데, 1759년 그의 남동생 야콥의 사인 역시 천연두 때문이었어요. 그 뒤에도 세 명의 동생들이 더 태어나지만 모두 유년기를 넘기지 못하고 일찍 죽지요. 그 가운데 한 명은 안타깝게도 출산 중에 죽고 말았어요. 위생이나 의료 기술이 지금과 같이 발달하지 않았을 때이니 어쩔 수 없는 일이었겠지요. 여섯 형제 가운데 괴테와 그보다 한 살 아래였던 여동생 코르넬리아만이 살아남았는데, 괴테가 그토록 가깝게 지내던 코르넬리아 역시 스물일곱의 꽃다운 나이로 세상을 뜨고 말지요. 넉넉한 집안 형편에 외할아버지가 프랑크푸르트 시장이었던 것은 괴테의 성장 환경이 그만큼 유복했음을 말해 주는 것이지만, 어린 나이에 형제들을 모두 잃어야 했던 사실은 그의 내면에 커다란 상처를 남겼다고 할 수 있지 않을까 해요.

단움이 네. 프랑크푸르트 시장의 외손자였으니, 괴테가 어떤 환경 속에서 성장했을지 짐작할 수 있을 것 같네요. 그렇지만 어린 나이에 형제들을 잃어야 했던 것은 정말 커다란 아픔이었겠어요. 그런데, 괴테가 세계적인 대문호로 성장하는 데에는 어떤 것들이 그의 문학 또는 예술 세계의 토대가 되었다고 할 수 있을까요?

윤 교수 글쎄요. 무어라고 쉽게 답할 수 있는 문제는 아닐 듯하네요. 다만 그의 성장과정과 관련하여 한두 가지 이야기를 할 수 있다면 이런 이야기들을 할 수 있을지 모르겠어요. 먼저, 어린 시절 그의 할머니가 크리스마스 선물로 보여 주었던 인형극은 괴테에게 강한 인상을 남겼던 것으로 알려져 있어요. 그 이후로 괴테는 친구들을 불러 모아 인형극 놀이를 즐겨 했었고, 대본을 외워 인형극 공연을 하기도 했을 뿐 아니라 단순히 외워서 공연하는 것에 싫증이 나면 의상과 장식을 바꾸고 다른 여러 가지 공연을 하기 위해 열정적으로 탐구를 하기도 했다고 해요. 인형극에 대한 괴테의 이 같은 열정은 1759년 1월부터 2년 넘게 그의 집에 거주하였던 프랑스 군정 장관 프랑수아 드 토랑 백작을 통해서 더욱 고무되었다고 하지요. 괴테는 자신의 집 아래층에 거주하게 된 토랑 백작을 통해서 미술에 관심을 가지게 되었고, 라신이나 몰리에르와 같은 프랑스 연극에 빠져들게 되었다고 하지요. 프랑스 연극에 대한 심취는 일종의 선진 문화에 대한 탐닉이었다고 할 수 있을 거예요.

『시와 진실』에는 당시 어린 괴테가 프랑스 연극을 보러 갔을 때 일어났던 다음과 같은 일화 한 가지를 소개하고 있기도 해요. 괴테는 친구 한 명과 함께 무대 앞자리에 앉아서 공연을 관람했는데, 빨간 비단 조끼를 입은 귀여운 소년이 날렵하고 우아한 춤을 추는 모습을 보고는 "쟤는 참으로 아름답게 단장하고 훌륭하게 자신을 드러내 보이려고 하고 있지만, 오늘 밤 누더기를 입고 잠을 자게 될지 누가 알겠어?"라고 친구에게 얘기를 했다고 하지요. 그런데 그 얘기를 옆자리에 앉았던 그 아이의 어머니가 듣고 도대체 어떤 놈이기에 무슨 이유로 이 아이에 대해서 그런 소리를 하느냐고 호되게 야단을 쳤다는 것이에요. 이로 인해 공연이 끝나고 퇴장하던 사람들의 이목이 집중될 수밖에 없었는데, 괴테는 그 순간 "이 무슨 소란이십니까? 오늘의 영화는 내일의 멸망!"이라고 대꾸했다고 하지요. 이에 할 말을 잊고 한참을 바라보던 그 부인은 통로가 열리자 가버렸다고 하는데, 그 아이는 공연을 한 프랑스 무용단장의 아들로 얼마 지나지 않아 병이 들어 무대에 서지 못하게 되었다고 해요. 괴테 자신의 직설적인 성격을 보여 주는 일화로 그에게는 그다지 좋은 기억이 아닐 수도 있었을 것 같은데, 솔직하게 기록하고 있어서 괴테를 알고자 하는 많은 사람들에게 더 오래 기억되는지도 모르겠어요. 어렸을 때부터 비평적 거리를 둔 채 예술을 감상했던 그의 면모를 읽을 수 있는 이야기이기도 하고요.

괴테의 문학 세계는 워낙 호한해서 어디에서부터 어떻게 형성되었다고 이야기하기가 쉽지 않지요. 무어라 규정하는 순간 그 규정으로부터 달아나버릴 테니까요. 법학 공부를 한 괴테였음에도 불구하고 그는 라이프치히 대학의 문예학 강의를 찾아 들었고, 슈트라스부르크 대학에서는 역사와 철학, 신학, 자연과학의 다양한 문제들에 열중했지요. 슈트라스부르크 대학 시절 괴테는 프랑크푸르트에서 알고 지내던 사람이 대학 생활에 대한 조언을 구하자 "우리는 무슨 존재이고자 하지 말고 모든 것이 되려고 해야만 한다."고 했어요. 이 말은 괴테 자신의 삶을 대변하는 말인지도 모르겠어요. 그래서 끊임없이 자신을 더 넓은 세계로 확장하고 더 높은 곳으로 고양하고자 하는 노력, 그것이 그의 문학 세계를 만들어간 원동력이 아니었을까 하는 생각이 들기도 해요. 괴테가 남긴 유고를 보면 그의 실존의 구심점이자 토대를 이룬 것은 내적으로든, 외적으로든 계속 멈추지 않는 시적 형성 충동이었다고 하는 기록이 있다고 하는데, 어쩌면 이러한 기록이 그 같은 생각과 연결되는 것이 아닌가 하기도 해요.

그럼에도 불구하고 호메로스와 셰익스피어가 그의 문학에 끼친 영향은 무척 큰 것 같아요. 그리고 이탈리아 여행을 통해서 경험한 고대 그리스 예술의 아름다움과 프리드리히 실러와의 교유 또한 후일 그의 문학에 깊이 각인되어 있다고 할 수 있지요. 특히 『빌헬름 마이스터의 수업시대』나 『파우스트』 같은 작품을 보면 그러한 사실을 깊이 깨닫게 되지요. 어찌 되었든 괴테를 이해하려면 그가 남긴 저작을 골라 읽지 말고 빠짐없이 읽어갈 필요가 있을 것 같다는 생각이 들곤 해요.

괴테의 사랑

단웅이 괴테는 남아 있는 그림으로만 보아도 아주 잘 생기고 멋진 남성이었던 것 같아요. 그래서 그런지 여성들과의 낭만적인 사랑으로도 유명하다고 들었는데요. 괴테의 사랑과 관련하여 한두 가지 이야기를 해 주실 수 있나요?

윤 교수 허허.웃음 그렇지요. 괴테 이야기를 하면서 그의 사랑, 그의 여성에 대한 이야기를 빼놓을 수 없겠지요. 괴테는 단 한 번 결혼했지만 그의 삶에 영향을 끼친 여성들은 그 수를 셀 수 없을 만큼 많았다고 하지요. 그 가운데에도 괴테의 사랑과 관련해서 가장 널리 알려져 있는 것은 아무래도 『젊은 베르테르의 슬픔』의 배경이 된 샤를로테 부프Charlotte Buff와의 사랑이 아닐까 하네요. 워낙 유명한 이야기여서 다시 거론하기가 그렇기는 하지만, 간략히 얘기하면 이런 것이지요.

괴테는 슈트라스부르크 대학에서 법학박사 학위를 받고 돌아온 것으로 알려져 있는데, 실은 박사학위논문이 통과되지 못해 준박사학위Lizentiat에 만족해야 했다고 하네요. 그로 인해 괴테의 아버지가 못마땅해 했다고 하기도 하지요. 어쨌든 프랑크푸르트로 돌아온 괴테는 아버지의 권유로 법률 지식을 넓히기 위해 1772년 5월 베츨라르Wetzlar라는 작은 도시의 제국고등법원 법률 시보로 가게 되었는데, 그곳에 도착한 직후 괴테는 공사관 서기 요한 크리스티안 케스트너Johann Christian Kestner와 그의 약혼녀였던 샤를로테 부프와 참된 우정 관계를 맺었다고 해요. 그런데 이들은 서로에 대한 무한한 신뢰에도 불구하고 미묘한 긴장 관계를 형성하게 되는데, 그것은 로테에 대한 괴테의 감정이 달아올랐기 때문이라고 하지요. 괴테보다 여덟 살이나 위였던 케스트너는 자기 약혼녀에게 호감을 가지고 있던 괴테를 멀리하기보다 샤를로테에 대한 괴테의 사랑 고백을 받아주기까지 할 정도로 가까이 지냈다고 합니다. 그러나 우정 이상의 감정을 허락하지 않는 로테의 냉담한 반응에 괴테는 결국 더 이상 견디지 못하고 베츨라르를 떠나게 되지요. 물론 괴테가 이렇게 로테와 작별을 하게 된 데에는 친구 메르크의 권고가 있었다고도 해요.

그리고 몇 달 후인 1772년 11월 초, 괴테는 베츨라르에서 알고 지냈던 카를 빌헬름 예루살렘이 친구 부인을 사랑했다가 이루어질 수 없는 사랑의 고통을 이기지 못하고 자살했다는 소식을 듣게 되는데, 그것도 케스트너의 권총을 빌려서 자살했다는 것을 알게 되면서 커다란 충격을 받지요. 그리고 괴테는 이 소식을 듣는 순간 마치 빙점에 있던 통 속의 물이 사소한 진동에 의해 곧장 단단한 얼음으로 변하듯 『젊은 베르테르의 슬픔』을 구상하게 되었다고 해요. 예루살렘의 자살 사건과 샤를로테 부프에 대한 괴테 자신의 사랑 이야기를 결합시켜 미리 써보지도 않은 채 단 4주 만에 『젊은 베르테르의 슬픔』을 완성해 냈다고 하지요. 괴테는 이 작품을 거의 몽유병자처럼 무의식중에 써내려갔다고 해요.

단웅이 네. 그렇게 해서 세상에 나오게 된 것이 『젊은 베르테르의 슬픔』이군요. 그런데 흔히들 '베르테르 효과'라는 말들을 많이 하잖아요? 이 작품이 끼친 영향이 컸던 것으로 아는데, 어떤 일들이 있었나요?

윤 교수 1774년 익명으로 나온 『젊은 베르테르의 슬픔』의 초판은 곧 매진되었고, 2판을 찍기도 전에 수많은 해적판이 등장할 만큼 대단한 히트를 쳤다고 해요. 특히 베르테르처럼 노란 조끼에 푸른색 연미복을 입고 자살하는 젊은이들이 여기저기서 나오게 되자 『젊은 베르테르의 슬픔』은 성직자들로부터 '불륜과 자살을 부추기는 책'이라고 비난을 받게 되었고, 독일 여러 지역에서 금서로 지정되기도 했지요. 『젊은 베르테르의 슬픔』은 프랑스어, 영어, 이탈리아어, 러시아어로 번역되면서 독일에서만이 아니라 유럽 전역에서 인기를 끌었다고 하지요. 특히 이탈리아 밀라노에서는 출판된 지 얼마 되지 않아 단 한 권도 남김없이 매진되는 일이 벌어졌는데, 그것은 주교가 손을 써서 교구의 사제들로 하여금 모조리 사들이게 했기 때문이라고 하지요. 그만큼 영향력이 컸던 것이지요.

『젊은 베르테르의 슬픔』이 이처럼 커다란 반향을 일으키면서 스물다섯의 젊은 나이에 일약 유명 작가가 된 괴테는 이 작품이 이렇게 커다란 폭발력을 가지게 된 것은 '충족되지 않는 열정으로 번민하고, 의미 있는 행동을 이끌어낼 외적인 자극이 전혀 없으며, 거추장스럽고 맥 빠진 평범한 시민적 삶을 감내하는 것 말고는 아무런 전망도 없는 상태에서 병적인 젊음의 광기에 노출'되었던 청년층의 집단 심리와 맞아떨어졌기 때문이라고 진단한 바 있어요. 그런 점에서 보면 『젊은 베르테르의 슬픔』이 질풍노도 시대를 대표하는 작품이라고 하는 것을 이해할 수 있지 않을까 해요.

『젊은 베르테르의 슬픔』이 어느 정도 인기가 있었는지는 『젊은 베르테르의 기쁨』이라는 패러디 작품이 나왔다는 것을 통해서도 알 수 있어요. 독일의 작가이자 계몽주의 운동의 지도자였던 니콜라이가 펴낸 것인데, 마지막 권총 자살 부분만 바꾼 것에 불과한 작품이었어요. 이 작품을 본 괴테는 직접 대응하기보다는 「베르테르 무덤 위의 니콜라이」라는 짧은 풍자시를 지어 쓸데없이 남의 작품에 간섭한 그를 안타까워했다고 해요.

이런 『젊은 베르테르의 슬픔』이 자칫 잘못 했으면 세상에 나오지 못하게 되었을 수도 있었다고 하네요. 상트페테르부르크에서 돌아온 메르크가 괴테를 찾아왔기에, 괴테는 그에게 베르테르의 편지를 읽어주었는데 그의 반응이 시큰둥했다고 하네요. 큰 기대를 가지고 있었던 괴테는 메르크의 반응이 이처럼 미적지근하자 곁에 벽난로라도 있었으면, 원고를 그대로 집어 처넣었을지도 모를 만큼 실망했다고 해요. 그래서 어떻게 손을 대어 개작을 해야 하는지 고민하고 있었는데, 며칠 후 다시 찾아온 메르크는 그때는 자기가 실연의 고통 때문에 정신이 없었다고 하면서 개작하려고 한다는 괴테를 거친 말로 비난하면서 그대로 인쇄할 것을 종용했다고 해요. 그렇게 해서 만나볼 수 있게 된 것이 『젊은 베르테르의 슬픔』이지요.

단웅이 괴테의 사랑에 대한 이야기를 한다고 했는데, 얘기가 자연스럽게 『젊은 베르테르의 슬픔』으로 넘어갔네요. 괴테의 사랑에 대한 이야기를 좀 더 들려주실 수 있나요?

윤 교수 그렇게 되었군요. 그럼 샤를로테 폰 슈타인 부인Charlotte von Stein과의 사랑 이야기를 좀 더 해볼까요. 괴테는 1775년 11월 바이마르Weimar의 카를 아우구스트Karl August 대공 초청으로 당시 인구가 6천 명이 채 되지 않던 조용한 소도시 바이마르로 가게 되는데, 공국을 물려받은 카를 아우구스트 대공은 당시 열여덟이었고 괴테는 스물여섯이었어요. 바이마르에서는 괴테를 초빙한 것과 관련하여 반대 여론이 적지 않았는데, 카를 아우구스트 대공은 "나는, 그리고 자신의 의무를 행하고자 하는 사람은 누구나 명성을 얻기 위해서가 아니라 신과 자신의 양심 앞에서 스스로를 정당화할 수 있기 위해서 일한다."고 하면서 괴테에 대한 전폭적인 지지와 신뢰를 보냈지요. 1776년 6월 추밀 외교참사관으로 바이마르의 국가 업무를 시작한 괴테는 1782년 재무당국인 대장성을 관장하게 됨으로써 바이마르 공국의 중요한 직위를 모두 손에 쥐게 되지요. 그 후 괴테가 이탈리아 여행을 마치고 돌아온 1788년까지 그의 바이마르 초기 10년 동안 그에게 가장 커다란 영향을 끼쳤던 인물이 샤를로테 폰 슈타인 부인이었어요.

샤를로테 폰 슈타인 부인은 1742년생으로 괴테보다 일곱 살 연상이었어요. 열다섯 살 때부터 대공비 안나 아말리아를 모시던 궁녀로, 서른세 살이 되어서야 공국의 말馬을 총괄하던 에른스트 프리드리히 폰 슈타인과 결혼을 했지요. 하지만 남편과는 취향이나 관심 분야가 달랐고 잦은 임신과 출산, 자식의 잇따른 죽음으로 그녀의 결혼생활은 그다지 행복하지 않았어요. 그러던 중 의사이자 작가였던 침머만이 샤를로테 폰 슈타인 부인에게는 괴테에 대해, 괴테에게는 샤를로테 폰 슈타인 부인에 대해 자주 이야기를 했기 때문에 이들은 서로 만나기 전부터 상대에 대한 일종의 환상을 가지고 있었다고 해요. 슈타인 부인에게는 괴테의 자유분방함이 하나의 충격이면서도 즐거운 것으로 와 닿았고, 괴테에게는 슈타인 부인의 예의와 규범을 중시하는 교양미와 성숙한 인품이 편안함을 선사하였던 것이지요.

괴테가 바이마르로 온 초기 궁중의 귀족들로부터 견제가 심해 마음고생을 할 때, 슈타인 부인은 그들의 배타적 태도를 비난하면서 괴테를 위로하는 한편 유연하지 못한 괴테의 성격을 지적하고 조언을 아끼지 않았다고 해요. 그러다 보니 고향을 떠나 바이마르에 온 괴테에게는 슈타인 부인이야말로 자신에게 사랑을 줄 수 있는 유일한 여성이었던 거예요. 마치 피를 나눈 형제처럼 신뢰감을 주었던 사람이었죠. 괴테는 1776년 4월 슈타인 부인에게 보낸 편지에서 그녀를 일러 전생의 누이가 아니었다면 아내였을 것이라고 하면서 자신의 찢겨진 가슴이 천사와 같은 그녀의 팔에 안겨 편히 쉴 수 있었다고 사랑을 고백하기도 했지요. 괴테는 슈타인 부인을 사랑했던 10년 간 무려 1,700통이나 되는 편지를 보냈다고 하니 슈타인 부인에 대한 괴테의 사랑이 어느 정도였는지 짐작할 수 있지 않을까 해요.

하지만 자존심이 강했던 괴테는 바이마르의 귀족 사회에 잘 어울리지 못했고, 그럴 때마다 슈타인 부인의 조언을 구했는데, 슈타인 부인의 조언을 괴테가 전적으로 수용한 것은 아니었고 또 그다지 평판이 좋지 않았던 외지 청년 괴테를 만나는 것이 슈타인 부인으로서는 부담스러울 수밖에 없었지요. 게다가 1785년부터 칼스바트에서 여름휴가를 보내게 된 괴테는 그곳에서 세련된 귀족과 여성들을 만나게 되면서 슈타인 부인에 대한 마음 또한 식어갔던 것으로 보여요. 그래서였는지는 모르지만 이듬해 9월 칼스바트에서 여름휴가를 보낸 괴테는 슈타인 부인에게 아무 말도 하지 않은 채 로마로 떠났고, 2년 후인 1788년 이탈리아 여행에서 돌아온 괴테가 크리스티아네 불피우스Christiane Vulpius를 만나 동거를 하게 되자 슈타인 부인과는 자연스럽게 멀어질 수밖에 없었어요.

슈타인 부인과의 사랑이 이렇게 사그라들기는 했지만 아내였던 크리스티아네 불피우스를 제외한다면 슈타인 부인은 괴테가 사랑했던 여인 가운데 가장 오랫동안 사랑한 여인이었고, 유일한 연상의 여인이었으며, 가장 열렬히 사랑했던 여인이었다고 할 수 있어요. 그만큼 도움도 많이 받았고, 문학적 교감도 많았던 여인이었지요.

파우스트 전설과 괴테의 『파우스트』*FAUST*

단웅이 슈타인 부인과의 사랑 이야기는 괴테의 바이마르 시절을 이해할 수 있는 이야기이기도 한 것 같네요. 그럼 이번에는 괴테의 대표작이라고 하는 『파우스트』에 대해서 이야기해 볼까 해요. 우선 『파우스트』는 괴테가 새롭게 창작해 낸 것이 아니라 꽤 오래 전부터 전해 내려온 파우스트 박사 이야기를 재창작한 것이라고 하던데, 그런가요?

윤 교수 네. 파우스트는 실제로 존재했던 인물이었다고 하네요. 이는 몇몇 문헌을 통해서 확인된 사실인데, 파우스트와 관련해서 현재 남아 있는 자료 가운데 가장 오래된 것은 1507년 8월 20일 요하네스 트리테미우스Johannes Trithemius가 요한 피르둥Johann Virdung에게 보낸 편지라고 해요. 요하네스 트리테미우스는 이 편지에서 파우스트를 '부랑자'이자 '떠벌이 사기꾼'이라고 칭하면서 교회의 가르침에 위반되는 짓을 사람들에게 가르칠 수 없도록 해야 한다고 했다고 해요. 한편 요하네스 트리테미우스가 겔른하우젠Gelnhausen이라는 마을의 성당 신부에게서 들은 얘기에 따르면, 파우스트는 뛰어난 기억력과 지식을 가지고 있어서 플라톤에서 아리스토텔레스에 이르는 모든 고전들이 인간의 기억 속에서 사라진다고 해도 모두 되살려 놓을 수 있다고 자랑하고 다녔다고 하는군요. 그리고 『침머 연대기』*Zimmerische Chronik, 1565*에서는 파우스트가 1540년 경 브라이스가우Breisgau라는 작은 나라의 슈타우펜 또는 그곳에서 멀지 않은 곳에서 죽었다고 하면서 당시까지 독일 땅에서 볼 수 있었던 마술사 가운데 가장 뛰어난 인물이었다고 했다고 하네요. 이와 같은 기록을 참고하면 역사적으로 실존했던 인물 파우스트는 1500년대 초반부터 1530년대 후반까지 독일 전역에서 활동했던 마술사로, 반교회적인 활동을 해서 사회적으로 물의를 일으켰던 인물이라고 할 수 있을 것 같네요.

한편 파우스트가 죽고 난 뒤, 그에 대한 이런저런 이야기들이 만들어지고 입에서 입으로 전해지면서 역사적 사실과 뒤섞이게 됨에 따라 무엇이 사실이고, 무엇이 만들어낸 이야기인지 가려내기 어렵게 되었다고 해요. 예를 들면, 스위스 바젤의 목사인 요하네스 가스트Johannes Gast 같은 경우, 바젤에서 파우스트와 식사를 함께 했었다고 하면서 그의 곁에는 개 한 마리와 말 한 마리가 있었다고 하고, 그는 악마에게 목이 졸려 죽었다고 하면서 그의 시체는 얼굴을 땅에 박은 채 들것에 누워 있었다는 이야기를 하고 다녔다는 것이지요. 이렇게 파우스트에 대해서 전해오는 이야기들을 모아서 1587년에 나온 책이 『요한 파우스트 박사 이야기』라고 하지요. 프랑크푸르트의 출판업자 요한 슈피스Johann Spies가 펴낸 이 책 표지에는 이런 문구가 적혀 있지요. "요한 파우스트 박사 이야기. 널리 돌아다닌 검은 마술사 이야기. 악마와 기한을 약속하고 서약한 이야기와 그 사이에 벌어진 희귀한 일들, 그리고 자업자득으로 마침내 당연한 천벌을 받을 때까지의 이야기, 그가 직접 남겨놓은 글에서 나온 많은 이야기들을 교만하고 쉽

바이마르의 괴테와 실러 상(像)

게 호기심에 이끌려 신을 배반한 모든 사람들에게 끔찍하고도 혐오스런 본보기로 경고하기 위한 충정에서 자료를 모두 모아 책으로 만들었다." 『요한 파우스트 박사 이야기』의 핵심 주제는 악마와의 계약으로, 신을 배신한 인간 파우스트가 신의 구원을 받지 못한다는 것이고, 이를 통해 양식 있는 사람들에게 악마의 실상을 분명히 깨우쳐 주고, 그들에게 경종을 울리기 위한 목적의식이 강했던 책이라고 할 수 있지요. 파우스트는 르네상스 시대 반기독교적 인문주의자이자 근대적 의미의 자연과학자로, 구질서를 고수하는 입장에서 보면 매우 위험한 인물이었던 것이지요.

이 『요한 파우스트 박사 이야기』가 출판되던 해에 영국의 유랑 극단이 런던으로 돌아가는 길에 이 책을 극작가 크리스토퍼 말로우 Christopher Marlowe에게 전했는데, 말로우는 이것을 순수한 무대 작품으로 만들었어요. 말로우의 『파우스트 박사의 삶과 죽음, 그 비극적 이야기』가 런던에서 출판된 것은 1604년이었지요. 영국의 유랑극단은 말로우의 파우스트를 다시 독일로 가져가 상연하였지요.

괴테는 이처럼 오래 전부터 전설로 전해온 파우스트 박사 이야기와 연극으로 상연되던 말로우의 드라마 「파우스트」를 익히 알고 있었지요. 그리고 괴테는 전설 파우스트 박사 이야기나 말로우의 드라마 「파우스트」와는 다른 그만의 『파우스트』를 그의 전 생애를 바쳐 완성해내지요. 괴테의 『파우스트』는 신의 구원을 받는 것으로 끝난다는 점에서 이전의 파우스트와는 다른 결말을 보여 주지요. 결말만이 아니라, 작품을 통해 궁극적으로 전달하는 메시지가 전혀 다르다는 점에서 괴테의 『파우스트』는 독보적인 위치를 차지하게 되었지요.

괴테의 『파우스트』는 그가 스물두 살이던 1771년 12월부터 쓰기 시작하여 그의 생애 마지막 여름이었던 1831년 8월에 완성되어 밀봉되었는데, 이듬해 그의 나이 여든두 살 되던 1832년 1월에 다시 꺼내어 고쳐졌다고 해요. 무려 60년이 넘는 기간 동안 이루어진 괴테 필생의 역작이 『파우스트』인 거지요. 그런데 괴테가 60년 동안 『파우스트』를 계속해서 썼던 것은 아니에요. 중간에 잠시 중단되기도 했는데, 괴테가 필생의 역작 『파우스트』를 완성할 수 있었던 것은 프리드리히 실러Friedrich von Schiller와 에커만Johann Peter Eckermann의 관심과 독려가 있었기 때문이라고 하지요.

슈트라스부르크 대학 시절부터 파우스트에 대한 희곡을 쓸 생각을 했던 괴테는 초기 바이마르 시절 미완성의 원고를 낭독하곤 했는데, 이것을 궁녀 루이제 폰 괴히하우젠이 베껴 적어 두었기에 『초고 파우스트』가 보존될 수 있었다고 하네요. 괴테는 이 작업을 완성할 수 없다고 생각해서 그 후 몇몇 장면만 추가해서 1789년에 『단편斷片 파우스트』를 출간하지요. 그렇지만 『파우스트』의 미발표 부분을 보내달라는 청과 함께 가능한 한 끝까지 추적하고 싶다는 프리드리히 실러의 간청에 의해서 괴테는 1797년 6월 다시 집필에 착수하지요. 작품을 완성은 하지 못하더라도 상당 부분 더 진척시켜 보겠다고 말이지요. 그 후 괴테는 1806년 『파우스트』 제1부를 완성하고 1808년 출판을 하지만 이후 20년 동안 또다시 『파우스트』 집필이 중단되지요. 이렇게 거듭 중단된 『파우스트』의 집필을 다시 할 수 있도록 한 것이 에커만이었어요. 프리드리히 실러가 제1부의 완성을 독려했던 것처럼 에커만은 거의 매일 같이 괴테와 함께 하면서 『파우스트』 제2부의 진척 상황에 대한 이야기에 귀 기울여줌으로써 제2부가 끝까지 완성될 수 있도록 하지요. 괴테는 1825년 3월 '헬레나 비극'을 집필하기 시작해서 1831년 7월 마침내 『파우스트』 제2부를 완성해 내는데, 『파우스트』를 완성하고 나서 괴테는 "이제 남은 생은 순수한 선물로 여길 수 있겠다."고 했어요. 이 한 마디로 『파우스트』의 집필이 얼마나 힘든 작업이었는지, 그러면서도 또 얼마나 값진 작업이었는지 알 수 있지 않을까 해요. 덕분에 우리는 인류 최고의 걸작 가운데 하나를 만날 수 있게 된 거죠.

단움이 네, 그렇군요. 괴테의 『파우스트』가 그런 과정을 거쳐 완성되었는지는 미처 몰랐네요. 그런데 도대체 어떤 점이 그렇게 훌륭하기에 사람들은 괴테의 파우스트, 파우스트 하는 것인가요?

윤 교수 그건 읽어본 사람만이 알 수 있고 느낄 수 있는 것이라 말씀드리기가 곤란하네요. 설령 말로 설명을 한다 한들, 직접 읽으면서 가슴으로 느끼는 것과는 천양지차일 거예요. 괴테의 『파우스트』를 읽다 보면 인간에 대한 무한한 신뢰를 깨달을 수 있고, 인간의 가치가 과연 어디에 있는 것인지, 어디에 두어야 하는지에 대해 고뇌하고 공감할 수 있게되지요. 그리고 또 그것을 향한 그칠 줄 모르는 도전과 지향, 그것을 지키고자 하는 투쟁과 연대, 그리고 사랑과 죽음, 구원의 문제를 자연스럽게 생각하게 되지요. 또한 괴테의 『파우스트』에는 그 어디서도 찾을 수 없는 그야말로 주옥같은 명대사들이 보석처럼 빛나고 있지요. 이렇게 말하는 것이 가슴에 와 닿으시나요? 그러나 이런 이야기가 결코 과장이 아니라는 걸 지금 이 책을 읽는 여러분과 함께 확인하고 싶은 욕망이 주체할 수 없을 정도로 꿈틀거린다면 이해하실 수 있을지 모르겠어요. 괴테의 『파우스트』는 바로 그런 책이에요.

단웅이 네, 그래도 괴테의 『파우스트』 가운데 어느 한 대목이라도 맛을 보여 주시면 안 될까요? 너무 궁금하네요.

윤 교수 괴테의 『파우스트』가 드라마인 것은 잘 알고 있겠지요? 간혹 작품을 읽지 않은 분들 가운데에는 『파우스트』를 소설이라고 생각하고 있는 분들도 있어서 … 웃음 1999년 괴테 탄생 250주년을 기념하여 작품 전체를 하나도 빠짐없이 공연하는 무대가 하노버와 베를린, 오스트리아 빈에서 막을 올린 적이 있는데, 작품 전체 공연에 걸린 시간만 해도 21시간이나 되었다고 해요. 하루에 공연을 다 소화할 수가 없어서 평일에는 닷새로 나누어 매일 저녁 연속 공연을 하였고, 주말에는 토요일 오후부터 일요일 저녁 밤늦게까지 연속 공연을 해서 소화했다고 하는데, 무대 역시 하나로는 소화를 할 수가 없어서 이 무대에서 저 무대로 배우나 관객이 함께 뛰어다니면서 공연을 하고 보았다고 하는군요.

파우스트 공연 포스터

12,111행의 운문으로 이루어진 괴테의 『파우스트』는 '비극 제1부'와 '비극 제2부'로 구성되어 있지요. '비극 제1부'는 작품 전체의 프롤로그라고 할 수 있는 「헌사」와 「무대 위에서의 서연」, 「천상의 서곡」이 앞에 나오고 이어서 소위 '학자의 비극'과 '그레트헨의 비극'이라고 하는 작은 세계, 즉 시민사회에서의 극적 갈등이 펼쳐지지요. 그리고 '비극 제2부'는 제1막부터 제5막까지로 나누어져 있는데 여기에서는 '황제의 비극', '헬레나 비극', '지배자의 비극'과 같은 광대한 세계, 궁정사회에서의 극적 갈등이 펼쳐지지요.

널리 알려져 있는 대목이기는 한데, 작품의 프롤로그에 해당하는 「천상의 서곡」에서 주님과 메피스토펠레스는 파우스트를 두고 내기를 하지요. 주님은 메피스토펠레스에게 얼마든지 파우스트를 데리고

아우어바흐 술집 앞의 파우스트와 메피스토펠레스

가보라고 하지요. 인간은 어두운 충동 속에서도 무엇이 올바른 길인지 잘 알고 있다고 믿기에, 인간은 노력하는 한 방황하는 법이기에 끝내는 사랑의 울타리 안으로 돌아오리라고 믿지요. 그렇기 때문에 메피스토펠레스는 그런 파우스트를 자극하고 일깨우는 존재에 불과할 뿐이라고 생각하는 것이지요. 하지만 메피스토펠레스는 파우스트를 유혹할 수 있다고 확신하기에 주님의 내기 수락을 반기며 자신의 승리를 낙관하지요.

그래서 마침내 메피스토펠레스는 파우스트를 찾아가 그와 내기를 하게 되지요. 이 세상에서는 자기가 파우스트의 하인 노릇을 하며 그의 지시에 따라 쉬지 않고 일하겠다고, 대신 저 세상에서 다시 만나게 될 때에는 파우스트가 자신을 위해 그렇게 하기로 하자고. 파우스트는 하나의 단서를 달면서 내기를 수락하지요. 자기가 순간을 향하여 "멈추어라, 너 정말 아름답구나!"라고 말한다면 그렇게 해도 좋다는 것이었지요. 파우스트가 이렇게 내기를 수락한 것은 자신은 결코 감언이설에 속아 자기도취에 빠지거나 관능의 쾌락에 농락당하지 않을 것이라고 확신하고 있었기 때문이지요.

그런데 결과는 어떻게 되었나요? 그리고 그 말을 입 밖으로 내뱉었음에도 불구하고 파우스트가 끝내 구원을 받을 수 있었던 것은 무엇 때문이었을까요?

눈이 먼 파우스트는 자신의 무덤 파는 소리를 들으며 다음과 같이 이야기하지요.

> "자유도 생명도 날마다 싸워서 얻는 자만이
> 그것을 누릴 자격이 있는 것이다.
> 그래서 위험에 둘러싸이더라도 여기에선
> 남녀노소가 모두 값진 나날을 보내는 것이다.
> 나는 이러한 군중을 지켜보며,
> 자유로운 땅에서 자유로운 백성들과 살고 싶다.
> 그러면 순간을 향해 이렇게 말해도 좋으리라.
> <멈추어라, 너 정말 아름답구나!>"

천사들은 또 이렇게 노래하지요.

> "구원되었구나, 고귀한 몸이
> 영의 세계에서 악으로부터.
> 언제나 지향하며 노력하는 이,
> 그를 우리가 구원할 수 있노라.
> 그에게는 사랑도
> 높은 곳에서 관여해 왔으니

축복받은 무리가 그를 맞는다.

진심으로 환영하며."

이 대목들이 가슴을 울리는 까닭은 무엇인가요? 이 대목들이야말로 괴테의 『파우스트』라는 작품이 주체할 수 없는 감동을 선사하는 명작임을 새삼 깨닫게 하는 대목들이지요. 그래서였을까요? 괴테 역시 바로 이 대목에 파우스트의 구원에 대한 열쇠가 들어 있다고 말했답니다.

괴테의 『파우스트』에는 주님과 악마 메피스토펠레스가 등장할 뿐 아니라 트로이의 왕자 파리스와 가장 아름다운 여인 헬레나가 등장하고, 인조인간 호문쿨루스도 등장하지요. 게다가 시간적으로는 고대에서부터 중세는 물론 근·현대에까지 걸친 다채로운 사건들을 다루고 있고 공간적으로도 천상과 지상은 물론 지옥까지도 무대로 삼고 있어 작품의 편폭이 상상을 초월한다고 해도 과언이 아니에요. 그러면서도 궁극적으로 인간이 지향해야 할 바가 무엇인지를 진지하게 탐구하고 있다는 점에서 고전 가운데 고전이라고 하지 않을 수 없지요. 어떤가요? 그렇게 생각하시나요?

예술 창작의 원천, 파우스트

단웅이 네, 잘 알겠습니다. 만사를 제쳐두고 『파우스트』의 세계 속에 빠져들고 싶은 생각이 드네요. 괴테의 『파우스트』가 후대에 끼친 영향은 그 어떤 작품보다도 대단했을 것으로 보이는데, 어떤 것이 있을까요? 한두 가지 사례를 말씀해 주신다면 좋겠어요.

윤 교수 네. 말씀드린 것처럼 파우스트 박사 이야기는 괴테가 창작해낸 것이 아니라 괴테 이전부터 오랫동안 전해져 온 이야기이기 때문에 괴테 이후에도 끊임없이 이야기되고 공연되었어요. 다만 19세기와 20세기 전반 세계가 민족주의와 제국주의 시대로 접어들면서 나라마다 자국의 정체성을 세우기 위해 민족의 신화와 그 주인공들을 부각시키는 작업에 열중했는데, 독일에서는 파우스트가 독일 민족의 고유한 전통을 대변할 수 있는 신화적 인물로 부상하게 되었지요. 괴테의 『파우스트』는 인류 보편적인 측면에서 인간의 실존 자체에 초점을 맞추었기 때문에 괴테 이전의 파우스트 전승이나 괴테 이후 이와 같은 흐름과는 차별화된 것이라고 할 수 있지요. 괴테의 『파우스트』가 오늘날 누가 읽더라도 누구나 감동을 받을 수 있는 것은 바로 이 때문이라고 할 수 있지 않을까 하네요. 그래서 더 가치가 있는 작품인지도 모르겠어요.

파우스트 이야기는 토마스 만의 『파우스트 박사』와 같은 문학작품으로만이 아니라 음악, 미술, 영화, 게임 등 다양한 방식으로 새롭게 창작되고 변주되어 왔는데요, 그 대표적인 사례만 몇 가지 소개하면 다음과 같은 것들이 있어요. 먼저 괴테는 생전에 『파우스트』를 음악으로 만들어 주기를 바랐고 그 일을 담당할 인물로 모차르트를 지목했었지요. 그렇지만 안타깝게도 모차르트가 요절하는 바람에 그 뜻을 이룰 수 없었어요. 베토벤 또한 『파우스트』를 교향곡으로 만들 계획을 가지고 있었지만 끝내 완성하지는 못했어요. 다행히 슈만이나 바그너, 베를리오즈, 프란츠 리스트, 샤를 구노와 같은 기라성 같은 음악가들이 교향곡이나 오페라를 만들어 괴테의 『파우스트』에서 받은 감동을 아름다운 선율로 표현해 주었지요.

20세기 들어서는 『파우스트』가 영화와 게임으로도 제작되었어요. 무르나우 Friedrich Wilhelm Murnau 감독의 무성영화 「파우스트-독일 민족의 전설」을 필두로, 르네 클레르 René Clair 감독의 코미디 「악마의 아름다움」, 고르스키 Peter Gorski 감독의 영화 「파우스트-비극 제1부」가 나왔고, 슬로베니아에 제작사를 둔 트리베 Arxel Tribe 사에서는 파우스트 전설을 바탕으로 「파우스트-일곱 영혼의 심판자」라는 게임을 만들기도 했어요.

이렇게 오랫동안 다양한 방식으로 만들어지고 향유되어 온 것이 파우스트 이야기이지요. 물론 파우스트 이야기에는 종교나 철학과 같은 인간 존재의 근원적인 문제가 기저를 이루고 있지만, 다른 한편으로는 인간의 지적·물질적 욕망이나 사랑과 같은 우리의 삶과 밀접하게 관계된 현실적 문제들이 흥미진진하게 펼쳐지고 있어 시대를 초월하여 사랑받고 있는 것이 아닌가 해요. 그래서 끊임없이 재창조되고 있는 것이 파우스트 이야기이고, 그러한 다양한 변주 가운데 가장 높은 봉우리를 이루고 있는 것이 괴테의 『파우스트』이고요.

단움이 네, 그렇군요. 말씀 잘 들었습니다. 마지막으로 『파우스트』를 읽으면서 생각해 보아야 할 문제나 괴테에 대해서 더 알고 싶어 하는 사람들을 위해서 추천해 주고 싶은 책이 있다면 어떤 것이 있을까요?

윤 교수 네, 『파우스트』를 읽다 보면 쉽게 납득하기 어려운 대목들이 있어요. 예를 들면 이런 것이지요. 행복하게 살던 노부부 필레몬과 바우치스의 오두막을 파우스트는 꼭 차지해야만 했을까? 물론 의도한 것은 아니었지만 결국 선량한 그들을 죽음으로까지 몰고 갔음에도 불구하고 그런 파우스트가 구원을 받는 것으로 결말을 맺는데, 이는 어떻게 이해해야 할까? 쉽게 답하기 어려운 문제이지요. 그래서 『파우스트』 작품 전체를 다시 생각해 보게 되고 또 거듭해서 읽어 보게 되곤 하지요. 그러다 보면 인간의 욕망과 한계에 대해서, 삶과 죽음에 대해서, 신과 종교, 구원에 대해서, 그리고 자연과 문명에 대해서도 생각을 하게 될지 모르겠어요. 어쩌면 이런 문제들에 대해서 고민하고 생각하게 하는 것이 괴테가 『파우스트』를 읽는 우리들에게 기대했던 것일지도 모르겠네요.

괴테는 『젊은 베르테르의 슬픔』이나 『파우스트』와 같은 문학작품으로 널리 알려진 작가이지만, 실은 정치가이기도 했고 자연과학자이기도 했으며 화가이기도 했어요. 그래서 어느 한 측면에서 괴테를 안다고 하는 것이 괴테를 충분히 이해한 것이라고 하기는 어려울 것 같아요.

괴테를 이해하려면 다각적인 측면에서 접근을 해야 하는데, 그러기 위해서는 괴테가 남긴 저작을 두루 찾아 읽어보는 것이 좋겠지요. 그 중에서도 몇 권을 추천하라고 하면 다음의 두 책을 우선적으로 권하고 싶네요. 하나는 괴테 스스로 자신의 유년기와 청년기의 삶을 기록한 『시와 진실』이고요, 다른 하나는 그의 만년의 삶을 기록한 요한 페터 에커만의 『괴테와의 대화』예요. 물론 『이탈리아 여행기』나 『프랑스 종군기』 같은 괴테 자신의 또 다른 책도 있고, 페터 뵈르너가 쓴

『괴테』나 뤼디거 자프란스키가 쓴 『괴테, 예술작품 같은 삶』도 있어요. 그렇지만 이 두 책은 괴테의 육성을 통해서 그의 삶과 내면을 깊숙이 들여다보게 해 주고 그 과정에서 좀처럼 경험하기 힘든 감동까지 가져다주기 때문에 괴테에 대해 관심을 가지고 있는 분들에게는 일독을 권하고 싶은 책이에요.

『괴테와의 대화』를 읽으면 『파우스트』에 대해서 자연히 알게 될 텐데, 좀 더 깊이 있는 이해를 원하는 분이 있다면 『파우스트 그는 누구인가』와 『괴테 그리고 그의 영원한 여성들』을 추천하고 싶네요. 두 권 모두 괴테 연구자들의 글을 모아 놓은 책이지만, 꼭 전공자가 아니더라도 이해하는 데 어렵지 않아서 『파우스트』에 대한 주변적 이해로부터 한 걸음 더 나아간 심층적 이해로 이끌어 주리라고 믿어요.

괴테를 읽는 것은 그가 탐구한 인간과 세계의 본질을 이해하고 그 속에 등장하는 다양한 인간 군상의 모습을 추체험하는 과정일 거예요. 뿐만 아니라 괴테를 읽는 것은 우리 자신과 우리를 둘러싸고 있는 사람들, 그리고 사회와 세계를 이해하는 렌즈를 다시 한번 닦는 일이 되기도 할 거예요. 아울러 괴테가 건져 올린 주옥같은 문장들을 통해서 우리의 정신을 더 높은 곳으로 고양하는 시간이 되리라고 확신해요. 그런 점에서 괴테, 그의 『파우스트』를 읽는 것은 우리에게 참으로 커다란 행복과 감동을 선사하는 시간이 될 거예요.

참고 문헌

요한 볼프강 폰 괴테, 전영애 옮김, 『파우스트 1·2』, 도서출판 길, 2019.

요한 볼프강 폰 괴테, 정서웅 옮김, 『파우스트 1·2』, 민음사, 1999.

요한 볼프강 폰 괴테, 박찬기 옮김, 『젊은 베르테르의 슬픔』, 민음사, 1999.

요한 볼프강 폰 괴테, 안삼환 옮김, 『빌헬름 마이스터의 수업시대 1·2』, 민음사, 1999.

요한 볼프강 폰 괴테, 박찬기·이봉무·주경순 옮김, 『이탈리아 기행 1·2』, 민음사, 2004.

요한 볼프강 폰 괴테, 전영애 옮김, 『괴테 자서전 -시와 진실-』, 민음사, 2009.

요한 볼프강 폰 괴테, 이관우 옮김, 『괴테 자서전 -나의 인생, 시와 진실-』, 우물이 있는 집, 2013.

요한 페터 에커만, 장희창 옮김, 『괴테와의 대화 1·2』, 민음사, 2008.

안삼환, 『괴테 그리고 그의 영원한 여성들』, 서울대학교출판부, 2005.

이상기, 『괴테, 불멸의 사랑』, 푸른 숲, 1999.

이인웅, 『파우스트 그는 누구인가?』, 문학동네, 2006.

임홍배, 『괴테가 탐사한 근대』, 창비, 2014.

한국괴테학회, 『괴테사전』, HUEBOOKS, 2017.

뤼디거 자프란스키, 호모포에티카 옮김, 『괴테, 예술작품 같은 삶』, 휴북스, 2017.

페터 뵈르너, 송동준 옮김, 『괴테』, 한길사, 1998.

E.M.번즈·R.러너·S.미첨, 손세호 옮김, 『(새판) 서양 문명의 역사(하)』, 소나무, 2007.

소년에서 신사로, 성장소설의 완성
—찰스 디킨스, 『위대한 유산』

성은애

> 오래전 내가 대장간을 처음 떠났을 때 아침 안개가 걷혔던 것과 똑같이, 그렇게 저녁 안개가 그 순간 대지 위에서 걷히고 있었다. 그리고 그 안개 밑으로 넓게 펼쳐져 나타난, 고요한 달빛 속의 그 모든 풍경 속에서 나는 그녀와의 또 다른 이별의 그림자를 전혀 보지 못 했다.

찰스 디킨스, 그는 누구인가?

단비　찰스 디킨스라는 작가는 어떤 사람인가요? 간단히 소개해 주세요.

성 교수　찰스 디킨스Charles Dickens, 1812~1870는 19세기의 영국 문학을 대표하는 소설가입니다. "제2의 셰익스피어"F. R. Leavis라는 찬사를 받을 정도로, 대중성과 예술성이라는 두 마리 토끼를 다 잡은 작가이지요.

살아있을 때는 물론 사망한 후에도 대중적인 인기가 하락한 적 없이 꾸준히 사랑받았고, 비평가들로부터도 빅토리아조[1] 최고의 문학적 성취라는 평가를 받고 있습니다.

단비 성장 과정은 어땠는지 궁금합니다. 부모님은 뭐 하는 분이셨는지요.

찰스 디킨스

성 교수 1812년 2월 7일, 런던 남쪽의 항구도시 포츠머스에서 태어났고, 아버지는 해군에서 경리일을 하는 말단 사무직이었어요. 그러다 해군의 구조조정으로 아버지의 일자리가 없어져, 가족들이 모두 런던으로 이사했습니다. 아버지가 빚을 갚지 못해 감옥에 들어갈 정도로 형편이 좋지 않았지요. 장남인 디킨스는 불과 열두 살의 나이로 런던 시내에 있는 작은 구두약 공장에서 숙식을 해결하며 일해야 했고, 이 사건은 디킨스에게 엄청난 트라우마로 남게 되었어요. 가족을 부양하지 못한 아버지에 대한 원망도 있었을 것이고, 어린아이들을 가혹하게 부려 먹는 열악한 노동환경도 충격적이었겠지요. 다행히 몇 달 후에 아버지는 빚 문제가 해결되어 감옥에서 나오게 되었고, 디킨스도 다시 학교로 돌아갈 수 있었어요. 아마 이때 영어로 번역된 『돈키호테』나 『아라비안나이

1 영국 빅토리아 여왕(Queen Victoria)의 재위 기간인 1837~1901 사이를 말한다.

트』 등을 비롯하여 당시에 유행하던 소설들을 이것저것 읽고, 문학의 매력에 눈떴을 것이라고 추측됩니다.

단비 그 이후는요?

성 교수 디킨스는 대학에 갈 형편이 안 되어서, 15세의 나이에 학교를 그만두고 변호사 사무실에서 잔심부름을 하는 것으로 일찌감치 직장 생활을 시작했어요. 워낙 눈치 빠르고 영리한 소년이라서, 변호사 사무실에서 일하면서 법조계의 생활을 어깨너머로 보았죠. 그의 소설에 변호사 사무실이나, 법원 등이 아주 생생하게 묘사된 것은 아마도 이때의 경험 덕분이 아닌가 합니다. 『위대한 유산』*Great Expectations*에서도 변호사 재거스가 아주 강렬한 인물로 등장하지요. 바지런한 디킨스는 이때 독학으로 속기도 공부했어요. 그리고 변호사 사무실을 그만두고 법원과 국회에 출입하면서 기사를 써서 신문이나 잡지에 파는 프리랜서 기자가 되었지요. 요즘 기자가 되려면 4년제 대학 졸업하고 어마어마하게 힘든 '언론고시'를 거쳐야 하지만, 이 당시엔 저널리스트라는 개념도 별로 없었고, 그저 부지런히 취재해서 흥미로운 이야기를 써주면 되는 것이었어요. 글재주가 좋았던 디킨스는 20대 초반에 이미 신문잡지사에서 선호하는 기자가 되었죠. 속기를 익혀둔 것도 요즘처럼 녹음 기술이 없던 시절에는 국회나 법원에서 일어나는 일을 신속하게 전달하는 데 요긴했을 겁니다. 빨리 쓰고, 잘 쓰고, 그거면 된 거죠.

단비 법원이나 국회에서 일어나는 일을 보도한 것이 뭐 그렇게 인기가 있었을까요?

성 교수 이 당시의 영국은 산업 혁명에 이어 정치·경제·사회·문화 모든 면에서 격동의 시대였다고 할 수 있어요. 그래서 국회에서 여야가 법 개정을 위해서 토론하고 싸우고 선동하고 하는 과정 전체가 온 국민의 관심사였다고 할 수 있지요. 게다가 요즘처럼 TV나 인터넷 같은 매체가 없으니까, 종이에 인쇄된 문자 매체가 지금보다 훨씬 중요한 비중을 차지했다고 볼 수 있습니다. 그 과정에서도 디킨스는 일단 1832년의 선거법 개정의 과정을 아주 생생하게 체험했어요. 일찍이 1688년 명예혁명 이후로 입헌군주제 국가였던 영국은 선거제도가 아주 중요한데, 말이 선거지 오늘날의 선거와는 많이 달랐어요. 일단 성인이 된 모든 국민이 선거권을 갖는다는 보통선거의 원칙이 지켜지지 않았고, 일정한 금액의 재산세를 내는 남성만이 선거권을 가질 수 있었으니까요. 다시 말해서 여성 전체, 그리고 자기 명의로 된 재산이 없는 남성은 투표권이 없었습니다. 19세기 내내 영국의 의회에서는 이 투표권을 21세 이상의 모든 국민에게 확대하는 방향으로 몇 차례의 선거법 개정이 이루어져요. 남성의 경우는 이렇고, 여성은 1차 세계대전이 끝난 이후에야 선거권을 갖게 됩니다. 선거 연령이 18세로 낮춰지는 것이 마지막 법 개정이었고요. 이 기나긴 선거법 개정의 첫 번째 신호탄이 바로 1832년의 1차 선거법 개정이니까, 디킨스는 영국 정치의 중요한 변화를 아주 가까이서 보게 된 것이에요. 그 밖에도 빈민 구제의 문제라든가, 산업혁명 이후 기업 운영과 노동에 대한 법안 등 여러 가지 사회 문제들이 의회에서 논의될 수밖에 없는 상황이어서, 디킨스는 자연스럽게 영국의 현실에 대한 지식들을 얻게 되고, 나름대로의 정치적 입장을 갖게 되었다고 할 수 있어요.

단비 신속하게 잘 쓰는 기자로 인정받았다면 그걸로 충분히 만족스러웠을 텐데, 어떻게 하다가 소설가가 된 건가요?

성 교수 국회 관련 기사를 쓰면서 짬짬이 에세이나 짧은 이야기들을 쓰기도 했거든요. 그 짧은 이야기들을 모아서 『보즈의 스케치』*Sketches by Boz*라는 책을 냈어요. 그 책을 본 '채프먼 앤 홀'이라는 유명 출판사에서 디킨스를 로버트 세이무어Robert Seymour라는 유명한 화가의 화집에 이야기를 써줄 작가로 스카우트합니다. 한 달에 한 번씩 몇 장의 그림을 아주 얇은 책으로 만들어 시리즈로 출판하는데, 그냥 그림만 있으면 밋밋하니까 그림에 어울리는 재미난 스토리를 같이 내는 거지요. 지금 관점으로 보면 저걸 누가 사보나 할 것인데, 그때는 영화도, 텔레비전도, 인터넷도 없던 시절이니까, 이런 정도의 그림책이면 최첨단 미디어였다고 생각하시면 될 것 같아요.

그런데 우울증에 시달리던 이 세이무어라는 화가가 시리즈를 시작하자마자 자살해버려요. 그래서 이때 디킨스가 출판사와 다시 딜을 해서 그림에 이야기를 붙이는 것이 아니라 이야기가 주가 되고 그림은 삽화로 조금만 넣는 식으로, 해블롯 K. 브라운이라는 젊은 화가를 섭외해서 시리즈를 이어가게 됩니다. 이것이 디킨스의 소설 데뷔작인 『피크위크 페이퍼스』*Pickwick Papers*예요. 처음에 그림책으로 기획하여 400부 정도 팔리면 좋겠다고 예상했던 이 작품이 디킨스의 스토리가 전면에 부각되어 인기를 끌면서 판매량이 급증하여 매월 4만 부 정도가 팔리는 대히트를 기록해요. 그리고 이때 디킨스 때문에 얼

결에 데뷔한 신인 화가 해블롯 브라운은 평생 디킨스 소설의 대부분의 삽화를 담당하는 동반자가 되지요. 이렇게 해서 디킨스는 소설가가 되고, 매월 삽화를 곁들인 얇은 책을 시리즈로 출판하는 방식으로 소설들을 쓰게 됩니다.

단비 그 이후론 우리가 잘 아는 인기 작가 디킨스로 승승장구한 거죠? 데뷔작부터 대히트라니, 대단합니다. 4만 부면 어느 정도의 인기인지 감이 잘 안 잡혀요.

성 교수 1830년대 초 런던의 인구가 150만 정도, 1850년 무렵에는 2백만 정도라고 해요. 서울 인구가 천만 명쯤 된다고 하면 4만 부 판매는 인구비례로 하면 현재 한 25~30만 부? 그 정도로 생각하면 될 것 같아요. 게다가 당시에는 의무교육도 없어서 글을 못 읽는 사람도 많았으니까 그것도 감안하면 더 대단한 인기라고 할 수 있지요. 옛날에 시청률 50% 넘겼다는 전설의 인기 드라마? 혹은 구독자 수백만 이상의 인기 채널? 그런 정도의 느낌이라고 보셔도 좋을 것 같아요. 게다가 4만 부는 그냥 기본이고, 매번 시리즈로 내는 소설들이 5~6만 부 정도씩 팔렸고, 잡지 연재의 경우에는 10만 부씩 팔리기도 했거든요. 3~4만 부 팔리면 슬럼프!라고 했으니까요.

단비 소포모어 징크스 같은 건 없었나요? 슬럼프는요?

성 교수 두 번째 작품은 우리가 잘 아는 『올리버 트위스트』*Oliver Twist*라는 작품이니까, 소포모어 징크스 따위는 없었던 거라고 봐야죠. 이 작품은 아시다시피 고아 소년이 온갖 고생 끝에 행복한 가정으로 돌아가는 성장 스토리인데, 이러한 패턴의 고아의 성장 스토리가 19세기에 가장 유행했던 소설 유형 중 하나입니다. 디킨스의 『데이비드 커퍼필드』*David Copperfield*나 『위대한 유산』도 기본적으로는 고아 소년의 성장 스토리이고, 샬롯 브론테의 『제인 에어』 같은 작품도 그렇지요. 다 그 당시에 매우 인기 있었던 작품이고 현재까지도 '명작'으로 전해져 내려오고 있지요. 디킨스가 딱히 '흥행' 면에서 완전히 실패한 작품은 없어요. 중간에 『마틴 처즐위트』라는 작품이 좀 아슬아슬했는데, 시리즈 초반에 아예 주인공을 미국으로 보내서 소설의 설정을 완전히 '리셋'하여 위기를 극복했고, 그해 겨울에는 문학계 최초의 '계절상품'이라고 할 수 있는 『크리스마스 캐럴』*A Christmas Carol*을 출판해서 초대박이 났지요. 작품에 대한 비평가들의 평가는 엇갈릴 수도 있겠지만, 평생 흥행 실패는 안 해본 작가입니다. 21세기에 태어났다면 소설가보다는 아마 천재 기획자? 마케팅의 귀재? 뭐 이런 칭호를 듣지 않았을까 싶어요. 본인의 취향이 대중의 취향에 딱 맞춰져 있는 행복한 케이스랄까요.

단비 책도 잘 팔리고, 인기도 많고, 행복한 삶이었겠군요.

성 교수 꼭 그렇다고는… 글쎄요. 일단 가난한 집에서 태어나 교육을 많이 받지도 못했던 흙수저 청년이 순전히 자신의 재능과 열정만으로 최고의 작가가 된 것이니까, 입지전적인 성공 사례이고, 당시 수많은 청년들에게 롤 모델이었던 것만은 사실이죠. 돈도 꽤 많이 벌어서 자기 아버지처럼 가족을 부양하지 못하고 빚더미에 눌려 사는 그런 삶을 살지 않아도 되니까, 그런 정도면 성공한 삶이라고 해야겠어요. 그러나 세속적인 성공과는 별개로, 그가 행복했는가는 좀 더 생각해 봐야 할 것 같아요. 디킨스는 늘 불면증에 시달렸고, 잠이 안 오면 런던의 뒷골목을 돌아다니면서 취재를 했어요. 가족을 위해서는 런던 교외의 로체스터라는 곳에 훌륭한 저택을 구입했지만, 본인은 엄청난 업무량을 감당하기 위해 런던의 사무실에서 지내는 적이 많았고요. 무엇보다 시리즈물을 쓰는 긴장감은 아마 상상 초월이었을 거예요. 드라마 시리즈 연상하시면 되는데, 이 시리즈물이라는 게 보다가 중간에 시들하면 중단하게 되잖아요. 끝까지 다 보도록 만드는 게 쉽지 않지요. 모든 소설을 그런 식으로 출간을 하니까 긴장감이 어마어마했을 것이고, 여기에다가 잡지 편집도 하고, 잡지에 에세이도 쓰고, 유명 인사가 되어 각종 모임에 나가 연설도 하고, 나중엔 자신의 소설을 가지고 1인극처럼 공연하는 낭송회 행사도 많이 했어요. '일중독'이 아니면 하기 어려운 엄청난 양의 일을 해냈고, 결국엔 과로사했다는 표현이 맞을 정도로, 죽기 전날까지 일하다가 뇌출혈로 쓰러져 사망했지요. 독자들에게는 행복을 주었지만, 본인이 행복했을지는 모르겠어요. 보람 있고 훌륭한 삶이라고 할 수는 있겠지요.

『위대한 유산』*Great Expectations,* 1860-61의 탄생 과정

단움이 『위대한 유산』의 기본 아이디어는 언제 어떻게 생겨났나요?

성 교수 1860년, 디킨스가 48세 되던 해, 그는 친구이자 나중에 디킨스 전기를 쓰기도 한 존 포스터에게 뭔가 흥미로운 이야깃거리가 생겼다고 편지를 씁니다. 약간은 그로테스크하고, 또한 코믹한 아이디어라고 표현하지요. 아마 이 그로테스크하면서 코믹한 아이디어란, 주인공 핍이 죄수에게서 유산을 받게 되는 설정을 말하는 것 같아요. 고아 소년의 성장 스토리는 이미 두 번이나 써봤고 크게 히트한 바도 있지만, 이건 조금 더 특이한 설정이 필요하다고 생각했던 듯합니다.

단웅이 『위대한 유산』도 월간 시리즈물로 출판되었나요?

성 교수 아닙니다. 디킨스가 편집하던 주간지 『일년 내내』*All the Year Round*에 연재했어요. 이 잡지에는 디킨스의 또 다른 대표작 중 하나인 『두 도시 이야기』*A Tale of Two Cities*가 연재되기도 했지요. 그런데 그 다음에 연재소설을 맡은 찰스 레버Charles Lever라는 작가의 작품이 좀 재미가 없었던지 잡지의 판매고가 슬슬 떨어지기 시작해요. 당시에는 주간지를 구매하는 데 연재소설을 읽는 재미로 구매하는 사람들이 많았거든요. 그래서 디킨스는 중간에 자신이 구원투수로 나서야겠다고 결심하지요. 이미 주간지 연재를 해봤기 때문에 『두 도시 이야기』와 비슷한 길이의 소설을 주간지 연재 형식으로 발표하는 데는 문제가 없었던 거예요. 또한 크리스마스를 맞이하여 특별 상품으로 만들어낸 『크리스마스 캐럴』의 성공을 염두에 두고 『위대한 유산』도 12월부터 연재를 하기 시작해요. 작품의 시간적 배경이 크리스마스에서 시작되니까, 계절 감각을 적절하게 이용한 거죠. 과연, 잡지의 판매고는 다시 치솟아 10만 부에 이르렀고, 이 소설이 얼마나 인기가 있었는지, 연재가 끝나고 나서 1861년에 단행본으로 출간되자 몇 주만에 4판을 찍었다고 해요.

새티스 하우스

단웅이 자전적인 스토리인가요?

성 교수 소년의 성장기니까 아무래도 본인의 어린 시절을 떠올리면서 쓰기는 했겠지요. 가령 시골에서 어린 시절을 보냈고 나중에 도시로 왔다거나, 어릴 때 생계 때문에 억지로 하기 싫은 일을 해야 했다거나, 대도시에 와서 성공하려고 했다거나, 그런 요소들이 본인의 어린 시절과 연관되는 요소들일 것입니다.

단웅이 위대한 유산의 공간적 배경 중에서도 특히 새티스 하우스가 인상적인데 이건 어떻게 고안해 낸 것인가요?

성 교수 디킨스가 어렸을 때 그의 가족은 포츠머스를 떠나 런던으로 오기 전에 로체스터 인근에 잠깐 살았어요. 디킨스는 나중에 성공한 작가가 되어서 그 동네의 집이 매물로 나오자 바로 구입했는데, 그게 바로 1860년의 일이죠. 해비셤의 집은 아마 그 동네에 있었던 저택을 염두에 둔 것 같아요. 그리고 1850년 잡지에서 우연히 보았던 괴팍한 여성에 대한 기사도 염두에 두었던 것 같아요. 평생 웨딩드레스 같은 흰 옷을 입고 은둔하여 살다가 죽은 여성의 스토리였지요. 몰락한 귀족의 이미지이면서 외부와 접촉을 하지 않고 은둔하는 괴팍한 여인의 이야기는 나중에 미국 작가 윌리엄 포크너의 「에밀리를 위한 장미」1930에서도 기괴하게 비틀려 활용되기도 합니다.

이야기의 재미

단비 『위대한 유산』이 핍이라는 고아 소년의 성장 스토리라는 것은 잘 알려진 사실인데요, 핍의 성장 과정이 몇 단계로 구분될 수 있을까요? 각 단계마다 결정적인 순간들이 있을 것 같아요.

성 교수 네. 이 작품은 크게 3단계로 구성되어 있어요. 그리고 각 단계마다 주간 연재의 흥미를 더하기 위해 중간에 소위 '클리프행어' cliffhanger[2]라고 할 만한 장면들이 배치되어 있지요. 우리는 단행본으로 이 작품을 읽으니까 잘 의식하지 못하지만, 당시 독자들은 아마 1

2 절벽에 매달린 사람, 즉 생사의 기로, 중대한 위기에 봉착한 사람을 말한다. 문학 작품이나 드라마 등에서 갈등이 해결되지 않고 오히려 고조되거나 위기가 절정에 달한 시점에서 에피소드를 끝냄으로써 독자 혹은 시청자의 흥미를 유발하는 연출기법을 말한다.

핍과 해비셤 여사

주일을 기다려야 그다음 장면을 볼 수 있다는 것 때문에 더 열광했을 겁니다. 1단계는 이 소설의 일인칭 화자인 고아 소년 핍이 막대한 유산을 받게 되어 런던으로 떠나는 장면까지, 2단계는 런던에 정착하여 '신사'가 되는 교육을 받던 중 유산의 출처를 알게 되는 장면까지, 3단계는 세월이 흘러 귀향한 핍이 에스텔라와 재회하는 장면으로 마무리됩니다.

단비 이 작품의 스토리를 즐기는 데 가장 중요한 '스포일러'가 있다면 뭘까요?

성 교수 아마 이 해제를 읽는 분들은 대개 작품을 한번 읽으셨겠지만, 아직 작품을 안 읽었고 '스포일러'를 듣기 싫다면 이 답변 부분을 건너뛰는 게 좋을 것 같습니다. (분명히 경고했습니다!) 아마 스토리의 핵심은 핍에게 유산을 준 사람이 누굴까 하는 것입니다. 핍은 에스텔라와의 계급 격차를 절감하면서 좌절감을 느끼며 매형 조의 대장간에서 도제 수업을 하지만, 계속 에스텔라를 잊지 못하고 뭔가 연결고리를 찾고 싶어해요. 이 때 갑자기 런던에서 온 변호사가 나타나 핍이 막대한 유산을 받을 예정이라고 하면서 런던으로 가서 '신사'가 되는 교육을 받으라고 합니다. 핍은 그 변호사가 새티스 하우스에서 만난 해비셤 여사의 변호사임을 알아보고(눈썰미가 좋은 게 탈입니다!), 겉으로는 차갑게 대해도 해비셤 여사가 자신을 위해 뭔가 마련해줬다고 생각하지요. 그러나 결과적으로 보면, 해비셤은 처음부터 핍에게는 아무런 관심이 없었고, 에스텔라와 연결시켜줄 생각은 더더욱 없었던 것입니다. 핍에게 교육자금과 성인이 된 이후에 유산을 약속해준 것은 다름 아닌 크리스마스 무렵 추운 습지에서 어린 핍에게 도움을 받았던 탈옥수 매그위치였던 것이죠. 이 반전은 사실 그 앞부분에서도 조금씩 암시가 되긴 합니다. 그래서 독자들은 핍보다는 먼저 유산을 준 사람의 정체를 막연하게 짐작할 수는 있지요. 다만 막대한 유산이 문제의 해결이 아니라 문제의 시작임을 보여 주는 이 장면은 결국 『위대한 유산』을 이해하는 가장 핵심적인 장면이라고 할 수 있을 것 같습니다. 물론 모르고 읽으면 흥미진진하겠지만, 이 스포일러를 알고 읽어도 작품을 즐기는 데는 큰 지장이 없다고 생각됩니다. '스포일러'로 '스포일'되지 않는 작품이야말로 명작이라고 할 수 있을 테니까요.

단비　그밖에 독자들의 관심과 흥미를 계속 유지하기 위한 스토리상의 장치들이 있다면 어떤 것들이 있을까요?

성 교수 여기에는 여러 가지 대중소설의 요소가 골고루 들어 있어요. 우선은, 위에서 언급한 유산의 미스터리를 풀어나가는 과정이 일단 기본이겠고요, 그밖에도 여러 가지 소소한 미스터리들이 적절하게 배치되어 있어서, 한 가지 의문이 풀리면 또 다른 미스터리가 나타나는 식입니다. 왜 해비셤은 그런 모양새로 사는지, 누나를 공격한 사람은 누구인지, 런던에서 핍을 미행하는 사람은 누구인지, 핍과 허버트가 과연 매그위치를 무사히 탈출시킬 수 있을지, 에스텔라의 출생의 비밀은 무엇인지 등등. 난폭한 액션도 있고요. 예상치 못한 전개가 이루어지는 대목도 많습니다. 이건 직접 읽어보시는 게 좋을 듯합니다. 두 번째로는, 러브스토리도 꽤 흥미진진합니다. 주인공 핍이 에스텔라와 과연 결혼하게 될까, 라는 의문을 끝까지 가지게 될 뿐만 아니라, 조, 허버트, 웨믹 등 핍의 주변에 있는 군소 인물들의 러브스토리도 꽤 독특하고 아기자기합니다. 마지막으로는, 디킨스의 서술 방식이 보여 주는 천재적인 유머 감각을 들 수 있겠습니다. 캐릭터 설정 자체가 코믹한 펌블추크 아저씨, 해비셤, 웨믹, 웝슬 등은 이야기에 엄청난 생기를 불어넣어 줍니다.

인물의 재미와 깊이

단웅이 군소 인물들도 꽤 재미가 있습니다. 이 사람들이 다시 나오기를 기다리게 되고, 잠깐 등장하는 데도 '신스틸러' 같은 인물들이 많아요. 디킨스의 다른 소설들도 이럴까요?

성 교수 그렇습니다. 디킨스는 아주 짧게 등장하는 인물이라도 사람들의 기억에 오래 남을 정도로 어떤 인물의 특성을 잘 포착하여 강렬하게 전달하는 데 능한 작가입니다. 굳이 그 비결을 살펴보면, 짧게 등장하는 인물일수록 그 사람의 외모 같은 특징, 특이한 말투 등을 전면에 배치하고 반복 사용함으로써 쉽게 기억이 나도록 하는 것이죠. 연재물, 혹은 시리즈물을 쓰는 작가 특유의 방법인데, 시간이 한동안 지난 후 다시 등장해도 독자들이 어떤 사람인지 쉽게 알아보도록 하는 것입니다. 캐리커처[3]의 방법이라고도 할 수 있겠고, 약간의 단순화와 과장법을 사용한다고 할 수도 있겠습니다.

단움이 맞아요. 여기서도 펌블추크 아저씨나, 해비셤 여사, 재거스 변호사나 웨믹 같은 인물도 마치 만화에 나오는 인물처럼 느껴졌어요. 쉽게 기억할 수 있고, 나올 때마다 또 같은 말을 반복할 것인가 궁금해지기도 하고. 그런데 이런 인물들이 너무 평면적이어서 캐릭터의 깊이가 부족하다는 비판을 할 수도 있지 않을까요?

성 교수 그렇습니다. 여기서 잠깐 영국의 소설가이자 평론가인 E. M. 포스터 Forster 1879~1970의 개념을 빌려와 볼까요? 포스터는 소설 속의 인물을 평면 Flat 캐릭터와 입체 Round 캐릭터로 구분했어요. 처음 인상으로 제시된 인물이 작품 끝까지 그대로 유지되는 인물은 평면적인 인물이고, 상황과 시간의 경과에 따라 다른 성격을 보이는 인물은 입체

3 사건의 양상이나 인물의 특징을 잡아 과장하여 익살스럽게 표현한 것.

적인 인물입니다. 평면 캐릭터는 독자들에게 별로 고민거리를 제공하지 않지요. 딱히 복잡하거나 이해하기 어려운 경우가 없으니까요. 반면 주인공은 대부분 입체적인 인물이지요. 평면적인 인물로는 복잡한 현대 사회를 살아가는 인물들을 그럴듯하게 그려내기가 쉽지 않을 것입니다. 따라서 포스터는 평면 캐릭터는 주인공이 아닌 코믹한 역할로 나올 때 가장 훌륭하다고 합니다. 즉 개별적인 인물로 보자면 깊이가 부족하고 단순하다고 볼 수 있지만, 작품 속의 특정한 역할을 수행한다는 측면에서 보면 평면 캐릭터가 할 수 있는 역할이 분명히 있고, 디킨스의 경우에는 이러한 평면적 인물들을 아주 잘 활용한 케이스라고 할 수 있습니다. 장편 소설에 등장하는 모든 인물을 입체 캐릭터로 설정할 수는 없으니까요.

단움이 주인공이 아니라면 평면 캐릭터가 할 수 있는 역할이 충분히 있다는 얘기인가요?

성 교수 그렇습니다. 그리고, 포스터가 동의하지 않을 수도 있겠지만, 평면적인 캐릭터라도 상황과 맥락이 복잡한 경우에 갖다 놓았을 때, 그가 하는 일련의 선택을 가지고 얼마든지 복잡한 이야기를 전개할 수도 있다고 생각됩니다. 예를 들어, 그리스 비극이나 서사시에 나오는 인물들은 포스터의 기준으로 보면 평면 캐릭터이지만, 그들이 처한 상황이 매우 극단적이고 복잡한 선택을 요구하기 때문에, "평면적이지만 단순하지 않은" 인물을 만들어낼 수 있는 경우도 있다고 보입니다. 게다가, 평면적이다 입체적이다 하는 구분은 딱 둘로 분명히 나뉘는 것은 아닙니다. 가령 평면을 0이라 하고 입체를 10이라고 하면 그 양극단 사이에 무수히 많은 단계가 있을 수 있는 것이죠. 이 작품에 나오는 평면적 인물들도, 알고 보면 다 나름대로 복잡한 사연이 있고, 반전이 있으니, 완전히 납작한 평면이라고 하기도 어렵습니다.

단웅이 주인공 핍의 경우에는 충분히 깊이가 있는 것 같긴 합니다. 1인칭 서술이어서 그럴까요?

성 교수 그렇습니다. 자서전의 형식을 취하고 있기 때문에, 어린 시절의 핍을 어른이 된 핍의 시선으로 회고하는 형식이라서, 핍이 경험했던 유치한 감정들이나 갈등들이 매우 생생하게 그려지고 동시에 그런 갈등에 대한 어른스러운 판단도 깃들어 있는 것을 볼 수 있습니다. 어린 시절 핍이 가졌던 욕망이나 동경이 런던에 와서 방탕한 생활로 전환되는 과정도 매우 자연스럽고, 자신이 받기로 했던 유산의 원천이 어디인지 드러나게 되는 파국을 향해 가는 과정이나, 그 이후 매그위치의 옆에서 그를 돕게 되고 스스로를 반성하는 과정도 매우 부드럽게 처리되어 있습니다. 독자들은 핍이라는 주인공과 자신을 동일시하면서 그의 내면에 깊숙하게 공감하게 됩니다. 이런 과정을 두고 작가 겸 평론가였던 스윈번 Algernon Swinburne, 1837~1909은 "거의 완벽한 소설"이라고 칭찬하면서, 흠이 있다고 해도 태양의 흑점처럼 눈에 안 보일 정도라고까지 합니다.

고전 속의 여성

단웅이 아무래도 옛날 소설이다 보니 여성 인물에 대한 배려랄까, 그런 것이 좀 부족하지 않을까, 혹은 여성혐오 성향이 드러나지는 않는가, 라는 의문도 생깁니다. 디킨스가 여성 인물을 잘 못 그린다는 평도 본 것 같고요.

성 교수 19세기는 여성의 인권이 지금보다 많이 무시되던 시절이고, 그것이 당연시되던 시절이라서, 현대의 관점, 특히 페미니즘의 관점에서 보면 고전 명작에 나오는 여성 인물에 대한 묘사가 뭔가 판에 박히고, 여성이 대한 편견을 조장하는 것처럼 보일 때가 많습니다. 특히 남성 작가들의 경우에는 더 심하지요. 디킨스의 경우에도, 여성 인물들은 '집안의 천사' Angel in the House로 이상화되거나, 아니면 '마녀'로 설정되어 비호감 인물로 그려지거나, 둘 중의 하나라는 비판들이 꽤 있습니다. 일단 전제되어야 할 것은, 과거의 작품을 읽을 때에는 그 당시의 시대적인 맥락을 고려하고 평가를 해야 한다는 것입니다.

현대의 관점에서 과거의 작품들을 읽으면, 대부분의 작가들의 성차별, 인종차별, 계급차별의 관념을 내면화하고 있다고 느낄 수밖에 없어요. 그 이후로 수많은 법 개정과 시스템의 변화가 있었고, 일반인들의 기본적인 감성이나 태도도 그때와는 많이 달라져 민주주의와 자유, 평등의 이념이 체화되어 있는 상황이기 때문에요. 양반집 도련님, 아가씨가 나이 많은 하인에게 반말을 하는 것을 요즘에는 '갑질'이라고 하지만, 그게 당연하게 받아들여지던 시대가 있었으니까요. 영국도 19세기 초반까지는 노예무역을 했던 나라고, 19세기 내내 여성에게는 재산권도 참정권도 없었고, 대학 진학도 불가능했거든요. 그런 시대를 살던 작가니까, 그런 작가에게 21세기 페미니즘 같은 생각을 기대할 수는 없을 것 같아요. 다만, 작가로서 동시대의 평균치보다 더 고루한 관념을 가졌는지 아니면 진보적인지, 그리고 여성 인물들을 얼마나 실감 나게 잘 형상화했는지, 그런 지점에 관심을 두고 생각해볼 수는 있겠지요.

단웅이 어떤 작품에서도 마찬가지지만, 남녀 불구하고 이상적인 인물을 그대로 형상화하려고 하면 작품으로서의 흥미는 반감되는 것 같아요. 약간 비호감이거나 사악한 인물을 흥미롭게 그려내는 재능이 중요하다고 생각되기도 합니다. 그런 면에서 이 작품의 여성 인물들을 평가해보면 어떨까요?

성 교수 이상적인 여성상에서 벗어나는 여성 인물들은 매우 흥미진진하게 형상화되었다고 볼 수 있겠습니다. 결혼식에서 배신을 당한 이후 결혼식 차림으로 격리되어 살고 있는 기괴한 여인 해비셤은 물론이고, 핍에게 가장 큰 영향을 미치는 에스텔라 역시 성장 과정과 성격의 특이함이 나름대로 설득력 있게 그려졌다고 보입니다. 에스텔라는 예쁜 외모 때문에 핍의 관심을 끌게 되지만, 차가운 악녀라고 할까, 재미로 일부러 핍을 괴롭히는 여성입니다. 역설적인 표현이지만, 핍을 괴롭힐 때가 제일 상냥한 여성이죠. 누군가를 좋아하고 누군가를 배려하거나 호의를 보이는 일 자체를 하지 못하도록 길러졌으니까요. 이러한 에스텔라를 잊지 못하고 계속 에스텔라와 만나기를 갈망하는 핍의 심리는, 결국 소년이 느낄 수 있는 욕망을 가장 직설적으로 보여 준 것이 아닐까요. 에스텔라가 핍과 사이가 좋지 않은 벤틀리 드러믈과 결혼한 것은 거의 변태적인 감정이라고 볼 수 있지만, 에스텔라는 나름대로 불행한 결혼 생활이라는 대가를 치르고 자신의 기이한 성장 과정과 왜곡된 인성에 대해서 반성을 하게 되는 것으로 나옵니다. 매우 비호감인 여성 인물이지만, 핍에게는 '여신'이고, 그러면서도 그냥 평면적인 '악녀'가 아니라 꽤 실감 나게 생생한 인물로 그려졌다고 할 수 있어요.

신사라는 주제

단비　보통 우리가 '영국 신사'라는 관념을 가지고 있는데요. 이 소설에서 핍이 '신사' Gentleman라는 계급을 동경하고 신사가 되고자 한다는 것은 어떤 의미인가요?

성 교수　현대에는 보통 "신사 숙녀 여러분" Ladies and Gentlemen이라는 표현에서처럼, 일반적인 남녀 전체를 가리키는 말로 쓰이지만, 원래 신사라는 말은 철저하게 계급적인 어휘입니다. 개념상으로 영국에서 신사란 토지 소유 젠트리 Gentry의 가장 아래쪽 계급을 말해요. 향사鄕士, Esquire와 독립 자영농 Yoeman의 사이쯤 된다고 할 수 있지요. 그러나 넓게 해석하면 신사는 영국의 지주 계층을 전체적으로 가리키는 말이라고 할 수 있어요. 토지를 소유하고 있어서 자신이 손수 노동을 하지 않아도 먹고 살 수 있는 계층을 신사라고 부른 것입니다. 그러나 산업혁명기가 되면서 이 신사의 기준은 토지 소유와 혈통에서 돈으로 바뀌게 되지요. 즉, 대장장이 도제였던 핍이 막대한 유산을 받게 되면서 런던에 가서 '신사'의 교육을 받게 되는 것이 가능해진 겁니다. 계급이 세습되는 것뿐만 아니라, 자본에 의해서 계층 상승을 할 수도 있게 된 것이죠. 즉, 신사가 된다는 것은 핍의 계층 상승 욕구를 표현한 것입니다. 그리고 그것이 막대한 유산 때문에 가능해진 것이고요.

단비　신사는 일반적으로 점잖고 좋은 매너를 가진 사람을 말하기도 하지 않나요? 돈만 있다고 다 신사라고 할 수는 없을 것 같은데요.

성 교수　그렇습니다. 실질적으로는 사회적 지위에 의한 계층을 가리키는 말이지만, 한 사회의 지배층이 갖춰야 할 미덕이 암암리에 합의되어 있었던 거지요. 중세의 '기사도'는 군주에 대한 충성, 책임감, 약자에 대한 배려와 도움, 굳건한 신앙 같은 미덕을 내세웠고, 근대 이후로도 여전히 그러한 기사도의 미덕 일부가 신사의 자질로 전승되었던 것이라고 할 수 있습니다. 산업혁명 이후 계층구조가 흔들리면서 신사라는 말은 특정한 계층이 조상으로부터 물려받는 세습된 명칭이 아니게 된 것입니다. 이 소설에서도 직업이 대장장이라서 계층으로 보면 신사가 아닌 조 가저리가 사실은 가장 인간적으로 훌륭한 사람이고, 허버트 포킷처럼 믿을 수 있는 친구인 신사도 있지만, 벤틀리 드러믈처럼 계층은 신사인데 전혀 신사답지 않은 사람도 있지요. 그래서 이 소설은 '신사'라는 명칭이 특정한 계층에 대한 명칭에서, 특정한 미덕을 가진 사람을 지칭하는 말로 바뀌어 가는 과도기의 모습을 보여 준다고도 할 수 있습니다.

단비 그렇지만 훌륭한 사람임에도 불구하고 조 가저리는 신사가 아니지 않나요?

성 교수 네. 바로 그 지점이 이 소설의 흥미로운 점입니다. 어떤 신사보다도 더 '신사적'인 미덕을 가진 사람이 조 가저리이지만, 핍은 조의 그런 미덕을 충분히 인정하고 존경심을 표하면서도, 런던에서의 환멸을 뒤로 하고 다시 대장장이가 되려는 생각은 하지 않아요. 고향으로 돌아가 비디와 결혼하겠다는 계획이 어그러지지만, 그것 때문에 굉장히 절망하지도 않지요. 어쨌거나 핍은 조 가저리의 계층에서는 벗어난 상태고, 다시 그 상태로 되돌아가는 것은 원치 않는 것이죠. 매그위치의 경우에도 마찬가지죠. 현대의 독자들에게는 핍이 자신에게 상속하려는 사람이 매그위치라는 것을 알고 왜 그렇게 혐오감을 표현하면서 움츠려야 하는지 의문을 가질 수도 있습니다. 매그위치는 말하자면 『레 미제라블』의 장 발장 같은 인물이죠. 위기의 순간에 자신을 도와준 어린아이를 위해서, 범죄의 세계에서 빠져나와 정직하게 돈을 번, 훌륭한 남자라고 할 수 있잖아요. 그러니까 핍이 매그위치를 다시 만나서 보이는 태도는 전형적인 속물주의라고 해도 할 말이 없어요. 사실은 핍의 입장에서는 해비셤의 돈을 받는 것보단 매그위치의 돈을 받는 것이 훨씬 더 정당한 일이지요. 어쩌면 디킨스는 이렇게 해서 핍도 당시의 계급적인 편견에서 벗어날 수는 없었다는 점을 드러내고, 그럼에도 불구하고 기본적으로 선량한 심성 덕분에 핍이 끝까지 매그위치를 도와주고 죽을 때까지 함께 있어 주는 과정을 보여 줌으로써 핍이 그야말로 진정한 신사로 성장하는 이야기를 들려 주고 있다고 보입니다.

엔딩과 제목

단움이 원래는 지금의 엔딩이 아닌, 새드 엔딩이라고 들었습니다.

성 교수 그렇습니다. 『위대한 유산』의 엔딩은 두 가지가 있는데, 대개의 책은 수정한 엔딩을 수록하고 있어요. 원고 단계에서의 엔딩은 에스텔라와 핍이 런던 한복판의 피카딜리에서 조우하는 것인데, 무역업을 하는 핍은 외국에서 오랜만에 귀국한 상태고, 벤틀리 드러믈과의 참혹한 결혼 생활을 마감한 에스텔라는 재혼하여, 런던에서 우연히 마주친 거지요. 두 사람은 간단한 안부 인사만 나눈 채 쓸쓸히 헤어지는 엔딩입니다. 그런데 디킨스가 불워-리튼Sir Edward Bulwer-Lytton에게 이 원고를 보여 줬더니 이렇게 영영 헤어지는 엔딩은 독자들에게 좀 실망스럽지 않겠느냐고 해서 약간 수정을 한 것이죠. 새티스 하우스에서 다시 만나 둘이 함께 걸어가는 것으로. 딱히 해피 엔딩은 아니지만 분위기는 조금 덜 안타깝지요. 이에 대해서는 독자의 취향에 따라 다른 의견이 있을 수 있다고 보입니다. 어쨌든 완벽한 해피 엔딩은 이 소설의 분위기와 잘 맞지 않는다고 생각했던 것 같습니다. 독자들이 직접 읽어보고 판단하셔야 할 것 같아요.

단움이 제목이 『위대한 유산』인데 『막대한 유산』이라는 번역도 본 것 같습니다. 어떤 쪽이 맞는 것인가요?

성 교수 우리말 번역본은 『위대한 유산』을 택하고 있습니다. 아마 일본어 번역본에서 그대로 따왔던 것으로 보이고, 이 제목을 선호하는 데는 두 가지 이유가 있는 것 같아요. 첫째는, 핍이 비록 돈을 물려받지는 못했으나 그보다 더 중요한 정신적인 유산을 받았다는 것을 강조하기 위해서, 두 번째는 뭔가 표현이 멋있어서? 그러나 좀 더 정확한 번역은 '막대한 유산'일 것 같아요. 왜냐면 이 제목은 런던의 변호사 재거스가 핍에게 찾아와 핍이 '막대한 유산'을 받게 될 예정이라고 말하는 데서 따온 것이거든요. 영어로 Expectations는 '기대'가 아니라 법률 용어로 '유산 상속 예정'이라는 뜻입니다. Great라는 표현도 '막대한' '많은 양의'라는 뜻이지 가치판단을 해서 '훌륭한'이라는 뜻은 아니거든요. 런던에 Great Fire가 발생했다면 큰 불, 대 화재가 발생했다는 뜻이지, '위대한 불'이 났다고 하지는 않으니까요. 따라서 제목은 핍이 받을 예정이었던, 그러나 결국엔 받지 못했던 (매그위치로부터의) 유산을 뜻하는 것입니다. 정신적인 유산을 강조하고 싶었다면 Expectations가 아니라 Legacy라는 단어를 사용했겠지요. 어쨌든 한국의 독자들은 엄밀한 법률적인 용어로서의 '유산'보다는 '위대한 유산'이라는 말이 주는 정신적인 느낌을 좋아하는 것 같고, 그래서 출판사에서는 그렇게들 표기하는 것 같아요. 번역본들이 전부 『위대한 유산』으로 표기하고 있기 때문에 여기서도 그 제목을 썼습니다만, 구체적인 내용은 알고 사용하는 것이 좋을 것 같아서 덧붙입니다.

영화와 드라마

1946 Great Expectations directed by David Lean: 가장 유명한 흑백영화 버전. 100 Best British Films에서 5위까지. Alec Guinness, Jean Simmons 등 출연.

1989 Great Expectations : ITV 시리즈. Anthony Hopkins as Magwitch, Jean Simmons as Miss Havisham. Directed by Kevin Connor.

1998 Great Expectations directed by Alfonso Cuarón: Ethan Hawke & Gwyneth Paltrow. 현대 미국을 배경으로 Pip을 Finncf. 허클베리 핀?으로 바꿈. 영화 음악 Patrick Doyle.

1999 Great Expectations directed by Julian Jarrold: Charlotte Rampling as Miss Havisham.

2011 Great Expectations : Gillian Anderson as Miss Havisham, Douglas Booth as Pip.

참고 문헌

찰스 디킨스, 이인규 옮김, 『위대한 유산』 1-2 (세계문학 전집 212-213), 민음사, 2009.

김경욱, 김중혁 외, 『헬로, 미스터 디킨스』. 이음, 2012. 디킨스 탄생 200주년 기념으로 출간된 소설집. 영국문화원의 후원으로 국내 작가들이 디킨스의 작품에서 영감을 받은 단편들을 썼다.

전승혜, 『찰스 디킨스』 (문학의 이해와 감상 81) 건국대학교출판부, 1996.

헤스케드 피어슨, 김일기 옮김, 『찰스 디킨스 런던의 열정』, 펜데데로, 2017.

Bloom, Harold, ed. *Bloom' Modern Critical Interpretations: Great Expectations-New Edition*. New York: Infobase Publishing, 2010.

Brinton, Ian. *Dickens's* Great Expectations: *A Reader's Guide*. London; New York: Continuum, 2007.

Hardy, Barbara. *Dickens and Creativity*. London; New York: Continuum, 2008.

세대 갈등을 넘어 영원한 화해로

—이반 세르게에비치 투르게네프, 『아버지와 아들』

이항재

> 오, 아니다! 아무리 정열적이고 죄 많은 반역의 심장이 그 무덤 속에 숨어 있을지라도 무덤 위에 자란 꽃들은 순진무구한 눈으로 평온하게 우리를 바라보고 있다. 이 꽃들은 우리에게 영원한 안식이나 '무심한' 자연의 위대한 평온만을 말해주는 것은 아니다. 그것들은 영원한 화해와 무궁한 생명에 대해서도 말하고 있다.

아름다운 천재, 소설가의 귀감이 되는 소설가

단웅이 러시아 문학사와 세계문학사에서 차지하는 이반 세르게에비치 투르게네프의 위치와 의미에 대해 말씀해 주십시오.

이 교수 19세기 러시아의 위대한 사실주의 작가 투르게네프 I.S. Turgenev, 1818~1883는 섬세한 서정적 문체와 인간 내면의 미묘한 움직임을 포착

투르게네프

하는 시인의 마음과 동시대의 사회-정치적 현실을 지진계처럼 기록하는 사냥꾼의 눈을 겸비한 탁월한 작가로 고골, 도스토옙스키, 톨스토이와 함께 19세기 러시아 문학을 세계문학사의 중심에 자리매김한 대문호입니다. 특히 투르게네프는 '러시아 인텔리겐차의 대사'로 불릴 정도로 유럽의 많은 작가들콩쿠르 형제, 메리메, 플로베르, 졸라, 위고, 모파상, 상드과 교류하면서 푸쉬킨과 톨스토이를 비롯한 여러 러시아 작가들을 영어와 프랑스어로 번역하여 해외에 소개하기도 했죠. 이러한 공적을 인정받아 투르게네프는 러시아인 최초로 옥스퍼드대학에서 명예법학박사 학위를 받는 등 해외에서 '러시아문화 대사'이자 최고의 러시아 작가로 인정받았어요. 투르게네프의 문학을 사랑한 미국 작가 헨리 제임스는 투르게네프를 "아름다운 천재, 소설가의 귀감이 되는 소설가"로 극찬했습니다.

단풍이 유년의 기억과 추억은 한 작가의 삶과 문학에 커다란 영향을 미친다고 하는데, 투르게네프의 유년은 어땠습니까?

이 교수 투르게네프는 중부 러시아 오룔 현의 스파스코예 루트비노보에서 부유한 귀족의 둘째 아들로 태어났어요. 마필 보충 담당 장교중위였던 아버지 세르게이는 스물세 살 때 기울어진 가세를 일으키기 위해 삼촌의 돌연한 사망으로 5천여 명의 농노를 상속받은, 여섯 살

연상의 바르바라와 사랑 없는 정략결혼을 했어요. 아버지의 잦은 외도와 어머니의 히스테리로 집안은 늘 긴장과 갈등이 가득했다고 해요. 어린 투르게네프는 농노들을 가혹하게 다루는 어머니를 통해 농노제도의 참상을 목격하고, 농노제도에 대한 반감을 키우면서 농노들과 농노의 자식들과 어울려 지냈어요. 격정적이고 난폭한 어머니에 대한 의식적 반항이었죠. 중부 러시아의 끝없이 펼쳐진 평원과 아름다운 자연은 어린 투르게네프의 유일한 안식처였어요. 투르게네프 문학의 주요 특징인 농노를 비롯한 사회적 약자들에 대한 연민과 동정, 시적이고 서정적인 자연묘사는 투르게네프의 유년 기억 및 체험과 맞닿아있습니다.

단웅이 투르게네프는 러시아의 교양계층인 지식인을 적합한 유형 속에 객관적으로 묘사하고 구현한 대표적인 지식인 작가로 손꼽히는데, 그의 교육적 여정에 대해 알고 싶습니다.

이 교수 투르게네프는 당시 러시아 귀족들의 자녀가 보통 그랬듯이, 훌륭한 가정교육 덕분에 김나지움에 입학하기도 전에 이미 불어, 독어, 영어로 읽고 쓰고 말할 수 있었다고 해요. 그 후 김나지움이 아닌 모스크바 사립 기숙학교판시온에서 중고등학교 과정을 이수하고1827~1832, 1833년에 모스크바대학교 철학부 어문학과에 입학했다가, 집안 사정으로 1834년에 페테르부르크대학교 철학부 철학과로 옮기게 됩니다. 모스크바대학에서는 서클 활동을 통해 진보적인 사상의 세례를 받았고, 페테르부르크대학에서는 시를 쓰는 등 뮤즈의 세례를 받게 되죠. 이때부터 투르게네프는 당대 러시아 사회를 옥죄었던 전제주의와 농노제도를 반대하고 자유와 계몽을 신앙하는 대표적인 서구주의자로 활동하게 됩니다. 투르게네프는 1838년 5월, 모스크바대학교 철학부 교수가 되려는 청운의 꿈을 품고 당시 러시아 젊은이들의 정신적 망명지이자 헤겔의 전당인 베를린대학에 입학해서 칼 베르더 교수의 지도로 헤겔 철학을 깊이 공부하는 등 독일 이상주의 철학에 깊이 빠지게 되죠. 귀국 후, 권력의 감시와 비호 아래 있던 대학에서는 학문을 통해 조국과 국민에게 봉사하겠다는 꿈을 이룰 수 없다는 걸 깨달은 투르게네프는 잠시 내무성 관료로 일하다가 1843년 4월 18일에 사직하고 본격적인 작가의 길로 들어서게 됩니다.

단웅이 투르게네프의 삶과 문학에 결정적인 영향을 미친 두 사람이 있다고 하는데, 그들이 누구죠?

이 교수 1843년 2월, 베를린 유학을 마치고 돌아온 투르게네프는 바쿠닌의 여동생 타티야나와의 사랑에 실패하는 등 일련의 시행착오를 겪으면서 자신에 대한 환멸과 회의에 빠지게 됩니다. 이때, 당시 가장 뛰어난 비평가 벨린스키 Vissarion Grigorievich Belinskii, 1811~1848와 만나게 되죠. 대학 시절 이후 창작의 꿈을 포기하지 않았던 투르게네프는 마침내 포에마 짧은 서사시 「파라샤」 1843를 발표하는데, 벨린스키는 이 시에 나타난 비범한 시적 재능과 러시아 현실에서 이끌어낸 심원한 사상에 대해 호평합니다. 이후 벨린스키는 작가-투르게네프의 든든한 버팀목이자 후원자가 되었고, 두 사람의 우정은 벨린스키가 폐렴으로 요절할 때까지 지속됩니다. 투르게네프는 자신의 삶과 창작에서 벨린스키와의 만남을 '위대한 사건'이라고 말했고, 벨린스키를 친구

비사리온 벨린스키

폴린 비아르도

이자 스승으로 존경했어요. 투르게네프는 자신이 죽으면 페테르부르크 볼코프 공동묘지에 안치된 벨린스키의 무덤 옆에 묻어달라는 유언을 남겼는데, 이 유언은 그대로 실행되었습니다.

1843년 10월 25일, 투르게네프는 페테르부르크에서 열린 「세빌리아의 이발사」 오페라 공연에서 로지나 역을 맡은 스페인 혈통의 프랑스 오페라가수 폴린 비아르도를 처음 본 순간 첫눈에 반해 운명적인 사랑에 빠져듭니다. 그해 11월 1일투르게네프는 이날을 '성스러운 날'이라고 불렀습니다, 투르게네프는 이류 시인 코마로프의 소개로 폴린 비아르도와 직접 만난 이후 생애의 많은 시간을 그녀의 주변에서 맴돌게 되죠. 투르게네프는 폴린 비아르도와 그녀의 남편 루이 비아르도와 친교를 나누며, 때론 프랑스에 있는 비아르도의 집에서 동거하기도 했는데, 이들의 이상한 삼각관계에 대해 소문은 무성합니다.

폴린을 향한 투르게네프의 사랑은 참으로 이상해서 마치 아름다운 여인에 대한 성스러운 숭배를 간직한 중세 기사들의 사랑 같기도 하고, 피와 살을 가진 구체적인 여인에 대한 사랑이 아니라 미의 불멸성에 대한 믿음을 심어 준 뮤즈와 예술적 형상에 대한 사랑 같기도 하죠. 예술을 사랑하고 예술에 대해 조예가 깊었던 투르게네프는 폴린의 음악적 재능의 포로가 되었고, 투르게네프의 문학적 재능을 사랑했던 폴린은 때론 비평가로, 때론 독자로 투르게네프의 예술혼을 계속 자극했어요. 열정과 환희, 고독과 눈물, 질투와 갈등이 짙게 배어있는 두 사람의 복잡하고 모순적인 사랑은 투르게네프의 예술혼을 자극하여 주옥같은 작품을 낳게 했지요. 평생 독신으로 지낸 투르게네프는 프랑스의 부기발에서 폴린이 지켜보는 가운데 행복한 죽음을 맞이하게 됩니다.

단뭉이 투르게네프는 폴린 비아르도의 주변을 맴돌며 평생 독신으로 살았다고 하는데, 그에게 딸이 있다는 소문의 진상은 무엇인가요?

이 교수 투르게네프가 평생 독신으로 산 건 맞습니다. 투르게네프는 베를린대학을 마치고 귀향해서 스파스코예에서 생활하다가 어머니의 농노하녀인 아브도티야 이바노바와의 사이에서 딸팔라게야이 출생하게 됩니다. 청춘의 순간적인 욕망의 결과이기도 하고 농노들을 학대하는 어머니에 대한 의식적인 반항 행위의 결과이기도 하죠. 당시 지주 귀족이 농노를 범하는 것은 흔한 일이었는데, 투르게네프의 어머니는 아들의 비도덕적인 행위를 지나치게 비난했어요. 그러자 투르게네프는 아브도티야 이바노바와 정식으로 결혼하겠다고 어머니에게 반항했고, 화들짝 놀란 어머니는 아브도티야를 다른 곳으로 보내버렸죠. 재미있는 것은, 팔라게야가 여덟 살일 때 이름을 폴린으로 고치고 딸을 프랑스의 비아르도 부부에게 보내게 되죠. 나중에 투르게네프의 딸은 프랑스의 기업인과 결혼하게 되고, 투르게네프의 유산을 두고 폴린 비아르도와 다투게 됩니다.

단웅이 투르게네프 창작의 스펙트럼은 넓고 깊다고 말씀하셨는데, 투르게네프의 창작 여정에 대해 알고 싶습니다.

이 교수 투르게네프는 페테르부르크 대학 시절부터 모방 극시「스테노」, 1834와 시를 쓰기 시작했는데, 당시 유명한 문예지『동시대인』1838에 서정시「저녁」을 발표하면서 문단에 공식 데뷔한 후, 짧은 서사시「파라샤」1843를 발표하여 유망 작가로 인정받고,「안드레이 콜로소프」1844 등 일련의 단-중편을 쓰게 되죠. 그 후 투르게네프는「호리와 칼리느이치」1847를 시작으로『사냥꾼의 수기』1852 연작을 발표하여 일약 러시아 최고의 작가로 인정받게 됩니다. 1850년대에 단편「무무」와 중편「아샤」와「첫사랑」, 희곡「시골에서의 한 달」, 비평적 에세이「햄릿과 돈키호테」 등 다양한 장르의 글쓰기를 시도했고, 마침내 장편『루진』1856을 필두로 일련의 장편『귀족의 보금자리』1859,『전날 밤』1860,『아버지와 아들』1862,『연기』1867,『처녀지』1877을 발표합니다. 1860~70년대에는 지금까지 자신의 사실주의적인 창작과는 달리「불행한 처녀」,「환영」,「클라라 밀리치」,「개」 같은 비사실주의적인 중단편들, 이른바 '신비한 이야기들'을 쓰기도 했고, 1870년대 말부터 죽을 때까지 자신의 '삶과 예술의 총결산'이기도 한 83편의 산문시를 발표했습니다. 이렇듯, 투르게네프는 서정시와 서사시, 중단편, 장편, 희곡, 비평, 산문시 등 다양한 장르의 글쓰기를 시도했고, 그 모든 장르에서 중요한 성과를 내어 국내외 후배 작가들에게 큰 영향을 주었지요.

단운이 투르게네프의 문학, 특히 6대 장편 소설의 주요 테마에 관해 말씀해 주십시오.

이 교수 투르게네프의 소설은 크게 중단편과 장편으로 분류되는데, 일련의 중단편에서는 개인의 감정과 순수하고 단순한 사건이 다루어지는 반면, 일련의 장편에서는 당대의 가장 핵심적인 사회정치적 문제와 중요 사건이 다루어집니다. 그의 중단편의 테마가 대개 사랑과 이별, 삶과 죽음 등 러시아인의 소소한 일상이라면, 장편의 테마는 잉여 인간, 슬라브주의와 서구주의, 농노제도, 니힐리즘, 인민주의 운동 같은 당대의 가장 뜨거운 사회정치적 사건과 문제입니다. 그래서 그의 중단편은 작가의 자전적 성격이 짙고, 이른바 6대 장편은 1840~70년대 러시아의 '사회정치적 연대기'로 평가되기도 합니다. 특히 그의 6대 장편은 톨스토이와 도스토옙스키의 강력한 설교 및 사상과는 달리 사회정치적 문제를 찌꺼기 없이 예술로 승화시켜서 경향 예술이 아닌 순수예술의 진면목을 보여 줍니다. 실제로 그의 장편에는 설익은 저널리즘적 요소가 잘 보이지 않아요. 그럼에도 불구하고 당대의 민감한 사회정치적 문제를 다룬 그의 장편은 항상 좌우 비평의 격렬한 논쟁의 대상이 되었어요.

1840년대에 쓴 서정시와 서사시, 단편에 나타나는 짙은 낭만주의적 색채, 1860년대 중반 이후에 쓴 중·단편의 환상적이고 신비적인 테마에도 불구하고 투르게네프의 예술세계를 전체적으로 조감할 수 있게 하는 하나의 통일성이 존재하는데, 그것은 바로 리얼리즘 정신이죠.

『사냥꾼의 수기』1852 이후, 투르게네프는 리얼리즘의 깃발을 내린 적이 한 번도 없어요. 「장편소설에 부친 서언」1879에서 투르게네프는 자신의 창작 과제를 이렇게 공식화했어요.

> "1855년에 『루딘』을 쓴 작가와 1876년에 『처녀지』를 쓴 작가는 동일인이다. 이전 기간 동안 나는 힘과 능력이 있는 한 셰익스피어가 말한 시대의 형상과 중압을, 그리고 무엇보다 나의 주요 관찰 대상인 급변하는 러시아 교양계층인들의 모습을 적합한 유형 속에 성실하고 객관적으로 묘사하고 구현하고자 했다."

시대의 형상과 중압, 러시아 교양계층인들 지주 귀족 출신의 지식인과 잡계급 출신의 인텔리겐차의 모습을 적합한 유형 속에 성실하고 객관적으로 묘사하고 구현한 투르게네프의 6대 장편은 1840~70년대 러시아 사회의 핵심적인 문제들을 예술적으로 형상화한 사회정치적 연대기로 평가됩니다. 민감한 사회정치적 문제를 다룬 투르게네프의 장편은 언제나 좌우 이념투쟁의 격전장이 되었어요.

투르게네프는 첫 장편 『루딘』1856에서 높은 이상과 능력을 지니고 있지만 현실 공간에서는 실천적인 삶을 살지 못했던, 1840년대 러시아의 자유주의적 이상주의자들 잉여 인간들의 사회·역사적 의미를 캐묻고 있어요. 두 번째 장편 『귀족의 보금자리』1859에서는 슬라브주의적 이상주의자인 라브레츠키와 리자와의 사랑과 좌절, 개인의 행복과 의무의 충돌, 서구주의자 판쉰과 라브레츠키의 논쟁을 통해 슬라브주의적 이상주의자의 역사적 역할과 의미를 묻고 있고요. 세 번째 장편 『전날 밤』1860에는 우유부단한 루딘이나 라브레츠키와는 달리 터키의 압제로부터 불가리아의 해방을 위해 투쟁하는 단호하고 적극적인 '새로운 유형'인 불가리아인 인사로프가 등장합니다. 점진적 개혁주의자인 투르게네프는 인사로프와 옐레나의 삶과 사랑, 농노해방 전야의 러시아 사회의 분위기를 그리면서 농노제적 현실에 대한 개혁의 필연성을 암시하고 있죠. 러시아 문학사에서 가장 뜨거운 논쟁을 불러일으킨 네 번째 장편 소설 『아버지와 아들』1862은 세대와 계급 간의 갈등과 논쟁, 니힐리즘과 니힐리스트의 문제, 다양한 유형의 사랑 등을 폭넓게 다루고 있어요. 러시아 문학사가 미르스키가 말했듯이 『아버지와 아들』에는 당대 사회적 문제가 찌꺼기 없이 예술로 승화되어 있고, 저널리즘적 요소가 전혀 눈에 띄지 않아요. 러시아 사회의 발전 방향에 대해 1860년대 해외에서 활동한 러시아 혁명가들 특히 게르첸, 오가료프과 투르게네프 사이에 벌어졌던 뜨거운 논쟁의 예술적 반영이자 기록인 『연기』1867에는 농노해방 1862년 2월 이후 러시아 사회의 진로에 대한 해외 러시아 망명객들 진보적인 구바료프파와 보수적인 라트미로프파의 지리멸렬한 논쟁이, 마지막 장편 소설 『처녀지』1877에는 1860~70년대 러시아 사회의 변혁운동인 인민주의 운동 브나로드 운동의 실패와 인민주의자들 마르켈로프, 오스트로두모프, 마슈리나, 네쥐다노프의 비극이 묘사되어 있어요.

이상에서 알 수 있듯이, 투르게네프는 당대 러시아의 사회정치적 현실을 면밀히 관찰하고 그 미세한 변화를 예민하게 포착하여 성실하고 객관적으로 묘사했죠. 그리고 대표적인 지식인 작가였던 투르게네프는 사회정치적 문제들을 회피하지 않고 예술적 형상화를 통해 자신의 견해를 피력했어요. 이런 의미에서 그의 장편 소설은 변혁기 러시아의 주요 사회 이슈에 대한 독특한 '예술적 주석'이자 1840~1870년대 러시아 사회의 '사회정치적 연대기'라고 할 수 있죠. 자유주의적 이상주의자이자 계몽을 중시한 점진적 개혁주의자였던 투르게네프의 온건한 정치적 관점과 예술적 발언은 항상 좌우의 극렬한 비판과 논쟁을 불러일으켰어요.

단웅이 헨리 제임스가 "소설가들의 귀감이 되는 작가"라고 격찬한 투르게네프 예술세계의 일반적 특징에 대해 알고 싶습니다.

이 교수 첫째, 투르게네프는 대상과 인물에 대한 객관적이고 상세한 묘사, 즉 리얼리즘 원칙에 가장 충실한 작가입니다. 그의 작품 곳곳에 나타나는 낭만주의적 색채, 1860년대 중반 이후 자주 나타나는 환상적이고 신비한 테마에도 불구하고 투르게네프는 러시아 비판적 리얼리즘의 기수이자 대표자로서 리얼리즘의 깃발을 한 번도 내린 적이 없어요.

둘째, 선명한 전형의 창조입니다. 러시아 문학사에서 '투르게네프의 남자 주인공'과 '투르게네프의 여자 주인공'이란 말은 보통명사로 통할 정도죠. 루진-라브레츠키-리트비노프-네쥐다노프로 이어지는 소극적이고 우유부단하며, 결정적인 순간에 결정을 주저하는 햄릿형의 남자 주인공들과 나탈리야-리자-옐레나-마리안나로 이어지는 도덕적으로 순수하고 고결하며, 적극적이고 결단력 있는 여자 주인공들은 현저히 대비됩니다. 투르게네프는 자신의 6대 장편에서 구체적인 인물원형에 상상력을 덧입혀 한 집단과 한 시대를 대표하는 선명한 전형을 창조하는 절정의 기량을 보여 줍니다.

셋째, 주인공과 등장인물들의 전기와 대화를 통한 독특한 성격 묘사 방법입니다. 투르게네프는 톨스토이의 철학적 사색이나 설교, 도스토옙스키의 독백이나 심리 분석이 아닌 주인공의 초상외모, 전기족보, 유년 생활, 교육과정, 그리고 등장인물들의 대화를 통해 성격묘사를 하죠. 특히, 등장인물들의 대화를 통해 그들의 지적 및 교육 수준, 사상, 철학 등을 보여 줍니다.

넷째, 단순한 슈제트플롯입니다. 투르게네프 소설에서 사건은 한정된 공간주로 시골 지주의 저택에서 일어나고, 시간은 중첩되지 않고 단선적이며 연대기적으로 움직이죠. 서구 소설과는 달리 복잡한 이야기의 미로가 없어요. 대체로 주인공이 한 장소에 도착해서 새로운 만남, 우정, 사랑, 갈등, 파국이 일어나고 주인공이 그 장소를 떠나는 단순한 파불라스토리구조입니다.

다섯째, 아름답고 서정적인 자연 묘사입니다. 중부 러시아의 끝없이 펼쳐지는 평원과 자작나무숲, 지주의 저택과 정원, 정자에 대한 섬세한 묘사에는 우수와 시정이 가득하죠. 등장인물들을 둘러싼 자연 묘사는 투르게네프 특유의 성격 묘사 방법이기도 합니다.

여섯째, 언어와 문체의 아름다움입니다. 투르게네프의 아름답고 유려하며, 적합하고 표준적인 언어와 문체는 타의 추종을 불허할 정도죠. "러시아어의 아름다움과 풍요로움을 맛보길 원하는 사람은 투르게네프의 작품을 읽어라"는 말이 있을 정도로 투르게네프는 정확한 언어와 문법, 살아있는 민중어속담, 속어, 격언, 노래, 특히 아름답고 유려한 언어와 문체 이중, 삼중의 형용사, 색채 형용사와 감정 형용사, 지소-지대 형용사와 명사의 빈번한 사용의 구사는 러시아 작가 중에서 단연 돋보입니다.

『아버지와 아들』Otsi i deti, 사랑의 테마

단비 투르게네프의 소설 중 가장 유명한 『아버지와 아들』은 어떤 소설인가요?

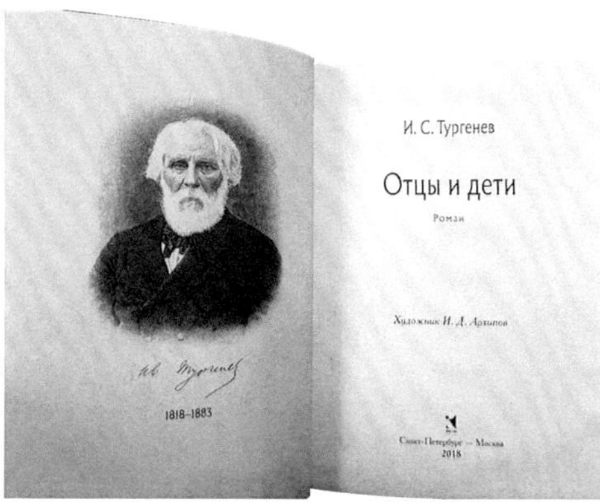

『아버지와 아들』의 속표지와 투르게네프의 서명

이 교수 1862년 『러시아 통보』 2월호에 발표된 이 소설에는 농노해방 1861 전야의 러시아의 현실과 당대의 모든 특성이 인물들의 형상과 사건 속에 반영되어 있어요. 투르게네프 자신이 "『아버지와 아들』에서 나는 두 세대의 갈등을 보여 주고자 노력했다"고 말했듯이, 소설의 중심에는 두 세대, 즉 1840년대 귀족 출신의 자유주의적 이상주의자들 '1840년대인'으로 불리는 아버지 세대과 1860년대 잡계급 출신의 혁명적 민주주의자들 '1860년대인'으로 불리는 아들 세대의 갈등이 자리하고 있죠. 전자는 매사에 원칙과 전통을 중시하며 철학과 예술을 금과옥조로 여기지만, 후자는 어떤 사회적 원칙이나 권위도 인정하지 않고 자연과학을 비롯한 실용 학문 의학, 화학을 중시합니다. 이 소설에서 파벨 키르사노프는 전자를, 의과대학생 바자로프는 후자를 대표합니다. 투르게네프가 자신의 절친한 친구이자 문학적 조언자이며 러시아의 혁명적 민주주의자의 시조로 불리는 비사리온 그리고리예비치 벨린스키 의사의 아들에게 이 소설을 바친 것은 이 소설의 핵심 사상을 이해하는데 의미심장한 대목이죠. 이 소설은 투르게네프의 창작에서 가장 탁월한 성과일 뿐만 아니라 러시아 문학사와 세계문학사에서 세대 갈등을 다룬 고전 중의 고전으로 손꼽힙니다.

단비 『아버지와 아들』이 작품의 사건 구성과 전개에서 중요한 부분을 알고 싶습니다.

이 교수 1859년 5월 20일에 아르카디 키르사노프가 페테르부르크대학을 졸업하고 친구 예브게니 바자로프와 함께 고향 마리노에 도착하면서부터 두 세대의 갈등이 시작되고, 두 친구가 마리노에서 ○○○시→ 니콜스코예→ ○○○현의 바자로프의 집→니콜스코예→마리노로 이동하면서 두 세대의 갈등은 복잡한 양상을 띠며 계급 갈등으로 분화됩니다. 마리노에는 아르카디의 아버지 니콜라이와 큰아버지 파벨이 살고 있는데, 두 세대의 대립과 갈등의 중심에는 바자로프와 파벨이 있어요. 파벨에게 바자로프는 "오만하고 뻔뻔스러운 냉소주의

자이자 건방지고 천한 놈"이고, 바자로프에게 파벨은 철저한 귀족주의자로 "시대에 뒤떨어진 낡은 현상이면서 방탕하고 공허한 존재입니다. 파벨과 바자로프는 당시 러시아 사회의 중요 문제들러시아 사회의 향후 발전, 농노제도, 자유주의, 서구주의와 슬라브주의, 유물론과 관념론, 문학과 예술 등에 대한 견해에서 사사건건 대립하고 충돌합니다. 두 사람의 대화와 논쟁 과정에서 아르카디는 바자로프가 큰아버지를 좀 심하게 대한다고 생각하면서도 바자로프 편을 들고, 니콜라이는 바자로프의 실용적인 지식과 당당한 언행에 심적으로 위축되면서 다소 두려움을 느끼죠.

아르카디와 바자로프는 ○○○시의 무도회에서 만난 부유한 젊은 미망인 오딘초바의 초대로 그녀의 영지 니콜스코예를 방문하여 둘 다 그녀의 묘한 매력에 빠지는데, 그녀를 두고 두 사람 사이에 긴장과 오해가 형성되죠. 특히 바자로프는 "사랑은 위선적인 감정이고, 쓸데없는 낭만주의에 불과하다"는 평소의 신념에 반하여 행동하는 자신에게 화를 내면서도 끝내 오딘초바에게 사랑을 고백하지만 뜨거운 사랑보다 현실적인 평온함을 선택한 오딘초바에 의해 거절당하죠. 한편 오딘초바를 향한 사랑의 경쟁에서 바자로프에게 밀린 아르카디는 오딘초바의 여동생인 맑고 순수한 카챠에게 호감을 갖게 되죠. 자신의 낭만주의적 실수와 오딘초바의 냉정한 사랑놀이에 화가 난 바자로프는 아르카디와 함께 고향 ○○○현으로 떠납니다.

바자로프의 부모는 아들의 3년 만의 뜻밖의 귀향에 기쁨을 감추지 못하지만, 바자로프는 부모의 지나친 환대와 오딘초바와의 쓰라린 사랑의 기억을 견디지 못하고 사흘 만에 다시 니콜스코예를 거쳐 아르카디와 함께 마리노로 돌아갑니다. 안나를 향한 그리움으로 다시 니콜스코예를 찾은 아르카디는 차갑고 오만한 안나가 아닌 카챠와 사랑에 빠지고, 아르카디가 마리노에 없는 사이에 파벨과 바자로프의 대립과 갈등은 격화되어 결국 결투에 이르게 되죠. 결투의 직접적인 원인은 니콜라이의 비합법적인 아내인 젊고 정직한 페네치카에게 순간적으로 매혹된 바자로프가 충동적으로 키스하는 장면을 파벨이 목격하고 결투를 신청했기 때문인데, 사실은 두 사람의 대립과 갈등의 필연적 귀결이라고 볼 수 있죠.

파벨은 바자로프를 조준하여 먼저 총을 발사했지만 빗나가고, 아무렇게나 쏜 바자로프의 총알에 파벨은 허벅지 부상을 입게 되죠. 바자로프는 의연하게 행동하면서 파벨을 치료하고 귀향길에 니콜스코예에 잠시 들러서 카챠에게 청혼한 아르카디를 축하해줍니다. 아르카디와 영원히 결별한 후 귀향한 바자로프는 아버지의 의료 활동을 돕던 중 발진티푸스로 사망한 농부의 주검을 해부하다가 손가락을 베이고 균에 감염되죠. 바자로프는 아르카디가 아니라 오딘초바에게 사람을 보내 자신이 죽어가고 있다는 것을 알리라고 아버지에게 부탁합니다. 바자로프가 죽어가고 있다는 소식을 받은 오딘초바는 의사와 함께 바자로프를 방문하고 오딘초바가 지켜보는 가운데 바자로프는 한편으론 허무하게, 다른 한편으론 거인처럼 의연하게 다른 한편으론 다소 희극적으로 죽게 됩니다.

단비 『아버지와 아들』의 구성, 러시아어로 슈제트는 간단하군요. 그럼 이 소설의 주제에 대해서도 말씀해 주십시오.

이 교수 앞에서 말했듯이, 이 소설의 주제는 세대 간의 갈등입니다. 즉,

파벨과 니콜라이로 대표되는 아버지 세대와 바자로프와 아르카디로 대표되는 아들 세대 간의 갈등이죠. 당시 러시아 사회의 현안 문제들에 대한 두 세대의 견해는 거의 모든 부문에서 날카롭게 충돌하고 대립하는데, 세대 갈등의 중심에는 파벨과 바자로프가 있습니다. 앞에서도 말했지만, 파벨에게 바자로프는 "오만하고 뻔뻔스러운 냉소주의자이자 천한 놈"이고, 바자로프에게 파벨은 철저한 귀족주의자로 시대에 뒤떨어진 "낡은 현상"이자 공허한 존재일 뿐입니다.

특히 파벨과 바자로프의 논쟁을 통해 두 사람의 세계관이 드러나고, 그들의 논쟁에 대한 태도에서 다른 인물들의 성격이 자연스럽게 나타나죠. 파벨의 모든 원칙은 낡은 질서의 옹호로 수렴되고, 바자로프의 원칙은 낡은 질서의 파괴로 귀결됩니다. 세대 갈등과 계급^{귀족계급과 잡계급} 갈등의 양상을 띤 두 사람의 갈등은 결국 결투로 이어지고, 이 결투에서 파벨은 경미한 부상을 입고, 바자로프는 일단 파벨과 화해한 후 고향으로 가지만 두 사람의 갈등은 여전히 해소되지 않습니다. 결국 바자로프가 죽고 나서야 세대 갈등이 해소되고, 두 세대 간의 영원한 화해가 이루어지죠. 이 소설은 소설의 말미에서 작가-화자가 말하고 있듯이 세대 간 화해뿐만 아니라 '영원한 생명'에 대해서도 말하고 있어요.

단비 이 소설 속에는 세대 갈등과 계급 갈등 외에 다른 갈등도 느껴지는데요, 이 부분에 대해 알고 싶습니다.

이 교수 바자로프와 파벨의 세대 및 계급 갈등은 파벨과 오딘초바에 대한 바자로프와 아르카디의 이견과 충돌, 바자로프에 대한 니콜라이와 파벨의 서로 다른 태도로 복잡해지죠. 이 소설은 여행소설, 로드무비와 같은 이야기 구조를 갖고 있어요. 페테르부르크에서 마리노→○○○시→니콜스코예→○○○현→니콜스코예→마리노로 공간 이동을 하면서 아르카디와 바자로프와의 관계가 변해요. 공간 이동을 하면서 아르카디는 스승처럼 존경하던 바자로프와 이견을 보이며 조금씩 멀어지고 바자로프의 고향인 ○○현에서는 바자로프와 몸싸움 직전까지 갔다가 귀가 도중 니콜스코예에서 결국 바자로프와 결별하게 되죠. 특히 파벨에 대한 태도에서 바자로프와 아르카디는 이견을 보이고 충돌하죠. 바자로프가 파벨을 너무 심하게 대한다고 생각하는 아르카디는 바자로프가 파벨을 공정하게 대하고, 파벨이 조소보다는 오히려 동정을 받아야 한다고 말하죠. 아르카디와 바자로프와의 충돌과 결별, 아르카디와 카챠와의 결혼은 아르카디와 니힐리즘과의 결별이기도 합니다. 바자로프를 대하는 파벨과 니콜라이의 태도에도 미묘한 차이가 있어요. 니콜라이는 예술을 부정하는 바자로프를 여전히 이해할 수 없지만 파벨과는 달리 바자로프의 원칙과 힘, 실용적인 지식을 어느 정도 인정합니다. 투르게네프는 세대 간, 계급 간 갈등뿐만 아니라 같은 세대와 같은 계급 사이에도 존재하는 이견을 다층적 갈등 구조를 통해 섬세하게 그려내고 있어요.

단비　『아버지와 아들』의 주요 테마 중 하나가 '니힐리즘'과 '니힐리스트'의 문제라고 말씀하셨는데요, 이 소설 속에서 언급되는 '니힐리즘', '니힐리스트'의 개념과 우리가 일반적으로 알고 있는 니힐리즘이 차이가 있을 것 같아요.

이 교수 1820년대 말 러시아의 신문과 잡지에 처음 등장한 '니힐리즘'이란 말은 아무것도 모르고 아무것도 알고 싶어 하지 않는 무식한 경향이나 특징을 의미했고, 1840년대 농노제도와 전제주의를 지지했던 반동주의자들은 니힐리즘과 니힐리스트란 말을 유물론자들과 혁명가들을 지칭하는 욕으로 사용했습니다. 1850~60년대 러시아에서 니힐리즘은 다른 의미로 사용되는데, <아버지와 아들>에서 아르카디는 큰아버지에게 바자로프를 니힐리스트라고 소개하죠. "니힐리즘은 라틴어 '니힐' nothing: 무에서 나온 말인데, 그럼 니힐리스트는 아무것도 인정하지 않는 사람이냐?"는 아버지 니콜라이의 질문에 아들 아르카디는 "모든 것을 비판적으로 보는 사람, 어떤 권위 앞에서도 굴하지 않고, 아무리 주변에서 존경받는 원칙이라고 해도 그 원칙을 신앙으로 받아들이지 않는 사람"이라고 대답하죠. 그렇습니다. 니힐리즘은 모든 것을 비판적으로 바라보고, 기존의 권위와 원칙, 가치를 신앙하지 않는, 삶과 세계에 대한 적극적인 태도죠. 1850~60년대 러시아의 사회-정치적 상황에서 니힐리스트는 전제주의와 농노제도의 폐지를 위해 투쟁했던 '혁명가'와 동의어라고 할 수 있어요.

반면에 철학적 허무주의는 18세기 말 철학자 야코비가 처음 사용했는데 우리들의 사유와 삶의 모든 양상에 대해 철저히 부정하고 거부합니다. 도덕적 허무주의, 정치적 허무주의, 우주적 허무주의 등을 생각해볼 수 있겠죠. 철학적 허무주의의 저변에는 삶과 세계에 대한 수동적 인식과 비관적 태도가 깔려있어요. 허무주의 철학에 더 관심이 있으면, 쇼펜하우어의 염세주의와 니체의 허무주의에 대해서도 자료를 더 찾아보면 좋겠는데 일단은 이 작품에 나오는 니힐리즘의 개념을 분명히 아는 것이 도움이 될 거예요.

단비 투르게네프는 연인들의 심리를 묘파한 '사랑의 가수'라고 말씀하셨는데, 투르게네프는 『아버지와 아들』에서 어떤 사랑을 그리고 있나요?

이 교수 폴린 비아르도와의 이상하고 비극적인 사랑에서 겪은 환희와 절망 등 온갖 감정의 체험 때문일까요, 투르게네프만큼 연인들의 심리를 잘 묘파한 작가도 없습니다. 이 소설에서도 '사랑의 유형학'이라고 말할 수 있을 정도로 다양한 형태의 사랑이 섬세하게 묘사되고 있어요. R 공작부인에 대한 파벨의 낭만적인 사랑, 페네치카에 대한 니콜라이의 동정적인 사랑, 카챠를 향한 아르카디의 순수한 사랑, 오딘초바를 향한 바자로프의 열렬한 고백과 모순적인 사랑을 통해 투르게네프는 사회적 배경과 생각이 서로 다른 남녀의 다양한 심리와 행동을 보여 줍니다. 가히 사랑의 백과사전이라고 할 수 있죠. 특히 "사랑은 위선적인 감정이고 쓸데없는 낭만주의에 불과하다"는 니힐리스트의 신념에 반하는, 오딘초바를 향한 바자로프의 비극적 사랑은 불확실한 미래보다 안정과 평온을 선택한 이기적인 오딘초바에 의해 거부되지만, 다른 한편으론 건강한 힘을 지니고 있죠.

단비 『아버지와 아들』에서 서사가 거의 대화로 구성되어 있는데, 이 소설에서 대화의 역할과 기능이 무엇인지 궁금합니다.

이 교수 투르게네프의 장편에는 등장인물들의 대화가 유난히 많은데, 특히 『아버지와 아들』은 대화 소설로 이름할 수 있을 정도죠. 전장 1장

~28장에 걸친 등장인물들의 대화는 슈제트를 구성하는 지배소입니다. 도스토옙스키 소설에서 대화는 독백적 성격을 띠고, 톨스토이의 소설에서 대화가 설교적 성격을 띤다면 투르게네프의 소설에서 대화는 대체로 논쟁적 성격을 띠죠. 『아버지와 아들』에서 논쟁적 성격을 띤 대화는 등장인물들의 성격을 묘사하는 주요 방법이기도 해요. 등장인물들의 대화 속에 그들의 교육적 배경, 지적 수준과 관심, 사회정치적 관점 등이 자연스럽게 드러납니다. 특히 모든 권위를 부정하는 니힐리스트 바자로프와 원칙과 권위를 중시하는 귀족주의자 파벨의 논쟁과 그들이 사용하는 어휘와 어투는 두 사람의 심리와 성격, 세계관을 그대로 보여 줍니다.

단비 『아버지와 아들』에는 다양한 장르적 요소가 발견된다고 말씀하셨는데, 이 소설의 장르적 특성에 대해 설명해 주십시오.

이 교수 『아버지와 아들』은 아버지 세대와 아들 세대의 세대 갈등, 당시 뜨거운 사회문제였던 니힐리즘과 니힐리스트를 다룬 사회정치적인 소설일 뿐만 아니라 가족 소설, 세태풍속소설, 연애소설, 철학 소설, 윤리-심리소설 흥미롭게도 도스토옙스키는 바자로프를 현실에 적응하지 못하는 이론가이며 따분하고 추상적인 이론의 희생자, 즉 『죄와 벌』의 라스콜니코프 같은 인물로 보았어요.의 요소를 두루 지니고 있어요. 오늘날 당시 러시아사회의 핵심적인 문제들-니힐리즘과 니힐리스트, 귀족 출신의 자유주의적 이상주의자들과 잡계급 출신의 민주주의자들의 갈등-은 우리들의 실질적인 관심을 끌지 못합니다. 오히려 우리들은 이 소설을 읽으면서 시공을 초월한 세대 간의 보편적 갈등, 19세기 러시아와 유럽의 백과사전

상트페테르부르크의 처형장으로 끌려가는 니힐리스트들

으로 불릴 만큼 동시대의 삶 지주 귀족들의 삶과 잡계급인들, 농민들의 삶, 결투, 무도회 등에 대한 객관적이고 상세한 묘사, 주인공들뿐만 아니라 주변 인물들에 대한 생생한 묘사 바자로프의 제자로 자처하는 경박한 서구주의자 시트니코프와 해방된 여자인 쿠크쉬나에 대한 풍자적 묘사와 바자로프 부모에 대한 섬세한 성격 묘사!, 사랑과 인생에 대한 니콜라이의 철학적 사색, 아들을 먼저 보내고 절망을 딛고 일어선 노부부가 아들의 무덤을 방문하는 장면에 더 많은 관심과 시선을 보내게 되죠.

단비 『아버지와 아들』에서 '결투', '정원', '정자'는 작품을 이끌어가는 주요 모티프로 기능하고 있는 것 같은데, 그 의미에 대해 말씀해 주십시오.

이 교수 결투는 19세기 러시아 귀족사회에서 흔히 볼 수 있는 일상 문화죠. 러시아 귀족들은 누군가에게 모욕을 받으면 그에게 결투를 신청하여 자신의 명예를 지켰어요. 물론 결투는 법으로 금지되어 있었지만 귀족 사회에서는 공공연하게 이루어졌죠. 결투를 신청받은 사람이 정당한 이유 없이 피하면 비겁자로 몰려서 다시는 사교계에 발을 들여놓을 수 없었어요. 결투를 할 때는 증인을 참석시키고, 정해진 결투 선에서 출발해서 서로 마주 보고 다가가면서 각각 10보, 15보, 20보의 거리에서 상대방을 향해 총을 쏘게 됩니다. 『아버지와 아들』에서 파벨이 바자로프가 페네치카에게 입맞춤하는 것을 보고, 자신과 동생이 모욕당했다고 여겨 바자로프에게 결투를 신청하게 되죠. 이 결투는 슈제트의 커다란 변곡점이 됩니다. 투르게네프와 도스토옙스키는 돈 때문에, 투르게네프와 톨스토이는 투르게네프의 딸과 톨스토이의 누이 때문에 결투를 벌일 뻔했고, 푸쉬킨은 아내 문제로, 레르몬토프는 여자와 독설 때문에 결투를 해서 요절하기도 했지요.

19세기 러시아 귀족의 영지에는 커다란 저택이 있고, 저택에서 조금 떨어진 한적하고 아름다운 정원에는 대개 정자가 있어요. 투르게네프 소설의 주요 배경인 귀족의 영지와 정원과 정자는 사건이 일어나는 주요 공간이죠. 귀족들은 정원을 산책하고 정자에서 가족이나 친구와 함께 차를 마시고 한담을 나누곤 했죠. 특히 정자는 연인들이 사랑을 나누는 공간이자 이별의 공간으로 묘사됩니다. 바자로프가 장미꽃을 고르는 페네치카에게 돌연 입맞춤을 하는 곳도 라일락이 우거진 정자입니다. 투르게네프의 소설에는 정원과 정자가 유난히 많이 등장해요.

다시 보기

단웅이 '원 소스 멀티 유스'의 모범 텍스트로서의 『아버지와 아들』이 자주 언급되는데, 이에 대해 알고 싶습니다.

이 교수 『아버지와 아들』은 그 명성에 걸맞게 영어, 불어, 독어, 스페인어, 폴란드어, 중국어, 일본어, 한국어 등 세계 각국 언어로 번역되었고, 영화, 연극, 오디오 북으로 만들어져 이 소설이 발표된 지 150여 년이 지난 지금까지 전 세계의 독자의 사랑을 받고 있답니다. 1958년에 아돌프 베르군케르와 나탈리야 라셉스카야 감독이 『아버지와 아들』을 맨 처음 영화로 만든 후, 1983년에 뱌체슬라프 니키포로프 감독이 블라디미르 보긴, 블라디미르 사모일로프 같은 유명 배우들과 함께 다시 영화를 제작하기도 했어요. 이 소설은 희곡으로 각색되어 여러 차례 상연되기도 했는데, 1987년에 모스크바 연극대학에서 무대에 올린 「아버지와 아들」이 가장 유명하죠. 유명 배우들과 성우들이 직접 녹음하여 만든 오디오 북도 있어요.

단웅이 『아버지와 아들』은 당대 비평계에서 뜨거운 논쟁의 대상이 되었다고 말씀하셨는데, 이 소설을 둘러싼 좌우 비평의 대립과 논쟁에 대해 알고 싶습니다.

이 교수 "나는 투르게네프의 『아버지와 아들』만큼 엄청난 소란과 논쟁을 불러일으킨 문학작품을 기억하지 못한다"고 투르게네프의 동시대인이었던 파나예바가 증언하고 있듯이, 당시 이 소설을 둘러싼 논쟁은 문학-사회적 대사건이었죠. 논쟁의 핵심은 니힐리스트 바자로프에 대한 투르게네프의 태도에 관한 것이었어요. 보수주의자들은 "작가가 니힐리스트인 바자로프의 장점을 과장하고 마치 명예로운 전사라도 되는 것처럼 그에게 아첨하며 존경을 보냈다"고 투르게네프를 공격했어요. 반면에 진보주의자들과 급진주의자들은 이 소설을 '반反니힐리즘 소설의 시조'로 간주하고 투르게네프가 바자로프를 통해 혁명적 민주주의자들을 악랄하게 희화하고 중상모략했다고 공격했지요. 당시 진보적 견해의 대변지였던 『동시대인』의 평론가 안토노비치는 바자로프를 대식가, 수다쟁이, 냉소주의자, 술꾼, 오만한 인간, 악마의 왕이라고 부르며 이 소설의 사회적 의미와 예술적 가치를 전면 부정하기도 했어요. 그러나 진보 진영의 비평가인 피사레프는 "바자로프는 실제적이고 유익한 일에 복무하는 활동가이자 자연과학도로 우리 주변에서 쉽게 볼 수 있는 사람"이라고 지적하면서 바자로프의 전형성과 투르게네프의 객관적 현실 인식을 높게 평가하기도 했지요. 당시 『아버지와 아들』을 둘러싼 논쟁의 과정을 살펴보면, 논객들은 이 소설을 사회정치적 소설로 일방적으로 규정하고, 극단적인 이념의 잣대로 자기 입맛에 맞게 아전인수격으로 평가했음을 알 수 있어요. 아무튼 이 소설은 러시아 문학사에서 이념비평의 최대 희생물이 되었어요. 실제로 점진적 개혁주의자이자 서구주의자인 투르게네프의 바자로프에 대한 태도는 소설 곳곳에서 상당히 모호하게 나타나는데, 여러분들의 생각은 어떤지 궁금하군요.

단웅이 교수님이 독자라면, 『아버지와 아들』에서 가장 감동적이고 다시 읽어보고 싶은 장면이 어딘지 궁금합니다.

이 교수 투르게네프는 소설의 마지막 부분, 즉 에필로그에서 주인공들에 대한 자신의 태도와 속마음을 은근히 내비치곤 합니다. 『아버지와 아들』에서도 마찬가지죠. 쓸쓸한 공동묘지의 풍경과 먼저 간 아들의 무덤을 찾는 노부부의 고통과 절망에 대한 애가이고, 어떤 권위나 원칙도 인정하지 않았던 한 위대한 영혼에게 바치는 슬픈 조사이자 진혼가 같은 에필로그의 마지막 부분을 학생들과 함께 다시 읽어보고 싶군요.

> "러시아의 한 벽촌에 조그만 마을 공동묘지가 있다. 러시아의 모든 공동묘지가 다 그렇듯이, 이 공동묘지도 서글픈 모습을 하고 있다. 공동묘지를 에워싼 도랑은 오래전부터 잡초로 뒤덮여 있다. 잿빛 나무 십자가들은 옆으로 기울어진 채 예전에 한 번 페인트칠을 했던 십자가 지붕 밑에서 썩어가고 있다. 돌비석들은 마치 누군가가 밑에서 떠밀어 올리기라도 한 것처럼 조금씩 제자리에서 벗어나 있다. 가지가 꺾인 두세 그루의 나무가 빈약한 그늘을 겨우 만들고 있다. 양들은 제멋대로 무덤 사이를 어슬렁거린다… 그러나 그 무덤들 가운데 사람의 손길도 닿지 않고 동물의 발에도 짓밟히지 않은 무덤이 하나 있다. 그저 새들만이 그 위에 앉아서 새벽에 노래를 부를 뿐이다. 철책이 무덤을 둘러싸고 있고, 어린 전나무 두 그루가 양쪽 끝에 심겨져 있다. 이 무덤에 예브게니 바자로프가 묻혀 있다. 그리 멀지 않은 마을에서 이미 노쇠한 노부

부가 자주 이 무덤을 찾아오곤 한다. 그들은 서로를 부축하면서 무거운 발걸음으로며 걸어온다. 울타리에 가까이 다가가서는 무릎을 꿇고 쓰러져 오랫동안 서럽게 울면서 말 못하는 비석을 빤히 바라본다. 그 비석 아래 그들의 아들이 누워 있다. 그들은 몇 마디 말을 주고받으면서 비석에 앉은 먼지를 털고 전나무 가지를 다듬어주다가 다시 기도를 한다. 그리고 오랫동안 그곳을 떠나지 못한다… 거기에 있으면 아들에게 더 가까이 있고, 아들과 관련된 추억에 더 가까이 있는 듯한 느낌이 드는 것이다. 정말로 그들의 기도, 그들의 눈물이 헛된 것일까? 정말로 사랑, 그 성스럽고 헌신적인 사랑이 무력한 것일까? 오, 아니다! 아무리 정열적이고 죄 많은 반역의 심장이 그 무덤 속에 숨어있을지라도 무덤 위에 자란 꽃들은 순진무구한 눈으로 평온하게 우리를 바라보고 있다. 이 꽃들은 우리에게 영원한 안식이나 '무심한' 자연의 위대한 평온만을 말해 주는 것은 아니다. 그것들은 영원한 화해와 무궁한 생명에 대해서도 말하고 있다…"

이 장면에 감동한 당대의 유명한 화가 V. 페로프는 <아들의 무덤에서>라는 그림을 그리기도 했지요. 이 소설에서 여러분들은 어느 부분, 어느 장면에서 감동 받았을지 나도 궁금하군요.

단웅이 투르게네프는 20세기 초 한국 근대문학 형성기에 많은 한국 작가들에게 영향을 주었다고 알고 있는데, 투르게네프의 문학, 특히 『아버지와 아들』이 한국 근대문학 형성과 한국 작가들에게 끼친 영향에 대해 말씀해 주십시오.

이 교수 러시아 문학 특유의 현실비판 정신과 휴머니즘은 한국 근대문학 형성에 지대한 영향을 미쳤어요. 투르게네프는 톨스토이와 함께 한국 근대문학 형성기에 가장 많이 읽히고 번역된 외국 작가 중 한 사람입니다. 1910년대부터 최남선과 이광수 등이 러시아 문학 소개에 앞장섰어요. 일제 식민지 치하의 한국의 지식인들은 러시아 문학 특유의 현실 비판 정신과 휴머니즘에서 위로와 희망을 얻고 조국 해방의 꿈을 꾸었다고 할 수 있죠. 특히 투르게네프의 산문시가 영어와 일본어를 통해 많이 번역되었어요. 일례로, 김소월의 스승인 김안서는 투르게네프의 산문시를 영역본을 통해 51편이나 번역 소개했어요. 투르게네프의 산문시는 우리나라의 산문시 장르 형성에 크게 기여했다고 평가됩니다. 투르게네프의 산문도 1920년대부터 『사냥꾼의 수기』에 수록된 단편 「밀회」 염상섭 역, 1923를 비롯해 중편 「첫사랑」 홍난파 역, 1921이 번역-소개되었고, 비록 경개역 梗槪譯이긴 하지만 장편 『아버지와 아들』 박영희 역, 1924 과 『전날 밤』 이태준 역, 1929도 번역-소개되었어요. 특히 『아버지와 아들』은 역자 미상의 여러 요약 번역본 1922, 1925이 있을 정도로 인기가 많았죠. 염상섭의 단편 「표본실의 청개구리」에서 박물관의 개구리 해부 장면은 투르게네프의 『아버지와 아들』에서 바자로프가 개구리를 해부하는 장면을 모방했다고 볼 수 있어요. 1920년대 서울에 사는 만석꾼 조씨 집안의 3대 조의관, 조상훈, 조덕기에 걸친 세대 갈등을 그린 염상섭의 『삼대』도 세대 갈등을 다룬 『아버지와 아들』의 주제에서 영향을 받았다고 할 수 있죠.

참고 문헌

투르게네프, 이항재 옮김, 『아버지와 아들』, 문학동네, 2011.
미르스키, 이항재 옮김, 『러시아문학사』, 써네스트, 2010.
레오니드 샤피로, 최동규 옮김, 『투르게네프』, 책세상, 2012.
이항재, 『소설의 정치학』, 문원출판, 1999.
이항재, 『투르게네프: 사냥꾼의 눈, 시인의 마음』, 건국대학교출판부, 1996.
Бялый Г. Тургенев и русский реализм. М.;Л. 1962.
Винникова Г.Э. Тургенев и россия. М., 1977.
Галустьян А.Х. Герой и искусство в романах И.С.Тургенева. Л., 1988.
Годенпуд А. И.С.Тургенев серия "Musica et litteratura" Л., 1994.
Добролюбов Н.А. Полн. собр. соч. в 6 т. М., 1935. Т.2.
Круглый И.А. Иллюстрации советских художников к произведениям И.С.Тургенева. Орел. 1959.
Крюков А.Н. Тургенев и музыка. М., 1963.
Курляндская Г.Б. Метод и стиль Тургенева-романиста. Тула, 1967.
Курляндская Г.Б. Эстетический мир И.С.Тургенева. Орел, 1994.
Лавлецкий И.М. Эстетические взгляды русских писателей. М., 1963.
Лотман Л.Н. "И.С.Тургенев" История русской литературы в 4-х т. Л., 1982. Т.3.
Лотман Л.М. Реализм русскойлитератры 60-х годов 19 века. Л., 1974.
Манн Ю.В. Тургенев и другие. М., 2008.
Маркович В.А. И.С. Тургенев и реалистическийроман 19 века. Л., 1982.
Маркович В.А. Человек в романах Тургенева. Л., 1968.
Недзвецкий В.А. Пустовойт П.Г. Полтавец Е.Ю. И.С. Тургенев, М. 1998.
Петров С.М. И.С. Тургенев. М., 1979.
Тамарченко Н.Д. Русский классический роман. М., 1997.
Тургенев И.С. Полн. соб. соч. в 28-ми томах. т.8. Наука, М.-Л., 1960-1968.
Цейтлин А.Г. Мастерство Тургенева-романиста. М., 1969.
Шаталов С.Е. Художественный мир И.С.Тургенева. М., 1979.

Шаталов С.Е. Проблемы поэтики И.С.Тургенева. М., 1969.
Jeffrey Meyers, Painting and the novel, Manchester University Press, 1975.
R.Freeborn, Turgenev: The Novelist's Novelist, Osford Univ., 1963.
사진 자료 출처: 투르게네프 박물관 홈페이지 (spasskoye-lutovinovo.ru)

인간 영혼의 심연 들여다보기

—표도르 미하일로비치 도스토옙스키, 『죄와 벌』

이현영

> 하나의 하찮은 범죄가 수천 개의 선한 일로 무마될 수는 없을까? 하나의 생명을 희생시켜 수천 개의 생명을 부패와 해체에서 구하는 거지. 노파는 해로운 존재니까 이蝨나 바퀴벌레의 목숨, 아니, 그만도 못한 목숨이야. 남의 목숨을 좀먹고 있거든.

인간 영혼의 해부자, 도스토옙스키

단비 오늘날 도스토옙스키는 전 세계적으로 가장 널리 읽히는 작가들 중 한 명인데요. 그의 출생 및 시대적 배경을 비롯하여 어떤 경향의 작가인지 궁금합니다.

이 교수 반갑습니다. 우리가 함께 살펴볼 도스토옙스키Fyodor Mikhailovich Dostoevskii, 1821~1881는 19세기 러시아 작가로 당대 톨스토이와 함께 러시

도스토예프스키

아 문학을 대표하는 인물로 볼 수 있어요. 본격적으로 살펴보기 이전에 수많은 고전 가운데서 왜 우리는 도스토옙스키 작품을 읽을까 한번 생각해 볼 필요가 있는데요. 다양한 이유가 있겠지만 무엇보다도 현대인들이 많이 고민하는 도덕적· 종교적· 심리적 문제들에 대해 창조적 상상력을 발휘하여 효과적으로 극화했기 때문은 아닐까 싶어요. 작가 도스토옙스키라고 하면 '잔인한 천재', '종교적 신비주의자', '낭만적 사실주의자', '위대한 심리학자', '인간 영혼의 해부자', '도시의 작가'라는 화려한 수식어들이 따라붙는데요. 과연 그가 어떠한 점에서 그러한지 짚고 넘어갈 필요가 있겠죠. 자, 그렇다면 도스토옙스키가 어떠한 인물인지부터 한번 살펴볼까요?

표도르 미하일로비치 도스토옙스키는 1821년 10월 30일 러시아 모스크바에서 태어났는데요. 그 당시 유럽 전체가 프랑스 대혁명 이후 혼란기에 직면해 있을 때이기도 했지요. 19세기 러시아는 국내적으로 전제 왕권에 대한 저항으로 자유에 대한 사회적 요구가 팽배해 있었고 대외적으로는 서구 열강의 치열한 제국주의 경쟁에 뛰어들어 서구유럽 제국으로서의 위상을 유지하고자 하는 기운이 감도는 이른바 과도기적 상황이었다고 해요. 이러한 러시아의 시대와 사회상을 도스토옙스키는 사실적으로 그려내지요. 주로 그 배경이 되는 것이 페테르부르크인데 이 도시를 배경으로 예술 작품을 남긴 작가들 가

페테르부르크

운데 대표적으로 알려져 있기도 해요.

그렇다면 페테르부르크가 어떤 도시인지 궁금하실 텐데요. 페테르부르크는 표트르 대제가 계획하여 건설한 도시였는데 19개의 아름다운 운하로 연결되어 있어 북방의 베네치아 또는 북방의 암스테르담이라고도 불렸다고 해요. 한때 러시아의 수도였던 페테르부르크는 네바 강 연안의 늪지에 건설하여 종종 큰 홍수가 나기도 했답니다. 그런데 이 도시를 건설하는 과정에서 수천 명이 희생되어 '뼈 위에 세워진 도시' 혹은 '악마의 도시'라고 불러질 정도였다고 해요. 『죄와 벌』의 배경이 되기도 한 페테르부르크는 범죄소설의 배경으로 완벽한 공간이기도 했지요. 당시 새로운 삶과 일자리를 찾는 사람들이 모여들면서 페테르부르크는 도시 집중화로 인해 여러 사회 병리적 현상을 보였다고 해요. 특히 『죄와 벌』 속에 등장한 센나야 광장은 빈

센나야 광장

민굴과 선술집, 사창가가 밀집되어 있는 곳으로 그려지기도 했고요. 도시 빈민의 문제는 당시 러시아의 최대 사회 문제이기도 했는데요.

이러한 현상들에 대해 도스토옙스키는 인간성이 배제되고 물신주의적 추종으로 생성된 근대적 병리 현상을 자신의 소설에서 실감나게 묘사해 내었지요. 그래서 러시아 사실주의 문학, 리얼리즘 문학을 손꼽을 때 대표적으로 도스토옙스키가 언급된답니다. 그의 대표작들을 보면 정확한 시대 배경, 잡다한 계층에 속하는 주인공들이 엮어내는 일대 파노라마, 생생한 심리 묘사 등이 바로 사실주의적 특징이기도 해요. 그러나 인간 내부 세계, 무의식 세계에도 강한 관심을 갖고 있던 도스토옙스키는 꿈, 환영, 광기 등의 환상적 요소를 도입한 소설 세계를 구축하기도 해 여러 평론가에게 '유토피아적 사실주의', '낭만적 사실주의' 작가라고 불리곤 했답니다.

단비　아 그렇군요. 도스토옙스키 작품을 읽으면 19세기 러시아의 시대와 사회상에 대해 자세히 알 수 있겠군요. 당시 러시아 사회는 계급이 존재하고 있었던 것으로 알고 있는데요. 당대 활동했던 톨스토이나 투르게네프는 귀족으로 알고 있습니다. 그에 반해 도스토옙스키는 어떤 계층에 속해 있었나요? 그리고 어떠한 성장 환경에서 자랐는지도 궁금하네요.

이 교수　도스토옙스키는 모스크바 마린스키 병원 수석 의사로 근무하던 아버지와 상인 집안 출신의 어머니 사이의 4남 3녀 중 둘째로 태어났지요. 어머니는 몸이 약한 체질이었지만 신앙심이 깊은 유순한 분이셨고 그에 반해 아버지는 까다롭고 의심이 많은 성격이었다고 해요. 도스토옙스키의 부인 안나 그리고리예브나의 증언에 따르면 "표도르 미하일로비치는 어머니에 대해 이야기할 때 각별한 애정을 표현했고 형 미하일과 여동생 바렌카를 무척 사랑했다"고 전해지죠. 훗날 도스토옙스키는 형 미하일과 출판사를 차려 함께 일하기도 했었죠.

한편 그는 잡계급에 속하는 대표적인 작가라 전해지고 있는데요. '잡계급'은 귀족도 아니고 농민도 아닌 부류로 대개는 성직자나 상인 혹은 의사 같은 직종의 사람들을 뜻해요. 그런데 도스토옙스키가 9세 되는 해 그의 아버지는 훌륭한 근무 성적 덕분으로 훈장을 받아 8등 문관으로 승진하게 되는데요. 당시 러시아는 8등 문관부터 귀족으로 간주하였는데 그의 아버지는 공식적으로 귀족 명부에 오르게 되자마자 지방의 토지를 구입해 명실상부 귀족임을 입증받고 싶었다고 해요. 하지만 도스토옙스키는 서류상으로는 귀족에 포함되었음에도 불구하고 실제 그의 성장 환경은 그렇지 못했지요. 그렇기에 그는 잡계급을 대표하는 작가가 아닐까 싶어요.

어찌 됐든 아버지는 부를 확보하기 위해 항상 근검절약을 강조하였고 자식들에게도 규율을 중시하게 여겨 엄하게 대하였는데요. 그러다 보니 작가는 유년 시절 아버지와의 관계가 좋지만은 않았던 것으로 보여요. 도스토옙스키가 18세 되던 해 아버지 미하일 안드레예비치는 농노들에 의해 살해를 당하게 되지요. 온화한 사랑으로 자신을 달래주던 아내가 죽고 난 이후, 미하일은 시골에 칩거해 음주벽에 빠져 농노들을 괴롭혔는데 어느 날 15명가량의 농노가 순식간에 달려들게 된 것이죠. 작가는 평생 이 사건에 대해 단 한마디도 발설하지 않았는데 아버지의 죽음이 그에게 얼마나 큰 충격이었는지 짐작할 수 있는 대목이기도 해요.

단비　도스토옙스키를 그저 유명한 작가로만 알고 있었는데 듣고 보니 개인사적으로 평범한 삶을 살진 않은 것 같습니다. 도스토옙스키의 삶이 더 궁금해지네요. 그에 대해 좀 더 자세하게 이야기해 주실 수 있나요? 그리고 그런 삶이 그의 문학 활동에 어떠한 원동력이 되어 주었는지 설명 부탁드립니다.

이 교수　유년 시절, 도스토옙스키는 엄격한 아버지 덕분에 또래의 친구도 없었고 외부 세계와의 접촉도 외출이라고 해야 고작 두세 번 정도 극장에 가는 것이 유일했다고 해요. 그래서 거의 집에만 있어야 했던 소년 도스토옙스키는 독서량이 대단했다고 하는데요. 1834년, 그의 아버지는 도스토옙스키와 그의 형 미하일을 모스크바에서 가장 우수한 교수들이 강의하고 있었던 체르마크 기숙학교에 입학시키게 되죠. 그곳에서 도스토옙스키는 많은 책을 읽으며 꿈을 꾸거나 공상을 통해 소설을 끊임없이 구상했다고 해요. 그는 아버지가 바라는 대로 공병사관학교에 입학했지만 학과 공부보다는 문학에 더 관심이 많았다고 전해지죠.

청년이 된 도스토옙스키는 호메로스, 빅토르 위고, 실러뿐만 아니라 러시아 작가인 푸슈킨, 고골에 걸쳐 두루 영향을 받기도 하였지요. 특히 그의 데뷔작인 「가난한 사람들」은 당대 최고의 비평가인 벨린스키에게서 '고골을 능가할 작가'라고 인정받기도 했었다고 해요. 이처럼 도스토옙스키의 청년기에는 낭만주의적 '백일몽'과 실러의 관념주의, 프랑스의 유토피아 사회주의의 영향을 받았다고 볼 수 있답니다. 그는 심리주의적 예술로도 유명세를 떨치기도 했는데요. 심리분석학파가 등장하기 이전부터 아이들과 청소년, 정신병자, 광신자, 범죄자, 자살자 등의 심리 상태를 연구했다고 알려져 있어요. 그래서 역으로 정신병리학자나 범죄학자의 측면에서 도스토옙스키를 조명한 비평들도 나오곤 했었지요.

작가 자신 또한 "나는 인간 영혼의 모든 심연을 묘사한다"고 주장했을 만큼 인간의 내면 심리에 굉장히 관심이 많았다고 해요. 그건 아마도 도스토옙스키가 보통 사람이 경험하기 힘든 여러 사건을 경험하게 돼서 그런 것인지도 몰라요. 여기에서는 그의 네 가지 운명적 사건들을 소개하려 하는데 워낙 유명한 이야기라서 이미 알고 계실 수도 있어요. 그래도 간략하게나마 이야기해 볼까 해요.

그것은 아버지의 비명횡사와 1849년에 받게 된 사형선고, 그리고 평생 지병이었던 간질병과 도박 중독이라 할 수 있는데요. 아버지의 죽음은 좀 전에 언급했으니 그가 사형선고를 받은 사건부터 이야기해 보도록 하죠. 도스토옙스키는 1849년 봄, 페트라셰프스키라는 인물이 주도한 정치클럽에서 활동하다가 체포되어 사형선고를 받는데요. 이 정치클럽은 농노제도며 재판, 가족제도, 결혼제도에 관한 연구 보고를 하는 젊은이들의 모임이었는데 일종의 사상 보급이 목적이었지 혁명 단체는 아니었다고 해요. 도스토옙스키는 출판 금지되어 있던 베린스키의 '고골리에게 보내는 편지'를 모임 석상에서 낭독했다는 죄목으로 체포되는데요. 다행스럽게도 이 사형선고는 당시 황제 니콜라이 1세가 지식인들에게 겁을 주기 위한 일종의 연극이었다고 해요.

그러나 도스토옙스키는 사형 집행 직전 극한적 순간을 경험하게 되고 이 경험은 그의 작품 「백치」에서 여러 차례 드러나 있어요. 결국 이 사건으로 인해 그는 10여 년간 시베리아에서 유형 생활을 하게 되지요. 4년은 강제노역을 하고 4년은 하사관으로 복무하다가 장교로 승진하게 되는데요. 그가 수용소에서 읽을 수 있는 책은 오직 '신약성서' 한 권밖에 없었다고 해요. 성경 외에 다른 책은 읽을 수도 없었고 펜으로 아무것도 적을 수 없었던 도스토옙스키는 틈나는 대로 명상에 잠기었고 그 가운데 여러 가지 문제들을 깊이 성찰했다고 하죠. 이것은 훗날 그의 작품 속에서 그리스도에 대한 믿음으로 묘사되고 있지요.

불행은 겹쳐서 온다는 옛말처럼 그는 옴스크 감옥에서 강제 노동을 하며 추위와 굶주림 속에서 간질병 증세까지 나타났다고 해요. 일

설엔 아버지의 부고를 들었을 때 첫 발작이 있었다는 이야기도 전해지고 있지만 확실한 것은 그가 감옥에서조차 고통에 시달렸다는 점이지요. 그리고 그의 삶을 논할 때 빠질 수 없는 것이 바로 도박 강박인데요. 그는 1863년 유럽 여행을 가는 도중 나흘 동안 비스바덴에 머물면서 룰렛 도박으로 큰돈을 따게 되는데 이때부터 도스토옙스키의 고질적인 도박 중독이 시작되었다고 볼 수 있죠. 그는 도박 때문이 아니더라도 평생 돈으로 고통받았지요. 하나의 에피소드를 소개하자면 그는 형에게 물려받은 빚 가운데 3천 루블을 당장 갚아야만 할 곤란한 상황에 처한 적이 있었어요. 그때 마침 스텔로프스키라는 출판업자가 나타나 솔깃한 제안을 하게 되지요. 그의 전집 세 권의 판권과 1866년 11월 1일까지 소설 한 권의 원고를 넘기면 3천 루블을 지불하겠다는 것이었죠. 단, 기한 내에 원고를 내지 못하면 위약금을 물어야 할 뿐만 아니라 도스토옙스키의 저작권을 출판업자가 소유하겠다는 조건이 붙었어요. 아마도 출판업자는 도스토옙스키의 성격을 감안하고 그런 조항을 붙인 것이 아닐까 싶어요.

안나 그리고리예브나 스니트키나

다른 선택의 여지가 없었던 도스토옙스키는 이 제안을 수락했으나 글을 쓰기는커녕 형의 빚을 탕감하고 나머지 돈으로 다시 유럽의 도박판으로 가서 돈을 다 날리게 되지요. 마침내 그는 계약 날짜가 다가오고 있으나 새 소설을 한 줄도 쓰지 못한 상태였고 결국 친구들이 나서서 속기사를 추천하여 소설을 쓸 수 있는 여건을 만들어주었다고 해요. 도스토옙스키가 즉석에서 소설을 구술하면 속기사 안나 스니트키나가 속기로 적어 작업을 진행해 26일 만에 소설을 완성하게 되어 가까스로 출판업자와의 계약을 무사히 이행할 수 있게 되었지요. 그런데 소설 제목이 무엇인지 궁금하지 않으신가요? 다름 아닌 「도박꾼」이랍니다. 웃음 이 소설은 도박꾼의 흥분과 긴장을 실감 나게 그리고 있는 작품인데 아무래도 도스토옙스키의 체험이 고스란히 소설 속에 재현된다고 해야 할까요?

작가의 문학적 영감은 고골이나 푸쉬킨으로부터 받은 것이겠지만 문학 작품을 통해서 인간의 극한적인 고뇌와 신의 구원을 열망하고 있는 것은 아마도 본인 스스로가 이와 같은 처절한 상황에 휘말리고 고통스러운 병에 시달렸기 때문이라 여겨져요. 그런 점에서 사형선고와 귀양살이, 그리고 간질과 독박은 그의 문학의 원천이라고 볼 수 있겠지요.

단비 말씀해 주신 내용을 들어보면 도스토옙스키만의 독특한 경험을 작품으로 승화시킨 것 같네요. 아 참, 방금 설명해 주신 속기사 안나는 그의 두 번째 부인이 된 걸로 알고 있는데요. 이야기가 나온 김에 도스토옙스키가 사랑했던 여인들에 대해서도 이야기 부탁드려도 될까요?

이 교수 물론입니다. 도스토옙스키에게는 세 명의 여인이 있었는데요. 첫 여인은 그의 첫 번째 부인이기도 했던 마리야 드미트리예브나 이사예바예요. 유부녀였던 그녀는 남편이 죽자 도스토옙스키와 1857년에 결혼을 하게 되는데요. 하지만 그들의 결혼생활은 불행했고 결국 이사예바는 폐결핵으로 사망하지요. 『죄와 벌』에 등장하는 카체리나 이바노브나는 이사예바의 모습을 묘사한 것이라고도 해요.

두 번째 여인은 도스토옙스키가 이사예바와 별거 상태였던 동안 스무 살의 작가와 열렬한 사랑에 빠지게 되지요. 그녀는 바로 아폴리나리야 프로코프예브나 수슬로바예요. 앞서 말한 바와 같이 비스바덴에서 도박을 했을 때, 그녀를 만나러 프랑스로 가는 도중이었어요. 이후에도 도스토옙스키는 그녀와 함께 여행하며 도박을 즐겼고 결국 돈 한 푼 없이 모두 도박으로 잃고 말지요. 그리고 수슬로바와도 결국 헤어지게 되지요. 만약 수슬로바를 만나러 프랑스에 가지 않았더라면 그의 삶은 어떻게 되었을지 궁금하네요. 웃음

작가가 일생일대의 행운이라고 할 수 있는 것은 아마도 안나와의 결혼이 아닐까 싶어요. 안나 그리고리예브나 스니트키나는 앞서 「도박꾼」을 집필할 당시 속기사였던 그녀가 맞아요. 도스토옙스키와 안나는 스물다섯 살이라는 나이 차이에도 불구하고 그가 죽는 날까지 서로를 신뢰하고 존경하며 결혼생활을 유지하였지요. 그들 사이엔 4남매가 있었는데 딸 아들 하나씩을 잃게 되는 아픔을 겪기도 해요. 안나는 초인적인 인내심과 사랑으로 도스토옙스키가 도박에서 벗어나는 데 결정적인 도움을 주었을 뿐만 아니라 빚을 청산해 말년에는 안정된 삶을 누릴 수 있도록 했답니다.

여기에서 도스토옙스키와 안나의 에피소드를 한번 살펴볼까요? 그는 도박 밑천을 구하는데 수단 방법을 가리지 않았는데 걸핏하면 결혼반지며 아내의 옷, 신발, 모자까지 전당포에 맡겼다고 해요. 이러

한 도스토옙스키의 행동에 대해서 안나는 가끔 잔소리를 하긴 했지만 놀랄 정도의 부드러운 태도로 대했다곤 하죠. 그녀는 남편이 돈을 잃었다는 사실 자체보다도 돈을 잃고 절망하는 남편의 모습을 차마 눈 뜨고 볼 수 없을 정도로 그의 아픔을 자신의 아픔으로 여겼다고 하는데요. 당시 주변 사람들은 그녀가 좀 더 현명한 아내가 되려고 했다면 남편의 모습에 슬퍼하기보다 무슨 수를 써서라도 도박하는 버릇 자체를 뿌리 뽑았어야 했다고 하지만, 안나 생각에는 남편을 섣불리 말릴 경우 그를 구제하기보다는 오히려 파멸시키게 될지도 모른다는 위기감을 느꼈다고 해요. 그만큼 도스토옙스키의 아내는 남편의 마음속 밑바닥까지 꿰뚫어 볼 정도로 사랑했음을 느낄 수 있지요.

그가 안나를 만나지 못했더라면 아마 『죄와 벌』을 비롯한 그의 대표작들을 독자들이 만나보기 힘들었을 것이라 생각해요. 그녀는 남편의 고질적인 도박을 온전히 받아들이면서도 그의 간질병을 극진히 간호했을 뿐만 아니라 맏딸 소피아와 막내 알렉세이를 하나씩 잃으면서도 남편이 중얼거리는 것을 받아써서 그것을 완벽한 작품으로 정리한 여성이기도 했답니다. 이런 점에서 도스토옙스키의 작품 세계를 이야기할 때 안나를 빠뜨릴 수 없겠지요.

단비　도스토옙스키의 연애담을 들어보니 본인의 작품만큼이나 우여곡절이 많은 사연이 있었군요. 그래도 안나를 만나 말년에는 안정된 삶을 누릴 수 있었다니 다행이긴 하지만 평생을 돈 문제로 고통에 시달렸다고 하니 안타깝기도 합니다. 그런데 그가 평생 빚 때문에 고통받은 이유가 순전히 도박 때문인가요?

이 교수 아니요. 꼭 그렇지만은 않아요. 도스토옙스키의 경제 사정은 죽은 형이 남겨준 막대한 빚 때문에 더욱 악화되었지요. 게다가 형의 유족들뿐만 아니라 첫 번째 부인 이사예바와의 사이에 있던 의붓아들 파벨, 그리고 알코올 중독자인 동생 니콜라이까지 모두 챙겨야 했기 때문이죠. 수중에 돈 한 푼 없고 자기도 여기저기 소소하게 빚을 껴안고 있는 상황에서 그리 큰 빚과 나머지 가족들의 생계까지 책임지겠다고 큰소리를 친 것인지 이해하기 쉽지는 않은데요. 안나는 작가의 이러한 행위를 고결함이라고 표현하죠. 하여간 이러한 복잡한 주머니 사정 때문에 항상 도스토옙스키는 빈곤할 수밖에 없었고 그것이 소설 등장인물들을 통해 묘사되고 있지요.

단비 도스토옙스키의 이러한 사연을 들으니 가족에 대한 애틋함이 엿보이네요. 그럼 이번에는 도스토옙스키의 작품에 대해 이야기를 나눠 볼까 합니다. 앞에서 일찍 죽은 막내아들에 대해 말씀해 주셨는데 그 아이를 주인공으로 삼아 쓴 작품이 『카라마조프가의 형제들』이라 알고 있습니다. 이 소설에 대해서 간단히 이야기해 주실 수 있나요?

이 교수 그래요. 막내인 알렉세이알료샤의 죽음이 간질과 연관되는데 그들의 자식 중 유일하게 아버지의 병이 유전되었어요. 막내아들을 잃은 슬픔 때문에 도스토옙스키는 죽을 만큼 괴로워했다고 그의 아내 안나의 회고록에 기록되어 있지요. 『카라마조프가의 형제들』 주인공 이름이 알료샤가 된 것도 그런 사정 때문이라 해요. 이 작품은 도스토옙스키의 마지막 작품인 동시에 미완성으로 남은 작품이기도 하지요. 작가의 초기 구상 속에서는 알료샤가 수도원을 떠나 세속에서 펼쳐지는 삶의 이야기가 후속편으로 계획되고 있었는데 안타깝게도 그의 죽음으로 그 뜻을 이루지 못했지요. 만약 도스토옙스키가 자신의 계획대로 이룰 수 있었다면 러시아의 젊은 세대의 운명과 러시아의 과거, 현재, 미래에 관한 자신의 생각을 구현할 대규모의 작품이 되었을 텐데 말이죠.

어쨌든 『카라마조프가의 형제들』에서 작가가 쓰려는 건 주인공 알렉세이알료샤를 이해하기 위해서는 그가 젊은 날 겪은 사건을 살펴볼 필요가 있어서 그 에피소드에 관해서지요. 1860~70년대의 러시아 젊은이들의 모습을 살펴볼 수 있는 이 소설은 아버지 표도르와 드미트리, 이반, 알료샤, 스메르쟈코프 네 명의 아들에 관한 이야기를 담고 있는데 각기 다른 성격으로 그려지고 있지요. 드미트리가 죄 많은 정열의 인간이라면 둘째 이반은 지성적인 회의론자이며 셋째 알료샤의 경우 수도원에서 성장하여 일상생활에 기독교적 이상의 빛을 실현하러 세상에 돌아온 인물로 그려지고 있지요. 서자인 스메르쟈코프는 마음의 불신과 냉혹한 인물로 보이고요. 『카라마조프가의 형제들』은 종교적 색채가 짙다는 점에서 알료샤가 두각을 나타내기도 하지만 이 소설에서의 흐름을 보자면 마치 드미트리가 주인공으로 보여요.

그런데 이 『카라마조프가의 형제들』에 대한 해설 가운데 가장 유명한 것은 정신분석학자 프로이트가 쓴 「도스토옙스키와 부친 살해」일 거예요. 프로이트는 이 소설에 나온 부친 살해 모티프를 끌어내 자신의 이론인 오이디푸스 콤플렉스를 입증해 내지요. 이는 개인사적으로 보게 되더라도 강압적이고 폭력적인 아버지 밑에 자란 도스토옙스키가 아버지에 대한 반발심이 있었을 것이고 막상 그러한 사건이 일어나자 자신의 죄의식을 풀고자 하는 무의식적 발현에서 『카라마조프가의 형제들』이란 작품을 썼을 확률이 높다는 점인데요. 『카라마조프가의 형제들』에서는 한 여인을 향한 부자간의 경쟁적인 성적 관계를 보여 주고 있어요.

아버지 살해는 장자 드미트리가 아니라 의붓동생인 스메르쟈코프에 의해서 저질러진 것이지만 범인으로 지목된 그는 사실을 밝히지 않고 자신이 죄를 뒤집어쓰고 말지요. 아마도 그의 마음속에는 그루센카를 사이에 두고 아버지와 벌인 경쟁 관계가 있었고 아버지를 살해하고 싶은 욕망이 있었기 때문이라 추측되는데요. 이는 드미트리뿐만 아니라 막내아들 알료샤를 제외한 모든 아들에게서 나타난 심리적 욕망이었다고 프로이트는 강조하죠. 프로이트는 카라마조프 형제들의 아버지 살해 욕망이 결과적으로 작가의 심리에서 비롯된 것이라고 설명하고 있지요. 물론 '부친 살해' 모티프는 그가 시베리아 유배지 생활에서 친부를 살해하고 복역하는 유형수를 만난 것이 동기가 되었다고 전해지지만 아마도 그 내면에는 이러한 무의식이 반영된 것은 아닐까 싶어요.

안타깝게도 도스토옙스키는 1880년 가을에 이 작품을 탈고했으나 지병이던 기관지염이 도져 1881년 1월 28일 숨을 거두게 되지요. 그는 이 작품을 다 쓰고 난 후 "내가 바라고 그리고 표현하고자 했던 의도의 20분의 1도 제대로 표현하지 못한 것을 스스로 인정하지 않을 수 없다"고 털어놓았다고 해요. 작가로서의 겸손함일 수도 있으나 도스토옙스키가 독자들에게 더 많고 심오한 메시지를 남기고 싶었는데 뜻대로 되지 못한 것을 고백한 것으로도 해석해 볼 수 있겠지요. 만약 그가 지병이 도지지 않고 이 작품을 자신의 계획대로 집필해 나갔다면 우리가 알고 있는 『카라마조프가의 형제들』은 또 다른 의미로 다가오지 않았을까 생각이 드는군요.

가난과 범죄 그리고 구원의 서사, 『죄와 벌』*Преступление и наказание*

단비 『카라마조프가의 형제들』에 대한 비하인드 스토리를 들으니 오늘 살펴볼 『죄와 벌』 또한 어떠한 내용일지 기대가 됩니다. 제가 알기로는 『죄와 벌』은 범죄자의 심리에 관한 내용으로 그 당시 사회적으로 이슈가 된 실제 사건을 참조했다는 것을 어느 참고 자료에서 본 적이 있었습니다. 어떤 사건이었나요?

이 교수 지금 소개해 드릴 『죄와 벌』은 도스토옙스키의 소설 가운데서도 가장 널리 읽히는 작품 가운데 하나인데요. 흥미로운 것은 여기에 스며있는 많은 요소가 이 소설을 다양한 방법으로 읽히게 만든다는 점이지요. 원래 『죄와 벌』은 유형 생활을 하는 동안 고백 형식으로 구상되었다가 1865년에 와서야 이야기의 상세한 윤곽이 나왔다고 해요. 작가는 카트코프에게 보내는 편지에서 "한 범죄의 심리학적 해석"에 대해 다루겠다고 언급하지요. 원래 『죄와 벌』은 '인쇄 전지 대여섯 장' 분량의 단편소설로 기획되었다가 '이론으로 무장된 살인자'

란 주제로 두 개의 부분으로 나눠 쓰였다고 해요. 하나는 죄와 그 원인들이고 다른 하나는 범죄가 범죄자의 영혼에 미치는 영향에 대해서인데 소설의 총 6부 가운데 하나는 범죄 자체에, 나머지 다섯 부는 범죄자가 그것을 벗어나려고 투쟁에 할애되어 있는 내용이지요.

그런데 우리의 일반적인 생각과는 달리 주인공인 살인자의 모습이 야비한 범죄자가 아니라 '훌륭한 품성을 지닌 지적으로 성숙한 청년'이라는 점이에요. 이는 작가가 카트로프에게 편지를 쓰기 이전 해 모스크바 대학에서 학생들과 충돌한 후 학교에서 쫓겨난 어떤 학생이 우체국에 침입해 우체국장을 살해했다든지 광에서 한 소녀를 만난 어떤 신학생이 그녀의 동의를 받아 살해한 뒤 경찰에 체포되었다는 기사들의 영향을 받았다고 해요. 아마도 작가는 극단적 행위를 통해 보여 주는 인간 내면 세계에 관하여 근본적 관심이 있었던 것 같아요. 『죄와 벌』 또한 신문 기사 내용이 반영된 것이라고 할 만큼 그의 창작 과정에 많은 영향을 받았지요. 그렇다면 어떤 사건인지 구체적으로 살펴보도록 할까요?

소설 속에서 전당포 노파와 리자베타를 도끼로 살해하는 라스콜니코프의 모습은 '1865년 1월경 게라심 치스또프라는 점원이 저지른 살인 사건'을 그대로 답습했다고 보는 견해가 있는데요. 당시 『목소리』지에 보도된 기사에 따르면 치스또프는 강도로 변해 어떤 집의 요리사와 세탁부 두 명의 노파를 살해했다고 하지요. 그의 범행도구는 피해자의 시신에 남은 흔적을 통해 도끼라는 것이 판명되었다고 해요. 게다가 살인범 치스또프가 분리파 교도, 즉 '라스꼴리니끄'였다는 사실을 고려해 볼 때 라스콜니코프란 캐릭터는 범죄 행위뿐 아니라 이름까지도 모방을 한 셈이죠.

이외에도 소설 속 라스콜니코프가 받은 재판과 판결 또한 유사한 실제 사건이 있는데요. 라스콜니코프가 범행을 자백한 뒤 법정에서 보이는 행동은 잡지 『시간』에 실린 라세네르란 인물의 심리 과정을 답습하고 있다고 해요. 라세네르의 재판 기록을 보면 '피고는 언성을 높이는 일 없이 단 한 가지의 정황도 잊지 않고 범죄 과정의 모든 사실을 아주 사소한 부분에 이르기까지 정확하게 밝혔다'는 구절이 있는데 소설에서도 유사한 장면이 나오죠. 그리고 라스콜니코프에 대한 판결을 '병적인 편집증'이라 결론 내리는데 이 또한 당대 신문 지상에서 빈번히 언급되던 소위 '정신 착란설'을 반영한 것이라 볼 수 있어요. 이처럼 도스토옙스키는 『죄와 벌』을 집필하는 과정에서 당대 저질러진 범행을 비롯하여 재판 및 판결 또한 반영했다고 볼 수 있지요. 1865년 9월부터 1866년 2월까지 광범위한 기간 동안 쓰인 『죄와 벌』은 이후 『러시아 통보』에 1866년 한 해 동안 게재되기도 했어요.

단비 도스토옙스키가 광적인 신문 애독가였다고 알고 있는데 여러 시사적 이슈들을 소설의 주요 모티프로 반영했나 보네요. 말씀을 듣다 보니 『죄와 벌』이 어떤 내용인지 무척 궁금합니다. 작품을 구성하고 있는 핵심 테마가 있다면 무엇인가요?

이 교수 『죄와 벌』은 거의 1천 페이지가량의 방대한 분량인데 거기에 비해 소설 내용은 단 13일 동안에 벌어진 이야기를 그려내고 있어요. 도스토옙스키는 시궁창 냄새가 나는 더러운 선술집과 전당포, 매음

굴이 늘어져 있는 페테르부르크 뒷골목을 묘사하며 거기에 모여 살고 있는 일용직 노동자들과 행상들, 소매치기와 매춘부 등과 같은 빈곤한 사람들의 삶을 소설 속에서 사실적으로 그려내고 있어요. 그래서 소설 속 등장하는 전당포 노파라든지 매춘부 소냐, 그리고 살인범으로 그려지고 있는 주인공 라스콜니코프는 이 도시에서 흔히 볼 수 있는 인물들이지요.

『죄와 벌』을 간략하게 훑어보자면 지독한 가난에 시달리던 대학생 라스콜니코프가 사회의 '이' 같은 존재라고 생각한 전당포 노파를 살해하고 죄책감에 괴로워하다 소냐의 도움으로 자수를 하게 된다는 내용인데요. 이 소설이 흥미로운 것은 『죄와 벌』에서 범죄자의 심리를 묘사한 내용만이 아니라 살인자 라스콜니코프와 예심판사 포르피리와의 쫓고 쫓기는 추리소설, 살인자와 매춘부 소냐의 지고지순한 사랑 소설 등 여러 가지 모습으로 읽힐 수 있다는 점이지요.

그런데 주인공이 살인을 저지르는 직접적인 동기가 본인이 쓴 「범죄론」에 입각했다는 점이 눈여겨볼 만해요. 이 대목이 『죄와 벌』의 대표적인 핵심 사상이라고 할 수 있는데요. 어떤 내용인지 궁금하시죠? 좀 더 상세히 소개해 볼까 합니다. 라스콜니코프는 인간을 평범한 사람과 비범한 사람 두 부류로 구분하는데요. 그의 말에 따르면 평범한 사람은 기존의 규율을 잘 따르고 기성 체제를 견고히 유지하는 데 기여하는 부류로 대부분의 사람이 이에 속한다고 보죠. 반면 비범한 사람은 나폴레옹, 케플러, 뉴턴 등과 같이 기존 사회에 안주하지 않고 더 훌륭한 것을 위해 기존 원리를 파괴하고 넘어서는 부류라고 생각하지요. 그런데 라스콜니코프의 주장에 따르면 비범한 사람은 만약 그 일을 방해하거나 장애가 되는 요인을 만나면 그것을 제거할 수 있는 권리를 부여받았다고 생각해요. 새로운 뭔가를 이루려면 기존의 것을 넘어서야 하고 그 과정에서 피를 흘려야 할지라도 어쩔 수 없다고 보는 것이지요.

이 이론을 주장한 라스콜니코프 또한 자신이 비범한 사람인지 확인하기 위해서 전당포 노파를 살해하게 되는데요. 이 논문에 대해 라스콜니코프와 그의 절친 라주미힌 그리고 예심판사 포르피리와 이야기를 나누게 되는데 포르피리는 평범한 사람과 비범한 사람을 어떻게 구분하느냐고 라스콜니코프에게 물으며 진짜 비범인이 많다면 세상은 혼란에 빠질 것이라고 염려하죠. 라주미힌 또한 라스콜니코프가 언급한 '양심에 따라 피를 허용한다'는 말에 우려를 나타내기도 해요. 이에 주인공은 평범한 사람의 경우 비범인이 되고 싶어도 금방 탄로가 나며 비범한 사람은 극소수여서 걱정할 필요가 없다고 답하지요.

단비 작가도 라스콜니코프의 말을 빌려 '비범인' 사상을 언급하고 있지만, 이 사상에 우려감을 나타내는 것 같은데요. '비범인' 사상이 어떤 사상인지 좀 더 구체적으로 듣고 싶습니다.

이 교수 라스콜니코프가 주장하는 '비범인'에 관한 논의는 당대 시대적 상황과도 밀접한 관련이 있어요. 서두에 설명한 것처럼 소설의 배경이 된 1860년대 러시아는 농노제가 몰락하고 급격한 산업화가 시작되었을 뿐만 아니라 서유럽 문화와 사상들이 적극 유입되던 시기였죠. 신분사회 개편과 빈부 격차 등으로 혼란스럽던 이 시기에 『죄와 벌』에 반영된 공리주의와 허무주의적 '비범인' 사상이 유행하게 되는데요. 이미 알고 있다시피 '공리주의'란 다수의 행복을 위해 소수의 희생을 감내해야 한다는 것이 요구되는데 이 이론을 라스콜니코프의 살인 동기에 적용한다면 그의 행위는 정당화될 수 있지요. 노파는 '이'와 같은 존재이기 때문에 한 사람을 죽여 많은 어려운 사람들을 도울 수 있다면 라스콜니코프의 행위는 공리주의 사상에도 들어맞을 뿐 아니라 마치 '정의를 구현'한 것처럼 보이게 될 테니까요.

라스콜니코프의 이러한 사상은 그 유명한 '트롤리 딜레마'에 비유할 수 있어요. 워낙 유명한 이론이지만 간략히 이야기하면 이런 것이지요. 다섯 명이 묶여 있는 선로 위로 저 멀리 트롤리가 달려와요. 이대로라면 선로에 묶인 다섯 명은 죽게 되겠지요. 그런데 다른 선로엔 한 명이 묶여 있고 그 옆에 철로 직원이 있는데요. 직원이 레버를 작동시키면 선로로 방향을 바꿀 수 있게 되지요. 그렇게 되면 한 명이 죽게 되겠지요. 그렇다면 직원은 레버를 작동시켜야 할 것인가 그대로 둬야 할 것인가? 다시 말해 다섯 명을 구하기 위하여 한 명을 희생시켜야 할 것인가? 아니면 한 명 때문에 다수를 죽게 할 것인가에 대한 딜레마예요. 라스콜니코프의 살인 원칙 또한 다수의 행복을 위해 '이' 같은 노파 한 명을 죽일 것인가라는 점에서 트롤리 딜레마와 무척이나 닮아 있지 않나요? 이처럼 라스콜니코프의 사상은 단순히 소설 내용으로 그치는 것이 아니라 사회적 측면에서 충분히 고민해 볼 필요가 있는 부분이기도 해요. 혹자는 '초인사상'이라고 말하기도 하는데 이 사상을 주장한 니체는 도스토옙스키보다 후대의 인물이므로 이에 영향을 받았다고 보기 힘들기에 적절한 표현이라고는 보기 힘들지요.

단비 『죄와 벌』에 등장한 사상적 이론이 당대 철학적으로 논란거리였던 문제들을 비판적으로 보여 준 것이라니 작가의 문제의식이 예리하다는 생각이 듭니다. 이러한 작가의 통찰력이 후대 사람들에게 인정받는 이유가 아닐까 싶네요. 이러한 사상에 빠진 주인공 라스콜니코프가 파멸하지 않고 어떻게 위기에서 빠져나올 수 있게 되는지 궁금하네요. 그럼 다음으로 '비범인 사상' 이외에 『죄와 벌』을 이끌어 나가는 또 다른 테마는 무엇이 있는지 소개해 주실 수 있나요?

이 교수 『죄와 벌』은 사상에 빠진 한 청년의 죄를 짓는 장면만큼 그가 벌을 받고 부활하는 장면 또한 중요한데요. 라스콜니코프를 끝없는 사랑으로 구원해 주는 인물이 바로 매춘부 소냐이지요. 소냐는 자기희생으로 다른 사람들을 구원하는 인물로 등장하는데 술주정뱅이 아버지와 새어머니, 의붓동생들을 위해 매춘부의 길로 선택할 수밖에 없었어요. 소냐란 인물은 마치 그리스도의 성모 마리아처럼 그려지기도 하는데요. 그녀는 라스콜니코프의 불행을 알아차린 후 십자가를 함께 지고 그를 갱생과 부활로 길로 안내해요. 도스토옙스키는 소냐를 통해 종교적 신앙과 자신의 가치관을 드러내고 있는데요. 다시 말해 유럽의 과학주의와 물질만능주의가 바탕이 된 라스콜니코프의 「범죄론」 사상을 비판적으로 그려냈다면 소냐를 통해 사회가 지향해야 할 방향을 보여 주고 있지요.

그리고 『죄와 벌』은 '돈'과 관련된 소설이라고도 할 수 있어요. 등장인물들은 돈 때문에 살인을 저지르거나 정략결혼 혹은 약혼을 하게 되거나 극단적으로 매춘까지 하게 되는 모습을 볼 수 있지요. 이는 아마 평생 돈에 고통받아온 작가의 경험에 의해서 그런 것인지 모르겠지만 작중 인물들 또한 돈의 그물망에서 자유롭지 못해요.

이외에도 라스콜니코프의 분신으로 볼 수 있는 스비드리가일로프와 '극빈은 죄'라고 말하는 소냐의 아버지 마르멜라도프, 가족을 위해 자신을 희생하려 했던 주인공의 여동생 두냐 등 다양한 인물의 군상들을 살펴볼 수 있는데요. 이처럼 『죄와 벌』은 방대한 분량만큼 다양한 주제와 논읫거리들이 다뤄지고 있다는 점에서 우리는 여러 가지 면모를 감상할 수 있지 않을까 싶네요. 그리고 19세기 러시아의 모습도 확인해 볼 수 있는 그런 책이라 할 수 있지요.

단비 말씀해 주신 내용들을 들어보니 『죄와 벌』을 더욱 더 읽고 싶어지는데요. 웃음 그렇다면 도스토옙스키가 이 소설을 통해 독자들에게 전달하고자 하는 바가 무엇이었을까요?

이 교수 아마도 도스토옙스키는 『죄와 벌』에서 인간 영혼의 문제를 사회와 인간의 관계를 통해 보여 주고자 한 것이 아닐까 싶어요. 작가는 인간 내부의 깊은 곳에서부터 존재론적 문제를 고민하면서 신과 인간의 관계를 통해 인간의 영혼 속에 놓인 본질적인 문제로 접근해 나갔다고 볼 수 있겠지요. 특히 도스토옙스키는 인간 내부의 선과 악의 공존을 인정하고 악의 순간에도 선을 향한 욕구를 잃지 않고 자유의 구현을 실현하고자 하는 러시아적 인간관을 강조하고 있다고 볼 수 있을 거예요. 이처럼 도스토옙스키는 자신의 작품들에서 러시아에 인간성이 배제되는 병리 현상을 지적하면서 비판적 해결방안을 제시하지요. 작가는 윤리적 공동체를 형성할 것을 충고하는데 러시아 전통 사회의 농촌 공동체인 미르를 모색하기도 해요. 갈등과 경쟁을 해소하고 공존 상생할 수 있는 인간주의적이고 윤리적인 방법을 찾고자 노력했죠. 『죄와 벌』 또한 과학적 이기주의를 비판하면서 생명의 가치에 대해 한 번쯤 생각해 보게끔 만든다고 볼 수 있을 거예요.

인간 영혼의 심연, 다시보기

단비 『죄와 벌』에 대한 다양한 이야기를 들으니 도스토옙스키의 다른 소설들도 궁금해집니다. 혹시 추천해 주실 다른 작품이나 참고할 만한 다른 자료들이 있을까요? 그리고 그가 후대에 어떠한 영향을 주었는가에 대해서도 알고 싶네요.

이 교수 우선 도스토옙스키의 5대 장편 소설을 읽어보면 좋을 것 같네요. 방금 살펴본 『죄와 벌』과 『카라마조프가의 형제들』을 비롯하여 『백치』, 『악령』, 『미성년』이 있지요. 작품들마다 각기 다른 문제의식을 다루고 있는데 『죄와 벌』이 윤리의 의미라면 『카라마조프가의 형제들』에서는 종교의 기초와 관련하여, 『백치』에서는 윤리적 이상에, 『악령』에서는 윤리· 정치· 종교 간의 관계에, 『미성년』은 인간에 대한 심리적 반응과 관련되어 있지요. 그리고 그런데 이 5편의 장편소설은 한결같이 이상한 범죄와 색다른 연애를 기본적인 골격으로 삼고 있는 것이 공통적 특징이기도 해요. 가령 『죄와 벌』에서는 라스콜니코프 특유의 범죄 이론에서 비롯된 관념적인 강도 살인의 이야기에다 매춘부와 살인자의 사랑이라는 이야기가 결합되어 있다면 『카라마조프가의 형제들』은 카라마조프가의 부자와 형제의 사랑과 돈을 둘러싼 싸움 속에서 아버지의 살인 사건이 일어난 내용이지요. 『백치』의 경우 순수한 영혼의 소유자인 미쉬낀 공작을 중심으로 한 이중의 삼각관계가 결국은 운명적인 살인으로 이어지게 되는 이야기를 담고 있고요. 『악령』은 표트르의 정치적 음모와 스타브로긴의 수수께끼에 찬 여성 관계와 얽히고설킨 가운데 두 번의 살인 사건이 일어난 내용이라면 『미성년』은 사생아인 아르까지가 동경심과 복수심을 품고 아버지가 살고 있는 상류 사회에 들어가 착잡한 연애 사건과 거액의 재산을 에워싼 음모에 휘말리는 이야기예요. 도스토옙스키의 작품을 두루 읽어 보는 것도 작가의 가치관을 살펴보는 데 도움이 되지 않을까 싶어요.

도스토옙스키는 한국 작가들에게도 영향을 미치는 것을 발견할 수 있는데요. 그의 영향을 받은 대표적인 작가로는 손창섭, 이문열, 김춘수, 김영현, 장정일 등을 손꼽을 수 있지요. 가령 김영현의 『낯선 사람들』은 『카라마조프가의 형제들』을 공개적으로 원용하고 있다면 장정일의 『보트 하우스』에서는 『죄와 벌』과 『분신』 등에 등장하는 인물들을 패러디하고 있죠.

도스토옙스키는 문학에만 영감의 원천이 되는 것은 아니라 전 세계 영화인들이 그의 작품을 모티프로 이용하고 있기도 하지요. 그 가운데 『죄와 벌』이 영화로 만들어진 것을 살펴보자면 대표적으로 레프 쿨리자노프 감독의 「죄와 벌」, 아키 카우리스마키 감독의 「죄

영화 「죄와 벌」, 1970

와 벌」, 줄리언 재롤드 감독의 「죄와 벌」, 우디 앨런 감독의 「매치 포인트」, 「이레셔널 맨」 등을 들 수 있어요. 특히 레프 쿨리자노프 감독의 「죄와 벌」은 소설의 서사를 충실히 따르고 있기 때문에 도스토옙스키의 『죄와 벌』을 읽는 듯한 효과를 가져다주기도 해요. 우디 앨런 감독의 영화들은 소설의 서사와는 덜 유사하지만 주요 테마를 변주하여 소설과 연결되도록 유도하고 있지요. 이 두 작품은 모두 도스토옙스키 『죄와 벌』을 영화 속에 등장시킴으로써 이 소설을 변주하고 있음을 의도적으로 노출시키고 있죠. 그런데 흥미로운 것은 소설의 어떠한 지점에 초점을 맞춰 변주한다는 거예요.

가령 「매치 포인트」에서는 주인공 크리스가 살인을 행하는 장면에서 라스콜니코프가 보여 준 '운'과 연결시키고 있다면 「이레셔널 맨」의 경우 라스콜니코프처럼 '비범인' 이론에 입각하여 사회 정의를 추구하고자 하는 인물에 초점을 맞추고 있어요. 이처럼 소설을 영화화한 것을 보는 것도 『죄와 벌』을 새롭게 읽는 방법이지 않을까 해요. 이처럼 『죄와 벌』은 다양한 버전으로 변주되고 있는데 여기서 개개인들의 해석에 관한 차이를 살펴볼 수 있다는 점에서 흥미롭지요. 지금 소개한 대표적인 영화 작품들 외에도 도스토옙스키 작품을 패러디한 러시아판, 영어판 영화들이 수없이 많을 정도로 그의 작품은 널리 활용되고 있다고 볼 수 있지요.

흥미롭게도 도스토옙스키 문학은 시대를 달리하면서 그에 대한 논쟁이 다양하게 전개되었는데요. 동시대 비평가들이었던 벨린스키, 미하일롭스키 같은 급진적 시민 비평가들은 작가에 대해 부정적인 견해를 피력했지만, 서구학자들은 도스토옙스키의 민족주의에 대해 지대한 흥미를 보이기도 했죠. 도스토옙스키는 20세기 초 러시아 '상징파'의 재평가 이후 러시아뿐만 아니라 세계 문학의 귀중한 보고가 되었는데요. 특히 니체, 카프카, 토마스만, 프루스트, 앙드레 지드, 까뮈 등 후대 많은 철학자와 문학인들에게서 그의 영향을 볼 수 있답니다.

단비 고전인 『죄와 벌』을 현재의 여러 텍스트나 영화 등과 비교해서 살펴볼 수 있다니 재미있네요. 이 대화를 통해 도스토옙스키와 『죄와 벌』을 다방면에서 이해할 수 있었던 시간이었습니다.

이 교수 이백여 년 전의 도스토옙스키를 현재의 시각에서 이해하는 데 조금이나마 도움이 되었을지 모르겠네요. 예술이 지닌 가장 본질적인 임무 중의 하나가 현실과 인간의 삶에 대한 생각의 폭을 넓혀 주고 심화시켜 주는 것이라면 인간의 모든 불안, 극적인 갈등과 모순을 밝히려는 충동에 있어서 도스토예스키만큼 격렬한 인물을 찾아보긴 어렵지 않을까 싶어요. 그만큼 인간 영혼의 심연을 탐구하는데 집중했던 작가라는 생각이 드네요. 우리가 인내심을 갖고 그의 소설을 찬찬히 음미해 보면 도스토옙스키만의 독특한 매력을 충분히 느낄 수 있을 거예요.

참고 문헌

표도르 도스토예프스키, 김연경 옮김, 『죄와 벌 1·2』, 민음사, 2012.

권철근, 「도스토예프스키 장편소설의 병리학: 살인과 간질」, 『노어노문학』 18집, 한국노어노문학회, 2006.

______, 「'죄와 벌'에 나타난 라스콜니코프의 '죄'와 '벌'」, 『한국노어노문학회 학술대회 발표집』 11집, 한국노어노문학회, 2000.

김동호, 『소설 『죄와 벌』의 영화적 변주』, 연세대 박사학위논문, 2014.

김은실, 「인간주의에 대한 러시아의 근대적 성찰」, 『인문사회과학연구』 31집, 호남대 인문사회과학연구소, 2011.

석영중, 「도스또예프스끼의 《죄와 벌》-성서와 신문에 관한 고찰」, 『노어노문학』 16집, 한국노어노문학회, 2004.

______, 『도스토예프스키, 돈을 위해 펜을 들다』, 예담, 2012.

박종소, 「표도르 도스토예프스키와 혁명」, 『인문논총』 제74권 제4호, 서울대학교 인문학연구원, 2017.

배대화, 「도스토예프스키, G. 프로이트, J. 크리스테바」, 『노어노문학』 16집, 한국노어노문학회, 2004.

오종우, 『무엇이 인간인가 존엄한 삶의 가능성을 묻다』, 어크로스, 2016.

이명숙. 『『罪와 罰』硏究』, 경북대학교 석사학위논문, 2017.

이철· 이종진· 장실, 『러시아 문학사』, 도서출판 벽호, 1998.

이현우, 『로쟈의 러시아 문학 강의』, 현암사, 2014.

이형구, 「『죄와 벌』, 그리고 필연성의 문제」, 『슬라브연구』 24집, 한국외국어대학교 글로벌캠퍼스 러시아연구소, 2008.

정창범, 『도스토예프스키 작가의 생애와 문학』, 건국대학교출판부, 1994.

최현경, 『카라마조프가의 형제들』로 보는 부친살해와 죄의식에 대한 정신분석학적 고찰』, 호서대 연합신학전문대학원 석사학위논문, 2018.

허선화, 「죄와 벌에 나타난 자기 인식의 패러다임으로서의 자기비하」, 『노어노문학』 19집, 한국노어노문학회, 2007.

콘스탄틴 모출스키, 김현택 옮김, 『도스토예프스키 1·2』, 책세상, 2000.

프로이트, 정장진 옮김, 『예술, 문학, 정신분석』, 열린책들, 1996.

E.H 카, 김병익· 권영민 옮김, 『도스또예프스끼 평전』, 열린책들, 2011.

사진 자료 출처: 도스토예프스키 박물관 홈페이지(http://eng.md.spb.ru/) 페테르부르크 홈페이지(http://www.saint-petersburg.com/famous-people/fyodor-dostoevsky/)

제2부

자본주의·무의식·실존주의로 본 개인과 사회

자본주의에 관한 최초의 경제학적 탐구
—애덤 스미스, 『국부론』

서문석

> 우리가 식사를 할 수 있는 것은 정육점 주인·양조장 주인·빵집 주인의 자비에 의한 것이 아니라 자기 자신의 이익에 대한 그들의 관심 때문이다. 우리는 그들의 인간성에 호소하지 않고 그들의 이기심에 호소하며, 그들에게 우리 자신의 필요를 이야기하지 않고 그들의 이익을 이야기한다.

고전경제학의 아버지, 애덤 스미스

단웅이 교수님, '보이지 않는 손'이라는 개념은 많이 들어보고 익숙한 것 같지만 그 개념이 등장하게 된 배경에 대해서는 제대로 공부해 본 경험이 없습니다. 우선 『자본론』의 작자 애덤 스미스는 어떤 배경에서 성장하였나요?

서 교수 애덤 스미스Adam Smith, 1723~1790는 1723년 영국 에딘버러 커코

디 Edinburgh Kirkaldy에서 변호사이자 세관 업무를 맡고 있던 애덤 스미스의 아들로 태어났습니다. 아버지와 이름이 같았던 그는 14살이던 1737년에 글래스고대학 Glasgow Univ.에 입학했습니다. 대학에 입학한 그는 도덕철학에 관심이 많았습니다. 1740년부터 옥스퍼드대학 Oxford Univ.에서 장학금을 받고 수학하였으나 학위를 마치지 않고 1746년에 고향으로 돌아옵니다.

단웅이 애덤 스미스의 대표적인 활동은 무엇이 있나요?

서 교수 애덤 스미스는 1748년부터 시작한 에딘버러대학 Edinburgh Univ. 강연으로 명성을 얻었습니다. 이 시기 그는 후일에 가장 가까운 친구 중의 하나가 되는 철학자 흄 D. Hume과 교류하였습니다. 1751년 28세 나이로 글래스고대학 논리학 담당 교수로 임용되었고, 이후 도덕철학도 담당합니다.

그는 1759년에 『도덕감정론』을 집필하였으며, 1764년부터 1766년까지 타운센트 C. Townshend 공작의 양아들을 데리고 프랑스를 비롯한 유럽대륙을 여행하면서 여러 학자와 교류할 기회를 갖습니다. 귀국 이후 이 경험을 바탕으로 집필에 몰두하여 1776년 자신의 대표작인 『국부론』 *An Inquiry into the Nature and Causes of the Wealth of Nations*을 출간합니다. 1778년 스코틀랜드의 세관 감독관, 1787년 글래스고대학 명예총장에 추대되었으며, 1790년 7월 17일 에딘버러 자택에서 독신으로 사망했습니다.

단웅이 애덤 스미스가 가정교사를 했다고요?

서 교수 1763년 애덤 스미스는 타운센트C. Townshend 공작에게 양아들인 버클루Buccleuch의 개인 교사를 맡아달라는 제안을 받습니다. 이는 친구인 흄D. Hume과 관련이 있는데 타운센트 공작을 흄의 소개로 만났기 때문입니다. 그는 교수 시절 받던 연봉의 2배에 해당하는 급료와 평생 연금을 받는 조건으로 버클루와 함께 이탈리아를 비롯한 유럽 여러 나라를 여행grand tour하는 유학길에 올랐습니다. 프랑스의 툴루즈에서 남프랑스로 갔다가, 다시 제네바, 파리로 거처를 옮기면서 볼테르, 프랭클린, 튀르고, 엘베티우스, 케네 등 프랑스 중농주의자들과 교류하였습니다.

이 과정에서 애덤 스미스는 국가의 모든 부는 농업생산에서 비롯한다는 중농주의자들의 주장을 접하게 됩니다. 1766년 여행을 마친 애덤 스미스는 중농주의 논리를 농업보다는 공업이 더욱 발전했던 영국에 적용시키는 저작을 집필하기 시작합니다. 이 책이 바로 『국부론』입니다. 고향으로 돌아온 뒤 10여 년 동안 집필한 끝에 1776년 3월 9일에 『국부론』을 출간합니다. 『국부론』은 영국에서 큰 반향을 일으켰으며 애덤 스미스는 이 책으로 단숨에 당대를 대표하는 석학으로 인정받습니다. 게다가 이 책은 영국의 산업혁명과 눈부신 성장을 부러워하던 유럽 여러 나라에서도 널리 읽힙니다.

단웅이 애덤 스미스의 대표적인 저작은 무엇이 있나요?

서 교수 애덤 스미스의 대표 저작은 『도덕감정론』과 『국부론』입니다. 그는 『국부론』을 출간하기에 앞서 호응이 좋았던 글래스고 대학 강연 내용을 바탕으로 1759년에 『도덕감정론』을 출간하였습니다. 이 책은 독자들로부터 큰 반향을 일으켰습니다. 애덤 스미스 자신도 『도덕감정론』을 대표작으로 거론할 만큼 그는 이 책에 대한 애정이 많았습니다. 그도 그럴 것이 『국부론』에서 제기한 상당수 개념은 이 저작에서 나타났습니다.

애덤 스미스의 대표 저작

저서명	저서 표지	저서명	저서 표지
The Theory of Moral Sentiments, 1759. 박세일·민경국 공역, 『도덕감정론』, 비봉출판사, 2009.		Essays on Philosophical Subjects, I. S. Ross ed., Indianapolis: Liberty Classics, 1982.	
An Inquiry into the Nature and Causes of the Wealth of Nations, 1776. 김수행 역, 「국부론 상·하」, 비봉출판사, 2009.		The Correspondence of Adam Smith, Ernest Campbell Mossner and Ian Simpson Ross eds., Indianapolis: Liberty Classics, 1987.	
Lectures on Jurisprudence, 1763. 서진수 역, 『법학강의 상·하』, 자유기업원, 2002.	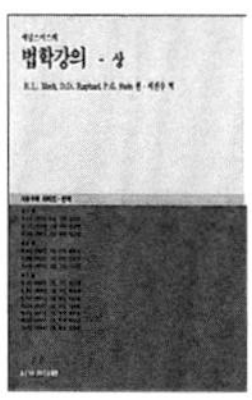		

애덤 스미스는 이 책에서 신이 인간 내면에 공정한 관찰자를 설정하고, 모든 인간이 공감이라는 보편적 도덕감정을 갖게 한다고 보았

습니다. 이러한 보편적 도덕감정을 바탕으로 적정한 수준에서 이기심을 인정했으며, 이런 이기심을 기반으로 조화로운 사회 발전이 이루어진다고 생각했습니다. 이런 주장은 스코틀랜드 계몽주의 전통을 계승한 것으로 프랜시스 허치슨에게서 흄과 스미스에게로 이어졌으며, 다시 영국 공리주의로 연결되었다고 알려져 있습니다.

이 시기 그의 학문 세계는 자연신학natural theology, 윤리학, 법학, 정치경제이론 등을 포괄하고 있었습니다. 그는 당시 이런 내용을 담은 '법학' 과목을 강의했습니다. 이 내용은 수강생의 노트로 남아 훗날 『법학강의』로 출간되었습니다. 이 책은 나중에 『국부론』에서 다루어지는 내용을 많이 포함하고 있습니다.

『도덕감정론』은 애덤 스미스의 출세작이 분명하지만 그의 대표작은 『국부론』입니다. 어떤 사람도 『국부론』을 그의 대표작이 아니라고 부정하지 않습니다. 『국부론』은 자본주의를 체계적으로 분석한 최초 저작이며, 애덤 스미스의 핵심적 주장을 정리한 대작임에 틀림없습니다.

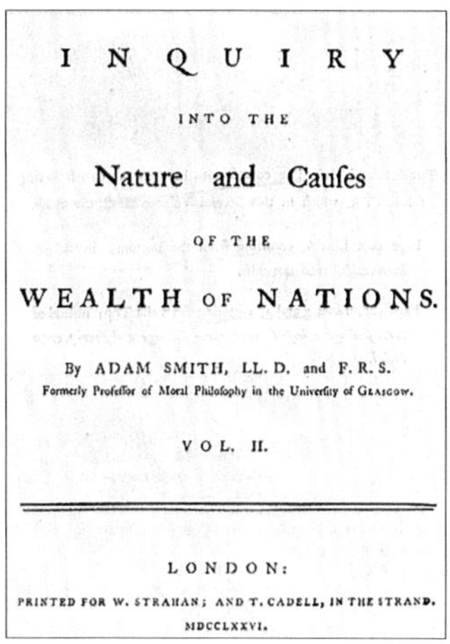
INQUIRY

INTO THE

Nature and Caufes

OF THE

WEALTH OF NATIONS.

By ADAM SMITH, LL. D. and F. R. S.
Formerly Profeffor of Moral Philofophy in the Univerfity of GLASGOW.

VOL. II.

LONDON:

PRINTED FOR W. STRAHAN; AND T. CADELL, IN THE STRAND.
MDCCLXXVI.

그는 『국부론』에서 18C 중엽 영국에서 확산하고 있던 자본주의라는 새로운 생산방식을 세밀하게 묘사하고 있습니다. 그리고 그 속에 내재화되어 있는 원리, 변화의 원인과 과정, 이런 변화를 보는 입장과 당대의 시사점까지 탁월하게 정리하였습니다.

이 책의 원제목은 「*An Inquiry into the Nature and Causes of the Wealth of Nations*」입니다. 일반적으로 'the Wealth of Nations', 즉 '국부론'으로 번역되지만, 중국에서는 『國民財富的性質和原因的硏究』으로, 일본에서는 『諸国民の富の性質と原因の硏究』로 번역하기도 했습니다. 이런 제목을 쓴 이유는 당시 영국 사회에 널리 퍼진 중상주의적 사고를 비판하기 위해서였습니다. 즉 국부는 귀금속 보유량에 의해 결정되지 않으며 생산물의 생산과 소비, 수출입 과정에 따라서 축적된다는 것이 이 책의 주장입니다.

『국부론』, 분업과 자본주의

단비 애덤 스미스가 '국부the Wealth of Nations'에 관심을 갖게 된 배경은 무엇인가요?

서 교수 『국부론』은 이렇게 시작합니다.

> "노동생산력의 매우 큰 향상과 [어떤 노동에서도 발휘되는] 숙련·기교·판단의 대부분은 분업의 결과였던 것 같다"

애덤 스미스는 왜 『국부론』을 '분업'으로 시작했을까요? 『국부론』 제1편 1장 제목은 '분업'이고, 제2장 제목도 '분업을 야기하는 원리', 제3장 제목도 '분업은 시장의 크기에 의해 제한된다'입니다. 그가 '분업'을 첫 장부터 3장까지 반복해서 다룬 이유는 노동생산성, 숙련, 기교, 판단 등의 모든 역량이 분업에서 비롯한다고 판단했기 때문입니다.

분업은 공정을 분할하는 작업방식으로 생산량을 증대시키는 효과가 있는데, 이것이 국부와 어떤 관련이 있을까요? 당시 영국은 물론 다른 나라 정치인들 대부분은 한 나라가 소유하고 있는 금이나 은과 같은 귀금속 수량과 국부가 연관되어 있다고 생각했습니다. 왜냐하면 금이나 은을 갖고 있으면 필요한 여러 일을 할 수 있다고 생각했기 때문입니다. 당시 금과 은은 현재 우리가 사용하는 화폐와 같은 역할을 했습니다.

당시 왕실은 귀금속으로 궁궐과 교회를 건축하거나 군대를 양성하는 등 다양한 일을 했습니다. 따라서 이런 일을 더욱 많이 하려면 금이나 은과 같은 귀금속을 더 많이 갖고 있어야 했습니다. 귀금속을 더 많이 갖고 있어야 왕실이 부유해지고 국가도 부유해진다고 생각했습니다. 이를 위해 유럽 왕실은 귀금속을 더욱 많이 확보할 목적으로 아메리카 등 여러 지역에 군대를 보냅니다. 이와 함께 수출은 늘리고 수입을 줄이기 위하여 자기 나라 항구에 입항하는 배의 국적도 제한합니다. 수입품을 줄이면 대금으로 지불할 귀금속을 국내에 보유할 수 있기 때문입니다. 이런 사고방식을 중상주의重商主義라고 부릅니다.

그렇지만 이런 방식으로 더 많은 이익을 만드는 데에는 여러 어려움이 따랐습니다. 무엇보다 침입과 약탈, 무역 제한 등은 장기간 지속하거나 반복해서 할 수 있는 방법이 아닙니다. 침입과 약탈을 반복하면 할수록 그 효과는 떨어지고, 모든 나라가 수출보다 수입을 적게 하면 무역거래는 지속될 수 없기 때문입니다.

아메리카에서 귀금속을 많이 갖고 왔던 스페인과 포르투갈이 '고대문명의 저주'라고 불리는 어려움을 겪은 것도 이 때문입니다. 당시 아메리카에서 쏟아져 들어온 귀금속은 화폐 역할을 했기 때문에 이 들 나라에 인플레이션을 초래했습니다. 그 결과 남유럽 지역에서 생산된 물품들은 다른 지역에 팔 수 없을 정도로 비싸집니다. 아메리카에서 약탈해온 귀금속으로 빠르게 발전하던 남유럽 국가들은 번영을 지속하지 못했습니다.

애덤 스미스는 이런 상황에서 귀금속 소유보다 실제로 소비할 수 있는 상품을 많이 만들고 거래할 때 국부를 더욱 증가시킬 수 있다고 생각했습니다. 국부의 출발점을 상품이라고 생각한 것입니다. 또한, 국부를 키우는 상품을 더욱 많이 만들기 위한 효과적인 생산방식이 분업이라고 보았습니다. 그는 핀을 만드는 공장에서 분업 생산방식을 도입한 후 이전에는 상상할 수 없을 정도로 많은 양의 핀을 만들어내는 모습을 확인합니다. 그가 『국부론』에서 핀 공장의 분업화를 자세하게 묘사한 이유는 이 때문입니다.

단비 애덤 스미스가 『국부론』을 집필하게 된 계기는 무엇인가요?

서 교수 애덤 스미스가 『국부론』을 집필하기 시작한 시기는 프랑스 여행을 마친 1766년경입니다. 그렇지만 이 책은 10년이 지난 1776년에 출간합니다. 그는 10년 동안 『국부론』 집필에 매진했습니다.

애덤 스미스는 무엇 때문에 『국부론』 집필에 매진했을까요? 앞에서 언급했듯이 그는 타운센트 공작의 양아들 버클루Buccleuch를 데리고 프랑스와 이탈리아 등 유럽 여러 나라를 여행했습니다. 이 여행에서 그는 자기 생각을 더욱 구체화하는 전기를 맞습니다. 프랑스에서 중농학파라고 불리는 튀르고Anne Robert Jacques Turgot, 케네François Quesnay 등을 비롯한 여러 학자와 자기 생각을 주고받으며 교류할 기회를 갖습니다.

애덤 스미스가 프랑스에 머무는 동안 교류했던 학자들은 혈액이 사람에게 중요하듯 한 나라에서 가장 중요한 것은 농업생산물이라고 생각했습니다. 유럽대륙 최대 농업국가인 프랑스에서는 이런 생각이 당연했을 것입니다. 케네가 농업생산물을 혈액에 비유한 이유는 그가 의사였기 때문입니다. 이들은 국가의 부를 결정하는 것은 귀금속이 아니라 국민이 소비하는 농업생산물을 얼마나 생산하고 소비할 수 있는가에 달려 있다고 보았습니다. 이런 생각을 중농주의重農主義라고 부르며 이런 주장을 하는 학자들을 중농학파重農學派라고 부릅니다.

애덤 스미스는 당시 영국을 비롯하여 많은 나라에 퍼져있던 중상주의적 사고의 문제점을 깨닫고 있었습니다. 이런 상황에서 그는 프랑스에서 중농주의자들과 교류함으로써 새로운 출구를 찾았습니다. 그는 영국이 프랑스처럼 농업생산 환경이 잘 갖추어진 나라가 아니라는 것을 알고 있었습니다. 영국은 농업보다 상공업이 발전한 나라였습니다. 그는 상공업이 발전한 영국에서는 공업생산이 프랑스에서 농업이 차지하는 비중처럼 중요하다고 생각했습니다. 프랑스 중농주의자들이 농업을 중시한 것처럼 공업이 중요하다는 것을 알았습니다. 프랑스의 중농주의자들을 통해 영국 상공업의 중요성을 재인식한 것이죠. 중농주의 학자들의 생산개념에 영향을 받은 애덤 스미스는 영국으로 돌아온 직후부터 『국부론』 집필에 매진했습니다.

단비 애덤 스미스의 『국부론』을 근대경제학의 출발점이라고 부르는 이유는 무엇인가요?

서 교수 『국부론』은 근대자본주의가 나타나기 시작한 18세기 영국의 외적 변화와 내적 질서를 체계적으로 설명하고 있습니다. 먼저 외적 변화를 살펴보겠습니다. 15~16세기 신항로를 개척하면서 유럽을 중심으로 아시아와 아메리카 대륙을 잇는 상업망이 형성됩니다. 이에 따라서 상업과 공업이 급속하게 발달합니다. 영국은 남유럽 국가의 쇠락 이후 유럽의 상공업 중심지 역할을 하게 됩니다.

외적 변화에 따라 영국 내부에서도 큰 변화가 일어납니다. 해외 무역이 증가하면서 상업과 공업이 급속하게 발전합니다. 이에 따라 생산증대를 위한 새로운 기술을 개발하려는 의욕이 넘쳐났습니다. 증기기관을 실용화하고, 면방직공업을 비롯한 석탄, 철강, 기계, 철도 등의 분야에서 새롭게 발명한 기계를 사용하면서 생산공정의 개선이 이루어집니다. 이 변화는 산업혁명이라고 불릴 정도로 사회적 파급력이 컸습니다.

자본주의 경제체제가 영국에서 처음 나타났기 때문에 애덤 스미스는 상품 생산과 유통을 중심으로 하는 국가 차원의 경제구조를 최초로 설명할 수 있었습니다. 새롭게 등장한 체제에서는 이전 시기와 내적 운영원리가 전혀 달랐습니다. 그렇기에 국부에 대한 인식도 바꿔어야 한다고 주장할 수 있었습니다.

중상주의자들은 거래과정에서 발생한 상업이윤에 집중하였지만 그는 다양한 경제주체가 참여하는 생산과정에서 발생하는 이윤을 더 중시했습니다. 이는 『국부론』이 상업에 국한되었던 중상주의적 저작보다 국가의 경제 관계 전반을 훨씬 체계적으로 서술할 수 있었던 요인입니다. 『국부론』은 이처럼 국민경제 전반을 체계적으로 서술하였기 때문에 근대자본주의의 경제적 원리를 최초로 설명한 책으로 평가받습니다. 따라서 『국부론』은 근대경제학의 시작을 알리는 책이며, 이 책을 쓴 애덤 스미스를 근대경제학의 아버지라고 부릅니다.

단비 자본주의를 옹호하는 논리도, 부정하는 논리도 모두 『국부론』을 기반으로 삼는 이유는 무엇인가요?

서 교수 자본주의를 옹호하는 주장에서는 자본주의를 효율적인 체제이며 인간 본성과 잘 조화되는 체제라고 설명하고 있습니다. 이런 주장은 개인의 이기심이 자본주의를 움직이며, 개인의 자유로운 선택이 자본주의를 조화롭게 발전시킨다는 내용을 포함하고 있습니다. 이런 주장의 이론적 기반은 『국부론』입니다. 특히 『국부론』에서 언급한 '이기심'과 '보이지 않는 손' 등은 개인의 자유와 국가의 간섭을 배제하는 자유주의 논리의 이론적 근거로 활용되고 있습니다.

이와 반대로 자본주의를 부정하는 주장도 『국부론』을 활용합니다. 자본주의에 만연한 인간에 대한 인간의 착취를 해소하기 위해서 『국부론』의 '신이 만든 조화로운 인간'이라는 논리를 내세웁니다. 조화롭게 만들어진 인간은 착취가 사라지면 자신에 내재한 이기심을 통해 조화로운 결과를 얻을 수 있다고 주장합니다. 또한 『국부론』에서 사용한 노동가치설로 자본주의의 착취와 몰락을 설명하기도 합니다. 이들은 노동을 통해 새로운 가치를 생산하는 노동자들이 이 세상의 주인이 되어야 한다고 주장합니다.

자본주의 경제체제에서 살고있는 우리는 애덤 스미스와 그의 저작인 『국부론』의 영향을 많이 받고 있습니다. 자본주의 경제체제를 최초로 분석한 이 책에서 설명한 많은 개념은 현재까지도 커다란 영향을 주고 있으며, 자본주의에서 일어나는 모든 현상을 설명하는 데에 소환됩니다. 자본주의를 열렬하게 옹호하는 사람들부터 자본주의 전복을 꾀하는 혁명가들까지 자기의 생각이 이 책에 맞닿아 있다고 주장합니다.

단비 모든 생산공정을 혼자서 담당하던 때도 있었는데 우리는 분업을 왜 할까요? 자신이 필요로 하는 것은 한정되어 있는데도 분업을 통해 보다 더 효율적으로 생산량을 증가시켜야 하는 이유는 무엇인가요?

서 교수 『국부론』은 분업에 대한 설명으로 시작됩니다. 핀 생산과정을 사례로 분업이 생산량을 크게 증대시킨다는 사실을 자세하게 설명합니다. 한 사람의 노동자가 하루 한 개도 만들기 어려운 핀을 열 명의 노동자가 분업으로 노동을 하면 48,000개, 즉 1인당 4,800개를 만들 수 있다는 것입니다. 한마디로 생산성이 급증합니다.

그렇다면 이렇게 핀을 많이 만드는 이유는 무엇일까요? 시장에 내다 팔면 돈을 벌 수 있기 때문입니다. 자신이 사용하기 위해 핀을 생산하는 것이 아니라 돈을 벌기 위해 시장에 내다 팔려고 핀 생산량을 늘리는 것입니다.

이렇게 벌어들인 돈으로 무엇을 할까요? 자신이 필요한 것을 시장에서 살 수 있습니다. 이는 자신이 선택할 수 있는 자유가 확대된다는 것입니다. 따라서 생산량을 끝없이 늘리고, 돈을 계속 벌려고 하는 것도 생산물을 거래할 수 있는 시장이 없다면 불가능합니다. 자본주의는 시장과 함께 등장합니다.

한마디로 분업은 자본주의적 현상입니다. 분업은 자본주의가 제일 먼저 등장한 영국에서 최초로 나타났고, 영국에서 점차 심화되었으며, 세계 곳곳으로 확산되었습니다.

이기적 개인과 이타적 시장

단웅이 개인의 이기심이 모두를 잘살 수 있게 하나요? 애덤 스미스는 정말 『국부론』에서 모든 사람이 이기적으로 행동하면 모두가 잘살 수 있다고 했나요?

서 교수 스미스가 사용했던 'self-interest'를 이타심利他心, altruism의 반대어인 이기심利己心, selfishness, self-centeredness으로 번역한 탓에 혼란이 발생했다는 주장도 있습니다. 이기심에 자기 자신만을 위하는 탐욕이라는 의미가 포함되어 있기 때문에 오해가 발생했다는 것입니다. 하지만 애덤 스미스는 다른 사람들에 대한 관심보다도 각자 자기 자신을 위하는 마음이 모두에게 도움이 될 수 있다고 보았습니다. 모두 자신의 이익을 달성하려고 경쟁하는 과정에서 사회의 이익도 증가된다는 것입니다.

하지만 모든 사람이 자기 자신만을 위해서 움직인다면 다른 사람의 이익을 침해하는 상황이 발생할 수 있습니다. 만약 그런 상황이 되었을 때 사회의 이익을 증진시키기 위한 방안을 찾을 수 있을지 의문입니다.

그러나 애덤 스미스가 제기한 이기심은 무한 탐욕과 무한 경쟁의 뜻을 담고 있지 않다고 주장하는 사람들도 있습니다. 그가 언급한 '이기심'이란 개인이 선택하는 것이 아니라 사회가 공감할 수 있는 수준의 이기심이고, 그 기반에 천지 만물을 조화롭게 만든 신神이 있다고 봅니다. 따라서 현재 우리가 이야기하는 '이기심'과 애덤 스미스가 언급한 '이기심'은 전혀 다르다고 주장합니다. 즉, 신의 뜻대로 만들어진 인간이 자신의 이익을 위하여 최선을 다하는 것은 신의 뜻을 실현하는 것이고, 이를 통해 신이 구상한 조화로운 사회로 나아갈 수 있다는 것입니다.

애덤 스미스가 『도덕감정론』에서 주장했듯이, 인간은 신이 인간 내면에 만들어준 '공정한 관찰자'가 올바르다고 판단하는 범위 내에서 자신의 이익을 관철시키려 하기 때문에 개인의 선택은 사회의 이익을 증대한다고 주장하기도 합니다. 신이 조화롭게 만든 인간이 자신의 이익을 관철시키면 사회의 이익도 향상된다는 뜻입니다. 이런 주장은 일종의 예정조화설을 기반으로 하고 있습니다.

그런데 이런 주장은 개인에 대한 국가의 간섭과 통제 논리에도 활용될 수 있습니다. 개인의 자유로운 선택을 강조하는 것은 신의 섭리에 순응하는 자유로움을 가정하고 있는 것이기 때문에 신의 섭리를 벗어나는 개인에 대해서는 국가가 적절하게 통제해야 한다는 주장과 이어집니다.

단움이 '보이지 않는 손'은 인간이 개입하지 않고 시장에서 가격이 결정되는 원리를 말 하나요? 또한 '보이지 않는 손'은 자본주의 경제체제의 절대적 운영원리이며, 조화로운 결과를 얻을 수 있는 최선의 시스템인가요?

서 교수 애덤 스미스는 『국부론』에서 '보이지 않는 손'을 단 한 번만 언급합니다. 모든 사람이 자신의 안전과 이익을 추구하면서 사회의 이익도 증대되는 과정을 '보이지 않는 손'이라고 했습니다. '보이지 않는 손'이란 개인들이 갖는 선택의 자유를 이야기한 것입니다. 우리가 알고 있는 것처럼 수요와 공급에 의한 가격 결정 시스템을 규정한 표현이 아닙니다. 애덤 스미스는 개별 소비자의 이익을 옹호하고, 생산의 중요성과 시장 경쟁의 효율성을 강조했습니다. 하지만 그는 독점을 반대했으며 사회보장제도를 좋게 보았습니다.

따라서 애덤 스미스가 말한 '보이지 않는 손'이 자본주의의 모든 문제를 해결해 줄 수 있는 것처럼 이해하거나 설명하는 것은 바람직하지 않습니다. 애덤 스미스의 관점에서 보면 '보이지 않는 손' 뒤에는 인간을 조화롭게 만든 신神이 있습니다. 신이 세상을 조화롭게 만들었기 때문에 세상 일부분인 인간도 조화롭게 만들어졌고, 조화롭게 창조된 인간이 자신의 '이기심'을 발휘하는 것이 바로 신의 섭리를 드러내어 세상을 조화롭게 만든다는 논리입니다. 즉 '보이지 않는 손'이란 신의 뜻에 따라 조화롭게 이루어지는 과정을 뜻합니다. 이 개념에서 가장 중요한 존재는 인간 세상을 조화롭게 창조한 신입니다. 신을 자본주의 경제체제의 원리와 연결한 논리가 이상할 수도 있습니다. 이는 중세와 근대가 겹쳐 있던 시기를 살았던 애덤 스미스의 시대적 한계라고 말할 수 있습니다.

함께 읽기 좋은 자료

김수행, 『젊은 지성을 위한 국부론』, 두리미디어, 2012.

이근식, 『애덤 스미스의 「국부론 읽기」』, 세창출판사, 2013.

애덤 스미스, 안재욱 옮김, 『한 권으로 읽는 국부론』, 박영사, 2018.

EBS 다큐프라임, 자본주의 4부 <세상을 바꾼 위대한 철학들>, 2012.10.01.

참고 문헌

애덤 스미스, 김수행 옮김, 『국부론 상, 하』, 동아출판사, 1992.

애덤 스미스, 김수행 옮김, 『국부론 상, 하』, 비봉출판사, 2003.

김광수, 『애덤 스미스: 정의가 번영을 이끈다』, 한길사, 2016.

김근배, 『애덤 스미스의 따뜻한 손』, 중앙books, 2016.

김영수, 『아담 스미스 체계에서 정부론에 관한 연구』, 성균관대학교 박사학위논문, 1994.

박순성, 『아담 스미스와 자유주의』, 풀빛, 2003.

이근식, 『애덤 스미스의 고전적 자유주의』, 기파랑, 2006.

이상헌, 「아담 스미스Adam Smith 경제학의 철학적 기원: 경제적 사회적 질서 개념을 중심으로」, 『경제학연구』 제57집 제1호, 2009.

이영석, 『공장의 역사』, 푸른역사, 2013.

Buchan, James, *The Authentic Adam Smith*, 2007, 이경남 옮김, 『애덤스미스: 경제학의 탄생』, 청림출판, 2008.

Butler, Eamonn, *Adam Smith: A Primer*, London: Institute of Economic Affairs, 2007, 김정완 옮김, 『애덤 스미스의 이해』, 대영문화사, 2012.

Campbell, T. D., *Adam Smith's Science of Morals*, New York: Routledge, 2012.

Fitzgibbons, Athol, *Adam Smith's System of Liberty, Wealth, and Virtue: The Moral and Political Foundations of The Wealth of Nations*, New York: Oxford

University Press, 1995.

Fleischacker, Samuel, *On Adam Smith's Wealth of Nations: A Philosophical Companion*, Princeton, N.J.: Princeton University Press, 2004.

Grampp, William D., "What Did Smith Mean by the Invisible Hand?", *Journal of Political Economy*, Vol. 108, No. 3, 2000.

Griswold, Charles L., *Adam Smith and The Virtues of Enlightenment*, New York: Cambridge University Press, 1999.

Harrison, Peter, "Adam Smith and the History of the Invisible Hand", *Journal of the History of Ideas*, Vol. 72, No. 1, 2011.

Kennedy, Gavin, "Adam Smith and the Invisible Hand: From Metaphor to Myth", *Econ Journal Watch*, Vol. 6, No. 2, 2009.

무의식으로 가는 지름길, 꿈
—지그문트 프로이트, 『꿈의 해석』

이현경

꿈 분석의 목적은 하나의 결론을 찾는 것이 아니에요. 꿈 분석은 다양한 꿈 작업을 바탕으로 다층적인 결론들을 명상하는 과정입니다. 이 과정에서 우리는 우리 마음속에 있던 수많은 생각을 만나게 됩니다. 그리고 그 해석들을 통해 내가 생각하지 못했던 내 이야기들을 들을 수 있습니다.

무의식의 탐험가, 프로이트

단비 『꿈의 해석』*Die Traumdeutung*의 저자 프로이트는 어떤 분이었나요?

이 교수 프로이트Freud, Sigmund, 1856~1939는 1856년 오스트리아-헝가리 제국의 일부였던 모라비아 소도시에서 출생했습니다. 그는 중산층 유대인 가정에서 태어났습니다. 프로이트의 어머니 아말리아는 두 번째 부인이었기에 프로이트에게는 첫 번째 부인에게서 태어난 두 명의 형이 있었습니다. 형들은 프로이트보다 20살 이상 나이가 많았고 한 명은 결혼해서 아들도 있었습니다. 그런 까닭에 프로이트는 조카들과 함께 자랐습니다. 형들은 프로이트에게 큰 영향을 주게 됩니다.

단비 프로이트의 부모님은 어떤 분이셨을지 궁금합니다.

프로이트

이 교수 프로이트의 부모님은 유대인입니다. 프로이트의 아버지 야콥은 프로이트가 세 살 무렵 사업이 기울어지고 파산할 지경에 이르자 가족들을 데리고 빈으로 이주했습니다. 어머니는 검소하고 강인한 여성으로 가난한 살림을 잘 꾸려나갔습니다. 프로이트의 부모님은 7명의 자녀 중 총명한 프로이트에게 큰 기대를 갖고 경제적 어려움에도 불구하고 교육에 열성을 보였습니다. 그런 기대에 걸맞게 프로이트는 아주 우수한 학생이었습니다.

단비 프로이트는 어려서부터 의사가 되고 싶어 했나요?

이 교수 그렇지는 않습니다. 김나지움을 졸업할 때까지 진로를 정하지 못 하고 있다가 의대로 진학했다고 합니다. 프로이트는 어려서부터 책읽기를 무척 좋아했으며 책을 수집하는 취미를 갖고 있었습니다. 『꿈의 해석』에는 도서 구입에 너무 돈을 많이 쓰는 건 아닌지 고민하는 내용이 나오기도 합니다. 프로이트는 학자가 되고 싶었지만 가정 형편을 고려해 의대로 진학한 것입니다. 19세기 후반에 의사는 돈을 많이 버는 직업이라기보다 먹고 사는데 큰 지장이 없는 직업으로 인식되었습니다.

단비　프로이트가 성장한 시대적 배경이 궁금합니다. 19세기 유럽, 그것도 오스트리아 빈은 어떤 도시였는지 언뜻 상상이 되지 않습니다.

이 교수　세기말이라는 단어가 있지요? 한 세기가 마무리되고 새로운 세기가 시작될 때를 지칭하는데요, 이 시기에는 보통 인류가 혼란과 혼동을 겪기 마련입니다. 19세기 유럽은 과학기술의 발전, 제국주의의 팽창, 개인을 중심에 두는 문예사조와 철학의 유행 등 그 시대만의 패러다임을 갖고 있었습니다. 아마도 당시 유럽인들은 하루가 다르게 변하는 세상을 놀라워하며 살았을 거라 생각됩니다. 청소년기 프로이트에게 큰 영향을 준 것은 세계의 거시적인 변화보다는 유대인이라는 사실이었을 것입니다. 프로이트의 아버지는 젊은 시절 유대인이라는 이유로 새 모자가 진흙탕에 던져지는 수모를 겪었는데 그 경험을 전해들은 프로이트는 가슴 깊이 그 일화를 새겼습니다.

단비　프로이트는 평생 왕성한 저술 활동을 한 것으로 알고 있습니다. 또한 의학뿐 아니라 역사, 예술, 철학 등 다방면에 박식했다고 들었습니다. 어떻게 그렇게 방대한 분야를 연구할 수 있었을까요?

이 교수　프로이트는 빅토리아 시대 교육을 받은 사람입니다. 그 시대 교육은 다방면의 지식을 고루 습득하는 것을 지향합니다. 그런 시대적 배경 아래서 프로이트 역시 미술, 고고학, 문학, 음악 등에 두루 관심이 있었고 여러 외국어에도 정통했습니다.

꿈은 그림 수수께끼이다

단웅이 『꿈의 해석』은 어떤 책인가요? 제목만 보아서는 꿈을 해석하는 방법을 알려주는 책이 아닐까 생각됩니다.

이 교수 네, 제목이 '꿈의 해석'이니 꿈을 해석하는 것에 대한 책은 맞겠지요? 꿈을 해석한다고 하면 무엇이 떠오르나요?

단웅이 어른들이 하시던 말씀이 떠오릅니다. 돼지꿈을 꾸면 재물이 생긴다든지 유명한 사람을 꿈에서 보면 재수가 좋다든지……. 이런 얘기를 들은 기억이 납니다.

이 교수 어른들이 말하는 꿈 해몽과 프로이트가 말하는 꿈 해석은 큰 차이가 있습니다. 꿈 해몽은 개별 이미지에 고정된 상징이 있다는 전제로 꿈을 풀이하는 것입니다. 즉, 돼지는 행운이라는 식으로 풀이가 정해져 있죠. 하지만 프로이트는 고정된 의미를 부여하지 않습니다. 프로이트는 무의식이라는 거대한 재료 창고에서 선택된 재료로 한 편의 꿈이 만들어진다고 이야기합니다. 무의식에는 개인의 모든 경험이 저장되어 있는데 사람은 제각각 다 다른 경험을 갖고 있으므로 무의식을 구성하고 있는 내용이 다르고 그렇다 보니 꿈도 다 다른 것입니다. 물론 전형적인 상징이 등장하는 꿈도 있기는 합니다.

단웅이 『꿈의 해석』은 몇 년도에 출간되었으며, 어떤 내용으로 구성된 책인가요?

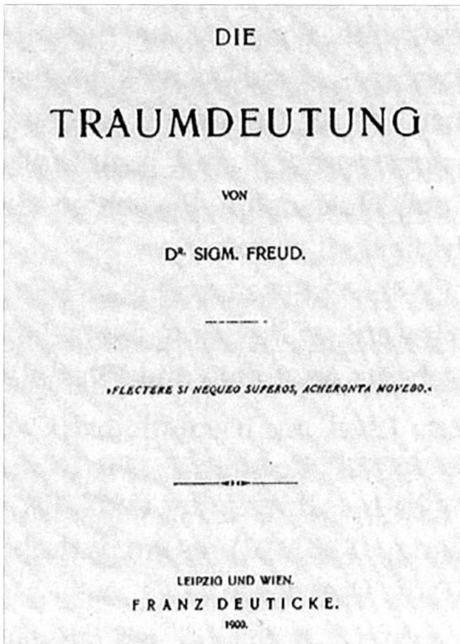
DIE

TRAUMDEUTUNG

VON

DR. SIGM. FREUD.

»FLECTERE SI NEQUEO SUPEROS, ACHERONTA MOVEBO.«

LEIPZIG UND WIEN.

FRANZ DEUTICKE.

1900.

이 교수 1900년에 출간되었습니다. 프로이트는 이전에 브로이어라는 동료 교수와 『히스테리 연구』라는 공저를 출판하였는데요, 『꿈의 해석』은 첫 번째 단독 저서입니다. 그런 만큼 이후 프로이트가 발표하는 논문과 출간한 서적들의 근간을 이루고 있다고 해도 틀린 말이 아닙니다. 사실 이 책은 1989년 11월 서점에 선보였지만 프로이트는 발행연도를 1900년이라고 표기할 것을 부탁했습니다. 자신의 첫 번째 저서가 20세기를 열기를 바랐던 것이지요. 초판 이후 1929년까지 8번 개정판을 냈습니다. 『꿈의 해석』은 총 7개의 장으로 구성된 책입니다. 200개가 넘는 꿈 사례를 설명하고 분석하는 내용으로 이루어졌습니다. 프로이트 자신의 꿈, 프로이트의 환자와 지인의 꿈, 문헌에서 인용한 꿈 등 총 세 부류의 꿈이 등장합니다.

단웅이 『히스테리 연구』라는 공저를 말씀하셨는데요, '히스테리'라는 건 어떤 병이죠? 평소 우리가 흔히 사용하는 히스테리라는 단어와 같은 의미인가요?

이 교수 히스테리라는 말은 그리스어 '후스테라'에서 나온 말입니다. 후스테라는 자궁이라는 뜻인데요, 당시 여성들에게 많이 보이는 증상이라서 이런 병명이 붙여진 것입니다. 19세기 후반 유럽 여성들 사이에 히스테리라는 병이 유행했습니다. 히스테리는 신체 기관에는 아무 이상이 없는데 신체적 증상은 있는 병입니다. 몸의 마비, 경련 등의 증상이 일어나고 심한 경우 언어 장애가 오기도 합니다.

단뭉이 신체 기관에 이상이 없는데 어떻게 그런 증상이 생길 수 있죠?

이 교수 그렇기 때문에 정신분석학의 출발에 히스테리는 중요한 역할을 합니다. 신체 기관에 이상이 없는데 몸에는 이상 증상이 있다는 것은 병의 원인이 신체에 있는 게 아니라 정신, 마음에 있다는 뜻이 되는 것입니다. 프로이트는 그 정신, 마음을 무의식이라는 단어로 구체적으로 지정하고 있습니다.

단뭉이 아, 그래서 무의식이 중요한 것이군요! 그런데 왜 19세기 후반 유럽에서 히스테리라는 병이 유행하게 되었을까요?

이 교수 히스테리가 이 시대에 갑자기 출현했다기보다는 증상에 병명을 붙이게 된 것이지요. 설령 과거에 이런 증상이 있었다고 하더라도 이에 해당하는 병명이 없었지만, 19세기는 그 전에 비해 여성들의 사회적 지위가 높아짐에 따라 적극적으로 병원을 찾는 경우가 늘어났고 그러다 보니 증상에 해당하는 병명도 생겼다고 할 수 있겠습니다.

단뭉이 정신분석학이라는 학문은 언제부터 있었나요?

이 교수 프로이트는 1896년 정신분석학이라는 용어를 처음으로 사용하기 시작하면서 자신이 연구하는 학문의 정체성을 마련하게 됩니다. 이후 첫 저서가 바로 『꿈의 해석』입니다. 프로이트는 자신이 창시한 정신분석학이 인간의 무의식을 연구하는 학문이라고 생각하고, 꿈은 무의식을 연구할 수 있는 가장 확실한 길이라고 판단했습니다.

단웅이 프로이트는 의사였는데 왜 무의식을 연구하려 했을까요?

이 교수 프로이트는 신경 병리학을 전공한 의사로 초기에는 뱀장어와 코카인을 연구하기도 했습니다. 그러다 어떤 계기를 통해 생각이 바뀌게 됩니다.

단웅이 어떤 계기였나요?

이 교수 프로이트는 빈 대학을 졸업하고 빈 종합병원 신경과에서 의사로 일했습니다. 그러다 1885년 10월 프랑스 파리의 살페트리에르 병원으로 연수를 떠나게 됩니다. 그리고 거기서 샤르코라는 의사를 만나게 됩니다. 샤르코는 히스테리 환자를 치료하면서 최면 요법을 사용하는 것으로 유명했습니다. 프로이트는 샤르코의 치료법을 접하고 충격을 받게 됩니다.

단웅이 무엇이 프로이트에게 충격을 주었나요?

이 교수 샤르코를 만나기 전까지 프로이트는 객관성, 검증가능성을 중시하는 과학자로 자부심을 갖고 있는 의사였습니다. 그런 프로이트에게 샤르코의 최면 요법은 처음에는 비과학적인 것으로 보였습니다. 하지만 5개월가량의 연수 과정을 거치면서 샤르코의 치료법도 효과가 있다는 걸 알게 됩니다. 히스테리 치료에 적당한 방법을 강구하던 프로이트는 큰 영감을 얻고 빈으로 돌아옵니다.

단움이 그럼 프로이트도 최면 요법을 사용했나요?

이 교수 프로이트는 샤르코에게서 영감을 받았지만 최면 요법 대신 자유연상 기법을 개발하게 됩니다.

단움이 자유연상 기법은 무엇인가요?

이 교수 환자가 떠오르는 모든 것을 설명하는 것입니다. 생각은 꼬리에 꼬리를 물고 저절로 떠오릅니다. 프로이트는 환자가 자유롭게 이야기하도록 했고 이를 상세하게 기록하면서 하나하나씩 모든 이미지를 분석했습니다. 프로이트가 정신분석학을 창시하게 되는 과정을 영화화 한 작품들이 있습니다. 영화를 보면 당시 유럽의 분위기와 히스테리 환자의 모습을 이해하는 데 도움이 될 수 있습니다.

단움이 어떤 영화인지 궁금하네요.

이 교수 한 편은 미국 고전 영화감독 존 휴스턴이 만든 「프로이트」 1962이고 다른 한 편은 현대 미국 영화의 거장 데이비드 크로넨버그 감독이 연출한 「데인저러스 메소드」 2011입니다. 프로이트라는 인물과 삶을 영상으로 보고 싶다면 이런 영화들을 통해 이해를 넓힐 수도 있습니다.

단웅이 처음에 프로이트의 꿈 해석은 꿈 해몽과는 다르다고 말씀하셨습니다. 환자가 이야기하는 꿈 내용을 듣고 이미지를 분석한다는 것이 어떤 방식인지 잘 이해가 되지 않습니다.

이 교수 "꿈은 그림 수수께끼다." 프로이트의 이 말에는 꿈의 고유한 성격이 잘 함축되어 있습니다. 가령, 이런 그림 퀴즈를 생각해 보세요. 집이 한 채 있고, 지붕 위에는 보트가 한 척 보인다. 그리고 알파벳 한 글자와 머리 없는 인물의 달려가는 모습 등이 그려져 있다. 이 그림 퀴즈를 풀려면 어떤 방식을 사용할까요?

단웅이 퀴즈를 좋아해서 여러 종류의 퀴즈를 풀어보았는데요, 제 경험으로는 집, 지붕, 보트, 사람 등의 단어를 연결하거나 첫음절을 모아서 한 단어로 조합하는 풀이가 적합해 보입니다. 답은 무엇인가요?

이 교수 네, 아주 훌륭합니다. 답이 정해진 것이 아니라 방금 학생이 말한 것처럼 그림 퀴즈를 풀 듯 꿈을 해석할 수 있는 것입니다. 퀴즈를 풀기 전에는 기이하고 말도 안 되는 그림일 뿐이지만 하나씩 이미지를 분석해 나가면 궁극적인 의미가 밝혀지게 됩니다.

꿈은 소원 성취다

단비 프로이트는 무의식을 발견한 분으로 알고 있습니다. 무의식의 발견이 왜 중요한 것인가요?

이 교수 프로이트는 20세기 인류에게 무의식이라는 개념을 알려준 인물입니다. 지금은 인간이 의식과 무의식을 가진 존재라는 것을 누구나 알지만 20세기 초에는 무의식은 낯선 개념이었습니다. 무의식 하면 뭐가 떠오르나요? 보통 수면 위로 보이는 빙산보다 훨씬 큰 덩어리의 빙산이 수면 아래에 있는 그림을 연상하게 되지요? 현재는 프로이트를 잘 모르는 사람이라도 의식은 빙산의 일각이고 의식보다 훨씬 큰 무의식이 있다는 것을 모두가 알고 있습니다. 그럼 무의식이란 무엇일까요? 지금 히스테리라는 질환에서 무의식이라는 개념으로 이어지는 이야기를 하고 있습니다. 프로이트는 히스테리라는 병을 연구하면서 무의식에 관심을 갖게 되고 무의식을 연구하는 지름길로 꿈을 분석하는 것이 적절하다고 생각을 발전시키게 됩니다.

단비　아, 그래서 꿈에 대해 연구하고 『꿈의 해석』이라는 책까지 내게 된 거군요?

이 교수　그렇습니다. 19세기까지 철학자나 과학자가 바라보는 인간은 합리적인 존재였습니다. 의식과 이성에 의해 움직이는 존재였던 거죠. 하지만 프로이트는 인간을 지배하는 것은 의식보다도 무의식이라고 생각했습니다. 하지만 무의식은 우리가 알기 어렵습니다. 그나마 꿈이 무의식과 구조가 비슷하기에 프로이트는 꿈을 무의식에 이르는 지름길이라고 표현한 것입니다.

단비　그럼 무의식을 어떻게 이해하면 될까요?

이 교수　무의식은 비유하자면 그 안에 무엇이 들어있는지 그 크기가 얼마인지 전혀 가늠할 수도 없는 어두운 지하실 같은 것입니다.

단비　지하실이요?

이 교수　「그것」It, 2017이라는 공포 영화가 있습니다. 이 영화에 나오는 지하실은 인간의 무의식을 이미지로 형상화하고 있습니다. 주인공 아이들이 생각하기도 싫은 두려움, 죄책감 등이 바로 지하실에 있는 걸 볼 수 있습니다. 물론 무의식에는 즐거운 경험도 들어있습니다만 이 영화는 공포 영화라 어두운 면을 중심적으로 그리고 있는 것입니다.

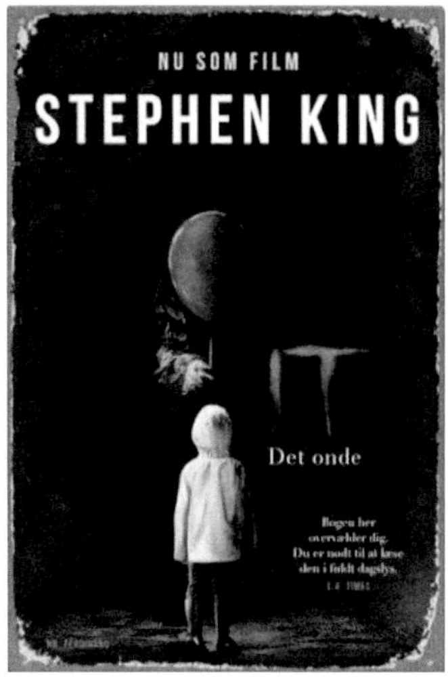

It, 2017

단비　저도 그 영화를 보았습니다. 색다른 공포 영화라 생각하고 보았는데, 지하실을 그렇게 해석할 수 있었군요.

이 교수　「더 셀」The Cell, 2000이라는 영화도 무의식을 생각할 때 참고할 수 있습니다. 우리가 상상하기 힘든 무의식의 모습을 시각적으로 재현해 보여 준 SF 스릴러입니다. 연쇄 살인범의 무의식 속에 들어

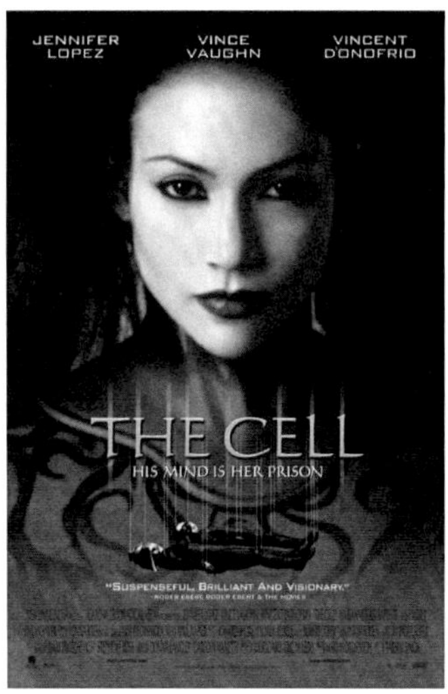

The Cell, 2000

가 그 안에서 싸우는 기발한 내용입니다. 현실에서는 접하기 힘든 그로테스크한 비주얼로 무의식의 이미지를 잘 구현한 작품입니다.

단비 저는 꿈을 많이 꾸는 편인데 꿈을 꾸지 않는다는 친구들도 있습니다. 꿈을 꾸는 사람과 꾸지 않는 사람이 있는 건가요?

이 교수 프로이트가 이 책을 쓸 무렵까지는 수면에 대한 과학적인 접근이 어려웠지만 20세기 중반 이후 인지 심리학이나 뇌과학의 발전으로 수면의 비밀이 많이 해명되었습니다. 결론부터 말하자면, 모든 사람은 꿈을 꾼다고 합니다. 수면은 깊은 수면과 얕은 수면이 주기적으로 반복되는데 얕은 수면 상태일 때 꿈을 꾸는 것입니다. 꿈을 꾸지 않는다는 사람은 꿈을 기억하지 못하는 것이지요.

단비 아! 모든 사람이 꿈을 꾸는군요. 그런데 기억하지 못하는 건 왜 그럴까요?

이 교수 크게 자극적이지 않은 내용이었거나 너무 무질서해서 기억하기 어려울 수도 있습니다. 프로이트는 이보다 더 큰 원인으로 자신이 꿈에 별로 주의를 기울이지 않기 때문이라고 설명합니다. 실제 수업을 하면서 확인할 수 있는 사실은 대다수 학생들이 이 책을 읽다 보니 자신의 꿈에 훨씬 더 관심을 갖게 되었다는 것입니다. 평소 꿈을 많이 꾸는 학생은 꿈에 대해 더 많이 생각하게 되었고, 꿈을 거의 꾸지 않던 학생도 꿈을 더 많이 꾸게 되었다고 말하고 있습니다.

단비 『꿈의 해석』 첫 번째 장을 읽어 보았는데요 제가 알지도 못하는 많은 사람들 글이 인용되어 있어서 정신이 없었습니다. 인용된 글의 내용도 대부분 난해하였습니다. 제가 이해력이 부족한 걸까요?

이 교수 아닙니다. 『꿈의 해석』 첫 번째 장은 '꿈 문제에 관한 학문적 문헌'이라는 제목이 붙어 있습니다. 이 장은 프로이트가 꿈에 관한 고대부터 당대까지의 방대한 양의 문헌을 살펴보고 정리해 놓은 것입니다. 이 부분을 읽다가 너무 난삽하게 느껴져서 책 읽기를 포기할 수도 있습니다. 이 고비에서 낙심하거나 포기하지 말라고 당부하고 싶습니다. 첫 번째 장에 인용된 글들 중 이해하기 어려운 부분은 바로 넘기면서 읽어도 좋습니다.

단비 두 번째 장 제목이 '꿈-해석의 방법'이네요? 꿈을 해석하는 방법을 알려주는 건가요?

이 교수 네, 그렇습니다. 이 장에는 '이르마의 주사'라는 이름이 붙은 유명한 꿈 사례 분석이 상세히 적혀 있습니다. 프로이트 본인의 꿈으로 프로이트가 처음으로 분석한 꿈이기도 합니다.

단비 꿈에 이름이 있다니 신기합니다.

이 교수 편의상 붙여 놓은 이름입니다. 자주 거론되므로 이름이 있으면 다시 설명하지 않아도 어떤 꿈인지 바로 알 수 있으니까요. 프로이트는 자신이 치료한 환자의 사례에 보통 이름을 붙이고 있습니다. '안나 O', '쥐인간'이런 식으로요. '안나 O'는 20대 초반의 여성 히스테리 환자의 가명이고, '쥐인간'은 강박증을 앓고 있는 젊은 남성 환자에게 붙인 별명입니다. 환자 개인의 사생활이나 명예를 존중하기 위해 실명이 아니라 가명이나 별명으로 부른 것입니다. '쥐인간'의 경우에는 그의 강박이 쥐와 관련되어 있어서 그렇게 이름 지었습니다.

단비　이 책을 읽으면 저도 꿈을 해석할 수 있게 될까요?

이 교수　꿈을 해석하는 것은 쉬운 일이 아닙니다. 여러분이 언어나 운동을 배운다고 생각해 보세요. 가령, 수영을 배운다고 생각해 봅시다. 당연히 초급부터 시작해서 점차 중급, 고급으로 발전하게 되겠지요? 그러기 위해서는 무엇이 필요한가요? 꾸준히 연습을 해야 하겠죠? 또 수영에는 여러 가지 영법이 있으니 그것들도 다 익히려면 많은 시간이 필요합니다. 꿈을 해석하는 것도 많은 훈련이 필요합니다. 이 책에 사례로 나온 꿈들 중 비교적 간단한 꿈부터 살펴보도록 하겠습니다. 꿈에서 물을 마시거나 화장실에 가는 꿈을 꾼 적이 있을 거예요. 그런 꿈을 '편의-꿈'이라고 합니다. 깨어 있을 때 할 행위를 꿈에서 대신 하는 것입니다. 우리는 이런 간단한 꿈에서 꿈의 근원적인 기능을 알 수 있습니다. "꿈은 소원 성취다." 프로이트는 이렇게 한 문장으로 꿈을 정의합니다. 『꿈의 해석』에서 가장 중요한 한 문장입니다.

단비　아! 이 문장은 꼭 기억해야겠네요. 다른 꿈에 대해서도 말씀해 주세요.

이 교수　『꿈의 해석』에 나오는 꿈의 분석 내용을 바로 이해하기는 쉽지 않습니다. 하지만 꿈은 소원 성취라는 것을 기억한다면 이해하는 데 도움이 될 것입니다. 예를 들면, 이런 꿈이 있습니다. 프로이트의 동료 의대생이 꾼 꿈인데요, 잠에서 깨어서 병원에 가야 한다는 생각을 하면서도 피곤해서 침대에서 일어날 수가 없었습니다. 그때 자신이 병원 침대에 누워 있고 침대 발치에 걸린 이름표에는 자신의 이름이 적혀 있는 꿈을 꾸게 됩니다. 이 꿈도 소원 성취입니다. 병원에 가야 하는데 꿈에서 이미 병원에 있으니 병원에 가는 소원을 성취한 것이죠. 짧은 순간이지만 아, 이미 병원에 왔구나, 그럼 힘들게 잠에서 깨지 않아도 되겠다고 안심을 하게 됩니다.

단비 그런데 꿈의 재료는 무의식에 담긴 모든 경험이라고 하셨는데요, 한 번도 가본 적이 없는 장소나 만난 적 없는 사람이 꿈에 나오기도 합니다. 왜 그럴까요?

이 교수 경험이라는 말은 직접 겪은 행동만을 이야기하는 것이 아니라 책에서 읽거나 영화에서 보거나 주변 사람에게 들은 이야기 등 모든 것이 포함됩니다. 앞으로 다시 설명하겠지만 꿈은 압축과 전위라는 과정을 거쳐 형성됩니다. 꿈에 나오는 인물은 실제 그 인물이라기보다 여러 명의 인물이 한 명으로 압축되어 있는 경우가 많습니다. 그러니까 낯선 사람과 장소라도 현실에서 경험한 이미지들이 조합되어 나타난 것이지요. 그리고 꿈은 '초기억적' 성격이 있습니다.

단비 초기억적 성격은 무엇인가요?

이 교수 예를 들면, 델뵈프라는 철학자는 꿈에서 도마뱀에게 양치류 잎사귀를 먹이로 주는 꿈을 꿉니다. 그런데 꿈에서 그 양치류의 이름이 '아스플레니움 루타 뮤랄리스'라고 생각합니다. 그는 알지도 못하는 식물명이었는데 놀랍게도 정식 명칭이 '아스플레니움 루타 뮤라리아'였습니다. 그러니까 거의 정확한 이름을 꿈에서 떠올린 것이지요.

단비 모르는 것을 꿈이 알려준 것일까요?

이 교수 아닙니다. 무려 16년 전 그는 그 이름을 직접 쓴 적이 있습니다. 친구 여동생의 부탁으로 식물 표본집에 라틴어 학명을 대신 적어준 적이 있었던 것입니다. 의식에서는 까맣게 잊어버리고 있던 기억인데 무의식에는 저장이 되어 있었고, 그것이 꿈의 재료로 쓰인 것입니다.

단비 놀랍습니다. 꿈의 기억과 일상의 기억은 다른 것 같습니다.

이 교수 꿈-기억은 세 가지의 특성이 있습니다. 첫째는 최근 며칠 동안의 인상을 선호하는 것입니다. 둘째는 깨어 있을 때와는 달리 부수적이고 눈에 띄지 않는 것을 기억하는 경향이 있습니다. 셋째는 까마득한 어린 시절의 인상이나 오래 전 일어난 세세한 일까지 끄집어냅니다.

단비 어떻게 오래 전 일을 끄집어낼 수 있는 것일까요?

이 교수 그에 대해서는 프로이트도 충분히 해명되지 않았다고 말하고 있습니다. 그렇지만 유년 시절의 경험은 꿈에서 자주 등장하는 중요한 재료입니다.

꿈은 결코 사소한 것과 관계하지 않는다

단웅이　그런데 꿈이 중요한 일을 기억하는 게 아니라 부수적이고 눈에 뜨이지 않는 것을 기억한다는 것은 의외입니다. 중요한 일을 기억할 것 같은데요?

이 교수　꿈에서는 사소한 인상을 빌려 중요한 내적 체험회상, 생각을 표현합니다. 그러니까 꿈에는 부수적이고 사소한 것이 없습니다. 깨어있을 때 그렇게 느꼈던 인상이라도 꿈에 나온다면 거기에는 중요한 내용이 담겨 있는 것입니다. 꿈을 일러 "꿍꿍이가 따로 있다."라는 말을 합니다. 겉으로 보이는 것과 안에 담긴 의미는 다르다는 것이지요. "꿈은 결코 사소한 것과 관계하지 않는다."이 말도 같은 의미입니다. 꿈이 소원 성취라는 것을 알려주는 다른 예를 보겠습니다. 위에서 이야기한 '편의-꿈'보다는 복잡한 꿈입니다. 프로이트의 여성 환자가 꾼 꿈입니다. 이 여성은 꿈에서 친구를 위해 만찬을 열려고 하는데 집에는 요리 재료 없었고, 시장에 가려니 마침 일요일이어서 상점들이 문을 닫았습니다. 전화를 하려고 했지만 전화기도 고장 나서 결국 만찬을 열 수가 없었다는 내용입니다.

단웅이　만찬을 열고 싶은데 못 열었으니 소원이 성취되지 않은 것 같은데요?

이 교수　꿈의 표면적인 내용만을 보면 그렇지요. 하지만 프로이트는 환자의 최근 경험을 바탕으로 꿈을 꾼 무의식적 동기를 꼼꼼히 분석하여 이 꿈 역시 소원 성취라는 목적에 부합한다는 것을 밝혀냅니다.

단웅이 어떻게 그런 결론에 도달하는지 흥미롭습니다.

이 교수 우선, 만찬을 누구를 위해 열어 주려고 했는지가 중요합니다. 만찬은 이 여성의 친구를 위해 열려고 했던 것입니다. 꿈을 꾼 여성은 자신의 남편이 자기 친구를 좋아하면 어떻게 하나 하는 걱정이 살짝 있습니다. 의식적으로는 그렇게 인정하고 싶지 않지만 꿈에서는 속일 수가 없었습니다. 남편은 살집이 있는 여성을 좋아하는데 그 친구는 마른 편이었습니다. 그러니까 단순하게 정리하자면, 요리 솜씨가 좋은 꿈을 꾼 여성이 만찬을 열어 맛있는 음식을 대접하면 친구가 그것을 먹고 살집이 붙어 자신의 남편이 선호하는 몸매가 되지 않을까 걱정하는 것입니다. 그래서 꿈에서는 만찬을 열지 못하게 된 것이고 친구에게 음식을 대접할 필요도 없게 된 것입니다.

단웅이 유치하다는 생각이 들어요. 꿈을 이야기한 환자는 분석 내용을 듣고 부끄러웠을 것 같아요.

이 교수 인간은 합리적이거나 고상한 면만 갖고 있지 않습니다. 인간의 무의식에는 그야말로 원초적인 모든 것이 담겨 있습니다. 인간의 마음에는 의심과 질투가 분명히 있습니다.

단웅이 꿈의 출처가 무의식에 있다고 말씀하셨고 꿈은 소원 성취라고 하셨습니다. 그렇다면 꿈에서 바로 소원 성취를 하면 될 텐데 왜 만찬을 열려고 하는데 열지 못하는 식으로 복잡하게 표현이 될까요? 꿈은 혼자만이 아는 것이니 친구에 대한 질투나 적대감을 바로 표현해도 될 거 같아요.

이 교수 물론 단순하거나 전형적인 꿈도 있습니다. 하지만 보통 꿈은 일차적인 꿈 재료를 왜곡을 합니다. 속내를 바로 드러내는 게 아니라 아닌 척 에둘러서 이야기하는 것이지요. 그러니까 꿈에서조차 검열이 일어난다고 보면 됩니다.

단웅이 꿈에도 검열이 있다니 놀랍습니다.

이 교수 그렇죠? 꿈이 추구하는 소원 성취는 깨어있을 때 즉 일상생활에서의 소원 성취와는 다릅니다. 현실에서는 사회적으로 용인된 소원을 성취해야겠죠? 범죄가 아니고 소원 성취를 이루는 경우가 바로 꿈입니다. 꿈과 정신병은 비슷한 면이 있습니다. 정신병 환자는 자신이 생각하는 대로 세상을 바라보고 있습니다. 예를 들어보겠습니다. 박찬욱 감독의 영화 「사이보그지만 괜찮아」2006는 정신병원이 배경입니다. 주인공들은 정신병 환자들입니다. 관객은 그들이 믿고 있는 자기 자신, 세상이 엉뚱하고 허황된 것이라는 것을 알고 있습니다. 가령, 임수정이 자신의 식량은 건전지라고 생각해서 밥은 안 먹고 건전지만 핥고 있거나, 외계인의 소리를 듣는다면서 라디오를 열심히 듣는 걸 보면서 현실적이라고 생각하지 않습니다. 꿈에서는 이처럼 현실원칙에는 전혀 맞지 않는 일이 태연하게 일어납니다. 갑자기 하늘을 날기도 하고 개인적인 친분이 없는 유명인과 만나기도 하고 놀라운 괴력을 발휘하기도 합니다. 한마디로 인과법칙에 어긋나는 비현실적인 일들이 벌어지는 것이지요.

단웅이 꿈과 정신병이 비슷하다니 놀랍습니다. 그런데 설명을 듣고 보니 꿈과 정신병이 유사한 면이 있어 보입니다. 그렇지만 차이가 있지 않을까요?

이 교수 정신병 환자는 현실과 비현실을 구별하지 못하지만 우리는 현실과 꿈을 구별하는 것이 차이입니다.

단웅이 꿈을 소재로 다룬 크리스토퍼 놀란 감독의 「인셉션」2010이 생각납니다. 거기서 도로가 하늘로 치솟고 건물이 와르르 무너지는 장면이 인상적이었습니다. 이 영화에서도 꿈의 특징이 잘 나타나 있는 것이죠?

이 교수 「인셉션」이라는 영화는 스토리만 놓고 보면 앞뒤 장면이 인과관계와 무관하게 급작스럽게 전환됩니다. 현실의 물리적 법칙에 위배되는 현상도 태연하게 일어나지요. 도로가 갑자기 하늘로 치솟아 오르는 장면이 대표적입니다. 그런 면이 꿈의 특성을 잘 보여 주고 있다고 생각합니다.

단웅이 아까 말씀해 주신 꿈에서 검열이란 것에 대해 더 알고 싶습니다.

이 교수 네. 소원 성취라는 꿈의 궁극적인 목적, 의미에서 소원은 현실에서 판단한다면 부도덕하거나 불법적인 것까지 다 포함됩니다. 우리의 무의식은 바르고 정당한 것만으로 채워져 있지 않습니다.

그래서 꿈을 꾼 다음에 내가 왜 그런 꿈을 꾸었을까, 고민한 적이 있을 것입니다. 꿈의 윤리적인 문제에 대해서는 예부터 철학자들의 상반된 의견이 있었습니다. 프로이트는 꿈의 윤리적 문제에 대해서는 상반된 견해만 제시할 뿐 자신의 입장을 구체적으로 설명하지는 않았습니다. 하지만 우리는 그의 글에서 꿈의 윤리적인 문제는 중요하지 않다고 생각하는 태도를 알 수 있습니다. 꿈에서 비도덕적인 행동을 했다고 해서 그 사람이 비도덕적인 사람은 아닙니다. 그럼에도 불구하고 꿈은 검열을 하고 있습니다.

단웅이 그럼 꿈은 왜 검열을 하는 걸까요?

이 교수 검열은 억압하고 있는 것이 바로 드러나지 않도록 막습니다. 진짜 속마음을 숨기고 있는 것입니다. 때론 스스로도 미처 모르고 있던 마음이기도 합니다.

단웅이 검열을 한다고 하셨는데 구체적으로 어떻게 검열을 할까요? 검열이라고 하면 출판 금지, 상영 금지, 방송 금지, 이런 게 떠오릅니다.

이 교수 현실에서 검열은 제한하거나 금지하는 방식을 사용하지요? 꿈에서는 위장, 왜곡이라는 방식을 쓰고 있습니다. 억압이 심할수록 위장의 범위가 넓어지게 됩니다. 프로이트는 대학의 객원교수가 되고 싶어 하는 무렵, 역시 객원교수가 되고 싶어 하는 동료 의사를 만난 날 새벽에 꿈을 꾸게 됩니다. 그날 만난 동료 의사가 자신의 삼촌으로 등장하는 꿈입니다. 그리고 꿈에서 동료에게 깊은 애정을 느꼈다고 합니다.

꿈-전위와 꿈-압축은 꿈-형성을 담당하는 두 명의 공장장이다

단비 그 꿈 안에 어떤 왜곡이 있을까요?

이 교수 프로이트의 삼촌은 가족들로부터 변변치 못한 인물로 평가받아 왔습니다. 그런데 동료 의사를 삼촌이라고 생각한 것은 그를 모자라는 사람이라고 말하고 싶었던 것이지요.

단비 하지만 애정을 느꼈다고 했는데요?

이 교수 동료 의사에 대한 비방을 하고 싶은 건데 스스로 이것을 깨닫지 못하도록 반대되는 애정 어린 감정이 꿈에 이입된 것입니다. 프로이트처럼 자신의 꿈을 깊이 분석하지 않는 사람이라면 그 꿈의 의미를 잘 모르므로 꿈이 떠올라도 마음에 걸리는 게 없겠지요.

단비 인간은 꿈에서조차 마음이 편치 못하나 봅니다.

이 교수 무의식에는 우리가 억압하고 싶은 엄청난 것들이 쌓여있습니다. 평소에는 꾹꾹 눌러놓고 있기 때문에 마치 없는 것처럼 느껴집니다. 그런데 꿈은 거기 있는 것들을 끄집어내서 우리에게 알려주고 보여 주지요. 그러니까 꿈은 무의식과 의식 양쪽에 다리를 걸치고 있습니다. 그렇다 보니 의식 쪽 눈치도 보게 되고 그게 바로 검열입니다.

단비 아, 꿈에서 검열이란 의식의 눈치를 보는 것이군요.

이 교수 쉽게 이야기하면 그렇습니다. 프로이트의 환자 중 한 여성은 이런 꿈을 꿉니다. 조카 중 한 명이 죽는 꿈을 꾼 것입니다. 결혼을 하지 않은 이 여성은 언니의 조카를 친자식처럼 매우 사랑하였습니다. 더구나 첫째 조카가 일찍 사망하였기에 더욱 둘째 조카에게 애정을 쏟고 있던 거죠. 그런데 둘째 조카가 죽는 꿈을 꾸었으니 죄책감 같은 것을 느끼게 됩니다. 그런데 이 꿈은 조카에 대한 애정과는 무관합니다. 꿈 해석은 꿈 그 자체로만 분석할 수 없습니다. 꿈을 꾸기 전의 상황, 꿈을 이야기하면서 기록하면서 떠오르는 기억들 이런 모든 것을 종합해서 해석을 하는 것입니다.

단비　이 환자에게는 어떤 상황이 있었나요?

이 교수　이 여성은 과거 언니 집에서 함께 살고 있었습니다. 그때 언니의 지인인 교수와 교제를 하였는데 언니의 반대로 결혼을 하지 못했습니다. 교수와 헤어진 후 그를 볼 수 없었는데 큰 조카가 갑자기 사망하는 일이 생기고 장례식장에서 교수와 조우하게 됩니다. 이후 시간이 흘러 꿈을 꾸기 얼마 전 교수와 다시 연락이 닿았고, 프로이트를 만나러 온 날 저녁 그와 음악회에 가기로 약속이 되어 있었습니다. 이 꿈 역시 이 여성의 어떤 소원을 성취시켰어요. 첫째 조카 장례식에서 만났다고 했으니까, 둘째 조카가 죽는다면 다시 만날 수 있는 조건이 만들어지는 것이죠. 꿈속에서 둘째 조카의 죽음은 그를 다시 만날 기회가 생겼다는 것을 말하고 있습니다. 그날 저녁 교수와 음악회에서 만나기로 약속이 되어 있지만 한시라도 빨리 보고 싶은 조급함이 이런 꿈을 꾸게 한 것입니다.

단비　지금 말씀하신 꿈은 정말 특별한 개인적인 경험에서 출발한다고 생각됩니다. 그럼, 대부분의 사람들이 많이 꾸는 꿈도 있는 걸까요?

이 교수 다수의 사람들이 흔히 꾸는 꿈을 전형적인 꿈이라고 합니다. 프로이트는 세 가지의 전형적인 꿈을 예로 들고 의미를 분석해 놓았습니다. 학생 때는 시험 보는 꿈을 자주 꾸는데 '시험 꿈'도 프로이트가 말한 전형적인 꿈입니다. 나머지 두 가지는 '벌거벗고 당황하는 꿈', '소중한 사람이 죽는 꿈'입니다. '시험 꿈'에서는 주로 시험공부를 제대로 못 한 상황이거나 시험 시간에 늦는 그런 꿈인 경우가 많습니다. 그런데 프로이트가 시험 꿈을 꾸는 사례를 연구해 보니 흥미로운 결과를 발견합니다. 프로이트는 사람들이 자신이 이미 성공한 시험 꿈만을 꾼다는 사실을 알게 됩니다. 실패한 시험, 즉 통과하지 못한 시험에 대한 꿈은 꾸지 않는 것이죠.

단비 저도 고등학교 시절로 돌아가 기말고사를 본다든지 수능시험을 보는 꿈을 꾸는 것으로 보아 그 말이 맞는 것 같습니다. 그런데 벌거벗고 당황하는 꿈의 의미를 무엇인가요?

이 교수 노출-꿈은 수치심을 느껴 도망가려고 하는데 꼼짝하지 못하는 상황으로 나타납니다. 어린 아이들은 노출에 대한 부끄러움을 모릅니다. 그러다가 수치심을 알게 되고 노출을 자제하게 됩니다. 노출-꿈은 낙원처럼 보였던 유년 시절을 재현하고 싶어 하는 것입니다.

단비 소중한 사람이 죽는 꿈에서 소중한 사람은 누구인가요?

이 교수 전형적인 꿈에서 소중한 사람은 부모, 형제를 이야기합니다.

프로이트의 경험에 의하면 형제자매가 죽는 꿈을 꾸지 않는 경우는 거의 없었다고 합니다.

단비 저도 동생이 죽는 꿈을 꾼 적이 있습니다. 부모, 형제가 죽는 꿈의 의미는 무엇일까요?

이 교수 형제자매가 죽는 꿈은 질투에 의한 적대감 때문입니다. 프로이트의 어떤 환자는 형제들이 날개를 달고 하늘로 올라가는 모습을 꿈꿨는데 이는 죽는 것을 의미합니다. 죽음이라는 관념을 잘 이해하지 못하는 아이들은 죽음을 멀리 떠난다, 하늘로 올라간다는 식으로 이해하곤 합니다. 『꿈의 해석』에 나오는 부모가 죽는 꿈에 대한 해석은 이후 프로이트가 인간의 발달과정을 설명하는 이론으로 심화되게 됩니다. '오이디푸스 콤플렉스'라는 말을 들어보았죠?

단비 네. 들어보았지만 사실 무슨 내용인지는 잘 모르겠습니다.

이 교수 간단한 설명 드릴게요. 우선, 부모가 죽는 꿈을 프로이트는 이렇게 설명합니다. 남자아이가 아버지가 죽는 꿈을 꾼다면 어머니를 온전히 혼자서 차지하고 싶다는 소망을 성취하는 꿈이 됩니다. 이런 소망을 프로이트는 이후 '오이디푸스 콤플렉스'라고 부릅니다. 프로이트는 『꿈의 해석』에서 처음으로 오이디푸스 왕 이야기를 다루고 이후 그의 이론 전반에서 중요한 개념으로 확장시키게 됩니다. 오이디푸스 왕은 그리스 전설 속 인물이며 그리스 극작가 소포클레스가 『오이디푸스 왕』이라는 희곡으로 썼습니다. 오이디푸스는 아버지를 죽일 것이라는 신탁 때문에 버림받지만 용케 살아남아 이웃 나라 왕이 됩니다. 우여곡절 끝에 오이디푸스는 아버지를 죽이고 어머니와 결혼을 하지만 자신의 정체성을 알고는 절망하여 모든 것을 버리고 떠납니다.

이렇게 줄거리를 요약하면 매우 이상하게 보일 수 있는데요, 프로이트는 이 이야기에서 '오이디푸스 콤플렉스'라는 개념을 착안하게 되는 것입니다. 대략 5~6세 즈음, 아이들은 이성 부모에게 깊은 애착을 느끼는 동시에 동성 부모에게는 적대감을 갖는다는 이론입니다. 프로이트는 이것을 오이디푸스 콤플렉스라고 부르며 이런 적대감은 자연스럽게 해소가 되고 아버지의 권위를 받아들이게 된다고 설명합니다. 프로이트에게 오이디푸스 콤플렉스는 매우 중요한 개념이지만 『꿈의 해석』에는 간단한 설명만이 나오고 이후 본격적인 이론 체계가 정립됩니다.

단비 개념도 어렵지만 아버지의 권위를 받아들인다는 말도 좀 껄끄러운 면이 있습니다.

이 교수 정신분석학은 이론 틀입니다. 인간을 이해하기 위해 고안한 가설이라고 말할 수 있습니다. 그러므로 단어 그 자체에 너무 매달리면 오해의 소지가 많습니다. 더구나 프로이트가 살던 시대와 지금은 세상이 크게 달라졌습니다. 이런 점을 감안하고 『꿈을 해석』을 읽을 것을 다시 한 번 강조하겠습니다. 아이들이 그런 생각을 구체적으로 한다는 의미가 아닙니다. 인간의 발달과정에서 겪게 되는 심리적 경험을 그렇게 설명한 것입니다. 대부분의 사람들은 자신이 그런 시기를 겪었다는 것도 모르고 지나갑니다. 프로이트를 더 깊이 공부할 때

'오이디푸스 콤플렉스'가 중요한 키워드가 될 수 있습니다.

단비 이 책에는 나오는 많은 꿈 사례 중 유명한 것들은 어떤 것인가요? 앞에서 '이르마의 주사'를 이야기하셨습니다. 어떤 내용인가요?

이 교수 프로이트의 환자였던 이르마라는 여성이 등장하는 꿈이고 주사가 중요한 꿈의 소재가 되고 있기에 그렇게 부르고 있습니다. 이 꿈은 다소 복잡한 꿈입니다. 프로이트는 이 꿈을 꾸기 전날 동료 의사 오토로부터 자신의 환자였던 이르마에 대한 소식을 듣게 됩니다. 이르마는 프로이트에게 치료를 받다가 중단을 한 환자였고 프로이트는 그 때문에 이르마에 대한 좀 불편한 마음을 갖고 있었습니다. 자신을 신뢰하지 않아서 치료를 중단한 것인가? 그런 생각을 하는 것이지요.

꿈의 내용은 이렇습니다. 넓은 홀에서 손님을 접대하던 프로이트는 이르마를 발견하고 말을 건네는데 그녀는 몸이 불편하다고 호소합니다. 그래서 프로이트는 이르마를 창가로 데려가 목 안을 들여다보는데 거기에는 커다란 딱지가 앉아 있었어요. 놀란 프로이트는 급히 다른 의사 M을 부르고, 어느 틈에 프로이트의 친구인 오토와 레오폴트도 와 있었습니다. M과 레오폴트는 이르마의 어깨에 침윤된 피부 부위를 발견하고 감염된 것이라고 진단합니다. 셋은 이르마가 얼마 전 오토에게 주사를 맞았는데 그 주사기가 오염되어 있었을 것이라고 추론하죠. 그런데 이르마가 맞은 약제 중 트리메틸아민은 유독 큰 글씨로 쓰여 있었습니다. 이것이 꿈의 내용입니다.

단비　꿈 내용만 듣고는 무슨 뜻인지 전혀 모르겠어요. 설명이 필요해요.

이 교수　네 당연히 그렇죠. 꿈을 꾼 프로이트의 경험, 생각, 감정 이런 것들을 종합적으로 알아야 해석할 수 있습니다. 꿈의 내용은 모순적이며, 일관성이 없습니다. 꿈은 부조리합니다. 따라서 꿈 내용은 우리가 소설이나 영화에서 보는 것처럼 개연성 있는 인과관계로 정리가 되기 않습니다. 장면과 장면이 인과관계 없이 나열되어 있는 것처럼 보입니다. "꿈은 관념을 극화한다."라는 말이 있습니다. 꿈은 생각도 이미지로 표현합니다.

단비　이 꿈에는 프로이트의 어떤 경험과 생각 그리고 감정이 들어 있는 걸까요?

이 교수　꿈을 꾸게 된 가장 직접적인 원인은 오토가 최근 이르마를 만난 이야기를 프로이트에게 한 것으로부터 비롯됩니다. 프로이트와 이르마는 다소 껄끄러운 상태로 치료를 종결하였는데요, 그것은 프로이트가 제시한 치료법을 이르마가 받아들이지 않았기 때문입니다. 오토는 프로이트에게 이르마의 상태가 썩 좋지는 않다는 사실을 알려 주었고, 프로이트는 오토의 말투가 불쾌하게 느껴졌고 어딘지 자신을 비난하고 있다는 생각이 들었습니다. 그래서 프로이트는 그날 밤 오토와 자신이 함께 알고 있는 의사 M에게 보여 주기 위해 이르마의 병력을 기록하다 잠이 들었고 이런 꿈을 꾸게 된 것입니다.

단비　아, 그러면 프로이트는 오토에 대한 불쾌한 기억 때문에 이런 꿈을 꾼 것일까요?

이 교수 네 그것도 중요한 원인이 됩니다. 이런 걸 '꿈-재료'라고 말합니다. 이 꿈에는 아주 많은 꿈-재료가 들어있습니다. 이 꿈에 나오는 인물은 프로이트, 이르마, 오토, 레오폴트, M입니다. 그런데 이 꿈을 분석해 보면 구체적으로 등장하는 인물 뒤에 숨겨진 더 많은 인물들이 있다는 걸 알 수 있습니다. 꿈에서 A라는 사람을 만났는데 평소 알고 있던 A의 모습과는 전혀 다른 경우가 흔히 있죠? 꿈에 가족이 나오는데 외모도 성격도 현실의 가족과는 하나도 일치하지 않는 경우가 있을 거예요. 꿈을 만들어 내는 공정에는 '압축'과 '전위'라는 중요한 과정이 있습니다. 압축한다는 것은 많은 양을 줄이는 것이지요? 즉, 꿈에 나타난 하나의 인물 속에는 여러 명의 인물이 녹아들어 갈 수 있습니다.

단비 여러 사람의 특성이 한 사람에게 나타난다는 의미일까요?

이 교수 그렇습니다. 이르마의 경우를 살펴보겠습니다. 우리는 꿈 내용을 듣고 이르마라는 인물에 다른 어떤 인물이 겹쳐져 있는지 알 수 없습니다. 하지만 프로이트 자신은 그걸 분석할 수 있습니다. 꿈에는 이르마 한 명의 여성이 등장하지만 이르마의 모습에는 프로이트가 알고 있는 다른 두 여성의 이미지가 투영되어 있습니다. 한 명은 프로이트가 얼마 전 진료한 여성 가정교사입니다. 젊고 아름다운 그 여성은 알고 보니 의치를 하고 있고 그 사실을 숨기고 싶어 했어요. 실제로 프로이트는 이르마의 구강을 검진한 적은 없었기에 가정교사에 대한 기억이 압축된 것이라고 바로 알아차렸습니다. 또 다른 한 명의 여성은 이르마의 친구인데 프로이트는 이르마보다 그 여성에게 더 호감을 느꼈습니다. 전에 본 창가에 서 있는 그녀의 모습이 이르마의 모습으로 꿈에 나타난 것이라고 분석합니다. 이 여성이 등장한 이유는 프로이트가 이 여성이 이르마보다 현명해서 자신의 치료법을 더 잘 받아들일 거라고 생각했기 때문입니다. 꿈속에서 이르마가 입을 벌리고 프로이트가 검진을 하는 행동은 어리석은 이르마 대신 현명한 친구를 치료했다면 훨씬 효과가 좋았을 거라는 생각 의식 혹은 무의식이 표현된 것입니다. 즉, 이르마보다 더 많은 이야기를 들려주었을 것이라는 생각입니다.

단비 그럼, 이 꿈에 나타난 남성 인물도 같은 경우일까요?

이 교수 이 꿈에는 의사 M은 실제 인물 의사 M과 외국에 살고 있는 프로이트의 형님이 한 인물로 통합된 경우입니다.

단비 처음에 말씀해 주신 프로이트의 형님이요?

이 교수 프로이트의 형님도 의사로 영국에 이주하여 살고 있었습니다. 프로이트는 항상 이 형님에게 인정받고 싶어 했습니다. 이 꿈에서 M의 외모는 실제 인물보다는 형님의 외모와 꼭 닮아 있습니다.

단비 프로이트는 왜 M과 형님을 한 인물로 등장시켰을까요?

이 교수 프로이트 자신이 분석하기를 꿈을 꾸기 전 근래에 M과 형님에게 어떤 제안을 했는데 거절당했다고 합니다. 그러니까 둘은 프로이트에게 같은 의미를 갖고 있는 인물입니다.

단비　거절당했던 인물이 나타난 이유는 무얼까요?

이 교수　M이나 형님 모두 프로이트가 의지하고 의식하는 인물입니다. 이 꿈이 본래 이르마라는 환자로부터 비롯되었다고 했죠? 그리고 이르마는 프로이트에게 불편한 마음을 불러일으키는 환자입니다. 완치시키지 못했고 치료법을 제안했지만 거절당했습니다. 두 명의 의사도 제안을 거절했지요. 이 꿈은 의사로서 자신의 능력을 인정받고 싶어 하는 소원에서 비롯되었습니다. 이르마의 병의 원인이 오토가 오염된 주사를 놓아서라는 결론을 얻었지요? 그러니까 프로이트가 이르마를 치료한 것에는 아무 문제가 없었고 의사 M도 그렇게 인정한 것이죠.

단비　꿈에 나왔던 트릴메틸아민은 어떤 의미인가요?

이 교수　간략하게 설명하자면 트릴메틸아민에는 두 가지 의미가 있습니다. 하나는 트릴메틸아민이 성적 신진대사의 산물이므로 이르마의 질환에 성적인 요소가 개입되어 있다고 생각한 것이 반영되었습니다. 이르마와 이르마의 친구는 실제 미망인이었습니다. 또 트릴메틸아민은 프로이트로 하여금 절친인 의사를 떠올리게 합니다. 책에는 나오지 않았지만 플리스라는 의사입니다. 플리스는 프로이트가 비난을 받을 때도 항상 그를 지지해 주는 친구로 프로이트에게 큰 의지가 되는 인물입니다. 플리스는 코 하갑개골과 여성 생식기에 관한 연구를 한 바 있습니다. 이런 연상작용으로 이르마, 트릴메틸아민, 플리스 이런 식으로 연결이 된 것입니다.

단비　짧은 꿈인데 풀어내니 많은 내용이 있다는 것이 신기해요.

이 교수　꿈의 내용과 꿈을 서술하면서 떠오르는 생각까지 그 모든 것이 꿈-사고입니다. 꿈-내용은 서너 줄에 불과한데 꿈-사고를 찾아내는 분석을 하다 보면 수십 페이지까지 되는 것을 볼 수 있습니다. 바로 꿈-작업에서 압축이 일어나기 때문입니다. 압축은 생략을 통해 일어나게 됩니다.

단비　압축되어 있는 것은 이해할 수 있는데요 이 꿈에서 전위된 것은 무엇일까요?

이 교수　전위는 꿈-사고의 중심과 꿈-내용의 중심이 다르다는 것을 말합니다. 중요한 것과 덜 중요한 것이 자리를 바꾸는 것이에요. 꿈-사고에서 무가치한 요소들이 꿈-내용에서는 중요한 자리를 대신하는 것입니다.

단비　왜 그런 자리바꿈이 있어야 하나요?

이 교수　전위 역시 검열 때문입니다. 꿈-작업에서 꼭 기억할 두 공정은 앞에서 말했듯이 바로 압축과 전위입니다. 그래서 압축과 전위가 꿈-형성을 담당하는 두 명의 공장장이라고 표현되는 거죠. 이것들을 염두에 두고 꿈-사고를 찾아내게 되면 비교적 논리적인 결론에 이를 수 있게 됩니다.

꿈은 우리를 미래로 인도한다

단웅이 120년 전에 나온 책을 아직도 읽는 이유와 의미가 무엇인지 알고 싶습니다.

이 교수 프로이트의 정신분석학은 많은 분야에 엄청난 영향을 주었습니다. 문학, 미술 등 예술은 물론이고 철학, 사상에도 큰 영향을 미치게 됩니다. 알프레드 히치콕 감독의 대표작 「사이코」1960 같은 영화는 정신분석학의 영향이 직접적으로 드러난 작품입니다.

Psycho, 1960

단웅이 프로이트가 성적인 것에 과도하게 의미를 둔다는 비판을 본 적이 있습니다. 그런 면은 어떻게 봐야 할까요?

이 교수 프로이트의 이론이 모두 옳다고 과신할 필요는 없습니다. 프로이트는 리비도, 즉 성적 에너지가 삶을 이끌어간다고 생각하고 삶의 충동인 에로스와 죽음의 충동인 타나토스라는 개념을 도출합니다. 프로이트는 용감한 학자입니다. 성적인 것을 드러내놓고 이야기하기 꺼려하는 당시 사회 분위기에도 불구하고 학자로서 신념을 굽히지 않고 이론을 발표했습니다. 어떤 이론이든 무조건적으로 신봉할 필요가 없습니다. 정신분석학은 특히 어렵기도 하고 뜬구름 잡는 이야기처럼 느껴지기도 합니다. 세상이나 예술을 이해하는 유일한 이론은 없습니다. 요리를 할 때 재료에 따라 다양한 조리도구를 쓰듯이 이론도 하나의 척도입니다.

단웅이 프로이트가 여성을 수동적으로 본다는 비판도 읽어보았습니다.

이 교수 페미니스트 정신분석학자들로부터 많은 비판을 받기도 했습니다. 그런 비판도 일리가 있고 여러 학자들이 프로이트의 이론을 재해석해냈습니다. 하지만 프로이트가 활동하던 시대를 감안해서 생각해 볼 필요도 있습니다. 당시 유럽은 가부장적인 사회였고 사회활동은 주로 남성들의 영역이었습니다. 현재의 시각으로 과거를 평가하는 것은 조심할 필요가 있습니다.

단웅이 자신의 꿈을 이해한다는 게 어떤 의미이며 우리 삶에 어떤 도움이 될 수 있나요?

이 교수 프로이트는 환자들과 자신의 꿈을 분석하여 이 책을 썼습니다. 프로이트는 환자들의 꿈을 분석하면서 그들이 처한 근원적인 문제를 밝혀내어 치료에 도움이 될 수 있도록 했습니다. 의식이 억압하는 것들이 무의식에 쌓이고 꿈은 무의식이 드러나는 통로니까요. 우리는 자기 자신이 어떤 사람인지 혼란스러워 할 때가 많습니다. 자신을 이해하기 위해 많은 노력을 하기도 합니다. 꿈은 자신을 이해할 수 있도록 도와줄 수 있습니다. 꿈 일기를 써보는 것도 좋습니다. 프로이트가 했듯이 꿈 내용도 적고 꿈을 꾸기 전의 상황이나 일기를 쓰면서 떠오르는 생각 등도 모두 적는 것입니다.

단웅이 꿈 일기를 써요?

이 교수 일기는 하루의 일상을 적는 것이지요? 즉, 의식의 영향 아래서 있었던 사건과 생각을 적는 것입니다. 꿈 일기는 반대로 무의식의 영향 아래 나타난 이미지들을 적는 것입니다. 꾸준히 꿈 일기를 쓰다 보면 반복되는 꿈도 알게 되고 왜 그런 꿈을 꾸었는지도 파악할 수 있습니다. 낮에 있었던 일을 적는 일기와 마찬가지로 꿈 일기도 자신에 대한 기록입니다.

단웅이 고전을 읽으면서 요즘 작품들을 참고하는 건 괜찮을까요?

이 교수 아까도 말씀 드렸듯 『꿈의 해석』은 120년 전 책입니다. 이 책이 나온 이후 세상은 많이 달라졌습니다. 그러니 이 책의 내용을 이해하기 위해 참고할 만한 문학작품이나 영화도 많이 축적되어 있습니다. 고전을 읽는 방법이 정해져 있는 건 아닙니다. 꼼꼼히 책을 읽고 내용을 숙고하는 것도 중요하지만 궁극적으로 고전을 읽는 것은 지금, 여기의 나와 세상을 이해하기 위한 것입니다. 고전을 현재의 삶과 동떨어진 위치에 놓인 딱딱하고 무거운 책으로만 여긴다면 오히려 책 읽기가 지루하고 답답해질 수 있습니다. 한 권의 책을 읽으면서 다른 텍스트를 연상하고 연결시키는 것은 좋은 독서법입니다.

참고 문헌

지그문트 프로이트, 김인순 옮김, 『꿈의 해석』, 열린책들, 2019.

지그문트 프로이트, 윤희기· 박찬부 옮김, 『정신분석학의 근본 개념』, 열린책들, 1997.

지그문트 프로이트, 임홍빈· 홍혜경 옮김, 『정신분석 강의』, 열린책들, 1997.

김 석, 『프로이트&라캉 무의식의 초대』, 김영사, 2010 .

김 석, 『프로이트, 꿈의 해석』, 살림, 2019.

김서영, 『프로이트의 환자들』, 프로네시스, 2010.

김서영, 『프로이트의 꿈의 해석, 무의식에 비친 나를 찾아서』, 사계절, 2014.

맹정현, 『프로이트 패러다임』, 위고, 2015.

양자오, 문현선 옮김, 『꿈의 해석을 읽다』, 유유, 2013.

장 라플랑슈, 장 네르트랑 퐁탈리스, 임진수 옮김, 『정신분석 사전』, 열린책들, 2005.

최현석, 『프로이트 꿈의 해석』, 주니어김영사, 2019.

캘빈 S. 홀, 『프로이트 심리학』, 문예출판사, 2000.

코린 마리에르, 『프로이드』, 거북이북스, 2014 .

피에르 바뱅, 이재형 옮김, 『프로이트 20세기의 해몽가』, 시공사, 1995.

자본주의적 주체의 형성

—막스 베버, 『프로테스탄트 윤리와 자본주의 정신』

김주환

현재 영리 추구가 가장 자유로운 곳인 미국에서 영리 추구는 종종 순순한 경쟁적 열정과 결합되어 스포츠적 성격을 띠는 경향이 있다. 미래에 이 걸껍질 안에서 살 자가 누구인지, 이 엄청난 발전의 마지막에 전혀 새로운 예언자나 혹은 옛 정신과 이상의 강력한 부활이 있을지, 아니면 일종의 발작적인 오만으로 장식된 기계화된 화석화가 있을지는 누구도 모른다. 만일 후자의 경우라면 물론 이 문화 발전의 '최후의 인간'에 대해서는 다음과 같은 말이 옳은 것이 될 것이다. 즉 '정신 없는 전문가' '가슴 없는 향락자': 이 공허한 인간들은 인류가 전례 없는 단계에 도달했다고 생각할 것이다.

베버가 보는 자본주의 발생 배경

단웅이 교수님 어제 인류의 물질문명에 대한 다큐멘터리를 봤는데요.

최근 몇 백 년 전까지만 해도 중국을 비롯한 동양이 유럽에 비해 훨씬 발전된 물질문명을 가졌었더라고요. 종이, 화약, 나침반, 인쇄술 같은 각종 발명품은 물론이고, 경제적 생활수준, 실용적 지식과 기술의 축적 등 이른바 물질문명은 확실히 동양이 서양을 크게 앞지르고 있었더군요. 그런데 궁금증이 하나 생겼어요. "그런데 왜 더 뛰어난 물질문명을 가지고 있었던 동양이 아니라 서양에서 자본주의가 탄생했는가" 하는 것입니다. 지금처럼 동양이 아니라 서양이 세계를 선도하게 된 것도 결국은 자본주의가 서양에서 발생한 점과 무관하지 않을 것 같아요.

김 교수 훌륭한 질문이네요. 단웅 씨가 제기한 질문을 똑같이 던지고 그 답을 탐구한 사람이 있습니다. 막스 베버Max Weber, 1864~1920라는 대학자인데요. 그가 쓴 『프로테스탄트 윤리와 자본주의 정신』*Die Protestantische Ethik und der 'Geist' des Kapitalismus*이라는 책이 그 문제를 다루고 있답니다.

단웅이 정말요? 베버라는 학자와 『프로테스탄트 윤리와 자본주의 정신』이라는 책 제목은 많이 들어봤어요. 하지만 아직 안 읽어봐서 내용은 잘 모르지만요. 베버와 그의 책에 대해 말씀해 주세요.

막스 베버

김 교수 베버는 1864년에 태어나서 1920년까지 살았던 독일의 거대 사회과학자라고 할 수 있습니다. 사회학, 법학, 정치학, 행정학, 철학, 역사학, 경제학, 종교학 등은 물론이고 음악과 예술에 대한 연구까지 수행한 그야말로 거대한 학자입니다. 1904년과 1905년에 발표된 논문을 합친 『프로테스탄트 윤리와 자본주의 정신』은 그를 당시 지성계의 유명인으로 올려놓았을 뿐만 아니라 지금까지도 가장 널리 알려진 베버의 대표 저작이죠.

그런데 이 책에는 재미있는 사연이 있답니다. 사실 베버는 어릴 때부터 두뇌가 명석했지만 허약하고 내성적인 모범생 유형의 인물이었어요. 베버는 일찍부터 뛰어난 지적 능력으로 지성계에서 주목받았어요. 그런데 1897년 베버를 고통의 구렁텅이로 몰아넣는 일이 벌어집니다. 소심하고 허약한 모범생 유형인 탓에 베버는 세속적인 아버지에 대해 불만은 있어도 그 불만을 표현하지 못하고 있었어요. 그러던 어느 날 아버지가 베버의 신혼집에 멀리서 찾아왔는데, 그때 그동안 쌓였던 아버지에 대한 불만이 한꺼번에 폭발합니다. 베버는 사소한 일로 아버지와 격렬한 언쟁을 벌이게 되었는데, 아버지는 지금까지 고분고분했던 아들이 자신을 속물 취급하며 분노를 표하는 것에 충격을 받게 되고, 화가 나서 급하게 집으로 돌아가 버립니다. 그런데 집으로 돌아가는 와중에 아버지가 죽게 돼요. 이 사건으로 베버는 자기 때문에 아버

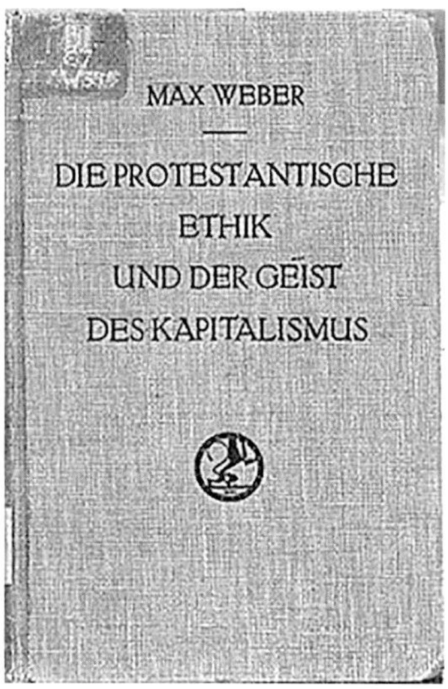

『프로테스탄트 윤리와 자본주의 정신』 표지

지가 죽게 되었다는 죄책감에 시달리게 됩니다. 아버지와 이제는 더 이상 화해할 수도 없게 된 상황은 그 죄책감을 증폭시켜요. 이 사건 이후로 베버는 심각한 불면증, 우울증, 불안증을 겪게 됩니다. 심지어 글쓰기, 책 읽기는 물론 대학 강의를 도저히 수행할 수 없는 지경이 되어버립니다. 대략 5년여간 베버는 학자로서 두뇌 활동을 거의 멈추고 요양을 하게 됩니다.

몸과 마음이 완전히 탈진해버린 이러한 절망의 상황에서 베버는 다시 학자로서 지적 활동을 재개하고자 자기와의 싸움을 하게 됩니다. 그래서 몸과 마음의 병과 싸워가며 작성하고 의지를 가지고 써나간 것이 바로 『프로테스탄트 윤리와 자본주의 정신』이라는 글입니다. 그것은 베버가 스스로를 구원하기 위해 고군분투하며 쓴 글이라고 할 수 있어요.

베버는 이 저작을 본격적인 학술적 분석서라기보다는 단지 서구에서 금욕적 합리주의 에토스의 형성과 의미를 가볍게 간략히 다루는 작품으로 이해를 했습니다. 결론적으로 베버가 가볍게 다뤘다는 이 작품이 오늘날 사회과학자들에게 가장 영감을 많이 준 고전의 최고봉이 된 셈입니다.

단웅이 5년여간이나 거의 지적 활동을 멈춘 후 지적 활동을 재개하기 위해 가볍게 쓴 글이 이렇게 유명한 고전이 되다니, 놀랍네요. 베버는 천재였나 봐요.

김 교수 천재가 따로 있겠어요? 어떤 문제의식을 가지고, 어떻게 문제를 제기하느냐, 그리고 그 답을 찾기 위해 얼마나 창의적인 사고를 할 줄 아느냐가 관건이겠죠. 물론 이를 위해서는 넓은 시야와 해박함이 필요하겠죠. 그래서 독서의 경험이 중요하답니다.

그건 그렇고, 베버의 이 책은 후발 자본주의 국가로서 독일의 미발전 상황에 대한 베버의 문제의식 그리고 먼저 자본주의 체제를 발생시켰으나 점차 이른바 천민자본주의로 치닫고 있는 선진 자본주의 국가에 대한 비판적 문제의식 등이 이 책을 쓰게 한 또 다른 축이랍니다.

지금이야 독일은 문화, 사상, 경제 등 다방면에서 분명히 세계를 선도하고 있는 나라이지만, 베버가 살던 때만 해도 독일은 경제, 정치, 사회, 문화적으로 이웃의 다른 유럽 국가들에 비해 후진성을 면하지 못하고 있었어요. 여전히 전근대적인 정치체계와 신분제적 인습, 권위주의적인 문화, 경제적 미발전 등이 독일의 특징이었어요. 나중에 말하게 되겠지만, 세속적 금욕주의 문화나 에토스의 결여가 독일의 후진성의 중요한 요인은 아닐까 하는 문제의식이 있던 것이죠. 그리고 베버는 발전된 자본주의가 점차 그 출현 시점에서 가지고 있던 풍부한 도덕적, 윤리적 의의를 상실하고 점차 자기 목적화된 자본운동 시스템으로 변질되어 가는 것을 보면서 비판적 시대 진단을 하고자 했어요.

단웅이 교수님 설명을 들어보니 더 흥미진진해지는데요. 우선 베버도 제기했고 저도 제기했던 질문, '어째서 자본주의는 서양보다 훨씬 뛰어난 물질문명을 가졌던 중국이 아니라 서양에서 발생했나?'에 대한 베버의 설명이 어떤 것인지 궁금해집니다.

김 교수 우선 베버가 서양에서 근대 자본주의의 출현 맥락을 탐구할 때 초점을 두는 것이 하나의 물질적, 제도적 시스템체제으로서의 자본주의가 아니라, 제목에서도 표현되듯 '자본주의 정신', 말하자면 '자본주의적 주체의 인간형 또는 그 주체들의 에토스'라는 점을 분명히 해둘 필요가 있어요. 그러니까 자본주의라는 시스템 전체를 다루려는 것이 아니라, 자본주의 등장에 기여한 여러 요소들 중 정신문화적 측면에 논의를 한정하는 것이지요.

주술적 세계상과 종교적 세계상

김 교수 '어째서 근대 자본주의는 서양에서 먼저 발생했나?' 이것이 단웅 씨의 질문인 동시에 베버의 질문이었죠? 결론부터 말해볼까요? 결론부터 미리 말해보자면, 서양은 기독교 문명이기 때문에 유한한 인간들이 살아가는 내재의 세계현세와는 구분되는 초월의 세계내세에 대한 관념을 가지고 있었기 때문입니다. 이것이 결정적입니다. 베버는 특히 프로테스탄트 윤리가 근대 자본주의적 에토스의 형성에 실천적으로 지대한 영향을 끼쳤다고 말합니다.

단웅이 말하자면 '초월 신'에 대한 관념이 있었기 때문이라는 것이군요. 하지만 중국 같은 비서구 문명권에서도 '신'의 관념은 있지 않았나요? 우리나라만 해도 성황당 나무도 있고, 무속신앙에서 모시는 신들도 있고, 제사를 통해 조상신도 모시잖아요.

김 교수 아주 좋은 질문입니다. 다양한 '신' 관념이 있지만, 서양 기독교의 신 관념은 독특합니다. 우리가 살아가는 세상을 이해하는 여러 관점이 있어요. 이를 주술적 magical 세계상과 종교적 religious 세계상으로 나누어 살펴보죠.

우선 주술적 세계상이 있어요. 특정한 마음가짐을 가지면 세상이 바뀐다거나, 주문을 외우면 현실에 효과가 발생한다거나, 인형에 바늘을 꽂으면 실재 인간이 고통스러워 한다거나 하는 것들을 떠올려 보세요. 주술적 세계상 속에서 살아가는 사람들은 자신과 사물, 타인 등 온 세계가 존재론적으로 동일한 힘으로 연결되어 있다고 봅니다. 모든 존재하는 것들을 연결시키고 유동하며 떠돌아다니는 이 힘을 인류학자들은 '마나'라고 부릅니다. 동양식으로 하자면 '기氣' 같은 것입니다. 어쨌든 주술적 세계상에서는 모든 것들이 하나의 내재적 세계 안에서 존재론적으로 연결되어 있다고 보기 때문에, 무엇인가를 이루고 싶을 경우에 사람들은 자신을 하나의 작용 요인으로 놓음으로써 모종의 효과를 만들려고 해요. 그래서 주술의 세계관에서 중요한 것이 '주술적 기술'입니다. 인간 행위자는 기술을 가지고 세계에 '개입'하고 '작용 action'하여 '효과'를 만들어내려고 해요. 자신을 다른 사물 세계의 작용 요인으로 설정하는 것이지요. 그런 점에서 주술의 세계관은 매우 '실천적'입니다. 인간 행위의 능동성과 창발성이 매우 중요해지는 것이지요. 주술적 세계상에서는 마나의 힘을 유도하고 활용할 수 있는 적절한 기술만 가지면 모든 것을 할 수 있다는 사고가 있어요.

단움이 아 이해되네요. 주술의 세계상에서는 모든 존재하는 것들이 하나의 내재적 세계 평면에 존재하는 것으로 보기 때문에 '초월적 세계'라는 관념이 없군요.

김 교수 그렇지요. 주술의 세계상은 보통 인간 정신의 발달 과정에서 원시적 단계에 해당해요. 물론 이런 설명이 서구 중심의 진화론적 설명이라고 비판받기는 하지만 대체로 원시 부족들이 주술적 세계상을 가지고 있는 것은 사실이죠.

단움이 그럼 종교적 세계상은 서양 기독교를 생각해보면 되겠네요. 인간들의 내재 세계와는 완전히 분리된 초월 세계의 관념과 유일신의 관념이 종교적 세계상의 핵심이겠군요.

김 교수 그렇지요. 종교적 세계상에서는 우선 내재 세계와는 근본적으로 차원을 달리하는 초월 세계의 관념이 등장해요. 초월 신의 공간이죠. 이해하기 쉽게 말하자면, 주술의 세계상에서는 신들이 인간들 주변에 사물에 깃든 채 편재해 있었다면, 신화적 세계관에서는 신들이 인간들의 세계보다 조금 높은 곳에 위치하게 되고 예를 들면, 그리스 로마 신화에서 신들은 올림포스에 산다, 종교적 세계관으로 오면 신이 저 먼 하늘 위로 올라가 버린다고 해야 할까요? 신들이 점점 더 추상화되는 거죠. 보통 아브라함계 종교로 불리는 유대교, 기독교, 이슬람교가 그와 같은 초월적 유일신의 관념을 발전시켰어요. 인류학적으로 살펴보더라도 전 세계에서 초월적 유일신의 관념을 가진 문화권은 그 세 종교를 가진 곳들 외에 거의 발견이 안 된다고 합니다.

단웅이 그러고 보니 우리 동아시아 문화권에서도 기독교의 신과 같은 관념은 없는 것 같아요. 공자님도 죽은 이후의 내세, 즉 내재의 세계 너머의 공간에 대해서는 관심을 두지 않았다고 들었던 것 같아요. 조상에게 제사를 지내기는 하지만 그 조상과 제사를 지내는 후손들은 혈통으로 연결되어 있기 때문에 우리 후손들과 완전히 분리된 존재인 것 같지는 않아요.

김 교수 역시 단웅 씨는 똑똑하네요. 맞아요. 우리 동아시아 문화권은 전통적으로 철저한 현세 중심의 실용주의적 세계관을 발전시켜왔어요. 내세에 대해서는 큰 관심이 없었어요. 제사의 경우도 시조가 되는 조상으로부터 생명의 끈이 혈통을 통해서 후대로 '지속'된다는 사고방식에 터하고 있어요. 그런 점에서 서양의 유일신 종교와는 다르죠.

개신교와 자본주의의 우연한 조우

단웅이 교수님 흥미진진하기는 한데요. 주술, 종교 이런 것들과 자본주의가 도대체 무슨 관계가 있다는 것이지요? 교수님께서 베버는 서구 기독교의 세계관이 자본주의의 등장에 매우 중요한 역할을 했다고 분석했다고 하셨는데, 지금까지 우리가 이야기해 온 종교에 대한 설명과 자본주의의 등장이 무슨 관련이 있다는 것인지 감이 잡히지 않습니다.

김 교수 네 그래요. 그럼 좀 더 본격적으로 이야기해보죠. 아까 근대 자본주의 정신의 요체가 무엇일까요?

단웅이 쉽게 말해서 '벌기 위해서 버는 것', '벌기의 자기 목적화' 또는 '자본의 자기 목적화 메커니즘'이 자본주의 정신의 요체인 것 같아요.

김 교수 네 맞아요. 그럼 그런 자기 목적화된 자본주의 메커니즘이 등장하려면 그런 메커니즘대로 살아가는 사람이 있어야 할 것입니다. 예를 들어 쓰기 위해서가 아니라 벌기 위해서 버는 노동자나 자본가가 등장해야 해요. 말하자면 그런 식으로 노동하고 기업 조직을 경영하고자 하는 독특한 형태의 인간 주체들이 등장해야 합니다. 그렇겠죠?

단웅이 네. 그래야 할 것 같아요.

김 교수 그런데 그런 인간 주체들이 사실 우리가 지금 볼 수 있는 현대인들의 모습입니다. 물론 구체적인 인간들이 모두 다 그런 것은 아니지만 현대인들의 핵심 특징을 개념화해 보자면 그렇다는 것이지요. 어쨌든 그럼 그런 독특한 인간들, 즉 현대인들은 어떻게 등장하게 된 것일까를 질문해 봐야겠죠.

단웅이 네.

김 교수 그런데 단웅 씨라면 소비하고 즐기기 위해서가 아니라, 오로지 벌기 위해서 버는 삶을 살 수 있을 것 같아요?

단웅이 그럼요. 벌 수 있을 때 잔뜩 벌어서 나중에 쓰면 되죠. 물론 맛

있는 것을 먹고 싶은 욕구도 있고, 제가 원하는 것을 사고 싶은 욕구도 있겠지만, 잠시 동안 그런 욕구들을 억누르고 고생 좀 한 다음 원하는 데 쓰면 될 것 같아요. 예를 들어 견문을 넓히기 위해 한 달 동안 해외여행을 하고 싶은데 돈이 없다면, 몇 달 동안 안 쓰고 아끼며 열심히 아르바이트 해서 해외여행 갈 돈을 벌려고 노력할 수 있을 것 같아요.

김 교수 그래요. 그럼 만약 벌기 위해서 버는 삶을 '평생' 할 수는 있겠나요?

단웅이 평생요? 죽을 때까지요? 너무 우울한데요. 평생 쓰지 않고 돈만 벌어야 한다니. 너무 끔찍해요. 저는 결코 그렇게 못 살 것 같아요. 사람이 기계도 아니고 어떻게 그렇게 살아요?

김 교수 그렇죠? 저도 그렇게 살 수는 없을 것 같아요. 그런데 주목할 점은 유럽에서 16세기~17세기 종교개혁이 일어난 즈음부터 서서히 그 끔찍하다고 여겨질 수 있는 생활윤리로 무장한 인간 주체들이 등장했다는 점입니다. 말하자면 세속적 욕구들을 최대한 억눌러 최소한의 소비만 하면서 돈을 버는 것 자체에 삶의 의미를 두고 살아가는 존재들, 즉 벌기 위해서 버는 인간 주체들이 등장한 것이지요. 나중에 더 자세히 말하겠지만 그런 사람들은 주로 개신교 즉 프로테스탄트들 중에서 특히 칼뱅파의 교리에 영향을 받은 사람들이었습니다.

단웅이 개신교와 무슨 관계가 있나 보군요.

김 교수 그렇죠. 좀 더 상세히 말해보자면 베버는 다음과 같은 것들을 발견합니다. 구교를 믿는 사람들은 자녀들을 전통적인 신학, 철학 등을 주로 가르치는 인문계 학교에 보내는 반면, 신교를 믿은 사람들은 자녀들을 직업학교에 보내는 경향이 훨씬 높았어요. 그리고 개신교도들이 많은 지역에서 경제적 발전이 눈에 띄게 일어났고, 또 전통적으로 경제적으로 부유한 지역들이 종교개혁 당시 개신교를 더 우호적으로 받아들이는 경향이 있었어요. 그리고 직업 선택에 있어서도 숙련 노동자들 중에서 구교보다는 개신교도들의 비율이 훨씬 높았어요.

이처럼 구교도보다는 개신교도들이 자본주의 영리활동에 훨씬 더 친화적인 생활 문화를 가지는 경향이 발견됩니다. 베버는 이러한 추이를 살피면서 종교적 요인과 자본주의 발달 사이에 어떤 연관이 있을 것이라고 추정하게 되죠.

단웅이 충분히 의문을 품어볼 만한 현상들인데요.

김 교수 그렇죠. 베버는 종교와 자본주의 사이에 분명히 어떤 연관이 있다고 생각하고 그 관계를 탐구해 들어갑니다.

구원, 불안 그리고 금욕적 노동 윤리

김 교수 이제부터 흥미진진한 설명이 펼쳐지니 주목해 보세요. 지금까지 이야기해 왔던 여러 알쏭달쏭했던 주제들이 여기서 하나로 수렴될 것입니다. 우선 이렇게 질문해볼게요. 단웅 씨는 왜 살아요? 그러니까 삶의 목적이 무엇인가요?

단웅이 음. 행복한 삶이요.

김 교수 그렇죠. 그럼 행복한 삶을 산다는 것은 무엇일까요? 먹는 것, 입는 것 등 세속적 욕망이 다 충족되면 행복할까요?

단웅이 물론 그런 물질적인 욕구들이 충족되면 행복할 것이고, 또한 행복의 가장 기본적인 것이 최소한의 물질적 욕구들의 충족일 것입니다. 하지만 제 생각에는 진정한 행복은 물질적 욕구 충족을 넘어서 존재할 것 같아요. 상투적인 비유이기는 하지만 '배부른 돼지보다는 배고픈 소크라테스가 낫다.'라는 말이 있듯이, 세속적인 물질적 욕구도 중요하지만, 그보다는 보다 고차원적인 행복이 있을 것 같아요. 삶의 의미랄까요. 내 삶이 의미 있다고 여겨질 때 더 행복할 것 같아요.

김 교수 맞습니다. 의미 있는 삶을 살 때 우리는 제대로 살고 있다고 느끼게 됩니다. 숨을 쉬고는 있지만, 동물들이나 다름없이 살아가는 삶과 나름의 가치 기준에 따라 의미로 충만하게 살아가는 삶 중에서 하나를 선택하라고 한다면 우리는 후자를 선택하게 되죠.

단웅이 그런데 어떤 삶이 의미 있는 삶일까요?

김 교수 무엇이 의미 있는 삶이냐 딱 잘라 말하는 것은 불가능할 것입니다. 저마다 추구하는 삶의 가치와 기준이 다른 법이니까요. 하지만 일반적인 수준에서 한번 말해보죠. 우리나라 사람들은 전통적으로 어떻게 살아가는 사람들을 두고 '모범적인 삶을 산다', '성공한 삶이다', '가치 있는 삶이다'라고 말하는 것 같아요?

단웅이 사실 요즘은 아닌 것 같기는 하지만 우리 동아시아 사회에서는 보통 전통적으로 공직에 진출해 살아가는 사람을 우리가 추구해야 할 전형으로 삼지 않았었나요?

김 교수 맞아요. 우리는 과거에 합격하여 군주를 보좌하는 공직을 얻는 것을 삶의 최고의 목적으로 여기는 경향이 강했어요. 그것이 곧 자기 개인은 물론 그 집안 그리고 조상의 이름과 영광을 드높이는 것이라고 생각했죠. 그럼 서양 사람들은 어땠을까요?

단웅이 서양 사람들은 구원을 받아 천국에서 영생할 수 있는 삶을 살아가는 것을 최고의 가치 기준으로 두지 않았을까요? 교회 다니는 사람들은 현세의 삶은 고통스러울지라도 내세에서 하나님의 나라에 가서 살 수 있다는 희망을 가지고 살아가니까요.

김 교수 맞습니다. 서양 사람들은 기독교 문화를 가지고 있기 때문에 '구원'받는 삶이야말로 최고의 삶입니다. 그런데 문제는 누가 구원 여부를 결정하느냐 하는 것입니다.

단웅이 착하게 살면 천국 가는 것이니 결국 내가 어떻게 사느냐, 결국 나의 의지에 달려 있는 것 아닐까요?

김 교수 문제가 간단치 않답니다. 기독교 안에서도 신의 섭리와 자유의지에 대한 고도로 정치한 논쟁이 있어요. 그렇기에 간단히 말할 수 있는 문제는 아닙니다만, 대체로 구교보다는 개신교 쪽에서 구원은 개인의 의지의 문제라기보다는 신의 섭리 즉 신의 결정에 달린 문제로 보는 경향이 강해요.

어쨌든 개신교는 세계의 창조부터 종말에 이르기까지 이 세계의 작동이 신의 섭리에 따라 이미 결정되어 있다고 봅니다. 이를 '예정설'이라고 해요. 신이 모든 것을 예정해 뒀다는 말이지요. 따라서 구원은 철저히 신의 소관입니다. 이는 주술의 세계상에서 적절한 기술의 활용을 통해 내가 원하는 것을 이뤄낼 수 있다는 사고방식과는 구별되는 사고방식입니다. 오로지 신만이 우리가 구원받을지 말지를 알고 있을 뿐 우리는 우리의 구원 여부를 알 수 없습니다. 우리가 어떻게 할 수 있는 문제가 아니지요.

그런데 구교는 신과 인간의 관계 사이에 하나의 존재가 더 있죠. 일종의 신의 메신저라고 할까요. 신의 세계로의 인도자라고 할까요. 성직자들이 그들입니다. 대표적으로 교황이죠. 즉 구교에서는 신과 인간이 교황과 같은 성직자들을 매개로 하여 관계를 맺습니다. 이것이 면죄부 판매라는 교회의 부패를 야기하고 급기야 구교와 신교가 한판 종교전쟁까지 벌이게 만든 한 요인이 되기도 했죠.

신과 인간 사이를 성직자가 매개함으로써 그와 같은 교회의 부패가 일어났었기 때문에 개신교는 신과 인간의 매개자로서 성직자의 지위를 제거하는 교리를 발전시킵니다. 그렇게 되면 이제 신과 인간이 직접 관계 맺는 구도가 되죠. 이제 인간은 '신 앞에 선 단독자'가 됩니다. 개개인들 하나하나가 직접적으로 신과 관계를 맺으며 신실한 삶을 살아야 하는 문제가 됩니다. 사실 이것이 서구 개인주의 출현의 종교적, 사상적 맥락입니다. '신 앞에 선 단독자로서의 개인'이 바로 서구 개인주의 문화를 만든 근본적인 모델입니다.

단웅이 아! 그렇군요. 너무 재미있어요.

김 교수 어쨌든 이제 신과 인간이 직접적으로 관계를 맺게 되는데, 아까 말했듯이 기독교에서는 신의 세계 즉 초월의 세계와 인간의 세속적인 현세적 세계가 명확히 구분되잖아요. 따라서 인간은 신의 초월적인 뜻을 파악할 수가 없어요.

단웅이 네.

김 교수 특히 문제는 서양 기독교인들에게 가장 절박한 문제인 자신의 '구원 여부'에 대한 답을 신은 주지 않는다는 것입니다. 설령 답을 준다고 해도 유한한 인간은 절대적인 초월신의 뜻을 파악할 수 없어요. 그럼 서양 기독교인들의 심정이 어떨까요? 신이 나를 나중에 구원해 주기로 예정해 놨는지 지옥불에 떨어지도록 예정해 놨는지 궁금해 미치겠는데 신의 뜻을 알 도리는 없는 상황! 어떨까요?

단웅이 정말 피가 마를 것 같은데요.

김 교수 그렇죠. 이는 비유하자면 이런 상황이에요. 단웅 씨도 시험을 봐서 대학에 왔잖아요. 시험을 본 후 한두 달 있다가 내가 지원한 학교의 당락이 발표돼요. 학생들 입장에서 대학에 갈 수 있는지, 떨어져 재수를 해야 하는지보다 절박한 문제는 아마 없겠죠.

단웅이 네. 맞아요. 가슴 졸이면서 발표를 기다렸던 생각이 나요. 기다리는 동안 정말 뭘 해도 손에 안 잡히고 조마조마했어요.

김 교수 맞습니다. 자신에게는 너무나 절박한 문제인데 그 결과를 알 수가 없으니 노이로제에 걸릴 지경이 되죠. 그런데 대입이야 한 두 달 발표를 기다리는 것이지만, 기독교인의 입장에서는 자신이 죽은 후 구원될지 말지의 문제이기 때문에 '평생'을 그렇게 가슴 졸이고 살아야 합니다. 평생 그렇게 살 수 있을까요?

단웅이 좀 심하게 말하면, 평생 그렇게 살아야 한다면 미쳐버릴 것 같은데요.

김 교수 그렇겠죠. 단웅 씨는 결과 발표 기다리는 동안 어떻게 그 긴장을 해소했나요?

단웅이 저는 이렇게 생각했어요. '나는 다른 경쟁하는 친구들보다 나름대로 열심히 학교 생활했고, 친구들이 공부 안 하고 게임방 가서 노는 시간에 공부했어, 그러니까 진정으로 이 세상이 정의롭다면 나처럼 열심히 노력한 사람은 떨어지고 핑핑 논 학생들이 붙는 어처구니없는 일은 벌어지지 않을 거야.' 이렇게 생각하면서 긴장을 풀었던 것 같아요.

김 교수 하하. 그렇군요. 개신교 서양인들도 그런 식으로 그 끔찍한 평생 동안의 불안 상태를 해소하고자 했어요. 아주 아주 쉽게 말하자면 이런 식입니다. 만약 신이 모든 것을 예정해 뒀다면, 나의 구원 여부도 신이 이미 예정해 뒀다. 만약 신이 나를 구원해서 내세에 천국에 가서 살도록 예정해 뒀다면, 이것은 신이 나를 어여삐 여긴다는 뜻이다. 신이 나를 어여삐 여긴다면 현세에서 내가 고생스럽게 살도록 예정해 두지는 않았을 것이다. 다시 말해 신이 나를 어여삐 여긴다면 내가 풍족하게 살도록 계획해 놓았을 것이다. 이렇게 생각하는 것이지요. 현세에서 풍족하게 사는 것은 결국 내가 구원받았다는 표시 sign라고 추측하는 것입니다. 마치 단웅 씨가 다른 학생들이 놀 때 공부 더 열심히 했고 학교생활에 충실했다는 점을 단웅 씨가 합격할 것이라는 판단의 근거로 삼았던 것과 같은 이치입니다.

단웅이 구원의 표시라고 여겨지는 것을 자신에게서 찾아냄으로써 구원 여부에 대한 무지가 야기하는 불안을 잠재우는 것이군요.

김 교수 그렇죠. 구원의 표지는 현세에서 풍족하게 사는 것이라고 자신들 마음대로 믿었잖아요. 따라서 이제 기발한 역전 현상이 일어납니다. 구원의 표지를 얻기 위해 모든 노력을 다하는 것이지요. 구원의 표지라고 자의적으로 생각한 것이 현세에서의 풍요잖아요. 현세에서 풍요롭게 살려면 돈을 벌어야겠죠. 그리고 돈을 벌려면 욕구를 충족하기 위해 돈을 낭비하고 소비하는 대신 끊임없이 축적해야겠죠. 소비는 최소화하면서요. 심지어 삶의 시간 중 일분일초도 함부로 낭비함 없이 오로지 부를 축적하는 일에 할당한다면 구원의 표시를 더 많이 얻게 되겠죠.

단웅이 아 이제 좀 이해될 듯해요.

김 교수 그런가요? 어쨌든 이제 축적한 돈을 필요 이상으로 소비하거나, 일을 하면 더 많은 부를 이룰 수 있는 삶의 시간인데도 불구하고 빈둥거리거나 게으르게 시간을 보낸다면 이는 구원의 가능성으로부터 더 멀어진다고 생각하게 되겠죠.

단웅이 네. 그렇겠네요.

김 교수 그럼 이제 어떤 일이 벌어질까요? 이제 삶의 모든 시간을 오로지 벌기 위해서 버는 삶으로 변형하는 윤리적 태도가 등장하게 됩니다. 철저한 금욕이야말로 구원을 위한 필수적인 삶의 에토스가 돼요. 이를 베버는 '현세적 금욕주의'라고 말합니다. 현세적 금욕주의의 삶의 방식에 따라 살아가는 것이 곧 신에게 인정받을 수 있는 유일한 방법이 되고 맙니다. 이러한 태도 또는 삶의 에토스를 '시간은 돈이다'라고 말했던 벤저민 프랭클린이 웅변으로 보여 줍니다. 베버 역시 프랭클린의 글을 자본주의 정신과 프로테스탄트 윤리를 상징하는 것으로 중요하게 소개하고 있으니 잠시 발췌해 보죠.

> 시간이 돈이라는 것을 명심하라. 하루 일해서 10실링을 벌 수 있는데, 하루의 절반을 산책하거나 방에서 빈둥거리며 보낸 사람은 그런 것들을 즐기는데 6펜스밖에 쓰지 않았다고 해도, 단지 그 돈만을 비용으로 계산해서는 안 되기 때문에, 실제로는 5실링을 더 쓴 것이나 내버린 것이다.
>
> 신용이 돈이라는 것을 명심하라. [……] 어떤 사람이 크고 좋은 신용을 가지고 있고, 그런 자신의 신용을 잘 사용한다면, 그 신용은 그에게 상당한 액수의 돈이나 다름없다.

돈은 번식력과 증식력이라는 본성을 갖고 있다는 것을 명심하라. 돈은 돈을 낳을 수 있고, 그렇게 새끼를 친 것들은 한층 더 많은 새끼들을 낳으며, 이러한 과정은 계속된다. 5실링을 굴리면 6실링이 되고, 6실링을 굴리면 7실링 3펜스가 되며, 이 과정은 계속돼서 100파운드까지도 늘어난다. 더 많은 돈을 굴릴수록, 한층 더 많은 돈이 들어오기 때문에, 그 사람이 소유한 돈은 점점 더 신속하게 불어난다. 한 마리의 암퇘지를 죽이는 사람은 천 대까지 번식해서 생겨날 모든 돼지들을 없애버린 것이다. 5실링짜리 동전을 사장시키는 사람은 그 돈으로 만들어 낼 수 있었을 어마어마한 돈을 죽여 버린 것이다. [……]

지금 너에게 있는 모든 것을 너의 재산이라고 여기고서 거기에 따라 사는 일이 없도록 주의하라. 신용이 있는 많은 사람들이 그런 속임수에 걸려든다. 그런 일을 방지하기 위해서 너의 지출과 수입을 꼼꼼하게 적어두라. [……] 5실링의 가치에 해당하는 시간을 쓸데없이 낭비하는 사람은 5실링을 잃는 것, 즉 5실링을 바다에 던져 버리는 것과 같다.[1]

단웅이 정말 지독하네요. 모든 삶의 시간을 돈으로 환산하고 신용 같

1 벤저민 프랭클린, 『벤저민 프랭클린 전집』 제2권 87쪽; 막스 베버, 『프로테스탄트 윤리와 자본주의 정신』, 박문재 역, 현대지성, 65~76쪽에서 재인용

은 타인과의 관계마저도 돈으로 바꿔서 바라보네요. 시간 낭비를 죄악시하고 있네요.

김 교수 이러한 태도가 바로 자본주의 정신의 구체적인 모습이지요. 좀 더 이야기를 해 보죠. 아까 단웅 씨는 금욕을 하면서 돈을 버는 삶을 잠시 동안은 할 수 있을지 모르지만, 평생 할 수는 없을 것이라고 말했어요. 하지만 서양 개신교인들 입장에서는 그와 같은 금욕적 윤리로 무장된 삶을 평생 지속할 수 있을까요?

단웅이 글쎄요.

김 교수 기독교의 시간관념에서 보면 현세의 삶은 유한합니다. 하지만 죽은 후 내세에서의 삶은 영원해요. 현세의 삶은 잠깐이지만 내세의 삶은 끝이 없습니다. 어떨까요? 아까 단웅 씨는 미래를 위해 잠시 동안은 고통을 견디는 금욕적 노동을 할 수 있을 것이라고 했지요?

단웅이 네.

김 교수 기독교인들의 관점에서 보자면 우리가 평생이라고 말하는 현세의 삶은 내세의 삶에 비하면 그야말로 잠깐에 불과합니다. 그러니 기독교인들 특히 개신교 그중에서도 칼뱅파 신도들에게는 평생 금욕하며 벌기 위해서 버는 삶을 살아가도록 만드는 힘의 압박이 가해지게 되는 셈입니다. 즉 비유해 보자면 '죽어서 천국 갈래 아니면 영겁의 세월을 불구덩이 속에서 살래?'라는 암묵적인 신의 협박이 가하는 엄청난 힘이 평생 동안 금욕을 강제하게 만드는 요인이 됩니다. 평생 금욕하며 벌기 위해 버는, 자기 목적화된 기계 같은 삶의 태도가 나타나는 것은 이와 같은 구원의 압박에서 기인한 것이라고 볼 수 있지요.

단웅이 아하. 이해가 되네요.

세상을 거대한 수도원으로 조직하기: 신의 도구로서의 인간, 철의 노동 윤리

김 교수 개신교는 루터파와 칼뱅파로 대표되죠? 여기서 그 두 종파의 차이를 세세하게 말하지는 않으려고 해요. 다만 이점은 분명히 할 필요가 있어요. 칼뱅파의 개신교 교리는 철두철미하게 초월신의 논리에 충실하다는 점입니다. 아까 주술적 세계관에서는 인간들이 능동적 행위자가 되어 실천적으로 세계에 작용하며 원하는 모종의 효과를 산출하려고 하는 태도가 나타난다고 했죠? 하지만 칼뱅파의 교리에 따르면 모든 것은 신의 섭리에 따라 움직입니다. 인간이 세상에 개입하여 작용함으로써 원하는 효과를 얻는다는 발상이 들어설 여지가 없어요. 오로지 능동적인 것은 신뿐입니다. 인간은 철저하게 피동적인 존재로 간주돼요. 그럼 물어봅시다. 피동적인 것의 대표적인 것은 무엇일까요? 즉 어떤 능동적 행위의 처분에 따라서만 움직이는 것, 이것이 무엇이죠?

단웅이 망치나 자동차 같은 도구 아닌가요?

김 교수 맞습니다. 도구입니다. 도구는 도구 사용자의 의지에 따라 그 유용성을 실현하는 것입니다. 칼뱅파는 인간이 철저히 그와 같은 도구가 되기를 강조합니다. 그럼 그 인간-도구의 사용자는 누구일까요?

단움이 신인가요?

김 교수 그렇죠. 인간은 철저히 신의 도구가 되어야 해요. 신의 영광과 섭리를 실현하는 도구 말이지요. 그런데 어떤 도구가 좋은 도구인가요? 못을 박는데 좋은 도구는 망치인가요, 볼펜인가요?

단움이 당연히 망치죠.

김 교수 그렇죠. 만약 좋지 않은 도구라면 주인에 의해 버려지겠죠. 마찬가지로 신이라는 도구 사용자의 맘에 드는 도구가 되려면 인간은 어떻게 살아야 할까요? 자기 의지를 발휘하면서 자기 욕구에 따라 살아가면 될까요? 안 되겠죠. 도구는 철저히 그 사용자의 의지에 종속되어야 합니다. 즉 인간은 신의 의지에 철저히 종속되어야 해요. 언제나 도구로서 어떻게 그 사용자인 신의 의지에 따라 잘 작동할 도구가 될지 고민하면서 삶을 살아야 합니다. 이렇듯 신이 좋아할 만한 도구로 스스로를 변형시키는 작업이 바로 아까 말했던 현세적 금욕주의 즉 프로테스탄트 윤리라는 것입니다. 개신교 신자들은 이렇듯 스스로 철의 노동윤리로 무장함으로써 자신을 철저히 신의 영광을 실현하기 위한 도구로 만들고자 했던 것입니다.

단웅이 그 역시 신에게 구원받기 위한 것이었겠군요. 그런데 중세 수도원의 성직자들은 대단히 엄격한 철의 규율 속에서 살아갔다고 하던데요. 그 역시 성직자들은 자신들이 신의 도구라고 생각했기 때문이었겠네요.

김 교수 잘 말했습니다. 단웅 씨 말처럼 중세의 수도원은 마치 감옥이나 다름없을 정도로 엄격한 규율에 따라 조직되었어요. 성직자들은 신의 사역을 위한 도구이기 때문이지요. 그런 점에서 칼뱅파의 교리는 사실 성직자들이라는 특수한 집단에게만 통용되던 엄격한 철의 규율을 수도원 바깥의 세속 세계에까지 확장한 셈입니다. 달리 말하면 모든 사람들을 성직자로 만드는 것, 이 세상 전체를 거대한 수도원으로 만드는 것이 바로 칼뱅파 교리가 지향한 것입니다.

단웅이 그럼 평범한 세속의 사람들도 철저히 성직자처럼 살도록 강요되었겠군요. 숨이 턱턱 막혀오는데요.

김 교수 하하. 어때요? 이제 어떻게 자본주의의 발생과 종교가 관련이 있는지 감이 좀 잡히나요?

단웅이 네. 처음에는 둘 사이에 도대체 무슨 연관이 있는지 전혀 감을 잡을 수 없었는데 교수님 설명을 들으니 이제는 좀 알 것 같아요. 그러고 보니 베버는 정말 대단한 것 같아요. 어떻게 그런 발상을 할 수 있죠? 그런데 베버는 자본주의를 좋게 본 것인가요 나쁜 것으로 본 것인가요? 상식으로 마르크스는 자본주의를 싫어했고 베버는 자본주의를 옹호했다는 것으로 알고 있는데요.

영혼 없는 전문가와 가슴 없는 향락가

김 교수 마르크스는 자본주의를 싫어했고, 베버는 자본주의를 옹호했다는 세간의 인식은 오해입니다. 마르크스든 베버든 자본주의의 긍정성과 부정성 모두를 비판적으로 살펴요. 특히 베버는 비록 마르크스만큼은 아니지만, 자본주의의 합리성이 본질적으로 어떠한 비합리성에 토대를 두고 움직이는지를 드러냄으로써 비판적으로 봤어요. 그렇다고 사회주의나 공산주의를 옹호한 것은 아니지만 말입니다.

단뭉이 그럼 베버는 최소한 자본주의의 한계 같은 것을 지적하면서 그 극복 방안에 대해서 어떤 의견을 내놨을 것 같은데요. 마르크스는 프롤레타리아트 혁명을 이야기하잖아요.

김 교수 결론적으로 말하자면, 베버는 자본주의 극복과 대안에 대한 문제에 관한 한 회의주의에 빠집니다. 자본주의의 현실적인 대안은 없다고 보는 것입니다. 이는 자본주의가 좋다고 말하는 것이 아니라, 말 그대로 자본의 자기 목적화 메커니즘으로 작동하는 자본주의의 합리성을 제어할 만큼 강력한 힘을 가진 것은 오늘날 찾을 수 없다고 본 것이죠.

과거에는 그 유일한 힘으로 상상할 수 있었던 것이 종교의 힘이었어요. 지금까지 말했지만 자본주의의 합리성을 만들어낸 것도 종교적 구원의 협박이 가하는 힘이었잖아요. 말하자면 종교의 영역을 모태로 자본주의 메커니즘이 등장할 수 있었던 것입니다. 그런데 시간이 갈수록 종교의 힘은 약화되죠. 니체가 말하듯 현대는 신이 죽는 사회이거든요. 이는 자본주의를 산출하고 통제할 수도 있었던 종교의 제어력이 감소함을 뜻해요. 그럼 어떻게 될까요? 비유를 해 보죠.

마치 종교라는 모태를 기반으로 자본주의가 탄생했어요. 하지만 자본주의가 성장하면서 처음에는 두 발로 서게 돼요. 그러더니 급기야 자본주의는 날개를 달고 자신을 낳은 모태로부터 독립하여 자율화됩니다. 그래서 이제 자본주의는 종교의 힘 없이도 스스로 작동하는 자기 작동 메커니즘이 되어버린 것이지요. 심지어 자본주의는 자신의 모태인 종교를 없애버리는 지경까지 나아갑니다. 역설이지요.

이렇게 볼 때 어떠한 종교적 또는 사회적 제약도 없이 스스로 자립화하여 자기 작동 메커니즘이 되어버린 자본주의를 제어하려면 어떻게 해야 할까요? 날개를 달고 자립하고 있는 자본주의의 발목을 잡고 다시 끌어내려야겠죠. 그렇다면 자본주의의 발목을 잡아 다시 끌어내려서 인간들의 통제하에 둘 수 있도록 할 수 있는 힘은 도대체 무엇일까요? 종교야말로 생각할 수 있는 거의 유일한 대안이었으나, 시간의 흐름에 따라 그 힘은 약화된다고 했죠. 그럼 도대체 어떤 힘으로 자본주의의 발목을 잡고 끌어내릴 수 있을까요? 이 질문 앞에서 베버는 답을 찾지 못합니다. 그러니 자본주의는 이제 제어 불가능하다는 비관적인 전망에 빠져버린 것이지요.

단웅 씨는 베버가 결국 절망하고만 이 자리에서 똑같은 질문을 던져봐야 할 것입니다. 도대체 자본주의를 제어할 힘의 원천은 무엇일까요? 떠오르는 것이 있나요?

단웅이 음. 잘 안 떠오르는데요. 국가의 힘? 미학의 힘? 잘 모르겠네요.

김 교수 저 역시 고민 중입니다. 베버가 좌절한 바로 이 지점에서 앞의 질문을 던지고 그 답이 될만한 것이 무엇일지 찾아낸다면 아마도 베버를 넘어서는 사유를 했다고 평가할 수도 있을 것입니다. 단웅 씨가 한 번 찾아보세요. 학문을 한다는 것은 이런 것입니다.

단웅이 네 알겠습니다. 그런데 베버가 결국 답을 찾지 못하고 좌절했다고 하니 너무 우울해요.

김 교수 베버는 비관적 전망 속에서 이렇게 말해요. 인간 삶의 정치적 영역인 국가가 점차 관료제라는 기계적 합리성의 원리로 조직되어가고, 인간 삶의 경제적 영역이 점차 자기 목적화된 자본주의적 합리성의 메커니즘으로 조직되어갈 때, 즉 인간 삶의 중요한 부분들이 이처럼 마치 기계 같은 합리성에 따라 조직될 때, 이제 남은 인간의 최후의 모습은 두 가지예요.

단웅이 그 두 가지가 무엇인가요?

김 교수 베버는 그 두 유형의 인간을 '영혼 없는 전문가'와 '가슴 없는 향락가'라고 말해요.

단웅이 무슨 의미죠? 이제 자본주의와 관료제로 조직되는 사회에서 인간은 두 유형의 삶밖에 안 남을 것이라는 말이죠?

김 교수 그렇죠. 영혼 없는 전문가에서 전문가란 관료제의 명령이든 자본주의 메커니즘의 명령이든 기계 같은 냉정한 합리성에 따라 기술적으로 어떻게 대처해야 할지를 잘 아는 기술자 같은 사람들을 말해요. 하지만 그 사람의 삶은 자신의 의지에 따른 것이라기보다는 자기 바깥에서 가해지는 기계적 합리성의 힘에 따른 삶입니다. 행위하기보다는 처세하는 사람입니다. 자신의 가치, 신념, 욕구가 무엇인지와는 무관하게 세상의 작동 원리를 잘 파악해서 그 원리에 따라 살아가는 존재 말이지요.

단움이 하지만 그것은 로봇의 삶 같은데요.

김 교수 그렇지요. 로봇이죠. 그런데 자신의 신념, 가치, 의지, 이런 것들과 무관한 삶을 살아야 하니 우울하겠지요. 자기 내면에서 솟구치는 의미 있는 삶의 열망들이 분명히 있을 텐데 그것을 억압하고 있으니 살아도 사는 게 아니게 느껴지게 됩니다.

단움이 저희 아버지가 그런 것 같아요. 매일 회사에서 어쩔 수 없이 스트레스 받고 야근하며 살아야만 하니 쉬는 날에는 아무 일도 안 하고 잠만 주무시거나 아니면 가끔씩 고주망태가 되어 돌아와 신세 한탄해요. 자기도 꿈이 있었는데 어쩌다 보니 일만 하는 기계가 되었다고요.

김 교수 맞습니다. 자본주의 사회에서 많은 사람들이 그렇게 살아가죠. 특히 억압된 욕구들을 직장인들이 술로 풀잖아요. 비유하자면 그런 모습이 바로 '가슴 없는 향락가'에 해당해요. 열정도 없이 스트레스를 풀거나 삶의 공허함을 채우기 위해 공허한 의미를 찾으려 하거나 그런 모습이죠. 삶의 의미의 공허를 술로 채우려니 채워질 리가 없죠. 술을 마시기 위해 마시는 그런 모습이랄 수 있어요.

비판들

단웅이 우울하지만 베버는 정말 대단한 사람 같아요.

김 교수 그렇지요. 하지만 문제도 많아요. 사실 종교와 자본주의의 발생의 관계에 대한 베버의 설명은 정말 산뜻하죠. 전혀 관계없어 보이는 그 둘을 연결하는 발상이 대단합니다. 이 발상의 독창성이 많은 사회과학자에게 강렬한 영감을 주었어요.

하지만 나중에 역사학자들이나 경제학자들, 사회학자들의 실증적인 조사들에 따르면 자본주의가 처음 출현한 지역은 개신교와는 무관했다는 지적이 많아요. 예를 들면 브로델이라는 역사학자는 일찍부터 해상무역과 금융업이 활발하게 이루어졌던 지중해 지역에서 자본주의가 최초로 발생했다고 보면서 베버의 주장을 논박합니다.

또한 베버의 동료이기도 했던 경제사회학자인 좀바르트라는 사람은 자본주의를 탄생시킨 것은 결코 금욕이 아니라고 해요. 상식적으로 돈을 쓰지 않고 축적만 하면 자본주의 상품 시장이 멈추는 것이 될 테니 금욕은 자본주의 등장의 원리가 될 수 없다는 것이지요. 오히려 소비와 낭비가 있어야 팔기 위한 생산이 이루어지면서 자본주의가 작동할 수 있었다는 것입니다. 그래서 좀바르트는 중세 말의 궁정의 상류층에서 이루어지던 온갖 사치와 낭비들이 바로 자본주의 출현의 중요한 요소라고 말해요.

또한 베버의 시각이 지나치게 서구 중심적이라는 것도 문제입니다. 베버의 연구 질문이 '어째서 물질적으로 훨씬 발달된 문명을 가졌던 중국이나 인도가 아니라 덜 발달된 문명을 가졌던 서구에서 자본주의가 먼저 발생했느냐'였잖아요. 이 질문 자체가 어쩌다가 서양은 패권을 가지게 되었고 비서구는 뒤처지게 되었느냐는 질문 방식이어서 서구 중심적이라는 비판을 피하기 힘들어요. 이 때문에 어떤 사람들은 '아니다. 우리 동아시아에서도 자본주의 발전의 맹아들이 충분히 있었다'고 주장하며 베버가 틀렸다고 논박하기도 합니다. 하지만 제 생각에는 그런 반박 역시 자본주의의 발전을 마땅히 있었어야 할 '정상적' 역사 과정으로 놓고 사고하는 것이기에 똑같이 그다지 좋은 방식의 베버 비판은 아니라고 생각해요.

저는 질문을 바꾸면 어떨까 해요. 이렇게 해보면 어떨까요? '어째서 동양은 서구가 17세기 즈음이 되어서야 형성시킬 수 있었던 중앙집권적 국가 체제를 무려 2,000여 년 전부터 형성시킬 수 있었는가?' 자본주의가 서양에서 먼저 등장한 것은 맞지만 근대성의 중요한 특징인 중앙집권적인 국가 시스템은 중국 진시황 때부터 만들어졌거든요. 질문을 이렇게 바꾸면 서양과 동양의 세계관에 대한 비교가 가능해져요. 서양은 기독교 문명 때문에 개인과 신이 직접 관계 맺는 구도가 만들어졌지요. 이 구도에서는 신이 나를 어떻게 바라보고 평가하느냐가 중요해집니다. 하지만 동아시아에서는 기독교의 초월적 유일신 관념이 없어요. 그 자리를 대신하는 것은 내 옆에 있는 타인입니다. 즉 동아시아에서는 나와 타인의 관계를 기본 구도로 하여 세상을 파악해요. 타인이 나를 어떻게 바라보고 평가하느냐가 중요한 것이지요. 그러니 동아시아에서는 '예'라는 타인과의 관계를 조정하는 실천 도덕이 중요해집니다. 나와 타인 사이의 관계를 조직하는 문제를 중요시하는 동양 문화권이기에 정치적 국가 체제가 훨씬 더 빨리 만들어진 것이겠지요.

단웅이 흥미로운 이야기 잘 들었습니다. 너무 재미있었습니다.

김 교수 저도 재미있는 시간이었어요. 베버의 『프로테스탄트 윤리와 자본주의 정신』이라는 책을 한 번 꼼꼼히 읽어보기를 권합니다. 여러모로 유익한 책입니다. 특히 단웅 씨의 인식 지평을 활짝 열어 줄 것이라고 믿습니다. 또 보도록 하지요.

참고 문헌

막스 베버, 김덕영 옮김, 『프로테스탄티즘의 윤리와 자본주의 정신』, 길, 2010.

막스 베버, 박문재 옮김, 『프로테스탄트 윤리와 자본주의 정신』, 현대지성, 2018.

막스 베버, 전성우 옮김, 『직업으로서의 정치』, 나남, 2019.

막스 베버, 전성우 옮김, 『직업으로서의 학문』, 나남, 2017.

막스 베버, 이상률 옮김, 『사회학의 기초개념』, 문예, 2017.

막스 베버, 박성환 옮김, 『경제와 사회1』, 문학과지성사, 2003.

막스 베버, 박성환 옮김, 『경제와 사회: 공동체들』, 나남, 2009.

막스 베버, 염동훈 옮김, 『문화과학과 사회과학의 방법론1』, 일신사, 2003.

막스 베버, 이상률 옮김, 『관료제』, 문예출판사, 2018.

막스 베버, 전성우 옮김, 『'탈주술화' 과정과 근대 학문, 종교, 정치』, 나남, 2002.

막스 베버, 전성우 옮김, 『막스 베버 종교사회학 선집』, 나남, 2008.

막스 베버, 전선우 옮김, 『막스 베버 사회과학방법론 선집』, 나남, 2011.

김덕영, 『막스 베버, 이 사람을 보라』, 인물과사상사, 2008.

김덕영, 『막스 베버: 통합과학적 인식의 페러다임을 찾아서』, 길, 2012.

전성우, 『막스 베버 사회학: 연구논문집』, 나남, 2013.

인생의 선택과 책임에 대한 사르트르의 교훈

—장 폴 사르트르, 『실존주의는 휴머니즘이다』

임승필

> 정말로 실존이 본질에 앞선다면, 인간은 자신이 지금 어떤 것인가에 대해서 책임이 있습니다. 이리하여 실존주의의 첫걸음은 모든 인간으로 하여금 자신이 지금 어떤 것인가에 대해서 주인이 되도록 하는 것, 그리하여 모든 인간으로 하여금 자신의 실존에 대해서 전적인 책임을 지도록 하는 것입니다.

저술 배경

단비 실존철학實存哲學은 에드문트 후설Edmund Husserl, 1859~1938이 창시한 현상학과 함께 현대 유럽철학을 대표하는 철학 사조입니다. 실존철학에 대한 일반인들의 관심이 높지만, 실존철학을 철학을 전공하지 않은 사람들에게 쉽게 소개하는 책들은 많지 않은 것 같습니다.

장 폴 사르트르

『실존주의는 휴머니즘이다』 표지

이러한 상황에서 프랑스의 대표적인 실존주의 철학자인 사르트르의 『실존주의는 휴머니즘이다』*L'existentialisme est un humanisme*가 실존주의 철학에 대한 안내서 역할을 할 수도 있을 텐데요, 사르트르가 이 책을 저술하게 된 특별한 계기가 있었습니까?

임 교수 장 폴 사르트르Jean-Paul Sartre, 1905~1980의 이 책은 원래 1945년 10월 29일 파리에서 맹트낭이라는 한 클럽의 요청으로 이루어진 강연을 토대로 한 것입니다. 사르트르의 강연은 이듬해인 1946년에 나젤Nagel 출판사에서 거의 수정 없이 책으로 출판되었습니다. 사르트르의 강연은 대성황을 이루었는데, 이는 제2차 세계대전 직후 프랑스 사회에서 실존주의가 유행하던 상황에서 '실존주의'를 주제로 한 강연에 대한 일반 대중의 관심을 반영하고 있습니다. 이 책의 제일 앞부분에서 사르트르 자신이 직접 설명하고 있듯이, 실존주의가 크게 유행하던 시대에 기독교 단체, 공산주의 진영 등에서 실존주의에 대해 제기하는 여러 비난, 비판과 마주하여 실존주의를 옹호하고자 하는 것이 이 책의 저술 목적입니다.

실존주의

단비　고등학교 윤리 시간이나 대학의 철학 관련 강의에서 '실존주의'라는 철학 사조를 접하게 되지만 '실존주의'라는 말이 마음에 쉽게 와닿지는 않는 것 같습니다. '실존'은 '존재'라는 말로 바꿀 수 있을 것 같은데요. 그렇다면 '실존주의'는 '실존'이나 '존재'를 강조하는 철학주의인가요? 그것을 강조하는 것이 철학사적으로 왜 중요한지 궁금해집니다. 사르트르는 '실존주의'라는 용어를 어떤 의미로 사용하고 있나요?

임 교수　어떤 용어가 많이 사용되다 보면 그 의미가 불명확해지기 쉬운데, 사르트르는 그 당시에 실존주의가 하나의 유행어가 되면서 실존주의라는 용어의 사용 범위가 확대되고 이에 따라 이 용어가 어떤 의미로 사용되는지 알 수 없게 되어버렸다고 생각합니다. 특히 실존주의가 무엇인지 설명하는 것을 어렵게 만드는 것은 두 종류의 실존주의자가 있다는 사실인데요. 사르트르는 실존주의를 야스퍼스Karl Jaspers, 1883~1969, 마르셀Gabriel Marcel, 1889~1973 등의 기독교적 실존주의와 하이데거Martin Heidegger, 1889~1976 사르트르 등의 무신론적 실존주의 두 가지로 분류합니다. 하지만 사르트르는 실존주의는 쉽게 정의될 수 있다고 생각하는데, 실존주의자들은 위 두 그룹 중 어느 그룹에 속하든지 '실존이 본질에 앞선다'는 주장을 받아들이는 사람들이기 때문입니다.

그렇다면 '실존이 본질에 앞선다'는 주장의 의미는 무엇일까요? 이 주장의 의미를 설명하기 위해서 사르트르는 먼저 '종이칼'이라는 사물의 예를 듭니다. 종이 자르는 칼의 경우 '본질이 실존에 앞선다'고 말해야 함을 우리는 쉽게 알 수 있습니다. 종이칼이 무엇인지 알지 못한 채 종이칼이라는 제품을 만들 수는 없기 때문이지요. 즉 종이칼의 생산 이전에 종이칼의 개념본질은 제작자의 머릿속에 이미 있어야 합니다. 하지만 사르트르는 인간의 경우는 종이칼과 다르다고 주장합니다. 사르트르는 이전의 철학자들이 인간을 종이칼과 같은 하나의 사물로 취급하는 오류를 범했음을 지적합니다. 가령, 데카르트Rene Descartes, 1596~1650, 라이프니츠Gottfried Wilhelm von Leibniz, 1646~1716 등의 17세기 철학자들에게 신은 종이칼을 만든 장인처럼 탁월한 장인에 비유될 수 있으며, 인간은 신의 정신 속에 있는 인간에 대한 개념에 따라 창조된 존재입니다. 반면, 칸트Immanuel Kant, 1724~1804, 볼테르Voltaire, 1694~1778, 디드로Denis Diderot, 1713~1784 등의 18세기 철학자들의 무신론에서는 신의 개념이 제거되지만, '본질이 실존에 앞선다'는 생각까지 사라지는 것은 아닙니다. 그들은 인간에게 타고난 본성, 즉 인간에 대한 개념이 있다는 생각까지 포기하려고 하지는 않았기 때문입니다. 사르트르는 무신론적 실존주의의 입장이 이 여러 철학자들의 입장보다 더 일관된 견해라고 주장하는데, 실존주의자들은 "만약 신이 없다고 한다면, 실존이 본질에 앞서게 되는 어떤 한 존재, 그 어떤 개념으로 정의될 수 있기 이전에 실존하는 어떤 한 존재가 반드시 있어야 한다"고 보기 때문입니다. 인간의 경우 '실존이 본질에 선행한다'는 말은 인간은 먼저 존재하고 나중에 살아가면서 자신을 정의한다는 것을 뜻합니다.

주체성

단비 실존주의의 의미에 대한 사르트르의 설명은 인간에게는 미리 주어진 아무런 본성도 없으며 인간은 단순히 세계에 던져져 있는 존재일 뿐임을 말하고 있는 것처럼 들립니다. 하지만 '스스로 무언가를 만들기 전까지는 인간은 아무것도 아니다', 이와 같은 방식으로 인간을 이해하는 것은 인간으로서의 자존심을 너무 무시하고 인간의 가치를 너무 폄훼하는 태도는 아닐까요? 예로부터 사람들은 인간은 우주 만물의 영장이라는 자부심을 지니고 있었으며, 자기 자신을 이 세상의 다른 어떤 것들과 비교할 수 없을 정도로 중요하고 존귀한 존재로 생각해 왔습니다.

임 교수 그런 의문이 드는 것도 충분히 이해할 수 있습니다. 하지만 사르트르는 실존주의가 인간의 존엄성과 가치를 폄훼하는 인간관을 제시하고 있다고는 전혀 생각하지 않았습니다. 사르트르가 이렇게 생각하는 것은 어떻게 가능할까요? 우리는 무엇을 쉽게 결정하지 못하는 사람이나 자신의 독자적 생각 없이 다른 사람의 의견을 수동적으로 따르는 성향의 사람에게 '주체성을 좀 갖고 살아라' '줏대 있는 인간이 되어라'라고 농담조로 말하는 경우가 있지 않습니까? 사르트르는 "인간은 인간 스스로가 만들어가는 것과 다른 무엇이 아니다"라는 사실을 받아들이는 것을 실존주의의 제1 원칙으로 간주하는데요, 철학자들이나 일반인들이 많이 쓰는 용어를 사용하여 사르트르가 인간 존재를 이해하는 방식을 설명해 본다면 사르트르는 결국 인간이 '주체성'을 가진 존재임을 주장하려고 하는 것입니다.

인간은 돌이나 탁자보다 존엄한 존재인가요? 그렇게 생각한다면 어떤 점에서 그럴까요? 사르트르는 인간이 주체성을 가진 존재라는 사실이 인간이 돌이나 탁자보다 훨씬 큰 존엄성을 지닌 존재임을 보여 준다고 생각합니다. 돌이나 탁자에게도 삶이란 것을 인정할 수 있을까요? 설령 우리가 그런 것을 인정할 수 있다고 하더라도 돌이나 탁자의 삶이란 미리 정해진 자신의 본질에 충실한 삶을 살아가는 것에 지나지 않을 테지요. 탁자가 물건을 올려놓는 자신의 역할을 다하지 못한다면 탁자는 언제든지 쓰레기 처리장에 버려질지도 모를 일입니다. 돌이나 탁자와는 대조적으로 인간은 주체성을 가진 존재이기에 먼저 실존하고 그다음에 미래를 향해서 스스로를 던져 자신의 삶을 만들어갈 수 있는 존재입니다. 사르트르의 인간 이해는 인간을 격하시키거나 비하하는 인간관이라기보다는 인간의 삶에 무한한 창조성을 부여하는 인간관이라고 할 수 있습니다.

인생의 선택과 책임

단비 ‘실존이 본질에 앞선다’는 일반인들에게는 어렵고 생소하게 들리는 실존주의의 기본 명제가 결국 주체성 있는 삶의 중요성을 강조하는 것이라면, 사르트르가 사람들에게 들려주고자 하는 것은 우리가 어려서부터 많이 들어왔던 단순한 진리, 즉 ‘내 인생의 주인은 나’라는 가르침이라고 보아도 되겠습니까? 1998년 개봉한 피터 위어Peter Weir 감독, 짐 캐리Jim Carrey 주연의 영화 「트루먼쇼」The Truman Show의 주인공 ‘트루먼’의 삶처럼 다른 사람이 미리 짜 놓은 극본 속에서 움직이는 인생은 결코 인간다운 삶은 아닐 겁니다.

임 교수 예, 난해한 철학의 용어들과 개념들을 사용하지 않고 『실존주의는 휴머니즘이다』의 메시지를 가능한 한 쉽게 풀어낸다면 그렇게 말할 수 있겠습니다. 사르트르는 이 책에서 실제로 모든 사람을 자기 인생의 주인으로 살게 하는 것이 실존주의의 첫걸음이라고 말하고 있습니다. 그렇다면 내 인생의 주인으로 살기 위해서 필요한 것은 무엇일까요? 이 물음에 대한 답을 얻기 위해서 우리는 무엇보다도 “인간은 자기 자신을 실현하는 한에서만 실존하며, 따라서 인간은 자신의 행위의 총합, 자신의 삶과 다른 것이 아니다”라는 사르트르의 말에 귀를 기울여 볼 필요가 있습니다. 사르트르가 이 말로 강조하려고 하는 것은 크게 두 가지입니다.

첫째로, 그는 인간의 경우 실존이 본질에 선행하므로 인간에게는 선택의 자유가 있음을 사람들에게 말하고자 합니다. 즉 우리는 타인의 의견이나 사회의 트렌드를 무작정 추종하는 것이 아니라 자신이 원하는 삶을 살아갈 권리가 있음을 깨달아야 합니다. 둘째로, 사르트르는 인간의 경우 실존이 본질에 선행한다면, 현재 나의 모습에 대한 책임은 오롯이 나 자신에게 있다는 사실을 강조하고 싶어 합니다. '내 인생의 주인공은 나'라고 말할 때 우리는 선택의 자유만을 머리에 떠올리기 쉽지만 사실 선택의 자유와 그에 대한 책임은 함께 갈 수밖에 없습니다.

인간의 삶에 정해진 길은 없으며 자신이 원하는 대로 자신의 인생을 만들어갈 수 있다는 실존주의의 가르침은 인생의 길을 묻는 많은 사람들에게 희망의 메시지가 될 수 있고 삶의 용기를 줄 수 있습니다. 하지만 실존주의의 가르침은 사람들에게 두려움을 일으키는 것도 사실입니다. 스포츠 감독이 경기 결과로 말하고 예술가가 자신이 창작한 작품을 통해 그의 천재성을 드러내듯이 인간의 삶도 이와 유사하게 이해될 수 있을 것입니다. 우리는 살아가면서 자신의 모습을 그려냅니다. 이렇게 그려지는 모습 말고 다른 나란 있을 수 없습니다. 우리가 영어를 처음 배울 때 문법 시간에 배웠던 것처럼 말입니다.

"A man is what he is."

불안

단비 '내 인생의 주인공은 나 자신'이라는 말은 언뜻 들으면 아주 반가운 이야기로 들립니다. 특히 언제나 부모님의 보호와 지도 속에 살아왔던 청소년들에게는 그렇게 들리리라 여겨집니다. 하지만 우리는 선택의 고통 또한 잘 알고 있습니다. 사르트르가 가르치고 있듯이 내 인생의 주인공으로 살기 위해서 나 자신이 선택의 주체가 돼야 하고 내가 한 선택의 결과에 대한 책임도 온전히 나 자신에게 있다면, 그러한 삶의 모델은 인간에게 너무 큰 부담과 불안감을 안겨주는 것은 아닐까 하는 의문이 듭니다.

임 교수 당연히 그렇겠지요. 사르트르도 이러한 사실을 잘 알고 있었습니다. 어떻게 보면 그는 어느 탁월한 심리학자에 뒤지지 않는 불안 문제의 전문가였던 것 같습니다. 불안에 대한 사르트르의 설명에서 우리가 주목해야 할 내용은 그가 '인간은 곧 불안'이라고 규정짓고 있다는 사실입니다. 인간을 이렇게 규정 지음으로써 사르트르는 무엇을 말하고 싶어 했을까요? 사르트르의 의도를 파악하기 위해서 우리는 '불안'이라는 감정이 대다수의 사람들에게 발견되는 흔한 현상인가, 아니면 몇몇 사람들에게만 발견되는 특수한 현상인가에 대해 생각해 볼 필요가 있습니다. 우리는 보통 불안을 부정적 심리 상태로 간주할 정도로 흔하지 않은 현상으로 여기는 경향이 있습니다. 하지만 사르트르는 불안이 흔하지 않다면 이는 단지 사람들이 자신의 불안을 감추거나 회피하고 있기 때문이며, 인간은 자기기만에 의하지 않고서는 불안한 생각에서 벗어날 수 없다고 주장합니다.

사르트르가 불안이라는 감정을 인간 존재로부터 떼어놓는 것은 불가능하다고 생각하는 이유는 크게 두 가지로 설명할 수 있습니다. 첫째, 인간이 어떤 행위를 앞두고 불안감을 느끼는 이유는 그가 홀로 어떤 선택을 해야 하기 때문입니다. 사르트르는 자신에게 큰 영향을 준 19세기 덴마크의 실존주의 철학자 키에르케고르Søren Kierkegaard,

키에르케고르

『공포와 전율』 표지

1813~1855가 이미 불안이라는 인간 심리를 잘 파악하고 있었다고 생각합니다. 키에르케고르의 대표 저서 중 하나인 『공포와 전율』은 구약성서의 믿음의 인물 아브라함에 관한 잘 알려진 이야기를 다루고 있는데, 어느 날 밤에 천사가 아브라함에게 나타나 자신의 사랑하는 아들을 하나님께 제물로 바치라는 신의 명령을 전달합니다. 사르트르는 천사가 아브라함에게 자신의 사랑하는 아들을 하나님에게 제물로 바치라고 명령했을 때 아브라함은 불안한 감정을 벗어날 수 없었으리라고 짐작합니다. 사르트르에 따르면 아브라함이 불안감을 벗어날 수 없었던 이유는 단순히 자신의 아들을 바쳐야 했기 때문이 아니라 아브라함에게 그런 명령을 한 자가 천사이며 그 명령이 자신을 향하고 있다는 어떠한 객관적 징표도 없었기 때문입니다. 모든 것이 아브라함 자신의 주체적 판단과 해석을 요하는 상황에서 아브라함은 불

안감을 떨쳐버릴 수 없었던 것입니다.

다른 한편으로, 인간이 불안이라는 감정에서 벗어날 수 없는 이유는 자신이 한 선택에 대한 책임을 의식하기 때문입니다. 만약 우리가 어떤 선택을 할 때 그 결과를 걱정할 필요가 없다면 내 선택이 옳은 선택인지 그렇지 않은지에 대해 그렇게 고심할 필요가 없을 것입니다. 사르트르는 군 지휘관의 예를 통해 불안이라는 인간 삶의 조건을 설명하고 있습니다. 적군과의 전쟁 중에 현재의 상황을 잘 파악하여 홀로 결정을 내려야 하는 지휘관은 어떤 결정을 내려야 하는 매 순간 불안감을 떨쳐버릴 수 없는데, 왜냐하면 자신의 판단과 선택에 수많은 병사의 목숨이 달려 있기 때문입니다. 만약 어떤 사람이 심한 불안감을 갖고 있다면 우리는 그것이 그 사람이 자신의 일을 수행하는 데 방해가 되리라고 생각하기 쉽습니다. 하지만 사르트르에 따르면 불안은 인간 행위의 방해물이 아니라 그 안에서 인간의 삶이 이루어질 수밖에 없는 인간 행위의 전제 조건과 같은 것입니다.

자유와 고독

단비 인간이 홀로 선택을 해야 한다면, 사르트르의 주장대로 불안은 인간이 살아가면서 하는 모든 행동들이 이루어지는 기본 조건이라는 데 동의할 수 있을 것입니다. 그런데 실존주의는 인간의 삶에서 고독과 외로움을 너무 강조하는 것은 아닐까요? 실존주의의 아버지라고 불리는 키에르케고르는 인간을 '신 앞에서 선 단독자'로 규정했는데, 실존주의 하면 왠지 홀로 외롭게 세상을 살아가는 고독한 인간이 연상됩니다. 사르트르는 인간의 삶을 너무 어둡게만 그리고 있는 것은 아닌가요?

임 교수 실존주의가 그런 인상을 준다는 사실을 부인하기 힘들 것입니다. 그런데 사르트르는 『실존주의는 휴머니즘이다』에서 실존주의가 인간의 삶을 이렇게 이해할 수밖에 없는 이유를 '실존은 본질에 선행한다'는 자신의 무신론적 입장으로부터 설명합니다. '고독'이나 '홀로 남겨짐'이라는 말이 부정적 느낌을 주는 것은 부인하기 힘듭니다. 하지만 사르트르에 따르면 이는 신이 존재하지 않는다는 입장을 끝까지 견지했을 때 우리가 마주해야 할 결과에 불과합니다. 실존주의자들이 왜 '고독'이나 '홀로 남겨짐'을 강조하게 되는지를 설명하기 위해서 사르트르는 먼저 실존주의와 대비되는 견해를 취하고 있는 '세속적 도덕주의'의 입장을 고찰합니다. 사르트르가 봤을 때 '세속적 도덕주의'는 최소의 비용으로 신의 존재를 제거하려는 시도에 불과합니다. 사르트르가 이들을 값싸게 신을 제거하려는 시도로 간주하는 이유는 무엇일까요? 그 이유는 세속적 도덕주의자들은 비록 우리가 신의 존재를 받아들이지 않는다고 하더라도 사회와 문명의 존속을 위해 인간 사회에 필요하다고 생각되는 어떤 선천적인 행위 규범들, 예를 들면 '정직해야 해!' '거짓말을 해서는 안 돼!'와 같은 규범들은 여전히 존재한다고 보기 때문입니다.

도스토옙스키는 『카라마조프가의 형제들』에서 주인공 이반의 입을 통해 "신이 없으면 모든 것이 허용된다"고 주장하는데 이 주장의 의미는 전통 사회에서 도덕의 기반이 종교나 신에 있는 것으로 여겨져 왔다면, 신의 존재를 부인하는 상황에서는 어떤 행위도 비도덕적 행위로 정죄하기 힘들 것이라는 점입니다. 『실존주의는 휴머니즘이다』에 나오는 실존주의에 대한 사르트르의 설명에서 흥미로운 점은 사르트르가 도스토예프스키의 이 주장을 실존주의의 출발점으로 간주하고 있다는 사실입니다. 그렇다면 사르트르는 어떻게 "신이 없으면 모든 것이 허용된다"는 『카라마조프가의 형제들』 속의 구절을 실존주의의 출발점으로 간주할 수 있었을까요? 그 이유는 신이 사라진 후에도 선천적인 보편적 가치와 규범은 여전히 남아 있다고 본 '세속적 도덕주의자들'과는 달리, 실존주의자들은 신이 존재하지 않는 상황에서 인간은 자신이 의존할 어떤 것도 발견하지 못하고 홀로 남겨지게 된다는 거북스러운 사실과 마주하고 있는 자들이기 때문입니다.

독일의 철학자이자 사회학자였던 게오르규 짐멜George Zimmel, 1858~1918은 대도시인들의 정신적 특성을 설명하면서 자유와 고독은 동전의 양면과 같다고 보았는데요. 그가 이렇게 생각한 이유는 우리가 흔히 '군중 속의 고독'이라는 말을 사용하듯이 부정적 느낌을 주는 '고독'이나 '외로움'의 감정은 사실 내가 누리는 자유의 반대급부로 간주될 수 있기 때문입니다. 다른 사람과 함께 있을 때 나는 외로움을 덜 느낄 수 있지만, 반면 나는 행동에 제약을 받아 자유롭지 못할 수 있습니다. 이 말은 사르트르의 실존주의에도 그대로 적용된다고 볼 수 있습니다.

사르트르에 따르면 인간이 홀로 남겨졌다는 것은 동시에 인간은 '자유롭도록 선고 받았다'는 것을 뜻합니다. 사르트르의 인간관에서는 인간은 신 없이 홀로 남겨진 존재이기 때문에 우리 행위를 정당화해 줄 미리 주어진 어떤 가치나 규범이란 존재하지 않습니다. 이러한 상황이 물론 막막하게 느껴질 수도 있습니다. 하지만 다른 관점에서 보면 이것은 우리 자신에게 무한한 자유가 주어져 있음을 뜻하는 것이기도 합니다. 내 행위는 나 자신의 자유로운 선택에 의해 이루어진 것이기 때문에 나는 내가 한 행위에 대한 어떤 구실이나 변명도 찾을 수 없으며 내 행위에 대한 전적인 책임을 져야 합니다. 그런데 사르트르는 왜 단순히 '인간은 자유롭다'로 말하지 않고 '인간은 자유롭도록 선고 받았다'고 말할까요? 그 이유는 인간은 분명 자유로운 존재이지만, 그 자유는 내가 선택한 것이 아니라 내 삶의 시초부터 내 삶의 기본 토대를 구성하는 것이기 때문입니다.

절망

단비 사르트르에게 큰 영향을 미친 19세기 덴마크의 철학자 키에르케고르는 『죽음에 이르는 병』에서 절망의 문제를 심도 있게 다루고 있는데요. 키에르케고르는 죽고 싶지만 죽을 수 없는 극단의 절망적 심리상태를 '죽음에 이르는 병'이라고 불렀습니다. 사르트르도 『실존주의는 휴머니즘이다』에서 '홀로 남겨짐' '불안' 외에도 '절망'이라는 용어를 실존주의적으로 해명하려고 시도하고 있는데요. 그렇다면 절망에 대한 사르트르의 이해는 키에르케고르가 절망을 이해하는 방식과 어떻게 다른가요? 유신론적 입장을 취하고 있는 키에르케고르는 자신의 힘으로 모든 것을 할 수 있다는 강한 의지를 갖고 있는 사람도 어떤 의미에서는 절망 상태에 빠져 있는 것이라고 말하며, 절망이라는 심리상태를 일종의 죄로 간주하고 있습니다. 키에르케고르에 따르면 절망은 결국 신앙을 통하지 않고는 극복될 수 없는 것인데요, 사르트르의 생각은 어떤가요?

임 교수 인생을 살아갈 때 우리에게 필요한 것은 큰 희망을 갖는 태도일까요, 아니면 절망적 태도일까요? 이 질문은 어리석게 들립니다. 왜냐하면 대다수의 사람들은 당연히 전자를 정답으로 택할 것이기 때문입니다. 그런데 조금 이상하게 들릴지 모르지만 사르트르는 "희망 없이 행동하라!"고 말할 정도로 절망을 부정적으로만 보지는 않습니다. 그 이유를 이해하기 위해서 우리는 사르트르가 절망이라는 용어를 어떻게 이해하고 있는지 알아봐야 합니다. 『실존주의는 휴머니즘이다』에서 사르트르는 절망이라는 표현의 의미는 지극히 단순함을 강조하고 있는데, 사르트르에 따르면 절망은 우리가 어떤 행위를 할 때 기대할 수 있는 것들의 범위가 제한되어 있음을 뜻합니다.

사르트르는 인간은 가능성의 영역 안에 살고 있다고 말하는데, 이는 우리가 살아가면서 어떤 행위를 할 때 그 행위는 아직 실현되지 않은 여러 가능성을 염두에 두고 이루어짐을 뜻합니다. 예를 들면, 만약 내가 친구와 만나기로 약속하고 그를 기다리고 있다면 나는 이때 친구가 타고 오는 기차가 정상적으로 운행되고 있고, 탈선하지 않을 것이며, 정해진 시간에 도착하리라는 것 등을 기대하고 있습니다. 그런데 우리가 생각해 보아야 할 점은 우리의 삶이 가능성의 영역 안에서 이루어지고 있는 것은 분명하지만, 그렇다고 내가 내 삶 속에서 어떤 목표와 계획을 세울 때 과연 어떤 가능성이든 전제해도 좋은가 하는 점입니다. 그렇지 않다는 것을 우리는 곧 알아차릴 수 있습니다. 인간은 세상의 모든 일을 좌지우지할 수 있는 전능한 존재가 아니기 때문입니다. 전능한 신이나 우주의 어떤 이법이 존재해서 모든 가능성을 내 의지에 자유자재로 맞추어 줄 수 있는 것이 아니라면, 우리가 세상을 살아가면서 너무 많은 기대를 갖는 것은 바람직한 자세가 아님을 사르트르는 말하고자 합니다. 이러한 의미로 사르트르는 '세계를 이기기보다는 자기 자신을 이겨라!'라고 말합니다.

사르트르는 젊은 시절 자신이 공산주의 운동에 참여했던 이야기를 통해 자신의 메시지를 더 쉽게 독자들에게 전달하고 있습니다. 사르트르가 공산주의 운동에 참여했을 때 그는 이 운동의 성공을 위한 자신의 노력이 다른 동지들의 도움을 이끌어 낼 수 있으리라고 기대했습니다. 하지만 사르트르는 그렇다고 해서 자신이 이 운동의 미래를 정확히 예측할 수 있었기 때문에, 다시 말해 자신의 사후에 공산주의 혁명이 반드시 성공하리라는 확신이 있었기 때문에 이 운동에 참여한 것은 아니었음을 분명히 합니다. 불확실한 미래는 우리의 행동을 막는 방해물일까요? 사르트르는 결코 그렇게 생각하지 않습니다. 사르트르는 '무언가를 꼭 희망해야 무슨 일을 하는 것은 아니다'라는 오래된 경구를 인용하면서 어떤 큰 환상을 갖지 않고 현시점에서 내가 할 수 있는 것에 최선을 다하는 태도의 중요성을 강조합니다. 사르트르의 절망 해석은 매우 독특하게 들리는 것이 사실입니다. 하지만 어떤 일을 할 때 우리가 할 수 있는 범위 내에서 최선을 다하며, 인간의 힘으로 할 수 없는 것에 대해서는 괄호 속에 남겨둔다는,

인생을 살아가는 지혜를 그는 새삼 깨우쳐 주고 있다고 말할 수 있습니다.

타인

단비 사르트르의 설명에 따르면, 실존주의는 인간의 실존이 본질에 선행한다고 보는 철학입니다. 그는 인간을 주체성으로 파악하고 있으며, 각 개인에게 미리 주어진 어떤 본질이 있는 것이 아니므로 모든 인간은 스스로의 선택을 통해 자신의 삶을 만들어갈 수밖에 없음을 주장합니다. 인간 존재가 사물과는 다르다는 사르트르의 주장에는 충분히 공감할 수 있습니다. 하지만 다른 한편으로 사르트르의 실존주의가 인간을 개별적 주체성 속에 가두어버리는 철학이 아닌가 하는 의심이 드는 것도 사실입니다. 각 개인의 삶에서 가장 중요한 존재는 자기 자신이라는 사실을 부인할 수는 없지만, 그렇다고 하더라도 우리의 삶에서 타인 또한 무시할 수 없는 존재가 아닐까요?

임 교수 사르트르 자신도 실존주의가 인간을 그의 개별적 주체성 속에 가두어버린다는 비난을 충분히 의식하고 있었습니다. 하지만 이러한 지적은 오해에 지나지 않는다고 이야기합니다. 실존주의가 인간을 개별적 주체성 속에 가두어버린다는 비판은 철학에서 흔히 의식에서 출발하는 철학에 대해 제기되는 비판, 즉 의식의 철학은 '이 세상에 나만 존재한다'는 '유아론'唯我論, solipsism에 빠지게 된다는 비판이라고 할 수 있습니다. 그렇다면 사르트르가 이러한 비판은 오해라고 생각하는 이유는 무엇일까요?

사르트르는 실존주의가 개인의 주체성에서 출발하는 철학이라는 사실을 부인하지 않습니다. 오히려 그는 개인의 주체성에서 출발하는 것의 불가피성을 강조하는데, 그 이유는 실존주의가 단순히 그럴싸한 이론에 그치는 것이 아니라 진리 위에 세워진 가르침이기를 원하기 때문입니다. 철학이 진리 위에 세워진 이론이 되기 위해서는 개연적 지식 이전에 어떠한 의심의 여지도 없는 절대적 진리를 발견해야 하는데, 사르트르는 개인의 주체성생각하는 나이 그와 같은 토대가 될 수 있다고 생각합니다. 사르트르 자신이 언급하고 있듯이 사실 사르트르 철학의 출발점은 근대철학의 아버지라고 불리는 데카르트 철학의 출발점과 일치하는 것입니다. 잘 알려진 것처럼 데카르트는 그의 대표적 저술인 『성찰』에서 과거의 모든 철학을 전복시키고 새롭게 철학을 시작하려고 시도하는데, 그는 철학적 사유의 출발점을 코기토Cogito, 생각하는 나의 확실성, 즉 "나는 생각한다, 그러므로 나는 존재한다"는 진리에서 발견합니다.

그런데 사르트르는 실존주의가 이런 출발점을 갖는다고 하더라고 실존주의가 인간을 개별적 주체성, 즉 각 개인의 주체성에 가두는 것은 아니라고 주장합니다. 그렇다면 이러한 주장은 어떻게 가능할까요? 이러한 주장이 가능한 이유는 철학의 확고한 토대를 발견하기 위해서 우리는 코기토에서 시작해야 하지만, 사람들이 코기토 속에서 발견하는 것에는 자기 자신뿐 아니라 타인들 또한 포함되어 있기 때문입니다. 절대적으로 확실한 진리를 찾아 나의 의식코기토으로 환원해 들어갔던 사르트르는 이제 타인의 존재는 우리 자신의 존재

만큼이나 확실하다고 말하는데, 사르트르의 이러한 주장은 모순적으로 들리기도 합니다. 하지만 여기서 사르트르가 말하고 있는 것은 사르트르에게 큰 영향을 미친 독일 철학자 에드문트 후설Edmund Husserl, 1859~1938의 현상학 이론으로 설명할 수 있습니다. 후설은 의식의 근본 특성을 지향성으로 파악했는데, 이는 모든 의식은 어떤 대상에 대한 의식임을 뜻합니다. 후설도 사르트르와 마찬가지로 철학의 확고한 토대를 발견하기 위해 세계의 존재를 괄호 속에 넣고 의식으로 환원합니다. 하지만 세계는 이에 의해 부정되는 것이 아니라 의식의 상관자로 되살아납니다. 사르트르는 데카르트의 '나는 생각한다'에서 시작하지만, 이때 자아는 자기 자신에 갇혀 있는 자아가 아니라 타인과 마주하고 있는 자아이며 내가 살고 있는 세계는 나만의 세계가 아니라 너와 나의 세계, 즉 '상호주관성의 세계'임을 사르트르는 강조하고 있습니다.

자기기만

단비　사르트르가 실존주의는 인간을 개별적 주체성 속에 가두어 버린다는 비난이 왜 타당하지 않다고 생각하는지 이제 충분히 이해할 수 있습니다. 하지만 우리는 여기서 『실존주의는 휴머니즘이다』의 초반부에서 사르트르가 강조했던 부분, 즉 실존주의는 결국 각 개인이 자신의 삶의 주인으로 살도록 만드는 것에 다름 아니라는 주장을 되새겨볼 필요가 있습니다. 우리가 이러한 가르침에 주의를 기울인다면, 사르트르식의 실존주의적 인간은 각자 자신의 인생을 열심히 살아가는 인간일 뿐이며, 이러한 유형의 인간은 타인의 인생에 대해 이렇다 저렇다 관여하는 것을 비도덕적인 간섭 행위라고 생각하지 않을까요?

임 교수 우리는 어떤 선택을 하고 나서 자신의 선택이 과연 옳은 선택인지를 고민하는 사람에게 종종 이러한 말로 자신의 결정에 대해 확신을 갖도록 격려하는 경우가 있습니다. "당신의 선택이 옳다!" 사르트르의 실존주의는 이러한 격려에 공감할 것입니다. 한 인간이 자신의 주어진 상황에서 진실되게 모든 것을 고려하여 최선의 선택을 내린다면, 그가 어떤 선택을 하든 간에 그가 선택한 것보다 더 나은 선택이란 있을 수 없을 것입니다. 쉽게 말해 누가 타인의 삶에 대해 이렇다 저렇다 말할 수 있을까요? 그런데 타인의 삶에 대해 우리가 관여할 수 있을까, 타인의 삶에 대해 우리가 과연 어떤 판단을 내릴 수 있을까에 대한 사르트르의 답은 조금 복잡합니다. 왜냐하면 한편으로 사르트르는 타인의 삶에 대해 판단할 수 없다는 주장에 동의하지만, 다른 한편으로는 이 주장은 잘못된 주장이라고 보고 있기 때문입니다. 그렇다면 사르트르는 어떻게 이런 주장을 할 수 있을까요? 여기에서 자기기만自己欺瞞, self-deception의 주제가 등장합니다.

'자기기만'이란 자기 자신을 속이는 것을 말합니다. 그렇다면 '타인을 판단하는 것'과 '자기 자신을 속이는 것'은 도대체 무슨 관계가 있을까요? 사르트르가 겉으로 보기에 무관해 보이는 이 두 주제를 연결시키는 이유는 우리가 타인을 판단하는 것이 가능하다면, 다시 말하여 우리가 타인의 선택에 대해 어떤 평가를 내릴 수 있다면, 그것은 우리가 다른 사람들의 행위에 어떤 자기기만적 요소가 있는지 그렇지 않은지를 검토해 보는 한에서 가능하다고 보기 때문입니다. 우리가 어떤 사람에 대하여 '그 사람은 자기기만적인 사람이야!'라고 말한다면, 이것은 그 사람에 대해 어떤 도덕적 판단을 내리고 있는 것처럼 들릴 수 있습니다. 그런데 자기기만에 대한 사르트르의 해석에서 흥미로운 점은 자기기만적 행위를 논리적 오류의 측면에서 이해하고 있다는 점입니다. 우리가 어떤 사람을 자기기만적인 사람 즉 자기 자신을 속이는 사람이라고 판단할 때, 이는 자신의 행위가 선택의 자유에 바탕을 둔 것임에도 불구하고 마치 그것이 타인의 강제나 외부 환경에 의해 결정된 것처럼 가장하는 사람의 태도를 문제 삼고 있는 것입니다. 사르트르에 따르면, 자기기만적인 사람은 'A는 참이다'와 'A는 참이 아니다'를 동시에 주장하는 것과 같은 논리적 오류를 범하고 있습니다.

어떤 사람을 '자기기만자'라고 부른다면 이는 한 사람에 대한 매우 부정적인 평가로 들리는 것이 사실이지만, 사실 인간은 누구나 자기기만적 상태에 빠지기 쉽다는 것도 인정해야 합니다. 그렇다면 사람들이 자기기만적 상태에 빠지기 쉬운 이유는 무엇일까요? 이는 결국 인간의 삶에서 핵심적 요소인 자유라는 가치에 큰 의미를 부여하지 않기 때문이 아닐까요? 처음에 우리가 타인에 대해 판단할 수 없다는 주장에 쉽게 동의할 수 있었던 것도 개개인의 선택의 자유를 존중해 주어야 한다고 생각했기 때문입니다. 사람마다 추구하는 가치가 다르기 때문에 개개인의 선택은 달라질 수 있지만 실존주의적 관점에서 볼 때 모든 사람의 선택에서 그 바탕은 자유가 되어야 합니다.

"인간은 그가 홀로 남겨진 상태에서 그 자신이 가치를 제기한다는 사실을 깨닫기만 하면, 그 순간부터 인간은 단 한 가지만을 원할 수밖에 없게 됩니다. 그가 유일하게 원할 수 있는 한 가지, 그것은 모든 가치의 바탕으로서의 자유입니다."

실존주의와 휴머니즘

단비 사르트르는 실존주의의 의미를 해명하는 이 책에 『실존주의는 휴머니즘이다』라는 서명을 붙였습니다. 어떤 책의 저자가 자신이 쓴 책의 제목을 심사숙고하여 결정했다면, 그 책의 제목은 저자의 주장을 이해하는 데 매우 중요합니다. 이 책에서 '휴머니즘'은 어떤 의미로 사용되었나요? 그리고 실존주의는 어떤 의미에서 휴머니즘이라고 불릴 수 있습니까?

임 교수 사르트르는 이 책의 제일 앞부분에서 자신이 이 강연에서 휴머니즘을 언급하는 것에 대해 사람들이 놀랄 수도 있을 것이라고 하면서, 이 책에서 자신이 휴머니즘을 어떤 의미로 사용하는지 보여 줄 것이라고 이야기합니다. 하지만 이에 대한 자세한 논의는 이 책의 마지막 부분에 이르러서야 비로소 이루어집니다. 사르트르는 이 강연에서 '실존주의는 휴머니즘이다'라고 자신이 말한다면 사람들은 의아해하고 납득하기 힘들어할 것이라고 예상합니다. 사람들이 이렇게 반응하는 것은 사르트르가 『구토』 등의 이전 작품에서 휴머니즘을 부정적으로 평가했었기 때문입니다. 이러한 비난에 대해 사르트르는 휴머니즘의 의미를 분명히 하려고 시도합니다. 사르트르는 휴머니즘이라는 말이 두 가지 다른 의미로 사용될 수 있음을 지적합니다.

휴머니즘의 첫 번째 의미는 인간을 우주에서의 다른 존재들과 비교했을 때 목적 자체로 간주하며 최고의 가치를 지닌 존재로 높이 평가하는 이론입니다. 우리는 언제 인간으로서의 우리 자신에 대해 자부심을 갖게 될까요? 가령, 비행기를 타고 해외여행을 할 때 저 아래로 내려다보이는 산, 들, 시가지를 보면서 '이 육중한 물체가 이렇게 많은 사람들과 물건들을 싣고 하늘을 날 수 있다니 이것을 발명한 인간은 역시 대단해!'라고 인간 존재를 찬미할 수 있을 것입니다. 그런데 사르트르는 이런 종류의 휴머니즘은 실존주의가 원하지 않는 휴머니즘이라고 말합니다. 사르트르가 이런 종류의 휴머니즘에 거부감을 갖는 이유는 인간을 '만들어져야 할 존재'로 보는 실존주의에서는 인간의 주어진 본성을 전제하여 인간에 대해 내리는 어떤 판단도, 설사 그것이 인간을 목적 자체나 높은 가치를 지닌 존재로 숭앙하는 것이라고 하더라도 받아들일 수 없기 때문입니다.

이 책에서 사르트르는 이와는 다른, '실존주의적 휴머니즘'이라고 불릴 수 있는 새로운 형태의 휴머니즘을 제시합니다. 사르트르가 생각하는 휴머니즘은 그 이름에서 연상할 수 있듯이 인간의 실존 방식에 주의를 기울이는 휴머니즘입니다. 사르트르는 인간을 '초월성'을 가진 존재로 파악합니다. 사르트르가 인간은 '초월성'을 가진 존재라고 말할 때 이는 인간이 신과 같은 초월적 대상을 추구하는 성향을 갖고 있음을 가리키는 것이 아닙니다. 그가 말하고자 하는 것은 인간은 자신 속에 갇혀 있는 존재가 아니라 부단히 자기 자신을 넘어서서 기투하며 외부의 목표를 추구하는 존재이며, 그러한 한에서 존재할 수 있다는 사실입니다. 『실존주의는 휴머니즘이다』 뒷부분에 제시된 휴머니즘에 대한 사르트르의 설명은 어렵게 들리는 것이 사실입니다. 하지만 어떻게 보면 그는 이 책의 앞부분에서부터 강조해왔던 사실, 즉 인간은 홀로 남겨진 상태에서 스스로 선택하고 결정해야 한다는 단순한 사실을 반복하고 있다고 말할 수 있습니다. '휴머니즘' humanism의 문자 그대로의 의미가 '인간 중심주의'라면 실존주의는 "인간 그 자신 이외에는 다른 입법자가 없다는 사실"을 강조하고 있다는 점에서 휴머니즘입니다.

사르트르는 휴머니즘에 대한 새로운 해석을 통해서 참으로 인간답게 사는 것 또는 '휴머니스트'로서 살아가는 것이 무엇인지를 사람들에게 깨우쳐 주고자 합니다. 사르트르에 따르면, 인간다운 삶은 막연하고 모호한 자기 자신 즉 어떤 주어진 본질로 돌아감으로써 성취되는 것이 아니라, 현재의 자신에 안주하지 않고 자기 자신을 넘어서서 외부의 새로운 목표를 추구하고 부단히 자기 자신을 변화시키고 만들어감으로써 이루어질 수 있습니다.

실존주의와 무신론

단비 사르트르는 이 책의 앞부분에서 실존주의에 대한 비난과 오해를 해명하기 위해서 실존주의의 참된 의미를 알아보기를 제안했었습니다. 그는 실존주의를 무신론적 실존주의와 유신론적 실존주의로 분류하고, 자신은 하이데거 등과 함께 무신론적 실존주의에 속함을 언급한 적이 있습니다. 그런데 실존주의의 분류에 대한 이러한 언급 이후 이 책의 논의는 적어도 표면적으로 보면 종교 문제에 초점을 맞추고 있다고 보기는 힘들 것 같습니다.

임 교수 사르트르의 논의가 그러한 인상을 주는 것은 사실입니다. 그런데 실존주의에 대한 사르트르의 논의에서 흥미로운 점은 사르트르가 '휴머니즘'의 문제를 다룬 후에 이 책의 제일 마지막 부분에서 종교 문제로 끝을 맺고 있다는 점입니다. 실존주의와 무신론의 관계에 대해 사르트르는 "실존주의는 일관된 무신론적 입장으로부터 모든 결과를 이끌어 내려는 노력과 다른 것이 아닙니다"라고 말합니다. 그렇다면 사르트르는 이것으로 무엇을 말하고 싶어 하는 것일까요? 실존주의를 옹호하는 이 강연의 제일 마지막 부분에서 그는 왜 종교기독교에 대한 언급이 필요하다고 생각했을까요?

그 힌트를 우리는 기독교인들이 실존주의자들에게 보내는 의심, 즉 실존주의자들은 인간을 절망의 상태에 빠지게 만드는 것은 아닌가 하는 의심에 대한 사르트르의 반응에서 얻을 수 있습니다. 사르트르는 이러한 비난은 타당하지 않다고 생각합니다. 그럼에도 불구하고 사르트르는 만약 기독교인들이 비신앙의 태도를 절망이라고 부르고자 한다면, 일관된 무신론적 입장으로서의 실존주의는 '근원적 절망'으로부터 시작하는 것이라고 말합니다. 그렇다면 실존주의가 '근원적 절망'으로부터 시작한다는 것은 무엇을 뜻할까요? 사르트르가 '실존주의는 무신론'이라고 강조할 때 그의 관심사는 신의 존재 유무를 이론적으로 증명하는 것에 있다기보다 '인간은 어떻게 살아야 하는가'라는 실천적 문제에 있습니다. 사르트르는 "이 세상 그 어떤 것도 인간을 인간 자신으로부터 구원하지 못한다는 것을 확신해야 한다"고 역설합니다. 실존주의가 인간을 절망의 상태에 빠지게 만든다는 기독교인들의 주장과 달리 사르트르는 이러한 삶의 태도는 '낙관론'이자 '행동의 독트린'이라고 생각합니다.

삶의 의미와 가치

단비 모든 사람들이 그런 것은 아니겠지만 사람들은 '삶의 의미는 무엇인가?' '삶의 가치는 무엇인가?'와 같은 심오한 질문들이 머리에 떠오를 때면 혹시 철학이 이 질문들에 대한 답을 줄 수 있지 않을까 막연한 기대를 갖게 됩니다. 그리고 일반인들 가운데 철학이라는 학문에 조금이라도 친숙한 사람들은 철학의 여러 분과나 사조 중에서 실존철학이나 실존주의가 이 문제에 대한 답을 내놓을 수 있지 않을까 기대할 수 있습니다. 어떻게 보면 사르트르의 『실존주의는 휴머니즘이다』는 실존주의에 관한 가장 쉽고 친절한 입문서라고 할 수 있고 더군다나 20세기의 대표적인 실존주의 철학자의 한 사람에 의해 쓰인 책입니다. 이 책에서 사르트르가 '삶의 의미'나 '삶의 가치'에 대해 어떤 답을 제시하고 있다면, 그것은 무엇입니까?

임 교수 사르트르가 실천적 관점에서 휴머니즘을 무신론으로 이해할 때 이는 사르트르가 삶의 의미와 가치에 대해 어떻게 생각하고 있는지를 잘 보여 줍니다. 만약 우리가 신이나 미리 주어진 우주적 질서를 인정할 수 있다면, 삶의 의미와 가치도 그 안에서 발견할 수 있을 것입니다. 하지만 사르트르는 신의 부재 상태에서 가치를 창조발명할 존재는 다름 아닌 인간 자신임을 강조합니다. 그렇다면 가치를 발명한다는 것의 의미는 무엇일까요? 이에 대해 사르트르는 다음과 같이 대답합니다. 사르트트의 답변은 삶의 의미와 가치를 묻는 사람이라면 한 번쯤 곱씹어 볼 가치가 있다고 생각합니다.

> "우리가 가치를 발명한다는 이 말은 삶은 그 어떤 선천적인 의미도 가지지 않는다는 것 외에는 아무것도 의미하지 않습니다. 여러분이 살기 이전에는 삶이란 아무것도 아닙니다! 하지만 삶에 의미를 부여하는 일은 여러분의 몫이며, 이때 가치는 여러분이 선택하는 바로 그 의미와 다른 것이 아닙니다."

참고 문헌

장 폴 사르트르, 박정태 옮김, 『실존주의는 휴머니즘이다』, 이학사, 2008.

장 폴 사르트르, 방곤 옮김, 『실존주의는 휴머니즘이다』, 문예출판사, 1999.

게오르규 짐멜, 김덕영 외 옮김, 『짐멜의 모더니티 읽기』, 새물결, 2006.

르네 데카르트, 이현복 올김, 『성찰』, 문예출판사, 1997.

쇠얀 키에르케고르, 임춘갑 옮김, 『공포와 전율』, 치우, 2011.

쇠얀 키에르케고르, 임규정 옮김, 『죽음에 이르는 병』, 한길사, 2007.

표도르 미하일로비치 도스토예프스키, 이대우 옮김, 『까라마조프 씨네 형제들』(상·중·하), 열린책들, 2009.

제3부

과학사로 보는 세계

심미적 측면을 고려한 과학사 이야기

—로버트 P. 크리스, 『세상에서 가장 아름다운 실험 열 가지』

이봉우

실험의 아름다움은 보여 주고자 하는 바를 어떤 방식으로 보여 주는가 하는 데 달려 있다. 뉴턴의 결정적 실험의 아름다움은 프리즘이 만들어내는 다채로운 색상과는 무관하며 그 실험이 어떻게 빛의 속성을 드러내는가 하는 방식에 있다. 지구의 질량을 측정한 캐번디시 실험의 아름다움은 캐번디시가 만들어낸 기구의 괴상한 겉모습이 아니라 장인 수준의 정교함에서 비롯한다. 토머스 영의 실험이 아름다운 것은 범상한 흑백 줄무늬 때문이 아니라 그 무늬가 빛의 핵심에 대해 뭔가 알려주기 때문이다.

과학의 결정적 순간들

단웅이 『세상에서 가장 아름다운 실험 열 가지』*The ten most beauiful experiments in science*를 집필한 저자인 로버트 P. 크리스에 대해서 간단히 말씀해 주세요.

이 교수 로버트 크리스Robert P. Crease, 1953~는 미국 뉴욕 주립대학 스토니 브룩 캠퍼스Stony Brook University의 철학과 교수입니다. 철학의 영역 중에서 과학 철학에 대한 연구도 진행하는데, 과학철학은 과학사와 함께 연구되기 때문에 과학사와 관련된 많은 연구를 진행하고 있습니다. 또는 그는 브룩헤이븐 국립연구소에서 역사과학사를 연구하고 있는데, 이 연구소는 노벨상 수상에 근접한 많은 연구를 수행하고 있는 큰 연구소입니다. 뉴욕과 인접해 있어 많은 과학 및 사회적인 문제를 다루게 되면서 과학 정책과 관련된 일에도 관심이 있습니다.

단움이 『세상에서 가장 아름다운 실험 열 가지』가 집필되게 된 배경에 대해서 말씀해 주세요.

이 교수 이 책의 저자로버트 크리스는 평소에 과학, 철학 등 다양한 영역에 관심을 가져왔고 그 과정에서 과학과 아름다움의 관계에 대해 많은 생각을 해왔습니다. 뉴욕타임즈, 월스트리트저널과 같은 대중매체에도 글을 기고하며, 이 책이 만들어지게 된 계기인 과학잡지 『물리학 세계』*Physics World*에 '결정적 순간Critical Point'라는 칼럼을 지금도 매달 기고하고 있습니다. 그는 『물리학 세계』의 독자들과학자에게 과학실험 중에서 가장 아름다운 것이 무엇인지 질문을 하였습니다. 그리고 그 결과를 2002년 5월에 『물리학 세계』에 '가장 아름다운 실험The beautiful experiment…'이라는 제목으로 기고했고, 그 내용을 모아서

로버트 P. 크리스

책으로 집필하게 되었습니다. 지금도 다음의 주소에서 기고한 내용을 볼 수 있습니다.

https://physicsworld.com/a/the-most-beautiful-experiment/

단웅이 열 가지 실험의 주제가 대부분 물리와 관련되어 있는데, 그렇다면 이 책은 '세상에서 가장 아름다운 물리 실험 열 가지'로 되었어야 하지 않을까요? 이에 대한 비판에 대해 어떻게 답변할 수 있을까요?

이 교수 제시된 10가지 실험들 중에는 물리 실험이 가장 많습니다. 물론 물리학 잡지에 제시된 실험이기도 했고, 처음 설문을 할 때에도 가장 아름다운 물리학실험을 추천해 달라고 했기 때문이기도 합니다. 그렇지만 제시된 실험 중에는 물리 실험을 포함하여 다른 분야화학, 생리학 등의 실험도 많이 제시되었다고 합니다. 최근에야 분야를 구분하여 설명하지만 사실 화학이 세상에 분화되어 나타난 것도 불과 이백여 년 정도밖에 되지 않으며, 생물학은 더 최근에야 나타난 학문입니다. 가장 유명한 생물학자가 누구인지 생각해보면 다윈이나 멘델이 거론되는 것만 보아도 유추할 수 있습니다.

이것은 물리를 좋아하는 사람들의 특징일 수도 있습니다. 물리학자들은 과학의 역사는 물리학의 역사라고 생각하기 때문입니다. 그렇지만 과학의 역사를 뒤돌아보았을 때 19세기 이전은 대부분 물리학의 발달과정에 따라 과학이 발전했다고 보는 것이 틀린 말은 아닐 것입니다.

물론 처음부터 물리학 실험이 아니라 과학 실험이나 생물학 실험으로 질문을 했다면 다른 결과가 나왔을 것입니다. 지금 바로 구글Google에서 '세상에서 가장 아름다운 생물 실험most beautiful experiment in biology'으로 검색을 하면 많은 사이트에서 'Meselson-Stahl 실험'이 선정된 것을 볼 수 있습니다.

이 책에서 제시하는 실험들이 최고의 10개인지 아닌지는 중요하지 않습니다. 이 실험들이 과학사에서 가치가 높다는 것은 모두 동의할 것이기 때문입니다. 이 책에서는 과학에서 위대한 실험들을 바탕으로 과학과 아름다움을 논의하고 있으므로 이 관점에서 바라볼 필요가 있습니다.

단웅이 과학에서 '아름다움'을 말하는 것이 어색하지 않나요?

이 교수 자연과학을 연구하는 사람들은 '과학의 아름다움'에 대해서 크게 어색해하지 않을 거예요. 오히려 과학과 관련이 적은 영역에 있는 사람들이 더 이상하다고 생각하는 것 같습니다. 아름다움이라는 것은 사람에 따라 다르게 느끼기 때문에 주관적이고 감정적인 데 반하여 과학은 객관성을 가장 중요한 특징이라고 생각하기 때문일 것입니다. 하지만 아름다움이 무엇인지에 대해 조금만 넓게 생각한다면 과학과 아름다움을 연결 짓는 것은 그리 어색하지 않을 거예요. '우와 멋지다'라는 감탄이 나오는 것을 아름다움으로 생각해도 좋지 않을까 하는 생각도 해봅니다.

예를 들어 뉴턴의 결정적 실험의 경우, 프리즘을 통해서 무지갯빛으로 보이는 스펙트럼은 그 자체가 예쁘기 때문에 아름답다고 생각할 수 있을 거예요. 그렇지만 이 책의 저자는 결정적 실험이 갖는 아름다움은 뉴턴의 이론을 요약해서 보여 줄 수 있다는 간결미에서 그 아름다움을 찾았는데, 이처럼 아름다움을 바라보는 관점을 조금만 넓히면 과학에서 아름다움을 느낄 수 있을 거예요.

지구의 둘레

단비　이 책에는 다양한 실험이 등장해서 궁금한 점이 많습니다. 먼저, 에라토스테네스의 지구 둘레 재기 실험은 실제값과 큰 차이가 있습니다. 그런데 이 실험이 교과서에도 담겨 있는 이유는 무엇일까요? 이 실험의 가치에 대해 말씀해 주세요.

이 교수　에라토스테네스의 지구 둘레 측정 실험은 중학교 2학년 과학 교과서에 나와 있습니다. 과학사 이야기도 담겨 있고, 지구 측정의 원리도 제시되어 있으며, 다음과 같이 지구본 모형을 이용한 측정 실험도 제시되어 있습니다.

에라토스테네스가 측정한 지구 둘레의 길이는 약 46,250km로 실제 지구 둘레인 약 40,000km와는 차이가 컸습니다. 그럼에도 불구하고 역사상 가장 아름다운 실험에 뽑히고 교과서에도 제시된 것은 이 실험이 갖는 특별한 가치가 있기 때문입니다.

"이 실험의 아름다움은 짧은 그림자의 길이를 재는 행위만으로 우주의 규모에 관련된 수치들을 발견해낼 수 있다는 바로 그 단순성에 있다"고 책에 제시된 것처럼, 이 실험에서 하는 일이란 막대기를 세

지구 모형의 크기 구하기

목　표 : 에라토스테네스의 방법을 이용하여 지구 모형의 크기를 구할 수 있다.
준비물 : 지구 모형, 빨판이 달린 막대 2개, 실, 각도기, 줄자

[과정]
① 지구 모형을 햇빛이 잘 드는 곳에 놓고 같은 경도에 있는 두 지점에 각각 막대 A와 B를 붙인다.
② 막대 A는 그림자가 생기지 않도록 지구 모형의 기울기를 조정한다.

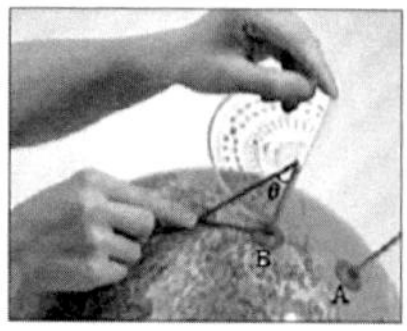

③ [측정하기] 막대 B의 끝과 그림자의 끝을 실로 연결한 다음, 각도기를 이용하여 막대 B와 실이 이루는 각 θ를 측정한다.

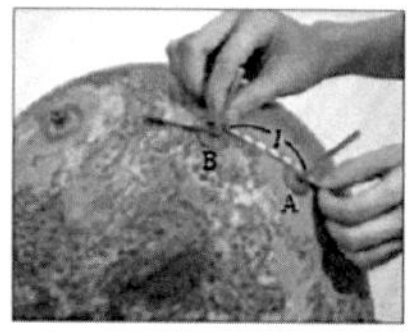

④ [측정하기] 줄자를 이용하여 막대 A와 B 사이의 거리 l를 측정한다.

중학교 과학 교과서에 제시된 에라토스테네스의 실험

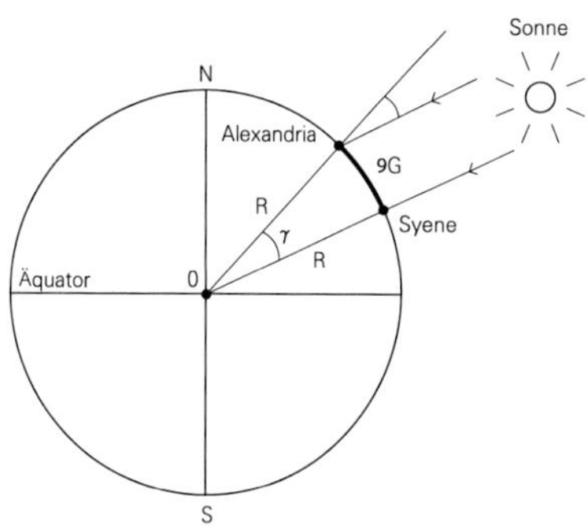

에라토스테네스의 실험

우고 그림자의 길이를 측정하는 것뿐입니다. 이와 같은 단순한 행위만으로 지구의 크기를 측정할 수 있다는 사실은 매우 놀랄 만한 것입니다. 흔히 교과서에 실린 실험들은 과학 원리를 확인하기 위한 실험이기 때문에 실제와 다른 경우가 많습니다. 반면 이 실험은 실제로 지구또는 지구 모형의 크기를 측정할 수 있기 때문에 학생들은 마치 "자신이 세계 최초인 양 그 실험을 수행할 수 있다는 점"에서 가치가 높습니다.

중력과 운동

단웅이 갈릴레이가 모든 물체는 질량과 관계없이 동시에 떨어진다고 하는 것을 사고 실험을 통해 알아냈다고 하는데 좀 더 쉽게 설명해 주세요.

이 교수 사고 실험이란 실제로 실험을 수행하는 대신 속으로 단순화된 실험 장치와 조건을 생각하고 이론에 따라 추론하여 수행하는 실험을 말합니다.

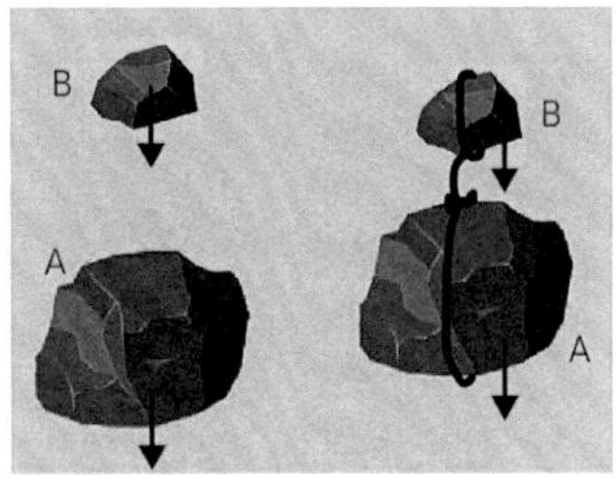

중력과 운동

갈릴레이의 사고 실험은 무거운 물체가 가벼운 물체보다 빨리 떨어진다고 가정하는 데서 출발합니다. 무거운 물체A와 가벼운 물체B를 서로 연결해서 떨어뜨리면, 무거운 물체는 빨리 떨어지려고 하고 가벼운 물체는 늦게 떨어지려 하겠죠? 그 결과, 두 개를 연결하면 무거운 물체 하나보다는 천천히 떨어지려고 하고, 가벼운 물체 하나를 떨어뜨릴 때보다는 빨리 떨어지게 될 것입니다.

그런데 두 물체가 연결되어 있으면 전체 무게는 무거워졌으므로 더 빨리 떨어져야 하겠죠. 바로 모순된 결과가 나온 것입니다. 이런 모순이 나온 이유는 처음에 제시했던 '무거운 물체가 가벼운 물체보다 빨리 떨어진다'는 가정이 잘못되었기 때문입니다. 따라서 무거운 물체와 가벼운 물체는 동시에 떨어진다는 결론에 이를 수 있습니다.

단웅이 물체의 운동에 대해서 갈릴레이나 뉴턴 이전에는 어떻게 생각하고 있었나요?

이 교수 공을 위로 던졌을 때 올라가고 있는 동안 물체에 작용하는 힘의 방향을 묻는 질문에 많은 학생들은 위쪽 방향으로 힘이 작용한다고 답하곤 합니다.(실제로 물체에 작용하는 힘은 중력뿐으로 아래쪽 방향입니다.)

이렇게 응답한 학생은 아리스토텔레스식 사고를 하고 있다고 말하곤 합니다. 아리스토텔레스는 운동을 자연적인 운동과 강제적인 운동으로 나누어 자연 운동은 운동을 일으키게 하는 원인이 내부에 있고, 강제 운동은 그 원인이 외부에서 작용한다고 믿었습니다. 물체를 떨어뜨렸을 때 아래로 떨어지는 것은 제자리를 찾아가려는 자연적인 운동이라고 했습니다. 강제 운동의 예로 화살을 쏘았을 때 계속 날아가는 것은 날개 뒤에 있던 자리가 진공이 되고, 이곳으로 공기가 들어오면서 화살을 계속 밀어 날아간다고 했습니다. 아리스토텔레스B.C.384~B.C.322는 고대 그리스의 철학자로 갈릴레이와 뉴턴 시대가 되기까지 거의 2000년 가까이 과학 전반에 걸쳐 영향을 미쳤습니다.

단웅이 왜 오랜 시간 동안 아리스토텔레스의 이론이 정설로 받아들여졌나요?

이 교수 "힘이 작용하지 않으면 모든 물체는 등속 운동한다." "모든 물체는 질량과 관계없이 동시에 떨어진다"는 이론이 맞다는 것을 우리는 모두 이론적으로는 알고 있지만, 실제로 이와 관련된 질문을 하면 다르게 응답하곤 합니다. 그 이유는 우리가 보는 세상에서는 오히려 아리스토텔레스식 사고가 더 맞는 것처럼 보이기 때문입니다.

바닥에서 물체를 세게 밀면 물체에 아무런 힘이 작용하지 않아도 실제로는 마찰력이 작용하지만 서서히 멈춥니다. 돌과 깃털을 떨어뜨리면 당연히 돌이 더 빨리 떨어집니다.

아리스토텔레스의 자연철학은 목적론적 세계관으로 연결됩니다. 살아 있는 생명체가 어떤 목적을 갖고 움직이는 것처럼, 이 세상의 모든 물체도 살아 움직이는 것처럼 그 스스로의 성질이나 경향이 목적을 갖고 있다는 것입니다. 따라서 물질을 구성하는 것은 4가지 원소인 흙, 물, 불, 공기로 되어 있어 불이 가장 위에, 그다음에 공기, 다음에 물, 그리고 흙은 가장 아래에 위치한다고 하여, 무거운 물체를 떨어뜨리면 아래로 떨어지는 것이 바로 제자리를 찾아가려는 자연적인 운동이고 무거울수록 제자리를 찾아가려는 경향이 크다는 것입니다.

사실 과학혁명 이전까지는 과학이라고 부르기 어려웠습니다. 가설을 세우고 그 가설을 검증하기 위해서 통제되고 조절된 실험을 구성하여 수행한다는 것이 당연한 것이 아니었으니까요. 오늘날 우리는 교과서에서 볼 수 있는 것처럼 엄밀하게 실험을 한다면 아리스토텔레스의 이론이 잘못되었다는 것을 알 수 있죠.

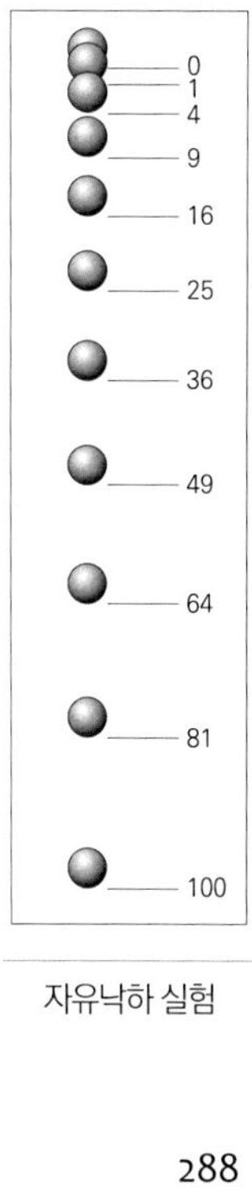

자유낙하 실험

단웅이 질량과 관계없이 물체가 동시에 떨어진다는 것을 보여 주는 실제 실험을 볼 수 있는 방법이 있나요?

이 교수 물체를 떨어뜨리면 공기의 저항이 물체마다 다르게 작용합니다. 저항력의 크기는 $F_D = \frac{1}{2}\rho v^2 C_D A$ (ρ: 유체 공기의 밀도, v: 물체의 속력, C_D: 끌림계수 ~0.5, A: 물체의 단면적)입니다. 속력이 점점 커져서 중력의 크기와 같아지게 되면 물체는 등속으로 떨어지는 종단속도에 도달하게 되는 것입니다. 이처럼 공기가 있는 경우에는 저항이 있으므로 동시에 떨어지지 않습니다. 그렇다면 동시에 떨어지는 것을 보기 위해서는 공기가 없으면 된다는 단순한 결론에 도달하게 됩니다.

우선 생각해볼 수 있는 방법은 공기가 없는 곳으로 가는 방법입니다. 우리 주위에는 달이 있습니다. 달에서는 중력이 작기 때문에 대기가 거의 없어 저항을 받지 않습니다. 일반 사람들은 갈 수 없지만 아폴로 15호가 달에 착륙했을 때 데이비드 스콧 David Scott 이 이 실험을 수행했습니다. 알루미늄으로 만들어진 1.32kg의 해머와 30g 정도의 매의 깃털을 떨어뜨리는 실험으로 NASA나 유튜브 https://www.youtube.com/watch?v=5C5_dOEyAfk 에서 영상을 볼 수 있습니다. 지구상에서는 인위적으로 진공 장치를 만들어 실험을 하곤 합니다. 많은 과학관에서는 진공 펌프를 이용한 실험 장치를 볼 수 있는데, BBC에서는 큰 진공

달에서의 자유낙하 실험 출처:NASA

BBC에서 촬영한 진공에서의 자유 낙하 실험 출처:BBC

장치를 만들어 정밀하게 실험을 수행했습니다. 역시 유튜브 https://www.youtube.com/watch?v=QyeF-_QPSbk에서도 실험 장면을 확인할 수 있습니다.

빛과 프리즘

단비　뉴턴은 중력을 알아내고, 물체의 운동법칙을 알아냈다는 것은 중고등학교에서 배워서 알고 있습니다. 이 책에서는 뉴턴의 광학과 관련된 내용을 이야기하고 있는데, 뉴턴은 광학에서도 큰 기여를 하였나요?

이 교수　뉴턴은 세상에서 가장 위대한 과학자로 알려져 있습니다. 힘의 단위로 N뉴턴을 사용하는 것처럼 힘과 운동과 관련된 많은 연구를 수행했습니다. 중고등학교 때 F=ma라는 공식을 배웠을 텐데, 과학혁명을 만들어 낸 과학자라고도 할 수 있습니다.

캠브리지의 휘플 뮤지엄에 전시된 프린키피아와 프리즘

뉴턴의 업적 중에는 광학과 관련된 업적도 많이 있습니다. 이 책에서 소개한 프리즘실험은 "빛이 무엇인지를 밝히는 실험"입니다. 캠브리지에 있는 휘플 박물관에는 여러 과학 유산들이 전시되어 있는데, 뉴턴이 집필한 프린키피아 옆에 뉴턴의 프리즘이 전시되어 있습니다. 뉴턴이 과학계에 처음 등장한 것은 반사망원경을 만든 것에서 비롯됩니다. 렌즈의 굴절을 이용한 굴절망원경은 프리즘에서 색이 분산되는 것과 마찬가지로 색에 따라 퍼져 나타나는 색수차로 인해 선명한 상을 얻기 어렵습니다. 뉴턴은 볼록렌즈 대신에 오목거울을 이용한 반사망원경으로 이 문제를 해결하였습니다. 오늘날 반사망원경을 뉴턴식 망원경으로 부르는 것도 이 때문입니다. 뉴턴은 오랜 시간 동안 연구한 결과를 모아 『광학』*Opticks*이라는 책을 집필하였습니다. 이 책은 광학에서 가장 유명한 책이기도 합니다.

단비 뉴턴의 결정적 실험이 갖는 의미는 무엇인가요?

이 교수 뉴턴은 창을 통과해 온 빛이 첫 번째 프리즘을 통과한 후 작은 구멍을 지나게 하고, 이후 다른 판자의 작은 구멍을 통해서 두 번째 프리즘을 통과하게 했습니다. 이후 스크린에 생긴 상을 관찰하였습니다. 첫 번째 프리즘을 조정함으로써 이전 실험에서 밝힌 길쭉한 상을 위아래로 움직이게 하여 원하는 색의 빛만이 구멍을 통과하게 하였습니다. 이 실험을 통해 그는 첫 번째 구멍에서 빨간색만 통과하게 하면 두 번째 프리즘을 통과한 빛도 빨간색만 나오는 것을 관찰할 수 있었습니다. 또한 굴절되는 정도는 색에 따라 다르며 입사각과는 상관없다는 것을 관찰할 수 있었습니다. 이 실험을 통해 빛이 굴절되는 정도는 빛 자체의 속성이며 프리즘이 빛을 변형시키는 것이 아니라는 사실을 알 수 있었습니다. 물론 최종적으로 햇빛백색광은 서로 다른 굴절률을 가진 빛들의 혼합이라는 결론을 내릴 수 있었습니다.

뉴턴의 프리즘 실험은 비교적 긴 시간에 걸쳐 이루어졌습니다. 그는 비슷한 결과를 만들어내는 여러 실험을 수행했고 이를 통해 최종적으로 빛과 색에 대한 결론을 얻을 수 있었습니다. 그런데 다른 과학자들에게 자신이 수행한 모든 탐구의 과정을 소개하기는 어려울 것입니다. 그래서 그는 단 하나의 실험을 수행하면 자신의 연구 전체를 이해할 수 있도록 만들고 싶었습니다. 바로 이 실험이 '결정적 실험'인 것입니다.

'결정적 실험'은 학교에서 학생들이 사용하는 교과서의 탐구와 연관 지을 수 있습니다. 교과서에 제시된 탐구들은 과학 개념을 이해하는 과정으로 제시되어 있는데, 짧은 시간에 수행하여 이론을 유도할 수 있는 그러한 간단한 실험을 수록하게 됩니다. 바로 뉴턴이 생각한 '결정적 실험'의 의도와 같다고 할 수 있습니다.

단비 캐번디시라고 하면 영국에 있는 '캐번디시 연구소'가 생각납니다. 캐번디시 연구소는 무엇이고, 이 연구소와 과학자 캐번디시의 관계는 무엇인가요?

이 교수 캐번디시 하면 가장 잘 알려진 것이 아주 정밀한 실험을 수행한 사람이라는 것과 귀족에 부자라는 사실입니다. 과학자 중에는 부유한 사람이 그리 많지 않은데, 캐번디시가 여유가 있었던 사람 중 한 명입니다. 경제적 여유가 있었기 때문에 스스로 하고 싶은 연구를 할 수 있었던 셈입니다. 유명한 과학자 중에 부유한 사람으로는 진화론을 만들어낸 다윈이 있습니다.

캐번디시 연구소는 영국 캠브리지에 있는 연구소입니다. 1873년에 만들어진 이 연구소는 과학자 캐번디시의 후손인 이 대학 총장의 기부로 만들어져 이름 붙이게 되었습니다. 이 대학의 초대 소장은 J. C. 맥스웰James Clerk Maxwell이었고, 이후 레일리, 톰슨, 러더퍼드 등이 소장을 맡았습니다. 이 연구소는 세계에서도 가장 성공적인 물리학 연구소로 손꼽히는데 물리 이외에도 다양한 연구를 수행하고 있습니다, 이 대학에서 배출한 노벨상 수상자가 무려 30명이나 되는데, 현대물리학에 나오는 수많은 물리학자는 물론 DNA의 구조를 밝힌 왓슨과 크릭도 포함되어 있고, 최근에는 2019년에 쿠엘로D. Queloz가 노벨 물리학상을 수상했습니다.

단비　영의 이중슬릿 실험이 과학적으로 가치 있는 이유는 무엇인가요? 빛의 입자설과 파동설은 무엇인가요?

이 교수　앞에서 뉴턴이 빛의 본성에 대해 많은 연구를 하였다고 했습니다. 뉴턴은 빛을 입자로 생각했습니다. 빛을 입자로 생각하면 많은 현상을 쉽게 설명할 수 있기 때문입니다. 반사는 공이 벽에 부딪힐 때 되튀어 나오는 것으로 설명할 수 있는 것처럼 말이죠. 그런데 뉴턴이 살던 시기에 빛이 파동이라고 생각하는 과학자들도 있었습니다. 로버트 훅이나 하위헌스가 대표적인 과학자입니다. 그 당시에는 입자 이론과 파동이론이 서로 양립하던 시기라고 할 수 있습니다. 18세기에는 뉴턴의 영향력이 워낙 컸었기 때문에 파동설보다는 입자설이 더 강하게 인정받았던 시기입니다. 다만 빛이 입자라고 하면 설명하기 어려운 현상들이 있습니다. 간섭이나 회절이라고 불리는 현상이죠. 이러한 현상들이 조금씩 드러나면서 파동설이 주도권을 가져오게 됩니다. 바로 영의 이중슬릿 실험이 그 출발점이라고 할 수 있습니다.

이 당시에 파동은 매질을 통해 전달되는 에너지로 이해하고 있었습니다. 따라서 빛이 파동이라면 매질이 있어야 해서 태양과 지구 사이에 질량도 없고 색과 냄새도 없는 가상의 물질인 에테르를 도입하게 됩니다. 후에 여러 실험 결과들[예: 마이켈슨-몰리 실험]에 의해 에테르가 존재하지 않음을 밝혔고, 진공 속에서 전자기파의 형태로 빛이 전파된다는 것이 밝혀졌습니다.

이후 빛이 무엇인지에 대해서는 또 한 번의 전환점이 나타납니다. 바로 아인슈타인의 광전효과입니다. 광전효과란 금속 표면에 빛을 비추었을 때 금속 표면에서 전자들이 방출되는 현상을 말하는데 이 현상에 대한 해석을 통해서 빛은 파동적 성질과 입자적 성질을 모두 갖는 이중성이 있다고 밝혀졌습니다. 아인슈타인은 이 광전효과에 대한 공로로 노벨상을 수상했습니다.

단비 푸코의 진자 실험은 유명한 추리소설인 『푸코의 진자』가 생각나게 합니다. 이 소설에서는 어느 교회에 매달려 있는 푸코의 진자가 등장하는데, 오늘날 푸코의 진자를 볼 수 있는 곳이 있나요?

이 교수 푸코의 진자 실험은 프랑스 파리에 있는 판테온이라는 곳에서 수행되었습니다. 원래 판테온은 로마에 있는 신전인데, 파리에서도 볼 수 있습니다. 원래 성당으로 활용될 목적으로 지은 것인데, 현재는 묘지의 역할을 하고 있습니다. 프랑스의 유명한 위인들의 묘지가 이곳 지하에 있는데, 역사상 최고의 여성 과학자로 손꼽히는 마리 퀴리의 무덤도 볼 수 있습니다.

푸코가 실험한 진자는 현재 파리 국립 기술 공예 박물관에 전시되어 있습니다. 그런데 판테온에 가면 실제로 움직이고 있는 진자를 볼 수 있습니다. 푸코가 사용한 바로 그 진자는 아니지만, 오늘날에도 지구가 자전하고 있다는 증거를 보여 주고 있습니다. 푸코의 진자 실험이 판테온에 큰 의미를 준 것처럼 이 진자 실험에 대한 역사적, 과학적 가치에 대한 설명이 자세히 수록되어 있기도 합니다.

진자 실험 장치는 다른 전시물보다 만드는 데 큰 어려움이 있지 않아서 많은 과학관에서 찾아볼 수 있습니다. 필자가 필라델피아에 있는 프랭클린 박물관에서 처음 푸코 진자를 본 것처럼 우리나라에도 여러 곳에서 푸코 진자를 찾을 수 있는데, 대표적인 곳은 대전 국립중앙과학관, 서울교육청 교육 연구정보원, 대구 국립과학관 등입니다.

단비 밀리컨의 기름방울 실험은 과학연구윤리와 관련된 사례에서도 많이 등장합니다. 이와 관련한 평가가 어떻게 되는지 설명해 주세요.

이 교수 20세기 초반 과학계에서 많은 사람이 관심 있어 하는 연구 주제 중 하나는 바로 전자의 전하 세기를 측정하는 것이었고, 이를 밀리컨이 알아냈습니다. 책에 나와 있는 것처럼 밀리컨은 기름방울을 이용한 실험을 통해서 이를 밝혀냈습니다.

푸코의 진자 실험이 진행된 파리의 판테온

판테온 지하에 있는 퀴리 부부(피에르 퀴리, 마리 퀴리)의 무덤

노벨상을 수상하기도 한 밀리컨의 이 실험이 논쟁에 빠진 것은 밀리컨이 데이터를 조작했다는 주장에서부터 비롯되었습니다. 연구 노트에 밀리컨이 관찰한 데이터는 140개였는데, 논문에서는 58개를 실험했다고 나와 있습니다. 즉, 자신의 주장에 맞는 데이터만 선별하여 결과를 제시했고, 우연히 그 결과가 사실과 맞았을지 모르지만, 데이터를 조작했다면 이것은 제대로 된 연구라고 볼 수 없다는 주장입니다.

최근 여러 연구 윤리 문제가 나타나면서 실험에서 데이터를 취사선택하는 것과 관련된 내용이 도마 위에 오르고 있습니다. 사실 데이터를 조작하는 것은 연구 부정 행위에 해당합니다. 그런데 실험 오차가 커서 나타나는 의미 없는 데이터를 제거해버리는 것은 어떻게 보

파리 국립 기술 공예 박물관, 프랑스의 과학 문화 유산들이 전시되어 있다.

푸코가 실험할 때 사용한 진자

판테온에 전시되어 있는 진자 실험 장치 – 진자의 진동면이 회전하는 것을 통해 지구가 자전하고 있음을 알 수 있다.

면 과학자로서 당연한 행위로도 볼 수 있습니다. 문제는 의미 있는 데이터와 의미 없는 데이터를 어떻게 구별해 내느냐입니다. 오랜 경험과 역량을 가진 과학자가 자신만이 갖고 있는 직관과 암묵적 지식을 통해서 데이터를 취사선택하였다면 이것을 연구 부정이라고 보기에는 어렵다는 주장도 있습니다. 밀리컨이 실험 데이터를 취사선택했다는 것 자체에 대해서는 논란의 여지가 남아 있지만, 오늘날 많은 사람들은 밀리컨을 탁월한 실험 물리학자로 여기고 있는 것은 밀리컨의 역량과 직관에 의한 데이터의 선택에 한 표를 던진 것으로 볼 수 있습니다.

고전역학에서 양자역학으로

단움이 원자모형이 무엇인가요? 그렇다면 러더퍼드의 원자모형이 오늘날 우리가 알고 있는 원자모형인가요?

이 교수 이 세상이 무엇으로 구성되어 있는지는 오래전부터 사람들이 관심 있게 생각하고 있던 질문입니다. 기원전 5세기경 고대 그리스의 철학자 데모크리토스는 이 세상이 원자와 빈 공간으로 이루어졌다고 주장하였고, 아리스토텔레스는 물질은 흙, 물, 불, 공기 등으로 구성되어 있다고 했습니다. 비로소 19세기에 이르러서야 원자에 대한 주장이 다시 등장하는데 바로 돌턴입니다. 돌턴은 질량 보존의 법칙, 일정 성분비의 법칙을 설명하기 위해 원자론을 부활시켰는데, 현상을 설명하는 모델 이상의 가치를 갖지는 못했습니다.

이후 볼츠만을 비롯한 여러 과학자의 연구를 거쳐 영국의 물리학자 톰슨J. J. Thomson이 '톰슨의 원자모형'을 만들어냈습니다. 톰슨은 음극선과 음극선관을 가지고 실험을 수행하면서 원자 속에는 음의 전

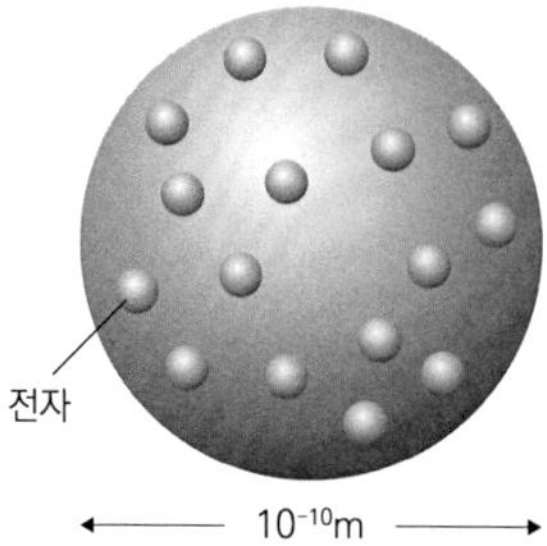

톰슨의 원자모형

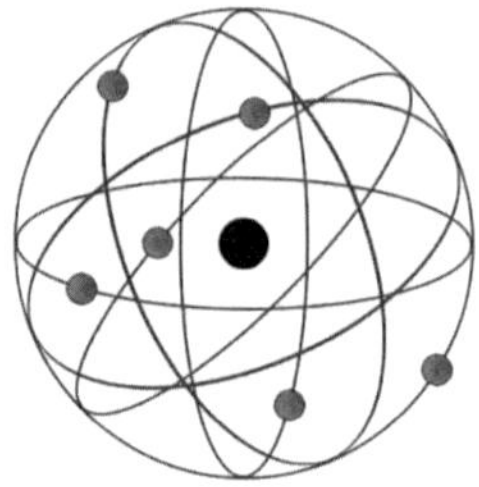

러더퍼드의 원자모형

하를 띠고 있는 전자가 있다는 것을 알아내었습니다. 즉, 최초의 전자 발견인 셈이죠. 음의 전자가 있다면 양의 전하를 띤 무엇인가가 있어야 한다고 생각하여 그는 양전자의 바다에 헤엄을 치는 전자로 구성된 원자모형을 생각해 내었고, 이를 건포도 푸딩 모델이라고 부르는 원자모형이 제안되었습니다. 원자의 구조를 밝혀낸 최초의 원자모형이라고 볼 수 있습니다.

그다음으로 여러분들이 이 책에서 본 바와 같이 러더퍼드의 원자핵 발견에 의해 새로운 원자모형이 등장하게 됩니다. 러더퍼드의 실험 결과와 같이 원자에는 원자의 질량 대부분을 차지하는 무엇인가가 존재한다는 것이죠. 그래서 원자의 가운데에 원자핵이 존재하고 그 주위에 전자가 존재한다는 러더퍼드의 원자모형이 등장하게 되었습니다.

그런데 러더퍼드의 원자모형에는 치명적인 문제점이 존재합니다. 첫 번째는 원자의 안정성입니다. 전자가 원운동을 한다는 것은 구심력에 의해 가속운동을 한다는 것입니다. 전자가 가속운동을 하면 전자기파를 방출해야 하고, 그 방출된 에너지만큼 전자의 에너지가 감소해 결국 원운동의 반지름이 작아지면서 원자핵으로 끌려 들어가야 합니다. 그런데 원자는 안정적인 상태를 유지하고 있기 때문에 러더퍼드의 모형은 문제가 됩니다. 또 다른 문제는 원자에서 방출되는 빛 즉, 스펙트럼에 대한 것입니다. 가열된 기체에서 방출되는 빛의 스펙트럼은 연속적으로 나와야 하지만 실제로 측정된 스펙트럼은 불연속적이기 때문에 러더퍼드의 원자모형으로는 설명이 되지 않습니다. 사실 러더퍼드의 원자모형까지는 고전적인 원자모형 즉, 고전역학과 전자기학으로 설명되는 원자모형입니다.

그 다음으로 나타나는 원자모형은 보어의 원자모형입니다. 보어는 고전역학을 넘어서는 양자역학의 관점에서 러더퍼드의 원자모형을 개선했습니다. 보어는 원자 내의 전자는 특정한 조건을 만족하는 원 궤도에서만 회전할 수 있고, 전자가 이 궤도상에서 운동할 때에는 전자기파를 방출하지 않는다는 가설을 제시했습니다. 보어의 원자모형에서 전자의 안정한 궤도 반지름 (r)은 $2\pi rrw = nh$을 만족해야 합니다. 여기서 h는 플랑크 상수이고, n은 양자수라고 합니다. 또 다른 가설은 전자가 한 정상 상태에서 다른 정상 상태로 전이할 때 두 상태의 에너지 차이에 해당하는 광자를 방출하거나 흡수한다는 것입니다. 이 가설은 놀랍게도 스펙트럼의 파장 진동수과 일치하였기 때문에 보어의 원자모형이 널리 받아들여졌습니다.

물론 보어의 원자모형도 여러 문제점을 내포하고 있었습니다. 이후 많은 과학자의 연구를 통해 원자는 물론 원자핵을 구성하는 입자들에 대한 비밀이 조금씩 밝혀지고 있습니다.

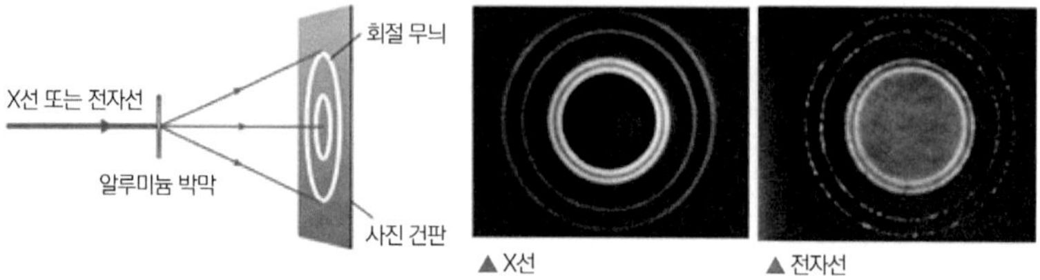

드브로이의 물질파의 회절

단움이 '단독 전자의 이중슬릿 실험'이 나타내는 과학적 의미는 무엇인가요?

이 교수 우선 첫 번째로 전자가 파동처럼 행동한다는 것입니다. 1924년 프랑스의 과학자 드브로이는 전자나 양성자, 중성자와 같은 입자들도 파동의 성질을 나타낼 것이라면서 물질파 이론을 제시했습니다. 드브로이의 물질파를 확인해준 실험으로는 X선과 전자선의 회절 실험입니다. 톰슨은 그림과 같은 방법으로 알루미늄 박막에 X선과 전자선을 쪼여주었더니 전자선으로도 회절현상이 관찰되었으며, 드브로이의 계산이 맞았음을 밝혀 주었습니다.

이 밖에도 데이비슨과 거머의 실험을 비롯한 많은 실험으로 전자와 같은 입자들이 파동적 성질을 띤다는 것이 밝혀졌습니다. 이처럼 전자나 양성자와 같은 입자들은 입자의 성질과 파동의 성질을 모두 가지고 있으며, 이를 물질의 이중성이라고 합니다.

두 번째는 단독 전자로 실험을 했을 때도 간섭무늬가 관측된다는 사실입니다. 전자의 이중슬릿 실험을 보고 많은 사람들은 여러 전자들이 동시에 두 구멍을 통과하면서 여러 전자들의 위상이 간섭하면서 생기는 현상이라고 오해합니다. 책에 나와 있듯이 전자를 천천히 하나씩 쏘아 보내도 그러한 전자들이 쌓이면 결국 같은 간섭무늬를 만듭니다. 다시 말하면 하나하나의 전자가 자기 자신과 간섭했다는 의미입니다. 고전 역학으로는 설명할 수 없는 양자 역학으로의 전환을 의미합니다.

아름다운 과학

단비　과학의 역사를 공부하는 이유는 무엇일까요?

이 교수　과학사의 학습이 갖는 장점으로 다음의 세 가지로 이야기할 수 있습니다. 첫째, 과학사 학습은 과학 개념 획득에 효과적입니다. 과학사는 학생들에게 현재의 과학적 개념들이 어떻게 발달했는지를 이해하게 할 뿐만 아니라 정말 중요한 과학적 개념이 어떤 것인지, 학습 내용의 계열성은 어떠해야 하는지를 말해줄 수 있습니다.

둘째, 과학사는 과학적 방법을 이해하는 데 도움을 줍니다. 과학사는 선대 과학자들이 과학적 발견이나 개념에 이르기까지 겪었던 다양한 경험들과 이들이 사용했던 논리적인 과정을 추적하는 과정에서 학생들이 좀 더 생생하게 과학적 사실을 배울 수 있게 할 수 있습니다.

셋째, 과학사를 통한 학습은 학생들의 정의적인 면에 효과적입니다. 과학사는 과학의 연구 대상을 보다 인간적이고 덜 추상적이게 하여 학생들에게 과학을 매력적으로 보이게 만들어 줍니다. 과학사를 통해 과학적 산물이 자신들과 비슷한 사람들의 땀 흘리는 노력을 통해 이루어진 결과임을 이해함으로써 과학에 대한 긍정적인 태도를 가질 수 있습니다.

단비 『세상에서 가장 아름다운 실험 열 가지』 책이 갖는 가치는 무엇일까요? 이 책으로부터 우리는 무엇을 배울 수 있을까요?

이 교수 우선 이 책에 담긴 10가지 실험들은 과학의 역사에서 중요하게 다루어진 실험들입니다. 물론 과학의 역사 전체를 설명하는 것은 아니지만, 갈릴레이, 뉴턴 등을 포함하여 위대한 과학자들의 노력하는 과정을 볼 수 있습니다. 특히 과학자들이 오랜 시간 동안 공들인 실험의 과정을 보여 줌으로써 과학의 업적이 그들의 천재성에서만이 아니라 수많은 땀과 노력의 산물에 의해 이루어진 것임을 볼 수 있습니다.

이 책이 다른 과학책과 다른 점 중 하나는 '아름다움'을 내세웠다는 점입니다. 흔히 아름다움은 예술의 영역에서 다루어집니다. 비록 오늘날 많은 접점이 이루어지기는 했지만, 예술과 과학은 서로 반대쪽에 있는 학문이라고 볼 수 있습니다. 그렇지만 이 책에서 과학도 아름다울 수 있다는 것을 여러 실험의 모습을 통해서 밝히고 있습니다.

물론 사람들에 따라서는 과학의 아름다움에 대해 동의하지 않을 수도 있습니다. 그렇지만 이 책에서 제시한 실험들은 '놀랍다', '멋지다', '신기하다' 등의 여러 감탄사를 자아내게 한다는 점에서는 모두 동의할 것입니다. 바로 그러한 느낌이 모여 아름다움으로 표현한다면 좀 덜 어색하지 않을까 생각해 봅니다.

참고 문헌

로버트 P. 크리스, 김명남 옮김, 『세상에서 가장 아름다운 실험 열 가지』, 지호, 2006.

빌 브라이슨, 이덕환 옮김, 『거의 모든 것의 역사』, 까치, 2020.

아이작 뉴턴, 차동우 옮김, 『아이작 뉴턴의 광학』, 한국문화사, 2018.

존 그리빈, 강윤재 외 옮김, 『과학(사람이 알아야 할 모든 것)』, 들녘, 2004.

홍성욱, 『뉴턴과 아인슈타인, 우리가 몰랐던 천재들의 창조성』, 창작과 비평사, 2004.

과학이 무엇인가에 대한 본질적인 물음

—토머스 쿤, 『과학혁명의 구조』

조헌국

> 모든 중요한 과학적 발견들은 패러다임 전환의 원인이 되었거나, 혹은 어떤 방식으로든 기여했다. 더 나아가 이런 발견들이 연루된 전환들은 건설적일 뿐만 아니라 파괴적이기도 했다. 과학적 발견이 있는 후에 과학자들은 광범위한 자연 현상을 설명할 수 있었다. 그러나 그런 결과는 기존의 일반적인 믿음이나 과정을 폐기한 후에 획득한 것이다.

과학혁명이라는 패러다임

단비 『과학혁명의 구조』*The Structure of Scientific Revolutions*를 집필한 저자인 토마스 S. 쿤에 대해 간단히 말씀해 주세요.

조 교수 토머스 쿤Thomas S. Kuhn, 1922~1996은 미국의 물리학자이면서 과학철학자입니다. 그는 하버드 물리학과를 졸업한 뒤 이론 물리학으

토머스 쿤

로 박사학위를 받습니다. 박사학위를 준비하던 도중 과학사에 흥미를 느끼게 되고 학위 취득 이후에 본격적으로 과학사에 몰두하게 됩니다. 그는 하버드대학교의 교양교육 및 과학사를 가르치는 조교수로 임용되면서 과학사에 관해 탐구했는데요. 특히, 지구중심설에서 태양중심설로 이동하게 되는 과정을 상세히 들여다보면서 과학의 혁명적 모습, 그리고 보수적인 모습을 깨닫게 됩니다. 그렇게 해서 나오게 된 책이 『코페르니쿠스 혁명』입니다. 그리고 1962년 많은 사람의 주목을 받게 된 『과학혁명의 구조』를 출판하게 되었고 그는 과학적 발전이 점진적으로 이뤄지는 게 아니라 혁명처럼 급격히 이뤄진다고 생각하게 되었습니다. 그의 이러한 생각은 오늘날 과학혁명 또는 패러다임이라는 용어로 알려지게 되었습니다.

단비 『과학혁명의 구조』가 집필되게 된 배경에 대해서 말씀해 주세요.

조 교수 이 책의 저자인 토머스 쿤은 원래 뛰어난 물리학도였습니다. 그는 1943년 하버드대학교에서도 우수한 성적으로 학부를 졸업했고, 양자역학에 대한 고체 물리의 적용이라는 주제로 1949년 박사학위를 받았습니다. 그 이후 그는 모교인 하버드대학교에서 과학을 전공하지 않는 학생들을 대상으로 물리학을 가르쳤는데요. 그러면서 자연스럽게 과학사에 관심을 끌게 되었습니다. 아리스토텔레스와 같은 고대 철학자에서부터 16~17세기의 천문학, 18~19세기의 열역학, 물질 등 다양한 과학 개념과 이론에 관해 탐구하게 되었습니다. 이를 통해 그는 코페르니쿠스가 주장한 태양중심설에 관심을 가지게 되었고, 태양중심설과 관련된 사회문화적인 배경을 주제로 1957년 『코페르니쿠스 혁명』이란 책을 출판하였습니다. 이후 그는 과학의 역사 외에도 심리학이나 철학, 역사 등 다양한 방면에 관심을 가졌고 캘리포니아 대학교U. C. Berkeley로 대학교를 옮긴 뒤, 1962년 바로 많은 이들의 반향을 불러일으키게 된 『과학혁명의 구조』를 출판하게 되었고 오늘날까지 많은 사람에게 읽히는 과학 고전 중 하나가 되었습니다.

단비 책의 제목인 과학혁명이란 무엇일까요?

조 교수 과학혁명은 토머스 쿤이 처음 쓴 용어는 아닙니다. 버터필드라는 과학사가가 르네상스 이후 영국을 중심으로 일어난 근대의 폭발적인 과학적 업적과 발견이 쏟아진 시기를 특별한 말로 부르기 위해 사용된 용어였습니다. 일반적으로는 코페르니쿠스가 쓴 『천체의 회전에 관하여』가 출판된 1543년부터 뉴턴이 쓴 『자연 철학의 수학적 원리』*Prin cipia*가 출판된 1687년까지로 잡습니다. 이 시기에 갈릴레오, 보일, 뉴턴, 케플러 등 중·고등학교 시절 과학 교과서에서 보았을 법한 많은 과학자가 활동했고 이를 통해 많은 과학적 발견을 남기게 되었습니다. 쿤이 쓴 이 책도 이 시기를 살펴보고 있는데요. 과학혁명이라는 말은 단지 특정한 시기를 가리키는 것은 아닙니다. 지구중심설에서 태양중심설로 이동설로 바뀌게 되는 것과 같은 급격한 변화를 말하는데요. 예를 들면 뉴턴의 고전역학에서 아인슈타인의 상대성이론을 지지하게 된 과학자들의 변화 또한 과학혁명이라고 부를 수 있습니다.

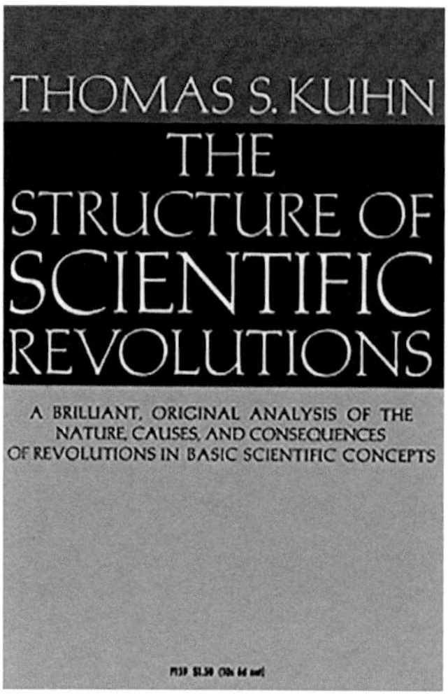

『과학혁명의 구조』 영문 초판 표지

단비　이 책은 내용도 어렵고 지루한데 어떻게 하면 쉽게 읽을 수 있을까요?

조 교수　많은 경우, 이 책을 과학에서 꼭 읽어야 하는 교양서적으로 추천하지만, 과학에 익숙하지 않은 사람들이 읽기에 등장하는 과학 용어가 생소하기도 하고 쿤이 제시하는 관점이나 철학이 쉽게 와닿지 않기도 합니다. 그래서였을까요? 유명한 과학철학자인 이언 해킹 Ian Hacking은 『과학혁명의 구조』의 발간 50주년 기념판에 긴 분량의 서문을 쓰게 됩니다. 다행스럽게도 그가 쓴 서문은 이 책의 핵심적인 주장과 내용을 잘 요약해 두었고요. 그 책 역시 한글로 번역되어 있습니다. 50~60쪽 분량의 서문만 읽어도 이 책이 무엇을 말하고 싶은지 쉽게 알 수 있습니다. 더 관심이 있는 사람들은 책의 내용을 꼼꼼히 읽어봐도 좋습니다.

단비　이 책에서 자주 등장하는 단어인 패러다임이란 무슨 뜻인가요?

조 교수　패러다임이라는 용어는 오늘날 뉴스나 기사에서도 쓸 만큼 널리 퍼졌지만, 그 뜻은 쓰는 사람마다 다릅니다. 실은 이 책을 읽은 많은 사람도 혼란스러워했는데요. 그래서 사람들의 오해를 피하려고 재판이 발행될 때 그는 후기에다가 패러다임이 무슨 뜻인지 상세하게 쓰게 되었습니다. 실은 패러다임은 두 가지 의미가 있는데요. 좁은 의미로는 표준 사례 또는 범례exemplar를 들 수 있습니다. 어떤 현상이나 과정을 설명하기 위해 정형화된 예를 말하는데요. 쉽게 설명하면 영어에서 과거나 과거분사를 쓸 때는 동사 원형에 -d나 -ed를 붙이게 됩니다. 깨닫는realize다는 동사가 있다면 이 동사의 과거 및 과거분사는 realize - realized - realized가 되겠지요. 그러면 뜻을 알 수 없는 jeopardize 위태롭게 하다라는 동사가 있다면 과거와 과거분사를 realize와 마찬가지로 jeopardize - jeopardized - jeopardized로 쓸 수 있게 됩니다. 그러나 이 표준 사례는 패러다임이 갖는 좁은 의미로 많은 사람이 이해하는 그 의미는 아닙니다. 그럼 또 다른 패러다임의 의미는 무엇인가 하면 학문 분야 매트릭스disciplinary matrix입니다. 학문 분야 매트릭스는 어떤 시대에 사는 과학자들이 지지하는 접근 방법과 전제, 이론, 개념이나 근거, 가치관 등을 모두 하나로 일컫는 말입니다.

패러다임의 전환 : 지구 중심설에서 태양 중심설로

단웅이 그렇다면 이 책의 저자는 과학의 변화가 어떻게 일어난다고 보는 것인가요?

조 교수 저자인 쿤이 보는 패러다임은 일종의 과학자들의 방법과 신념 체계이므로 시대와 상관없이 보편적인 지식으로 과학을 보지 않습니다. 따라서 과학은 시대나 상황이 바뀌면 변화할 수 있는 특성이 있습니다. 그러나 과학은 정당 투표나 패션의 유행 흐름이 바뀌는 것과는 다릅니다. 패러다임 전환paradigm shift이라는 독특한 과정으로 과학의 시대적 변화를 설명합니다. 먼저 대다수 과학자가 합의된 어떤 특정 신념이나 방법, 이론이 형성되지 않은 시기를 전 패러다임pre-paradigm이라고 합니다. 그런데 시간이 지나면 과학자 대부분이 사실로 받아들이고 따르는 이론이 생기는데 이러한 상태를 정상과학normal science이라고 합니다. 그리고 정상과학도 시간이 지나면서 문제점이나 한계, 설명할 수 없는 사건들을 경험하게 되는데 이를 위기crisis라고 합니다. 위기가 닥쳐오면 그러한 사건들을 무시하거나 예외로 치부해 기존의 과학 이론을 지탱하기도 하지만 이를 설명하면서 기존의 이론의 역할을 대체하는 새로운 이론이 등장하는데 이를 패러다임 전환이라고 합니다.

단웅이 정상과학 상태에서는 어떤 일들이 일어날까요?

조 교수 정상과학의 상태에서는 주로 과학자들이 지지하는 이론과 방법이 옳다는 것을 입증하고 지지하는 새로운 증거를 캐내는 데에 집중합니다. 이 책의 표현에 따르면 퍼즐 풀이puddle solving라고 하는데요. 과학자들이 하는 일은 자연 현상으로부터 얻은 자료나 실험 결과, 측정값 등을 여러 이론과 실험 장치를 통해 설명하거나 예측할 수 있는 모형을 만드는 것입니다. 이것은 마치 조각이 맞춰지지 않은 퍼즐들을 하나로 끼워 맞추는 과정과 같습니다. 그러나 퍼즐이 마음에 들지 않는다고 마음대로 퍼즐을 바꾸지 않습니다. 다른 부분에 맞는 퍼즐이 아닌가 고민하게 되지요. 즉, 정상과학 상태에서는 기존 이론을 뒤집을 새로운 법칙이나 원리를 제안하는 것이 아니라 이미 알려진 원리와 전제에 부합하면서도 주어진 현상을 설명하려고 합니다. 과학 연구는 게임의 규칙을 바꾸는 놀이가 아니라, 주어진 규칙에 따라 이기기 위해 하는 놀이라는 점입니다.

단웅이 그렇다면 이 책은 지구중심설에서 태양중심설로 바뀌는 과정을 어떻게 설명하고 있나요?

조 교수 토머스 쿤이 관심을 기울인 주제 중 하나가 천문학입니다. 특히, 16~17세기의 과학혁명에서 지대한 영향을 미친 것이 우주에 대한 관점이었음을 부정할 수 없었습니다. 그리고 당시 과학자들의 관심사 역시 하늘에 있는 천체heavenly bodies들의 운동을 어떻게 설명할 수 있을까였습니다. 16세기 무렵 당시의 사람들은 태양중심설보다는 지구중심설을 지지했습니다. 그 이유는 아이러니하게도 지구중심설이 더 정확했고 그들에게 너무나 익숙했기 때문이었습니다. 오늘날 지구중심설이 틀린 이유로 내행성의 역행 운동겉으로 보기에 내행성이 거꾸로 가는 것처럼 보이는 문제을 들고 있는데 이 문제는 이미 고대 시대부터 알고 있던 사실이었습니다. 그래서 주전원epicycle을 도입해서 행성이 지구를 중심으로 원운동하는 것이 아니라, 지구를 중심으로 한 원운동의 궤도를 또 다른 원 궤도를 그리면서 돌게 된다고 주장하였습니다. 이렇게 하면 행성이 실제로 앞으로 갔다가 뒤로 갔다가 하는 문제를 해결할 수 있었습니다. 그리고 또 다른 지구중심설의 문제는 행성이 타원궤도를 돈다는 점입니다. 이 점 역시 사람들이 알고 있었는데, 만약 어떤 행성이 원 궤도를 따라 돈다면 겉으로 보기에 그 행성의 크기는 항상 변함이 없어야 합니다. 그런데 지구에서 관찰하는 행성의 크기가 커졌다 작아졌다 하는 것이었습니다. 이 문제는 오늘날 행성이 타원궤도를 돈다는 것으로 해결하지만 당시의 과학자들은 타원의 개념을 알지 못했습니다. 그래서 대신 택한 것이 이심eccentricity이었습니다. 원 궤도의 중심에 지구가 있는 것이 아니라 중심에서 벗어난 지점에 있다고 생각했고 그러면 자연스럽게 행성은 거리가 가까워졌다가 멀어졌다 하는 모습으로 나타나게 됩니다. 지구중심설의 정확도를 높이기 위해 당시의 과학자들은 주전원에 또 주전원을 추가하는 방식으로 점점 정교하고 복잡하게 수정했습니다.

그런데 코페르니쿠스는 지구가 중심이라는 생각을 버리고 태양을 중심에 놓고 다른 행성들이 원을 따라 돈다는 아이디어를 제안했습니다. 정확도만 놓고 본다면 사실 지구중심설이 더 정확했습니다. 게

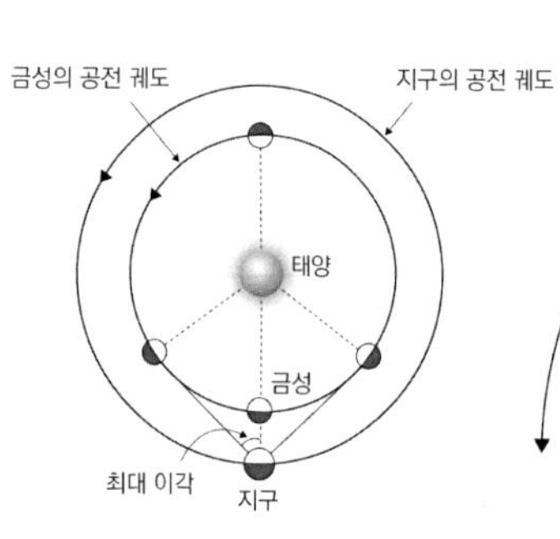

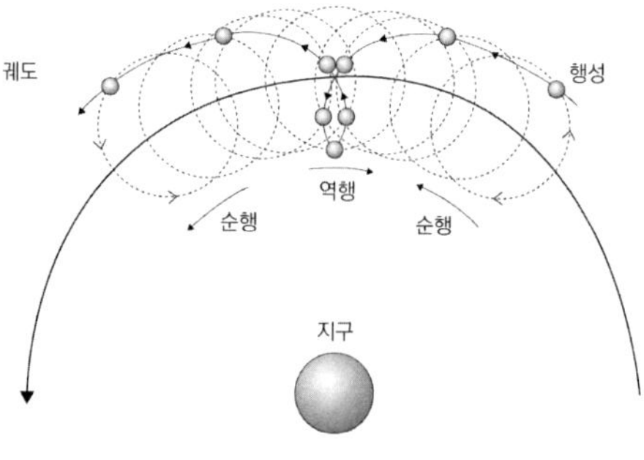

지구중심설의 내행성의 역행 운동의 문제와 해결 방법

다가 코페르니쿠스는 관측에 능한 사람은 아니어서 정밀한 데이터를 갖고 있지도 못했습니다. 그러나 그 이후의 과학자들은 코페르니쿠스의 생각에 더 매료되고 그가 풀지 못한 문제들을 해결하기 시작했습니다. 그 이후의 과학자들이 그의 생각을 마음에 들어 했던 가장 큰 이유는 단순하고 아름답다는 이유였습니다. 16세기 당시에는 주전원이 약 20개 가까이 그려지고 있었고 그림으로 나타내기도 매우 복잡했습니다. 그런데 코페르니쿠스의 모형은 직관적이고 단순했습니다. 그리고 하늘의 세계에 대한 조화에 대한 신념과도 잘 맞았습니다. 그래서 갈릴레오나 케플러, 뉴턴 같은 과학자들은 각각 태양중심설을 뒷받침할만한 관측의 증거와 타원궤도, 행성 운동의 이유 등을 설명하게 됩니다. 이 책에서는 이러한 변화를 중심으로 앞서 설명한 패러다임 전환을 설명하는데요. 패러다임의 전환이 일어나게 되는 3가지 이유로 기존 이론으로 설명할 수 없는 자료의 증가, 부정할 수 없는 결정적 실험, 그리고 미적 선호도의 차이를 들고 있습니다. 이는 과학이 단순히 주어진 자료의 규칙만을 따르는 객관적 활동이 아니라 과학자 개인이나 사회적 가치관이 반영되는 주관적인 특성을 가진다는 것을 의미합니다.

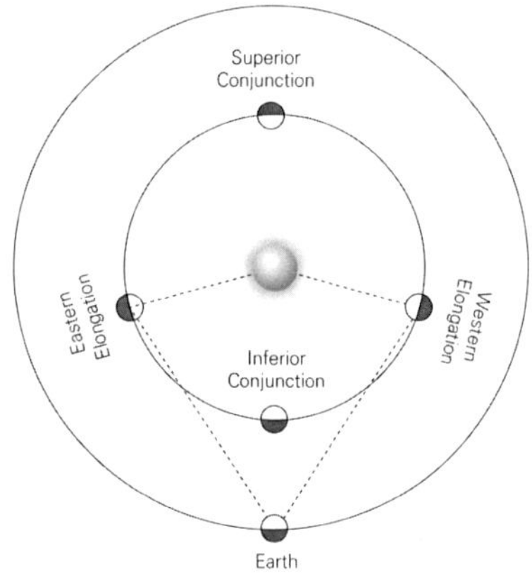

내행성의 역행 문제

과학을 바라보는 새로운 눈

단비　그렇다면 태양중심설과 지구중심설 중 무엇이 맞는 이론인가요?

조 교수　정확하게 말한다면 두 이론 중 어느 것도 맞지 않습니다. 우주의 중심은 지구도 태양도 아니기 때문입니다. 적어도 태양계만을 놓고 본다면 오늘날의 관점에서 본다면 태양중심설이 맞다고 생각하겠지만 이 책의 저자의 관점에서 본다면 어느 것도 맞다 틀리다 말할 수 없습니다. 왜냐하면 패러다임의 전환이 일어났다는 것은 단순히 어떤 객관적 사실이나 자료를 뒷받침하는 이론이 바뀐 것 이상의 일들이 벌어지기 때문입니다. 패러다임의 정의를 살펴보면 과학자들이 지지하는 이론 외에도 방법과 가치 체계 등이 포함되어 있습니다. 즉, 어떤 자연 현상을 바라보는 기준이 바뀐 것이어서 서로 비교할 수 없습니다. 예를 들어 엄마와 여자친구 중 누가 더 좋은가라는 질문은 서로 다른 이유와 가치여서 하나를 고르는 것은 어리석은 질문인 것처럼 가치가 다른 것을 하나의 기준에 따라 평가하는 것은 불가능하기 때문입니다. 지구중심설의 경우, 자연 현상에 대한 목적과 근원에 관심을 두고 있고 신의 세계를 가정하고 있습니다. 그런데 태양중심설은 목적과 근원에 관해서는 관심이 없고 겉으로 드러나는 현상에 대한 기술description이 중심이 되고, 물질적 세계materialism만을 다루고 있습니다. 따라서 무엇이 더 옳고, 무엇이 그르다고 말할 수 없다는 견해를 택하게 됩니다. 그러면 최소한 무엇이 더 정답에 가깝다고 말할 수 있을까요? 그것 역시 불가능합니다. 보는 기준이 달라졌기 때문입니다. 모던 록modern rock을 좋아하던 어떤 사람이 어느 날부터 재즈jazz가 좋아졌다고 해서 재즈가 더 좋은 음악이라고 말할 수 있을까요? 그저 자신의 선호도가 바뀐 것이지 모던 록이 재즈보다 열등한 음악이어서가 아닙니다. 이러한 개인적 관심사나 사회 현상처럼 과학도 상대적이고 사회적이라는 점을 저자는 강하게 드러내고 있습니다. 이처럼 이전의 패러다임과 현재의 패러다임을 서로 낫다거나 평가할 수 없다는 관점을 통약 불가능성incommensurability이라고 부릅니다.

단비 과학은 분명한 사실과 정답이 있는 학문이 아니었나요?

조 교수 여러분들이 이 책을 읽을 때 가장 받아들이기 힘든 점이 바로 이 질문입니다. 앞서 설명한 것처럼 패러다임은 과학자들이 지지하는 방법적, 이론적, 신념적 체계이기 때문에 맞고 틀린다고 말할 수 없습니다. 그렇다면 과학에서 들여다보는 자연 현상이나 실험의 관측 결과들은 사실이 아니라면 무엇일까라는 깊은 의문에 빠지게 됩니다. 이 책의 저자는 이러한 물음에 대해 명확한 답을 주고 있지는 않습니다. 오히려 과학에서의 사실이나 진위의 문제로 보는 것을 거부합니다. 사회학이나 심리학, 정치학처럼 과학도 보는 관점에 따라 다르게 보고 해석할 수 있다는 견해를 밝히고 있습니다. 이러한 점 때문에 쿤은 많은 과학자와 과학철학자들로부터 상대주의자라는 공격을 받았습니다.

단비 쿤의 말대로라면 패러다임 전환이나 위기가 계속해서 등장하기 마련인데 오늘날에는 왜 그런 일들이 일어나지 않을까요?

조 교수 이 책 저자의 주장에 따르면 패러다임 전환의 과정에서 정상과학의 단계에 있기 때문입니다. 정상과학에서 하는 일은 몇 가지가 있는데, 정상과학 상태의 이론이 주장하는 근거를 계속해서 발견해 증거가 늘어나고, 예측한 결과를 맞히거나 논리적, 수학적 방법들로 이론을 정교화하는 것입니다. 모두 정상과학이 보다 설득력을 얻도록 하는 과정들입니다. 그리고 학교에서 배우는 과학은 모두 정상과학의 단계에 있는 이론들을 배우는 것으로 자연스럽게 우리는 정상과학을 따르게 됩니다. 우리 스스로 과학에 대한 어떤 문제를 떠올리기 이전에 이미 정상과학을 사실로 받아들이고 배우기 때문에 새로운 생각을 하기가 어려워집니다. 심지어는 어떤 예상하지 못한 결과를 보더라도 무시하거나 잘 보지 못하기도 합니다.

이 책에서는 태양계의 다른 행성의 발견을 예로 드는데요. 코페르니쿠스나 뉴턴이 생존했던 당시 태양계의 행성은 토성까지만 발견된 상황이었습니다. 그러나 그 이후로도 한참 동안 천왕성이나 해왕성은 발견되지 않았는데 그 이유는 실제로 관찰하지 못했기 때문이 아니라, 발견했어도 그것을 행성으로 여기지 않았기 때문이었습니다. 관측된 결과이면서도 주의를 기울이지 않았던 것인데 이를 설명하기 위해서 쿤은 게슈탈트 전환gestalt switch이라는 말을 씁니다. 게슈탈트 전환은 보는 사람의 관점에 따라 가만히 있는 결과나 사물이 다르게 보이는 것을 뜻합니다. 이는 우리가 어떤 현상을 관찰할 때, 있는 그대로 보지 않고 이미 학습한 지식이나 경험을 투영해서 보기 때문에 나타나는 현상입니다. 패러다임 전환의 측면에서 보자면 특정 패

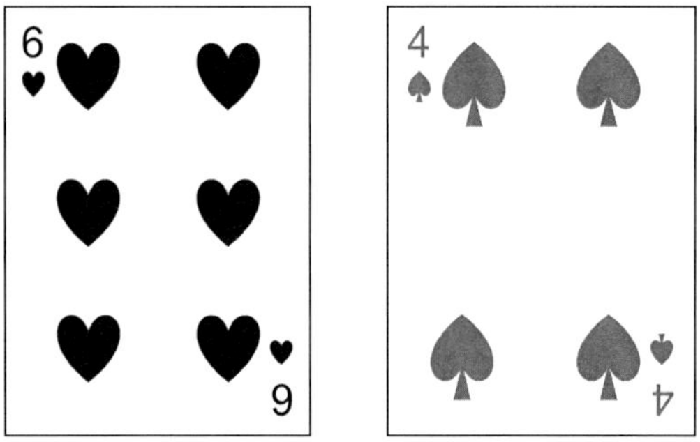

카드 속 문제 찾기

러다임을 지지하고 그 패러다임에 속한 사람들은 이미 정해진 관점과 이론에 따라 현상을 바라보기 때문에 새로운 현상이 등장해도 잘 인식하지 못하거나 그 현상을 무시하게 됩니다.

예를 들어 사람들은 책을 읽다가 오타가 있어도 발견하지 못할 때가 있습니다. 그 이유는 글자 하나하나를 보고 읽는 것이 아니라 여러 단어를 한꺼번에 보면서 우리가 이미 알고 있는 단어들로 대체해 보기 때문입니다. 언어학에서는 이를 청킹chunking이라고 하는데, 부분 부분을 모두 보는 것이 아니라 전체적인 형태를 중심으로 이해하는 인간의 인식 구조와 관련이 있습니다. 그리고 다음 그림과 같이 두 장의 카드가 놓여 있을 때 사람들은 한 번에 문제점이 무엇인지 인식하지 못합니다 물론 트럼프 카드를 만져본 적이 없는 분들은 예외로 하겠습니다. 그 이유는 우리가 보는 방식은 이미 굳어져 있어서 스페이드는 검은색으로, 하트는 빨간색으로 인식하기 때문입니다. 두 카드의 색깔이 뒤바뀌어도 눈으로 본 것이 아니라 뇌로 생각한 것을 보고 있다고 느낍니다. 실제로도 시신경에 이상이 없지만, 심리학적 문제나 뇌의 흐름에 문제가 있어서 앞을 보지 못하는 사례들이 있습니다. 이러한 일들을 실제 과학적 연구 과정에도 종종 등장한다는 것이 이 책 저자의 설명입니다. 그리고 기존의 과학 이론에 맞지 않는 현상이나 사례들을 변칙 사례anomaly라고 부릅니다.

그렇다면 오늘날에 패러다임 전환이 일어나기 위해서는 우리가 이미 인지하고 알고 있는 사고방식에서 벗어나야 합니다. 그래야 눈앞에 펼쳐지는 흥미로운 현상을 발견할 수 있기 때문입니다. 이러한 점 때문에 쿤과 가까웠던 과학철학자인 파이어아벤트는 새로운 과학적 아이디어를 얻기 위해, 기존의 생각에 매몰되지 않기 위해 과학을 배우지 말아야 한다고 주장합니다. 왜냐하면 학교에서는 주류 과학을 가르치기 때문에 모든 학생이 주류 과학에 젖어 들고 새로운 생각을 할 수 없기 때문입니다. 파이어아벤트의 생각이 워낙 과격해서 그를 무정부주의적 과학이라고도 합니다.

단비 이 책의 저자가 바라보는 과학의 관점은 옳다고 보아야 할까요?

조 교수 그렇지는 않습니다. 과학이 무엇인가에 대한 질문은 여러 과학 철학자들마다 생각이 다릅니다. 앞서 언급했듯이 쿤의 상대주의적 과학의 입장은 어떤 과학자들과 철학자들에게는 맞지 않는다고 여겨지기 때문입니다. 이 책 저자의 주장이 맞는다면 과학과 예술이 다를 게 없는 것처럼 보이기 때문입니다. 그래서 과학이 절대불변의 진리는 아니지만, 그 오류와 한계를 점차 극복하면서 정답에 가까이 가고 있다는 관점후기 실증주의, post-positivism이나 적어도 더 좋은 이론이라면 끊임없이 변화하고 새로운 증거들이 추가될 것이라는 관점을 택하는 때도 있습니다. 오히려 쿤보다 더 급진적이어서 과학에서 다루는 모든 개념이나 현상조차 사실이 아니라 어떤 관념이나 용어에 그친다고 보는 태도반실재주의, anti-realism도 존재합니다. 각각의 관점은 저마다 장단점이 있어서 저자의 생각을 진리처럼 바라보기보다는 여러 관점을 서로 비교하고 자신만의 과학을 바라보는 눈을 가지는 것이 가장 좋다고 여겨집니다.

단비 이 책을 읽고 과학철학에 관심이 생겼습니다. 어떤 책들을 더 보면 좋을까요?

조 교수 과학 이론이나 수식적 전개가 익숙하지 않은 학생들에게는 이 책처럼 철학적 논쟁이 더 매력적으로 들리는 경우가 있습니다. 만약 그렇다면 과학철학 전반을 들여다보고 이해하는 것이 필요할 것 같습니다. 고드프리드스미스Godfrey-Smith가 쓴 『과학철학 입문: 이론과 실재』나 레디먼Ladyman이 쓴 『과학철학의 이해』를 읽어보라고 권하고 싶습니다. 만약 상대성이론이나 양자역학의 철학적 논쟁에도 관심이 있는 학생이라면 라이엔바흐Reichenbach가 쓴 『양자역학의 철학적 기초』, 『상대성 이론과 선험적 지식』을 읽어보면 도움이 되리라 생각합니다.

참고 문헌

토마스 새뮤얼 쿤, 김명자·홍성욱 옮김, 『과학혁명의 구조』, 까치, 2013.

박영대, 정철현, 『쿤의 과학혁명의 구조: 과학과 그 너머를 질문하다』, 작은길 출판사, 2015.

조용현, 『칼 포퍼의 과학철학』, 서광사, 1992.

존 프레스턴, 박영태 옮김, 『쿤의 과학혁명의 구조 해제』, 서광사, 2011.

폴 파이어아벤트, 최종덕·정병훈 옮김, 『방법에의 도전: 새로운 과학관과 인식론적 아나키즘』, 한겨레, 1987.

우주에 대한 세계관의 변화
—스티븐 윌리엄 호킹, 『짧고 쉽게 쓴 '시간의 역사'』

오준영

> 1915년 이후 수십 년이 경과하면서 시간과 공간에 대한 새로운 이해는 우리의 우주관에 혁명을 일으켰다. 우리가 곧 보게 되듯이, 우주가 본질적으로 변화하지 않는다는 과거의 생각은 역동적으로 팽창하는 우주 개념으로 대체되었다. 우주는 유한한 과거에 시작되었고, 유한한 미래에 종말을 맞을 수도 있는 것처럼 보이게 되었다.

시간의 역사, 빅뱅의 역사

단비 『시간의 역사』*A Brief History of Time*를 집필한 저자 스티븐 호킹에 대해서 간단히 말씀해 주세요.

오 교수 스티븐 윌리엄 호킹Stephen William Hawking, 1942~2018은 영국의 이론 물리학자입니다. 그는특히, 블랙홀이 있는 상황에서의 우주론과 양자 중력의

스티븐 윌리엄 호킹

연구에 크게 기여했으며, 자신의 이론 및 일반적인 우주론을 다룬 여러 대중 과학 서적을 저술했습니다. 그중에서도 시간의 역사는 영국 런던 선데이 타임즈 베스트셀러 목록에 최고 기록인 237주 동안이나 실려서 화제가 된 적도 있습니다. 그리고 2009년까지 케임브리지 대학교 루커스 수학 석좌 교수로 재직하였습니다.

호킹은 21살 때부터 근위축성 측색 경화증루게릭병을 앓는 바람에, 휠체어에 의지하며 생활했습니다. 그의 중요한 과학적 업적으로는 로저 펜로즈와 함께 일반상대론적 특이점에 대한 여러 정리를 증명한 것과 함께, 블랙홀이 열복사를 방출한다는 사실을 밝혀냈습니다.

단비 『시간의 역사』가 집필된 배경에 대해서 말씀해 주세요.

오 교수 『시간의 역사』*A Brief History of Time*는 스티븐 호킹에 의해 쓰인 저명한 과학책으로 1988년 벤탐 델 출판사에 의해 출판된 책입니다. 호킹은 이 책을 쓴 주된 목적은 우주를 지배하는 법칙을 이해하는 과정에서 이루어졌던 여러 가지 발전에 관해 사람들에게 이야기하기 위해서라고 하였습니다.

『시간의 역사』는 베스트셀러로 9백만 부 이상이 팔렸으며, 또한 런던 선데이 타임즈에 베스트셀러로 4년 이상 랭크되었습니다.

갈릴레이, 뉴턴, 아인슈타인 등의 과거 과학자들의 우주에 대한 연구 내용을 핵심적으로 짚어 주고, 우주가 대폭발에서 시작했다는 빅뱅 이론, 블랙홀에 대한 내용, 우주의 역사를 통해 우주의 미래와 종말을 전망합니다. 우리는 이 책을 통해 '시간'이라는 개념에 대해서도 새로운 인식을 하게 되었습니다. 그리고 『시간의 역사』는 지구에서만 적용되는 물리적인 법칙이 깨지거나, 변화하는 우주 다른 공간에서는 우리가 쓰는 '시간'의 의미가 완전히 달라짐을 말해줍니다.

『시간의 역사』 표지

단비　『시간의 역사』는 읽기 어려운 책이라고 하는데 우리가 이 책을 통해서 얻을 수 있는 점은 무엇일까요?

오 교수　책과 관련된 용어 중에는 '호킹 지수Hawking index'라는 것이 있습니다. 책을 구입한 독자가 실제로 책을 어느 정도 읽었는지를 따져보는 지수로, 책 전체 페이지를 100으로 가정했을 때 독자가 처음부터 끝까지 읽은 비율을 계산한 것입니다. 수학자인 조던 엘런버그Jordan Ellenberg가 2014년에 월스트리트 저널에 기고한 글에서 나온 개념인데, 아마존 킨들을 이용해 조사한 도서의 '완독률'을 나타냅니다.

호킹이 쓴 『시간의 역사』의 호킹 지수는 6.6%로 상당히 낮은 값입니다. 즉, 책을 읽으려고 시작한 사람들은 몇 페이지 읽지도 못한 상태에서 책을 덮었다는 뜻이죠. 그 이유는 무엇일까요? 일단 너무 많이 팔린 책이기 때문일 수 있습니다. 베스트셀러니까 일단 한번 사본 사람들이 많았을 것입니다. 더구나 최근에 과학은 그렇게 사람들의 흥미를 끌지 못하는 관심사입니다. 이해를 바탕으로 한 내용은 손쉽게 사람들에게 다가서지 못했을 가능성도 있습니다.

그렇다면 『시간의 역사』는 왜 이렇게 많이 판매가 되었을까요? 우주의 근원은 사람들이 관심을 가질만한 소재이기는 합니다. 그렇지만 그것만으로는 『시간의 역사』가 많이 팔린 이유를 설명할 수 없습니다. 『시간의 역사』가 나올 당시에 우주의 근원에 대해 재미있게 쓴 책이 여럿 있었고 예: 과학작가 사이먼 싱 Simon Singh의 빅뱅, 과학자에 의해서 쓰여진 책도 있었습니다만 예: 노벨상 수상자인 스티븐 와인버그 Steven Weinberg의 『최초의 3분』, 그렇게 많이 팔리지는 못했습니다. 오늘날 많은 사람은 『시간의 역사』가 많이 팔린 이유를 호킹의 유명세로 설명하기도 합니다.

그렇지만 『시간의 역사』는 제법 잘 쓰여진 책입니다. 더구나 처음에 집필한 『시간의 역사』를 조금 더 쉽고 간결하게 쓴 '짧고 쉽게 쓴 『시간의 역사』'는 스티븐 호킹과 과학작가인 레오나르드 믈로디노프의 손을 거쳐 조금 더 독자에게 가까워졌습니다.

이 책의 제목은 '시간의 역사'이지만 이 책의 내용을 한마디로 말하면 '물리학이 다루는 모든 힘에 관한 완전한 통일이론을 찾는 과정'의 기술이라고 할 수 있습니다. 이를 통해 우주를 탐구하던 인간의 역사를 다루고, 현대 과학에서 말하는 우주의 탄생을 설명하고 있습니다. 따라서 이 책은 단순히 우주에 대한 이야기, 시간에 대한 이야기가 아니라 우리를 둘러싼 자연의 가장 기본적이고 근원적인 이론에 대한 이야기를 다룬 것입니다.

단비　우주의 탄생과 관련한 내용을 학교에서도 배우나요?

오 교수 우주의 탄생은 현재 우리의 존재를 말해 주는 첫 출발선이기 때문에 과학에서는 매우 중요하게 다루어진 주제입니다. 학교에서 배우는 교육 내용은 '국가교육과정'에 의해 정해지는데 2009년에 개정된 교육과정에 의해 만들어진 고등학교 1학년 과학 교과서가 2012년부터 2017년까지 사용되었는데, 그 교과서의 내용의 1/4에 해당하는 첫 번째 단원이 바로 '우주의 기원과 진화'였습니다. 우주의 기원부터 빅뱅과 우주 팽창, 원자와 별, 은하의 생성까지의 종합적인 내용을 다루었습니다. 2021년 현재에도 빅뱅이론은 물론, 아인슈타인의 상대성이론의 내용도 고등학교 과학 통합과학, 물리, 지구과학 교과서에 포함되어 있습니다.

단비　우주의 탄생을 빅뱅으로 설명하는데, 이와 관련해서 가장 중요하게 기억해야 할 과학적 사실은 무엇일까요?

오 교수 크게 두 가지를 생각하면 좋을 것 같습니다. 첫째, 우주 팽창입니다. 우주가 팽창한다는 것은 러시아의 과학자인 프리드만에 의해서 제기되었습니다. 르메르트 등도 비슷한 주장을 했지만, 아인슈타인을 비롯한 당시 주류 과학계는 정적인 우주설을 받아들였기 때문에 우주 팽창설은 크게 주목을 받지 못했습니다. 우주 팽창설이 다시 수면 위로 올라온 것은 허블과 휴머슨의 연구 결과로 인해서였습니다.

허블은 외부 은하들의 존재를 증명하기 위해서 외부 은하까지의 거리를 측정 기록하였으며 그들의 스펙트럼을 관찰하였습니다. 그런데 은하의 스펙트럼을 관찰한 결과 스펙트럼이 파장이 긴 쪽붉은색 쪽으로 치우쳐 관측되는 적색편이 현상이 나타났는데, 이는 관측된 은하가 우리에게서 멀어지고 있다는 것을 나타내는 것입니다. 더구나 지구로부터 멀리 떨어진 은하는 더 빠르게 멀어지고 있는 결과를 얻을 수 있었습니다. 이 결과는 우주 자체가 팽창하고 있다는 증거가 되었습니다.

허블의 발표는 엄청난 파문을 일으켰습니다. 은하들이 멀어지는 것은 우주 전체가 팽창 중이기 때문이라는 놀라운 주장이었기 때문입니다. 은하들 사이가 거리가 멀어지는 것은 우주의 부피가 커진다는 것을 의미합니다. 즉 공간의 크기가 커진다는 것입니다. 허블이 우주의 팽창을 설명하기 위하여 확립한 법칙에는 그의 이름인 "허블의 법칙"이 붙게 되었습니다.

우주가 팽창하고 있다면 시간을 역으로 올라가 아주 먼 과거, 전 우주가 점 하나로 축소되는 순간을 생각할 수 있습니다. 우주의 탄생인 약 138억 년 전이라고 할 수 있습니다. 이것이 바로 "빅뱅"입니다. 지극히 작고 극도로 뜨거운 하나의 점, 장차 별들과 은하를 만들어 낼 모든 물질을 만들어 낼 모든 물질을 포함한 이 점이 갑자기 팽창하여 오늘날 우리가 살고 있는 우주가 되었다는 것입니다.

둘째, 우주배경복사입니다. 허블이 발견한 적색편이는 우주가 팽창하고 있다는 사실을 증명했지만, 그것만으로 빅뱅을 완전히 설명할 수는 없었습니다. 우주 팽창설의 창시자인 프리드만의 제자 중 한 명인 가모Gamow 등은 빅뱅 초기는 크기가 작아서 입자의 밀도가 높아 빛도 빠져나오기 어려웠었는데, 우주가 팽창하여 식으면서 어느 순간 빛이 다른 물질 입자와의 충돌 없이 먼 거리를 항해할 수 있는 순간, 즉 우주가 맑게 갠 순간이 나타났다고 생각했습니다. 이때 자유롭게 움직이기 시작한 빛이 우주를 떠돌고 있을 것이라고 주장했습니다. 이 주장이 잊혀가던 1960년대에 미국의 펜지어스와 윌슨은 우주에서 오는 전파를 연구하던 과정에 하늘의 모든 방향에서 동일하게 나타난 잡음을 확인하게 되었고, 이것이 바로 가모 등이 예측한 우주배경복사임을 확인했습니다. 무려 가모 등이 예측한 지 20여 년이 지난 후였습니다. 이후 코비COBE: Cosmic Background Explorer 망원경, 더블유맵WMAP: Wilkinson Microwave Anisotropy Probe 우주망원경, 플랑크Planck 우주망원경 등의 대형 망원경을 우주 상공에 띄울 만큼 우주배경복사에 대한 연구는 매우 중요한 연구가 되었습니다. 이 업적으로 펜지어스와 윌슨은 물론 코비 연구팀도 노벨 물리학상을 수상했습니다.

뉴턴에서 아인슈타인으로

단비 뉴턴의 우주가 결정론적이라고 하는데, 그것은 무엇을 의미하는 것입니까? 현재의 상태를 정확하게 알면, 정확하게 과거도 알 수 있고 미래도 정확하게 예측할 수 있다는 것인가요?

오 교수 뉴턴Isaac Newton, 1642~1727의 우주가 결정론적이라고 불리는 이유가 궁금하다는 말이지요. 뉴턴은 그의 저서 『프린키피아』에서 절대

뉴턴

공간과 절대시간을 가정하고, 그 안에 모든 물체가 존재한다고 하였습니다. 절대공간과 절대시간이 바로 모든 물체가 존재하는 틀이라고 전제한 것입니다. 바로 이러한 절대적인 틀을 사용했다는 점에서 뉴턴의 우주가 결정론적이라고 말하는 것입니다. 특히 뉴턴의 이론을 이어받은 프랑스 수학자와 철학자들에 의해 결정론적 특징이 강화되는 측면이 있습니다.

이러한 뉴턴의 물리, 공간 및 시간에 대한 결정론적인 전제가 뉴턴 역학 이론 형성에서 형이상학적 원리의 역할을 하는 것으로 다음과 같이 이해할 수 있습니다. 뉴턴 역학의 특징은 첫째, 어떤 순간에 하나의 계에 대한 모든 것을 안다면 그리고 그 계가 어떻게 변화하는지를 설명하는 방정식을 안다면, 미래를 예측할 수 있다는 것입니다. 이러한 점에서 볼 때 고전 물리학이 결정론적 세계라는 것입니다. 둘째, 만약에 우리가 과거와 미래를 뒤집어서 똑같은 이야기를 할 수 있다면, 똑같은 방정식이 과거에 관한 모든 것을 말해 줄 것입니다. 그런 계를 가역적이라고 합니다. 셋째, 어떤 물체의 위치와 시간에 따른 위치를 동일한 방정식으로 시각화할 수 있습니다.

따라서 '뉴턴 역학에 따르면 현재의 상태를 정확하게 알면, 정확하게 과거도 알 수 있고 미래도 정확하게 예측할 수 있다'는 주장을 할 수 있게 됩니다. 이러한 뉴턴의 만유인력법칙은 우주의 형성을 잘 말해줍니다. 이것은 절대공간과 절대시간은 바로 신 자체라는 형이상학적 믿음에서 출발하였기 때문입니다. 그 시공간에 있는 물질은 신의 창조물이기에 그대로 뉴턴의 법칙과 만유인력법칙에 따라 유지되는, 인과론적 법칙에 따라 작동되는 기계라는 것입니다. 하지만 이러한 만유인력법칙에 의하면 이 세상의 모든 것은 현재의 모습을 유지한다는 잘못된 주장을 하게 됩니다.

단비 뉴턴의 운동의 제1법칙 관성의 법칙이 의미하는 것은 무엇인가요? 뉴턴의 관성의 법칙은 제2법칙에 포함되어야 하는데 제1법칙이라고 한 이유는 무엇인가요?

오 교수 결론적으로 뉴턴 역학은 관성의 법칙으로부터 전개되고 있습니다. 관성의 법칙은 뉴턴 역학의 형이상학적 믿음인 절대공간과 절대시간의 기반이기도 합니다. 따라서 뉴턴은 그의 저서를 통하여 관성의 법칙을 제2법칙이 아닌 제1법칙이라 하였습니다. 물론 의문이 생길 수 있습니다. 관성의 법칙을 제2법칙인 힘과 가속도의 법칙보다 앞선 제1법칙이라고 할 만한 이유가 무엇일까에 대해서요. 뉴턴의 제2법칙이 있다면, 알짜 힘이 물체에 작용하지 않는다면, 당연히 가속도가 없는 관성의 법칙으로 귀결됩니다. 따라서 우리가 보기에는 관성의 법칙은 제2법칙의 특수한 예일 뿐입니다.

하지만 뉴턴은 그의 저서에서 관성의 법칙을 먼저 내세웁니다. 이것은 바로 뉴턴이 보기에는 관성의 법칙이 다른 법칙들보다도 가장 중요하다는 것을 의미합니다. 그 이유와 의미를 탐색하기 위해 호킹 Hawking이 기술하는 뉴턴의 우주관을 살펴보도록 하겠습니다.

먼저 갈릴레오는 자신의 상대성 원리를 통하여 지구가 자전할 수 있다는 것을 보여 주기 위해서 관성의 법칙을 사용합니다. 즉 일정한 속도로 달리는 배 위에서는 어떤 속도로 달리든 배 안에서는 정지해 있든지, 운동하든지 똑같은 현상이 나타난다는 것입니다. 이것은 관찰자가 존재하는 모든 장소가 공간의 기준이 될 수 있다는 것입니다. 이것이 공간의 상대성 원리입니다. 결국은 관성의 법칙은 절대적 공간이 없다는 것이고, 관찰자와 관계없이 누구에나 똑같이 흐르는 시간은 존재한다는 것입니다.

아리스토텔레스는 정지된 공간이 운동하는 공간보다 우월하다고 하였습니다. 하지만 갈릴레오는 이것을 부정합니다. 뉴턴도 이러한 아리스토텔레스의 절대적 위치, 즉 절대공간이라는 것이 존재하지 않는다는 것을 심각하게 염려했습니다. 그것은 절대 자신에 대한 생각과 조화될 수 없었기 때문입니다. 그는 자신의 관성의 법칙이 절대공간을 함축하고 있지 않음에도 불구하고 절대공간의 존재를 상정할 수밖에 없었습니다. 결국 뉴턴은 절대적으로 정지해 있는 우주 공간의 장소를 기준으로 삼게 됩니다. 임의의 정지된 장소절대적 위치를 중심으로 일정한 속도로 운동하는 계를 관성기준계라 하여, 그곳에서는 모든 뉴턴 법칙이 동일하게 적용된다는 것입니다.

뉴턴은 공간 자체야말로 고정된 절대기준계라고 생각했습니다. 그는 공간을 정지해 있으면서 움직이지 않는 물리적 실체로 간주했습니다. 이와 같은 '정지해 있는 공간의 절대적 기준을 기준으로 모든 공간은 누구에게나 같은 간격으로 동일하게 펼쳐져 있다'고 주장했는데 이 공간을 절대공간이라 부릅니다. 뉴턴에 의해 공간과 시간은 그 안에 물질적인 모든 것이 존재하는 기준틀을 제공합니다. 이런 식으로 시간과 공간이 우주 통합의 기반이 된 것입니다. 이러한 유물론적 우주를 하나의 우주로 만드는 것들은 그 안에 물질들이 자리 잡고 있는 시간과 공간 기준틀의 통합이라 말할 수 있습니다.

단비 뉴턴이 생각했던 '절대공간'과 '절대시간'의 개념은 아인슈타인에 의해 어떻게 바뀌게 되었나요?

아인슈타인

오 교수 전기 현상과 자기 현상을 총망라한 전자기법칙을 다루는 맥스웰 방정식에 의하면 전자기파는 빛의 속도로 전파된다는 결론에 이르게 됩니다. 이때 전자기파의 속도를 일정하게 만들기 위해서 에테르라는 가상의 물질로 우주가 채워졌다고 가정하고 전자기파의 속도를 에테르를 기준으로 하는 속도로 측정되어야 한다고 주장했습니다. 그런데 마이켈슨과 몰리의 실험 결과에 의해 에테르가 존재하지 않는다는 것이 밝혀졌습니다. 즉, 뉴턴의 이론과 맥스웰의 전자기 이론이 일치하지 않는 물리학의 위기가 도래하게 된 것입니다.

이를 해결한 사람이 바로 아인슈타인 Albert Einstein, 1879~1955입니다. 1905년 아인슈타인은 빛의 속도는 항상 일정하다는 광속 불변의 원리와 모든 관성계에서 물리 법칙은 동일하게 성립한다는 원리를 바탕으로 특수상대성이론을 발표했습니다. 빛의 속도가 유한하고 일정하다는 사실은 실로 놀라운 가정이었습니다. 2015년에 '열린 연단'에서 『시간의 역사』 강연회를 개최하여 서울대학교 오세정 교수의 강연이 있었는데, 그때 토론을 진행한 이필진 교수는 『시간의 역사』를 이해하는 데 가장 중요하고 가장 근본적인 물리학적 사실로 광속 불변의 원리를 선택하기도 했습니다.

아인슈타인의 특수상대성이론에 의하면, 두 사건이 일어나는데 걸리는 시간도 관찰자에 따라 달라지며, 관찰자에 대해 운동하는 물체의 길이도 변하게 됩니다. 즉, 이전까지는 절대적이라고 생각했던 시간과 길이공간의 개념을 상대적인 개념으로 바꾸어 놓았습니다.

단비 아인슈타인은 질량에 의하여 공간이 휘어진다는 일반상대성이론을 발표하였습니다. 그와 관련된 근거와 핵심이 되는 문제들은 어떤 것이 있나요? 그리고 그 주장은 실제로 관측되고 있나요?

오 교수 1915년 아인슈타인은 뉴턴과 다르게 중력과 가속도는 같다고 생각했습니다. 이것이 바로 일반상대성이론의 핵심입니다. 즉 아인슈타인은 중력질량과 관성질량의 등가성을 이용하여 자신의 등가원리를 이끌어 내고, 더 나아가서 일반상대성이론 전체를 이끌어 낸 것입니다.

이러한 핵심을 가지고 아인슈타인은 중력에 대해 질량을 가진 물체 주위에 생기는 '공간의 휘어짐'이 일으키는 힘이라고 설명했습니다. 질량을 가진 물체가 있으면 그 주위의 공간이 '휘어지며', 그 휘어짐의 영향이 중력으로 관측된다는 것입니다. 즉, 물체의 질량이 클수록 공간의 휘어짐이 커서 중력도 커진다는 뜻인데요. 따라서 아인슈타인은 태양처럼 질량이 큰 천체 주위에서는 공간이 휘어지며, 그 공간을 지나는 빛도 직진하는 것이 아니라 휘어진다고 '예언'하였습니다. 그리고 1919년, 영국의 천문학자 아서 에딩턴 1882~1994이 이끄는 탐사대가 서아프리카와 브라질에서 일식을 관측하여 태양 근처에서 별빛이 휘어지는 것을 확인했습니다. 그 별빛이 휘어지는 정도는 아인슈타인이 일반상대성 이론에서 예상한 그대로였습니다. 에딩턴의 관측 결과는 당시 언론의 표현에 따르면 '뉴턴의 만유인력의 법칙을 무너뜨리고' 일반상대성 이론의 정확함을 증명한 것이었습니다. 또한, 일식을 이용한 똑같은 관측은 여러 번 이루어졌는데 그때마다 일반상대성이론의 예상을 뒷받침하는 결과가 나왔습니다.

단비　아인슈타인은 관성력과 중력은 같다는 등가원리로부터 논리적으로 어떤 새로운 원리를 귀결시켰나요?

오 교수　첫째, 중력이 시공간을 휘어지게 만든다는 원리를 귀결시켰습니다. 물질이 있으면 시공간이 일그러집니다. 물질에는 질량이 있습니다. 특수상대성이론에서 질량과 에너지는 등가라는 말은 잘 알려져 있습니다. 물질이 에너지라고 한다면 그 에너지가 주위에 영향을 준다는 것은 당연합니다. 그 영향을 시공간의 휘어짐이라고 생각하면 됩니다.

둘째, 수성의 공전 궤도가 뉴턴 역학으로 계산한 궤도와 다른 것을 설명했습니다. 뉴턴 물리학으로 계산한 수성의 공전 궤도가 실제 수성의 공전 궤도에 맞지 않는 문제점을 해결한 것이지요. 태양주위로 공전하는 수성의 근일점은 조금씩 이동합니다. 이것은 태양 질량 분포의 불균일성이나 근처에 있는 다른 행성들의 영향으로 공전 궤도 자체가 이동하기 때문입니다. 이러한 근일점의 이동은 뉴턴 역학을 이용하여 계산할 수 있습니다. 하지만 태양과 가장 가까운 궤도를 도는 수성의 근일점 이동은 뉴턴 역학을 이용하여 뉴턴 역학에 따라 계산한 값과 실제로 관측한 값과는 차이가 있었습니다. 이 차이를 아인슈타인은 일반상대성이론에 적용한다면, 거대한 질량을 지닌 태양 근처에서는 공간이 크게 휘어져 그 영향으로 수성 궤도가 휘어진다는 것을 설명하였고, 그 결과 아인슈타인은 일반상대성이론으로 수성 공전 궤도가 실제의 궤도에서 벗어나는 것을 바로잡았습니다.

셋째, 중력 시간 지연의 원리를 귀결시켰습니다. 일반상대성이론에서 또 하나의 예측은 중력장에서 빛이 나오면 에너지를 잃지만 예를 들면 지구 표면에서 우주 공간으로 나갈 때 빛의 속도는 변하지 않기에 파의 길이가 길어지는 중력 적색편이 현상을 보이고, 중력장에서는 특수상대성이론에서처럼 시간도 천천히 흐릅니다. 이를 중력시간 지연이라고 합니다.

넷째, 중력파의 존재를 예측했습니다. 중력파는 1905년 프랑스 수학자 앙리 푸앵카레가 처음 제안했습니다. 아인슈타인은 일반상대성이론에서 시공간의 곡률에 의해 중력이 발생하며, 시공간의 곡률은 질량에 의해 발생하므로 질량을 가지는 물체가 시공간에서 이동하면 시공간의 곡률도 변동이 되고, 질량을 가지는 물체가 가속운동을 하면 시공간의 곡률변동이 파동의 형태로 전파되는데 이를 중력파라고 하였습니다. 그리고 이 중력파의 속도는 빛 전자기파의 속도와 같다고 예측하였습니다.

아인슈타인에 의하면 가속을 일으킨 거대한 질량으로부터 빛의 속도로 발산되는 중력파가 존재합니다. 중력파란 커다란 질량을 가진 천체가 폭발이나 충돌에 의해 급격한 질량 변화가 있을 때 발생하는 시공의 일그러짐이 파도처럼 전달되는 것입니다.

중력파는 매우 작기 때문에 그 검출이 매우 어렵습니다. 그렇지만 1974년 조셉 테일러와 러셀 헐스가 펄서에 의해 간접적으로 중력파가 관측되었습니다. 이 두 사람은 펄서의 쌍성계인 PSR B1913+16을 발견하고 그 자전주기와 펄스 방출주기를 정밀하게 측정하여 그 궤도주기가 점차 짧아지고 있음을 밝혀냈는데, 이 현상은 중력파를 통해 에너지가 밖으로 방출되었다고 볼 때, 일반상대성이론이 예측하는 값과 오차범위 내에서 일치하였습니다. 그리고 2016년 LIGO Laser Interferometer Gravitational-Wave Observatory, 레이저 간섭계 중력파 관측소 : 미국 워싱턴주 핸포드와 루이지애나주 리빙스턴에 위치한 중력파 관측 시설가 지구로부터 13억 광년 떨어져 있는 2개의 블랙홀이 결합하면서 발생하는 중력파를 직접 검출하였다고 발표하였습니다.

단비 『시간의 역사』에서는 아인슈타인의 상대성이론이 많이 언급되고 있습니다. 물체의 속도가 빠르지 않으면 상대성이론은 뉴턴 역학으로 회귀된다고 알고 있습니다. 뉴턴 역학은 일상생활에서도 많이 활용되는 데 반하여, 상대성이론은 현실에 활용이 되지 않는 이론이 아닌지요?

오 교수 한편으로는 맞는 말이고, 다른 한편으로는 틀린 말입니다. 빛의 속도는 초속 300,000km나 될 정도로 엄청나게 빠르기 때문에 일상생활에서 움직이는 물체는 빛의 속도보다 작아 상대성이론의 모든 식은 뉴턴의 식으로 바꿀 수 있습니다. 그런 점에서 상대성이론은 우리 일상과는 관련 없는 이론이라 할 수 있습니다.

그렇지만 현대 과학의 영향을 받는 여러 기술에서는 상대성이론을 고려해야 합니다. 가장 대표적인 것이 GPS Global Positioning System입니다. 지구 밖에는 24개의 GPS 인공위성이 있는데, 약 8km/s의 속도로 지구를 공전하고 있습니다. 우리는 GPS 위치와 거리를 이용하여 현재의 위치를 계산해냅니다. 그런데 GPS의 위성이 빠르게 움직이면서 특수상대성이론에 의해 GPS 위성의 시간은 느리게 갑니다. 물론 하루에 7μs 마이크로 초 정도 느리게 흘러가는 정도인데 별로 크지는 않습니다. 또한 GPS 위성은 지구 표면에 있는 우리보다 더 높은 위치에 있기 때문에 더 적은 크기의 중력을 받습니다. 그 결과, 일반상대성이론에 의해서 하루에 45μs 마이크로 초씩 시간이 빨리 흘러갑니다. 결론

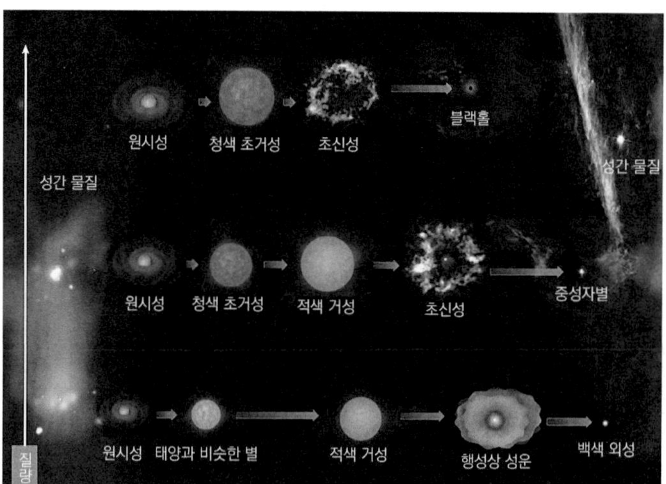

질량에 따른 별의 일생

적으로 두 효과에 의해서 GPS 위성의 시계는 하루에 38μs 마이크로 초 정도 빠르게 흘러갑니다. 별로 크지 않은 차이이지만, 10억분의 1초 정도의 정확도를 유지하도록 만든 GPS 위성을 생각하면 큰 문제를 일으킵니다. 이 작은 시간의 차이가 거리의 정확도에 영향을 주어 GPS를 무력화시킬 수 있습니다. 현재 GPS 위성에서는 상대성이론에 의한 효과를 보정하고 있습니다.

사람들에게 가장 잘 알고 있는 과학 공식이 무엇인지 물어보면 많은 사람은 $E=mc^2$을 손꼽습니다. 질량 에너지 등가의 법칙으로 알려진 식으로 빛의 속도 c가 매우 크기 때문에 작은 질량으로도 큰 에너지를 만들어낼 수 있다는 원리입니다. 원자폭탄이나 원자력 발전소에서 큰 에너지를 만들어내는 것도 바로 이 식에 기인합니다. 이 식을 아인슈타인이 만들어냈다고 알고 있는 사람들은 많지만, 이 식이 특수상대성이론으로부터 유도된 식이라는 것은 모르는 사람들이 많습니다. 우리가 사용하는 전력의 많은 비율을 차지하는 원자력발전을 생각하면, 특수상대성이론은 우리 삶 가까이에서 숨 쉬고 있다고 할 수 있습니다.

단비 별이 생성된 이후, 오랫동안 핵반응에 의한 에너지로 안정적인 상태를 유지하다가 연료를 소진하게 되면 별이 생명을 다한다고 했습니다. 이 과정에서 블랙홀이 탄생한다고 했는데, 그렇다면 지구도 향후 블랙홀로 변하는 것인지요?

오 교수 별의 최후는 별의 질량에 따라 다른 길을 걷게 됩니다. 비교적 질량이 작은 별의 경우에는 핵융합을 통해 탄소와 산소까지만 만들게 되고 중력에 의해 수축하여 밀도가 큰 백색 왜성이 됩니다. 그리고 바깥 껍질은 기체의 형태로 우주 공간으로 방출되는 행성상 성운이 됩니다. 결국 별은 서서히 소멸하게 됩니다. 지구도 결국 이 길을 걷게 될 것입니다.

반면 질량이 큰 별은 중심부의 온도가 매우 높아져 헬륨, 탄소 연소를 거쳐 산소, 규소 연소까지 가능해집니다. 이후 지속적인 핵융합을 통해 최후의 산물인 철을 생산하게 됩니다. 이런 상태를 적색 거성이라고 하는데, 새로운 핵융합을 못하게 된다면 별은 자체 중력을 이기지 못해 급격히 중력 수축을 하고, 더 수축할 수 없는 단단한 핵에 튕겨 나가 초신성 폭발을 겪게 됩니다. 이 과정에서 발생하는 높은 온도로 별을 이루는 원소들은 다시 한번 핵융합을 하여 더 무거운 원소를 만들게 됩니다. 즉 현재 우리가 알고 있는 원소들은 별이 최후를 맞는 과정을 통해 만들어진 것입니다. 지구에 철을 비롯해 무거운 많은 원소가 존재하는 것으로부터 지구가 다른 별의 초신성 폭발에 의한 잔재로 만들어진 것임을 알 수 있습니다.

초신성 폭발을 통해 최후를 맞은 질량이 큰 별은 중심에 고밀도의 중성자별이나 블랙홀을 남기며 죽음을 맞게 됩니다.

미래로의 시간 여행

단비　스티븐 호킹은 『시간의 역사』에서 시간 여행을 언급했습니다. 미래로의 시간 여행이 가능하다고 하는데, 정말 그러한지요?

오 교수 결론부터 말씀드리면 가능합니다. 그런데 여러분이 알고 있는 영화에 나오는 그러한 시간 여행은 아닙니다. 그러한 시간 여행이 가능한지는 아직도 많은 논란의 소재이기도 합니다.

시간 여행이 가능하다는 것은 상대성이론에서 말하는 쌍둥이 역설을 생각해보면 됩니다. 쌍둥이 역설은 쌍둥이 중에 형이 우주여행을 떠나고, 동생은 지구에 남아 있는 상황을 가정합니다. 형이 0.8c의 속도로 날아가는 우주선을 타고 10광년 떨어진 별을 향해 갔다 돌아오는 상황입니다. 형이 별에 도착했을 때 동생은 12.5살을 더 먹게 되지만, 동생이 보기에 형의 시계는 7.5년밖에 흐르지 않게 됩니다. 형이 다시 지구로 되돌아오면 동생에게는 25년이 지났지만, 형은 15년밖에 지나지 않은 것이지요. 그런데 형 입장에서 생각하면 반대 상황이 일어납니다. 자신이 정지해 있는 기준계로 생각하면 동생이 있는 지구가 0.8c의 속도로 멀어지는 것이므로 자신의 시계가 25년이 지나고, 동생의 시계는 15년만 지난 것이지요. 이것이 바로 쌍둥이 역설입니다.

이 역설이 만들어진 것은 두 쌍둥이가 지구에서 서로 만났기 때문입니다. 서로 만나기 위해서는 쌍둥이 형이 지구로 돌아오기 위해 속도를 변화시키는 가속의 상황이 만들어진 것입니다. 가속한다는 것은 중력장을 통과한다는 것이고, 일반상대성이론에 의하면 중력장을 통과하는 동안에는 시간이 천천히 가게 됩니다. 즉, 별에 도착하여 되돌아오기 위해 가속을 하는 동안에 형의 시계는 천천히 가고 지구에 있는 동생의 시계는 상대적으로 빠르게 갑니다. 결국, 형이 지구로 돌아오게 되면 동생이 형보다 10살이나 더 나이를 먹게 됩니다. 이런 상황을 미래로의 시간 여행으로 생각할 수 있습니다.

단비　스티븐 호킹은 이론물리 분야에서 놀라운 업적을 남겼다고 들었습니다. 호킹의 주요 업적은 무엇인지요? 그리고 스티븐 호킹은 왜 노벨상을 수상하지 못했을까요?

오 교수　스티븐 호킹은 2018년에 사망했습니다. 현재 스티븐 호킹의 무덤은 런던의 웨스트민스터 사원에 자리하고 있습니다. 웨스트 민스터 사원은 영국의 왕, 왕비의 무덤이 자리잡고 있는데, 영국의 유명 인사 예: 셰익스피어는 물론 뉴턴, 다윈, 디랙 등의 유명한 과학자의 무덤도 있습니다. 그만큼 스티븐 호킹의 과학적 업적을 높이 사고 있는 것입니다.

스티븐 호킹은 블랙홀과 관련된 연구를 많이 수행했습니다. 그는 블랙홀을 이해하기 위해서 양자 물리학과 상대성이론을 결합해야 한다고 했습니다. 『시간의 역사』에서 그가 양자중력이론을 강조한 것도 그 때문입니다. 이 두 이론을 결합시킨 연구를 통해 블랙홀이 빛을 포함한 모든 물체를 삼키는 것이 아니라 복사 에너지를 방출한다는 소위 호킹 복사의 결론을 만들어냈습니다. 오늘날 호킹의 가장 중요한 업적으로 이야기합니다.

스티븐 호킹이 20세기 후반의 가장 위대한 물리학자라고 손꼽히면서도 노벨상을 수상하지 못한 것은 노벨상은 이론에는 수여하지 않기 때문입니다. 그 이론이 실험을 통해 증명되었을 경우에만 수상 대상이 될 수 있기 때문입니다. 아인슈타인이 상대성이론으로 유명해졌지만, 실제 노벨상은 1905년에 발표한 광전효과를 통해서 수상된 것은 유명한 이야기입니다.

그런데 아이러니하게도 스티븐 호킹이 사망한 지 2~3년이 지난 2020년 노벨상은 블랙홀을 수학적으로 증명하고 관측으로 발견한 로저 펜로즈, 라인하르트 겐젤, 안드레아 게츠 등의 3명에게 돌아갔습니다. 펠로즈 교수는 스티븐 호킹와 함께 1965년에 '펠로즈-호킹 블랙홀 특이점 정리'를 발표하여 일반상대성이론으로부터 우주에 특이점이 존재하고 이로부터 빅뱅과 블랙홀을 예측했습니다. 아마도 스티븐 호킹이 살아 있었으면 노벨상을 공동 수상했을 것이라는 점은 믿어 의심치 않습니다.

참고 문헌

스티븐 호킹, 레오나르도 믈로디노프, 전대호 옮김, 『짧고 쉽게 쓴 '시간의 역사'』, 까치글방, 2006.

오준영, 『서양 고대 그리스와 중세의 철학적 세계관, 그리고 근현대의 과학적 세계관의 영향』, 연세대학교출판문화원, 2019.

Oh, Jun-Young, 「Understanding the Scientific Creativity Based on Various Perspectives of Science」, Axiomathes, Online First, 2021.

Hawking, S., Mlodinow, L., *A Briefer History of Time: The Science Classic made more Accessible*, New York: Bantam Books, 2005.

Hawking, S., Mlodinow, L., *The Grand Design*, New York: Bantam Books, 2010.

제4부

동양 고전으로 보는 삶의 지혜

어진 삶을 추구했던 인류의 스승과의 대화
—공자, 『논어』

윤채근

> 배우고 때때로 그것을 익힌다면 또한 기쁘지 아니한가? 벗이 있어 먼 곳으로부터 찾아온다면 또한 기쁘지 아니한가? 다른 사람이 알아주지 않아도 성내지 아니하면 또한 군자가 아닌가?

인류의 스승, 공자

단웅이 안녕하세요? 선생님! 저는 단국대학교 학생 단웅이라고 합니다. 이렇게 직접 뵙게 되어서 영광입니다.

공자 나 역시 반갑기 그지없습니다. 초대해 주셔서 저야말로 영광입니다.

단웅이 공자孔子, B.C.551~B.C.479 선생님을 모르는 사람은 별로 없을 것 같습니다. 하지만 첫 인터뷰인 만큼 자기소개를 짧게 부탁드려도 될까요?

공자 성적도에 그려진 공자

공자 물론입니다. 저는 기원전 551년에 중국의 노魯나라라는 곳에서 태어났습니다. 여러분들이 춘추시대라고 부르는 시기였지요. 저의 아버지는 노나라에서 대부라 불리는 꽤 높은 신분에 속한 분이셨습니다. 칠십 살 무렵에 나이 어린 어머니와 만나 저를 낳으셨지요. 불행하게도 아버님과 어머님 모두 제가 어릴 때 돌아가시고 말았습니다. 당연히 고생이 심했겠지요? 힘든 시기를 보내야 했습니다. 그래도 배움에 뜻을 둔 저는 가난을 이겨내며 지치지 않고 공부에 매진했습니다. 당시 제가 자란 노나라의 곡부曲阜라는 곳은 예악禮樂의 중심지로 정평이 난 곳이었어요. 문화적으로 아주 발달된 유서 깊은 곳이었다고나 할까요? 때문에 교육열도 몹시 높아서 제 소문을 듣고 찾아오는 학생들이 차츰 늘어나 나중에는 큰 학단學團을 이루게 되었습니다. 오늘의 제가 있게 된 계기였던 거지요.

단웅이 선생님께선 그야말로 인류의 스승이라 불리고 계시잖아요? 그동안 세상에는 수많은 스승님이 계셨을 텐데, 특히 선생님께서 그토록 높이 떠받들어지게 된 이유가 어디에 있다고 생각하시는지요?

공자 그걸 제 입으로 말하려니 쑥스럽군요. 두 가지 정도로 요약해 볼까요? 첫째는 저로부터 교육받은 제자들이 훗날 저마다 각자 훌륭하게 성장했기 때문일 겁니다. 그들은 현실 정치에 뛰어들어 큰 업적을 남기기도 했고, 저술을 통해 학자로서 세상에 널리 알려지기도 했었지요. 그렇게 세대가 거듭될수록 제가 기른 제자들의 제자들, 또 그 제자들의 제자들이 늘어나며 영향력도 커지게 되었습니다. 세상 사람들은 그들을 유가儒家라고 불렀지요. 결국 저는 유가 학파의 시조로 추켜세워지게 되었던 겁니다.

단웅이 역시 선생님이세요! 모든 공로를 제자들에게 돌리고 계시잖아요? 감동이에요. 두 번째 이유는 뭔가요?

공자 역시 제자들과 관계가 있습니다. 제가 태어날 무렵의 문화적 상황을 먼저 알아두셔야 할 듯하군요. 춘추시대의 중국은 지금과 달리 철저한 계급사회였습니다. 나라마다 통치자가 있고 그들을 둘러싼 귀족들이 있었지요. 공公이니 경卿이니 대부大夫니 하는 호칭이 다 그렇게 만들어진 겁니다. 사회지도층이었던 이 사람들은 상당한 특권을 누리며 호의호식하며 살았습니다. 당연히 좋은 교육을 받을 기회도 이 사람들이 독차지하고 있었겠지요?

단웅이 가난한 백성들은 공부할 기회를 얻기 힘들었겠네요?

공자 그렇습니다! 공부는커녕 먹고살기 바빴습니다. 배우지 못하면 지혜롭지 못하고 지혜가 없으면 옛 성인聖人들이 남긴 훌륭한 삶의 길도 찾을 수 없을 것 아니겠어요? 그건 너무도 불행한 일이었습니다. 무엇보다 그건 모든 인류의 행복을 꿈꿨던 성인들께서 결코 바라시던 바가 아니었을 겁니다. 세상에 배움이 널리 퍼져야 인간다운 삶도 가능할 것이니까요.

단움이 그래서 교육 봉사에 뜻을 두셨던 거로군요?

공자 하하! 말하자면 그렇습니다. 교육이야말로 세상을 바른길로 인도하는 유일한 등불이라고 믿었습니다. 그래서 저는 신분의 높고 낮은 것을 따지지 않고 배움에 뜻을 둔 젊은이라면 모두 제자로 받아들였습니다. 귀족 집안의 도련님과 가난한 서민의 자식들이 어깨를 나란히 하고 제 집에서 함께 공부하게 되었지요.

단움이 당시로선 엄청난 혁신을 이루신 거네요?

공자 그런 셈입니다. 요즘의 보통교육까지는 아니더라도 배움의 기회를 평등하게 나누는 문제에 작은 기여를 했다고나 할까요? 덕분에 저의 학단은 더욱 다채로운 인물들로 넘쳐나게 되었고, 현실과 멀리 동떨어진 어려운 철학적 문제를 해결하기보다는 당장 우리 삶에 필요한 실용적 지식을 추구하게 되었지요.

단움이 평등 교육이라는 발상의 혁신, 그리고 삶에 직접적으로 필요한 지식을 가르친 교육 프로그램이 선생님의 성공 비결이었다는 말씀이시네요?

공자 그렇습니다. 그게 제 명성의 가장 큰 이유가 아닐까요?

사회적 존재로서의 인간

단웅이 끝까지 선생님 자신에 대해서는 자랑하지 않으시네요? 선생님다우시다는 생각도 들지만 뭔가 아쉽기도 합니다. 개인적인 삶에 대해 말씀해 주실 수 있으세요?

공자 저는 스스로 개인적 삶에 지나친 애착을 갖지 않으려고 노력하며 살았습니다. 한 사람의 삶을 공적인 부분과 사적인 부분으로 나눌 수 있다면, 전 후자의 삶을 선택하지 않았다고나 할까요? 조금 어려운 말이지요?

단웅이 저희 세대로선 잘 이해가 안 되는 말씀이세요.

공자 음, 이렇게 말해볼까요? 사람이 세상에 태어나는 순간 이미 혼자가 아니지요?

단웅이 당연하죠. 낳아주신 부모님이 계시고, 또 다른 가족이나 친척들도 있을 것이고요.

공자 그렇습니다! 우린 한순간도 혼자일 수 없는 운명입니다. 그런 걸 삶의 공적인 부분이라고 말할 수 있지 않을까요? 나의 삶에 다른 누군가가 개입되어 있다는 상황을 뜻하는 것인데, 더 나아가서 나의 삶이 다른 누군가의 삶과 긴밀하게 영향을 주고받고 있다고 본다면 어떨까요? 우리가 모두 그물망 같은 것으로 서로 연결되어 있다고 보는 겁니다.

단웅이 인간은 사회적 존재라고 말씀하시는 거네요?

공자 말하자면 그렇지요! 그런 관점에서 보자면 인간의 삶은 철저히 공적인 것입니다. 그럼에도 사적인 영역이 있다고 믿는 이유는 뭘까요?

단웅이 혼자 있는 시간이 많아서가 아닐까요?

공자 혼자 있다고 해서 다른 사람의 시선마저 사라진 건 아니지요. 우리는 늘 누군가에 대해 의식하며 살고 있지 않습니까? 이를테면 무인도에 고립되었다고 쳐도, 우리는 살기 위해서 사회적 행동들을 반복하며 생존을 이어가게 됩니다. 눈에 보이지 않는다고 없는 건 아니지요.

단웅이 아! 로빈슨 크루소를 생각하면 되겠네요!

공자 그래도 좋겠군요. 우리는 혼자 있는 순간에도 다른 사람들과 어울려 함께 살아가기 위해 만들어진 규칙들이나 습관들을 계속 유지하게 됩니다. 그래야만 인간성도 보존될 수 있는 겁니다. 결국 완전히 혼자 있는 시간이란 없는 것이지요.

단웅이 그럼 개인의 자유는 없는 건가요?

공자 아닙니다. 당연히 개인은 자유롭습니다. 다만 다른 사람들과 잘 어울려 공존할 수 있는 선에서만 자유로울 수 있을 뿐이지요. 남에게 피해를 주거나, 설령 직접적으로 피해는 주지 않더라도 공동체의 가치를 무너뜨리는 행동은 삼가야 하는 겁니다.

단웅이 법만 잘 지키는 게 아니라 사회가 만들어놓은 가치를 잘 이해해서 따라야 한다는 말씀이시군요?

공자 그렇습니다. 그게 바로 예禮라고 하는 것이지요.

단웅이 예절을 말씀하시는 거네요? 에티켓 같은 것이죠?

공자 에티켓과는 조금 다릅니다. 에티켓은 시간이 흐르며 자꾸 바뀌지 않던가요? 또 구태여 지키지 않아도 무슨 큰 해가 생겨나지 않는 경우도 많지요. 게다가 나라마다 풍습이 달라서 어떤 나라에서는 지켜야 할 에티켓이 다른 나라에서는 우스꽝스러운 짓으로 보일 수도 있을 겁니다.

단웅이 예는 시간과 공간을 초월해 인간이면 누구나 지켜야 할 규범 같은 것이로군요?

공자 그렇지요! 인간의 인간다움을 지켜주는 문화적 삶의 규칙이라고나 할까요? 예가 있을 때에만 인간은 온전히 인간일 수 있는 겁니다.

단웅이 선생님께서 예의 대가로 통하셨다는 얘기는 익히 들어봤어요. 그게 개인적인 삶에 대해 무관심하셨던 이유인가요?

공자 무관심하다기보다 사사로운 개인적 삶이 공적인 삶에 비해 덜 중요했다는 뜻입니다. 특히 학생들을 가르치거나 관에 공무원으로 고용된 사람이라면 더욱 그러해야겠지요.

단웅이 선생님, 공무원도 하셨어요?

공자 잠시였지만 노나라에서 사구司寇 벼슬을 했었지요. 지금의 한국으로 치면 서울시장과 같은 직위였습니다.

단웅이 선생님처럼 많은 제자를 거느리시면서 시장으로 근무까지 하신 경우라면 사적인 삶은 저절로 줄어들었을 것도 같아요. 하지만 저처럼 평범한 사람들까지 그렇게 살 수는 없을 것 같기도 하거든요.

공자 물론 모든 사람이 공적인 삶에만 집중하며 살 필요는 없을 겁니다. 하지만 그 누구든 너무 사적인 삶에만 집착하면 결국은 도덕적으로 타락하게 되어 있지요.

단웅이 각자 자기 삶에 충실하며 서로 간섭하지만 않으면 아무 문제도 없을 것 같은데요?

공자 그건 착각입니다. 우리에게 사적인 삶이 왜 필요할까요? 그 근본을 따져보면 욕망을 이루기 위해서가 아닐까요? 남들과 더불어 나눌 수 없거나 나누기 싫은 자기만의 욕망을 실현할 수 있는 곳이 사적인 공간인 것이고, 그곳에서 영위되는 사사로운 삶이야말로 사적인 삶의 본질인 것입니다.

단웅이 사적인 삶은 주로 욕망으로 구성되므로 개인이 그걸 잘 통제하기는 힘들 거라는 말씀이신가요?

공자 맞습니다. 아주 명석하군요! 세상에 욕망이 없는 사람은 없고, 또 욕망을 충족시키지 못하는 삶이란 절대 불가능할 겁니다. 그만큼 욕망은 인간의 삶에 본질적이고 강력한 힘인 셈이지요. 이걸 예를 통해 잘 다루지 못하면 불길처럼 번져 한 사람의 삶을 망쳐놓게 되는 것입니다.

인류의 고전, 『논어』

단웅이 선생님께서 왜 공적인 삶을 강조하셨는지, 또 왜 예에 그토록 관심이 많으셨는지 이제 조금은 알 것 같아요. 다음으로는 선생님의 저서들에 대해 여쭙고 싶어요. 가장 인기를 끈 베스트셀러는 역시 『논어』겠지요?

공자 글쎄요. 지금의 세상에서 저의 저작들이라고 널리 알려진 책들을 과연 제 손으로 만들었다고 말할 수 있을지는 의문입니다.

단웅이 선생님께서 직접 쓰신 책들이 아닌가요?

공자 당연히 아닙니다. 제가 직접 편찬했다고 알려진 『시경』詩經을 예로 들어볼까요? 물론 저는 당시 세상에 널리 퍼져있던 유명한 노래들을 두루 모아 학생들에게 가르쳤습니다. 예와 더불어 악樂 역시 심성을 수양하고 삶을 도덕적으로 정화해 주는 효능이 있다고 믿었으니까요. 하지만 제가 만든 『시경』은 지금 세상에 나와 있는 책의 모습과는 많이 달랐습니다.

단웅이 완전히 다른 책이었어요?

공자 그렇지는 않습니다. 일정 부분은 제가 만들었을 때의 모습을 그대로 지니고 있습니다. 하지만 많은 부분이 세월이 흐르며 고쳐지거나 사라졌고, 심지어 후대에 첨가된 내용이 더 늘어나게 되었지요. 그러다 보니 어떤 내용은 주석 없이는 이해할 수 없을 정도로 변형이 많이 일어나기도 했습니다. 『춘추』春秋 같은 역사책이 특히 더 그렇습니다.

단웅이 제자분들께서 선생님의 저서에 함부로 손을 댈 수는 없었을 텐데, 어쩌다 그렇게까지 많은 변형이 일어나게 되었나요?

공자 혹시 분서갱유焚書坑儒라는 말을 들어봤는지요?

단웅이 수업 시간에 언뜻 들어봤어요. 진시황秦始皇이 유가의 서책들을 불태우고 유가의 학자들을 산 채로 구덩이에 밀어 넣어 죽인 사건 아닌가요?

공자 맞습니다! 아주 훌륭합니다. 제가 살았던 시대를 지금 세상에선 춘추시대라고 부르고 있지요? 저의 책인 『춘추』가 다루는 시대와 해당 기간이 얼추 비슷해서 그렇게 부르고 있습니다. 이 시대의 특징을 한마디로 정의하자면, 천하의 종주국이었던 주周나라 왕실의 권위를 존중했다는 것으로 요약 가능할 겁니다. 힘이 센 주변 국가의 지도자들이 있긴 했지만 주나라에 대한 충성심까지 버리지는 않았던 시기라고 할 수 있겠지요.

단웅이 춘추오패春秋五霸라는 말을 들어본 적이 있어요.

공자 그렇지요! 춘추시대를 호령했던 다섯 나라의 지도자라는 뜻입니다. 주나라 왕실보다 힘이 강해져서 왕실을 호위한다는 명분으로 천하를 주무른 자들을 패자霸者라고 불렀지요. 세상을 쟁패한 자라는 뜻입니다. 그런데 이 다섯 지도자는 주나라 왕을 앞세워 다른 나라 지도자들을 소집함으로써 스스로의 권위를 떨쳤지만, 감히 주나라에 정면으로 도전하지는 않았지요. 예가 어느 정도 지켜지기는 했던 셈입니다.

단웅이 그게 허물어진 게 전국시대戰國時代인가요?

공자 그렇지요. 온 세상의 나라들이 각자 제힘을 믿고 서로 싸웠다고 해서 붙여진 이름입니다. 주로 일곱 개의 나라들이 강성했다고 해서 전국칠웅戰國七雄이라고 불리고 있습니다. 이 일곱 나라의 지도자들은 자신들의 주군의 나라였던 주나라를 전혀 존중하지 않았습니다. 왕국과 제후국 사이의 주종主從의 질서가 아예 무너져버렸던 겁니다.

단웅이 죄송스러운 얘기지만 어쩌면 선생님께선 행복한 시대를 사셨던 거네요? 전국시대를 못 보고 돌아가셨으니까요.

공자 하하! 그렇게 볼 수도 있겠군요. 하지만 죽기 직전에 세상이 약육강식의 시대로 접어들고 있다는 것쯤은 깨닫고 있었습니다. 제후국의 통치자인 공들이 스스로 왕이라 함부로 칭하기 시작하고 있었고, 주나라 왕실에 대해 무례하게 굴고 있었기 때문이지요.

단웅이 그런데 우리는 지금 선생님의 저서 얘기를 하고 있었어요!

공자 아차, 그랬었지요. 그럼 아까 하던 우리 얘기를 더 진전시켜 볼까요? 힘이 세진 제후들이 왕이라 참칭하던 무도한 전국시대를 끝내고 천하를 통일한 나라의 이름은 알고 있겠지요?

단웅이 그럼요. 분서갱유를 일으킨 주인공, 바로 진시황제의 나라인 진나라잖아요!

공자 그렇습니다. 다시 분서갱유 얘기로 돌아왔군요. 천하를 통일한 진나라 왕은 자신을 왕보다 더 우월한 존재인 황제로 부르게 했지요. 여기서 황제의 '제帝'는 원래 사람이 아니라 신을 의미하는 글자였습니다. 말하자면 살아있는 신이 되고 싶었던 겁니다.

산동성 곡부에 위치한 공묘

단움이 엄청나게 오만했겠군요?

공자 스스로 불사신이라 믿었던 것 같습니다. 문제는 진시황이 자신을 신이라고 믿게 되자 더 이상 세상의 윤리에 구속받을 필요가 없어졌다는 겁니다. 그런데 제가 창시한 유가 학파의 정신은 철저히 인간의 바른길을 탐구하는 데에 초점이 맞춰져 있었지요? 신을 위한 학문이 전혀 아니었던 겁니다. 결국 진시황과 유가 학자들 사이에 틈이 벌어졌습니다. 인간의 도리를 설파하며 자신을 귀찮게 하던 유가 학자들을 미워한 진시황은 마침내 트집을 잡아 학파 전체를 없애버리려고 했던 것이지요.

단움이 그때 선생님의 저서들도 모두 불타버렸나요?

공자 유가의 서책들 대부분이 사라졌습니다. 당연히 저의 저술들도 세상에서 자취를 감추게 되었지요. 제국의 괴롭힘을 피해 산야로 숨거나 신분을 숨기고 은둔한 일부 학자들이 저의 저작들을 암기해 간신히 후세에 전해 주었습니다.

단움이 하지만 인간의 기억은 부정확하잖아요?

공자 그렇지요! 때문에 전승된 경로에 따라 여러 판본의 저서들이 후세에 나타나게 되었던 겁니다. 거기다가 한나라 때 저의 후손 집안에서 집을 수리하려 벽을 헐던 도중 오래된 옛날 문자로 쓰인 고본 서적들을 무더기로 발견하기도 했습니다. 유가의 경전 공부에 금문본과 고문본이 나란히 쓰이며 서로 경쟁하게 된 계기가 됐었지요.

단웅이 죄송하지만, 우리의 주제인 『논어』에 관해서 자세히 말씀해 주세요.

공자 『논어』 역시 비슷한 운명을 겪게 되었지요. 원본 대부분은 불에 타 사라졌습니다. 그러다가 제齊나라와 노魯나라 두 곳에서 암송을 통해 전해지던 판본들이 훗날 세상에서 빛을 보게 되었습니다. 제나라 논어, 노나라 논어라 불렸지요. 거기에다 후손의 집 벽에서 발견된 고본古本까지 모두 세 종류의 『논어』가 있었습니다.

단웅이 지금 우리가 읽고 있는 『논어』는 그중 어떤 건가요?

공자 고본 논어는 그 후 사라졌고, 제나라 논어와 노나라 논어를 절충한 판본이 지금까지 전해지게 됐습니다. 물론 그사이에도 내용이 여러 차례 변화했기 때문에 수많은 후대 학자들이 달려들어 교감 작업을 해야 했습니다. 지금 한국에서 널리 읽히고 있는 송宋나라 주희의 주석본이 그 가운데 하나입니다.

단웅이 어쨌든 선생님의 소중한 원고는 원래 모습대로는 아니지만 살아남게 되었던 거네요? 그런데 왜 선생님의 저작이 아니라고 생각하시는 건가요?

공자 『논어』만을 예로 들어 설명해보겠습니다. 요즘 여러분들이 누구의 저작이라고 말할 때는 보통 한 사람이 자신만의 구상을 통해 단독으로 집필하는 모습을 상상하실 겁니다. 그렇지요?

단웅이 당연히요.

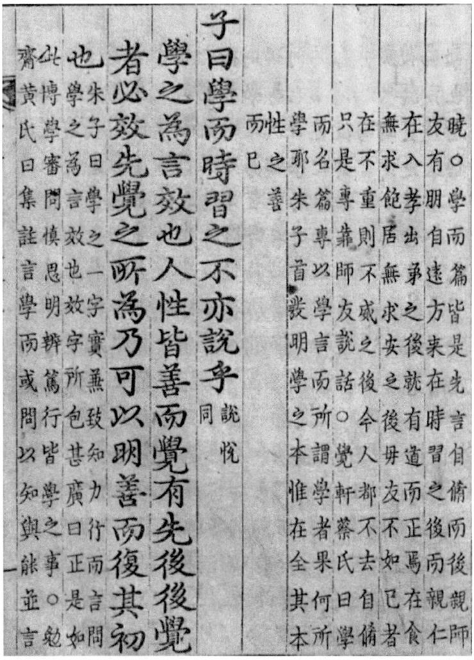
曉○學而篇皆是先言自脩而後親師
友有朋自遠方來在時習之後而後親仁
在入孝出弟之後就有道而正焉在食
無求飽居無求安之後毋友不如己者
在不重則不威之後今人都不去自脩
只是專靠師友說話○覺軒蔡氏曰學
而名篇專以學言而所謂學者果何所
學耶朱子首發明學之本惟在全其本
性之善而已
子曰學而時習之不亦說乎 說悅同
學之爲言效也人性皆善而覺有先後後覺
者必效先覺之所爲乃可以明善而復其初
也 朱子曰學之一字實兼致知力行而言問學之爲言效也效字所包甚廣曰正是如
此博學審問愼思明辨篤行皆學之事○勉
齋黃氏曰集註言學而或問以知與能並言

『논어』 학이편 첫 번째 장

공자 하지만 기원전 6세기에는 지금과 달랐습니다. 한 사람이 자신의 이름을 걸고 단독으로 책을 출판하는 시대가 아니었던 거지요. 한 권의 중요한 기록물이 태어나기까지 많은 사람의 손길이 필요했고, 그만큼 많은 시간이 걸렸습니다. 여러 세대에 걸쳐서 조금씩 완성되곤 했는데, 담당하는 사람들이 바뀜에 따라 편찬 방식 역시 따라 바뀌기도 했던 겁니다. 그런 견지에서 『논어』는 저의 제자들과 그들의 후학들이 집단지성의 힘으로 이룬 성과에 가깝습니다. 저 혼자만의 힘으로 편찬했던 게 아닙니다.

단웅이　그렇다면 『논어』에 담긴 선생님의 주옥같은 말씀들은 후세의 제자들이 새로 만들었거나 짜깁기했다는 말씀이세요?

공자　불행하게도 어느 정도는 그렇다고 말해야 하겠군요.

단웅이　선생님과 전혀 무관하게 날조된 것들이라는 뜻은 설마 아니겠죠?

공자　물론 그 정도는 아닙니다. 『논어』에 남아있는 제법 많은 말들은 제가 제자들과 직접 나눴던 대화들로부터 나온 겁니다. 완전히 똑같지는 않겠지만 처음의 취지와 비슷하다고는 할 수 있겠지요. 하지만 그 가운데 적지 않은 내용들은 다른 기록들로부터 끌어오거나, 『논어』와 무관한 여러 역사 기록들을 문맥에 맞지 않게 이리저리 끼워 맞춰놓은 것들입니다. 때문에 말이 안 통하기도 하고 뜬금없이 의미가 단절되기도 하는 경우가 나타나게 됐던 겁니다.

단웅이　충격이네요. 『논어』를 읽으면 선생님의 고귀한 정신을 생생하게 만날 수 있다고 믿었거든요.

공자　『논어』가 보여 주는 세세한 역사적 상황이나 의미의 흐름은 제가 실제 놓여있었던 상황이나 원래 했던 말과 많이 달라진 건 사실입니다. 허구적인 요소들이 많이 첨가됐지요. 그리고 제가 죽은 후 제자들은 저마다 다른 작은 학파들로 분열되었습니다. 자사子思 학파라든가 증자曾子 학파 또는 안회顔回 학파라는 말들이 그래서 만들어지게 된 것이지요. 똑같은 제자들이었지만 스승을 계승하는 관점들이 서로 달랐던 겁니다. 그런 관점의 차이가 『논어』에도 고스란히 나타나게 됩니다. 이를테면 자사나 증자를 떠받드는 학파 소속의 학자들은 『논어』에 등장하는 자신들의 스승인 자사나 증자를 더욱 훌륭하게 기리려고 내용을 슬쩍 바꾸거나 서술 전체를 새로 고쳐 쓰기도 했던 겁니다. 그러다 보니 『논어』에는 제가 하지도 않은 비난의 말이 불쑥 튀어나오거나, 실제로 한 칭찬이긴 하지만 지나치게 과장된 모습으로 등장하기도 하지요.

단웅이 많이 화나지는 않으셨어요? 원래의 말씀이 왜곡된 거잖아요?

공자 음, 쉽게 단언하기는 힘든 문제로군요. 이렇게 생각해보면 어떨까요? 아버지가 여러 자식에게 많은 가르침을 했다고 가정해 볼까요? 아버지는 분명 똑같은 얘기를 했지만, 자식들은 저마다의 관점으로 내용을 제각각 받아들였을 겁니다. 그리고 아버지가 돌아가신 후 자식들은 저마다 자신만의 기억을 토대로 아버지에 대한 글을 남깁니다. 그 기록들이 똑같을 수 있을까요?

단웅이 각자 듣고 싶은 것만 들었을 수 있겠네요. 그러다가 특정 부분을 강조하기도 하고, 또 어떤 부분은 아예 까먹기도 하고요.

공자 바로 그겁니다! 물론 『논어』의 어떤 부분은 의도적으로 왜곡됐다고도 할 수 있을 겁니다. 하지만 제가 말하지 않았는데 말했다고 썼거나, 비록 그런 말은 했지만 부정확하게 인용한 많은 부분도 나름의 진실은 담고 있다고 할 수 있습니다. 제가 직접 말로 하지는 않았지만, 제자 가운데 누군가는 저의 강의를 통해 그런 암시를 받았을 수가 있고, 심지어 확실히 그런 말을 들었다고 믿었을 수도 있는 것 아닐까요? 저 자신도 모르게 그런 내용을 전달했을 수도 있고 말이지요. 따라서 『논어』의 많은 내용을 저와 무관하다고 감히 말할 수는 없는 겁니다.

단웅이 선생님께서 『논어』의 저자라고도, 그렇다고 아니라고도 할 수 없는 이상한 상황이로군요?

공자 그런 셈입니다. 심지어 『논어』 가운데 크게 왜곡됐다고 비난받는 부분조차 과연 저 자신과 무관하다고 단언할 수 있을까요? 이를테면 개혁적인 저의 생각들을 효孝라는 수직적이고 위계적인 보수 논리로 후퇴시켰다는 이유를 들어 증자 학파를 비난하는 경우가 더러 있습니다. 물론 저는 효를 그처럼 강조하지는 않았습니다. 하지만 주나라가 아닌 은殷나라의 후손이었던 제가 과연 효를 중요시하지 않을 수 있었을까요?

단웅이 선생님께선 은나라 출신이셨어요?

공자 그렇습니다. 누구보다 주나라 문화를 사랑했지만, 저의 혈통은 주나라가 멸망시킨 은나라에 연결되어 있었습니다. 은나라가 어떤 나라였습니까? 왕실의 크고 작은 일들을 시시콜콜 조상신에게 물어가며 행했던 나라가 아니던가요? 그 흔적은 조상신에게 미래를 묻기 위해 점을 쳤던 도구인 거북이 등껍질에도 남아 있습니다. 그 껍질에 쓰인 글자들이 갑골문甲骨文이라고 불리는 고대 문자인 것이지요.

단웅이 조상신을 끔찍이 섬긴 게 은나라였고, 선생님께선 그 은나라의 후손이셨다는 말씀이시네요? 당연히 조상을 섬기는 효의 정신을 이어받으셨을 테고요?

공자 그렇습니다. 물론 저는 귀신을 섬기는 은나라의 전통과 과감히 결별하고 주나라의 인문 정신을 드높이기 위해 누구보다 노력했던 사람입니다. 하지만 귀신을 무시하라거나 믿지 말라고 한 적은 결코 없었습니다. 외경하되 거리를 두라고만 말하고는 했었지요.

단웅이 그러니까 증자라는 그 제자분도 선생님의 뜻을 크게 왜곡했던 건 아니다, 그런 말씀이시네요? 효를 조금 과장하거나 지나치게 내세워서 그렇지 결국은 그것도 선생님 생각 안에 있던 것들이 발전한 것이다, 그런 뜻이군요.

공자 제 마음을 정확히 짚었습니다. 때문에 『논어』의 현재 모습이 원형으로부터 많이 일그러졌다고 해서 그게 저와 전혀 무관하다고 말할 수는 없는 겁니다. 오히려 어떤 부분은 저의 생각과 마음을 원래의 그것보다 더 핍진하게 묘사하고 있기도 합니다. 실제의 저보다 『논어』 속의 제가 더 저처럼 보일 때도 있습니다.

단웅이 『논어』라는 책의 성격에 대해서는 어느 정도 이해하게 되었습니다. 이제는 책의 체제나 내용에 대해 말씀을 듣고 싶어요.

공자 우선 『논어』가 어떤 의도를 가지고 기획된 독립된 저술이 아니라는 사실부터 다시 한번 확인해두고 싶군요. 따라서 이 책 속에 하나의 주제가 일관되게 흐를 것이라고 기대해서는 안 된다는 뜻이기도 합니다.

단웅이 그건 『논어』가 성립되는 과정을 배우면서 잘 알게 되었습니다.

공자 좋습니다. 『논어』에는 크게 세 종류의 대화가 나타납니다. 가장 큰 비중을 차지하는 건 저와 저의 제자들이 여러 주제를 놓고 서로 대화하는 부분들이지요. 다음은 제가 저의 제자가 아닌 동시대의 다른 사람들과 대화하는 부분인데, 양적으로 그리 많지는 않습니다. 그리고 나머지는 대화에서 제가 빠져 있습니다. 저 대신 저의 다른 제자가 스승의 위치를 차지해 말하기도 합니다.

단웅이 그럼 『논어』는 대화로만 이루어진 책인가요?

공자 아닙니다. 저와 저의 학단에 대해 제삼자의 시각에서 기술한 부분들도 있습니다. 같은 『논어』지만 내용의 결이 아주 다르지요.

단웅이 책 내용이 오랜 시간에 걸쳐 쌓이면서 생긴 지층들 같은 것이겠네요?

공자 현대의 지질학적 개념이지만 그게 정확할 겁니다. 『논어』의 각 부분이 성립되는 과정이나 시기가 제각각이었기 때문에 생긴 현상들입니다. 이걸 잘 참작해서 책을 읽어나가야 합니다.

단웅이 옛날 분들도 그런 점들을 감안하고 『논어』를 읽었나요?

공자 옛 책들에 대한 교감이 왕성하게 이뤄졌던 한漢나라나 당唐나라 그리고 송宋나라 때의 일부 학자들은 『논어』를 비판적으로 읽고 다양한 주석들을 달기도 했습니다. 청淸나라 고증학자들은 책을 면밀하게 검증해서 원래부터 있던 내용과 후대에 첨가된 내용을 세심하게 구별해내려 노력하기도 했었지요. 대체로 『논어』를 둘로 나눴을 때 전반부가 원본에 가깝다면 후반부는 후대의 가필이 심한 편이라고 말할 수 있습니다. 그런데 대부분의 옛날 사람들은 이런 비판적 시각 없이 『논어』를 읽고 심지어 무작정 외웠습니다. 한국의 경우도 예외는 아니었을 겁니다.

단웅이　무작정 외웠다면 그건 문제였겠네요? 하지만 『논어』의 내용으로부터 삶의 지혜를 얻으려는 일반인들까지 그런 전문적인 지식을 갖출 필요는 없지 않을까요?

공자　그렇습니다. 『논어』를 읽고 학문적 흥미를 느껴서 더 높은 수준으로 나아가고자 할 때 경학 연구와 관련한 전문 정보에 접근해도 좋습니다.

어진 정치를 위한 주유천하

단웅이　잘 알겠습니다. 그럼 『논어』가 수많은 사람으로부터 사랑받게 된 핵심적 이유에 대해 여쭤봐도 될까요?

공자　그건 제가 감히 말할 수 없는 영역입니다. 대신 이 책에 담긴 내용 중 가장 핵심적인 것이 무엇인지에 대해서는 약간 말할 수도 있을 것 같습니다.

단웅이　그게 뭔가요?

공자 바로 인仁입니다.

단웅이 인에 대해선 어려서부터 자주 들었어요. 하지만 사람이 착하게 살아야 한다는 얘기 정도로 이해하고 말았던 기억이 나네요.

공자 그런 말도 틀린 건 아닙니다. 결국 세상을 착하게 살기 위해 필요한 덕성이 인이니까요.

단웅이 그렇게 쉬운 말씀을 하신 게 불후의 명성을 얻게 되신 이유라고 보시는 거예요?

공자 하하! 진리는 본래 단순한 겁니다. 하지만 복잡하게 이해하려 들면 그보다 더 복잡한 것도 없겠지요. 아까 제가 살던 시대가 어떤 시대였다고 했었지요?

단웅이 춘추시대에서 전국시대로 막 넘어가던 때라고 하셨어요.

공자 그래요. 세상이 몹시 무도해지고 있었지요. 제가 세상을 떠난 후 왕국과 제후국 사이의 주종 질서가 무너지게 되자 세상의 모든 도덕 질서까지 흔들리게 됐습니다. 예나 지금이나 백성들은 통치자들의 삶의 모습을 보면서 자신의 도덕적 지향을 확립하는 법입니다. 마찬가지로 아이들은 부모의 삶을 관찰함으로써 자신의 미래의 삶을 설계하게 되겠지요? 왕국 질서가 무너지는 것과 가정의 질서가 무너지는 것은 같은 원리에 입각해 있습니다. 통치자들이 도덕적으로 타락하면 온 사회가 도덕적으로 타락하게 되는 겁니다. 때문에 제가 활동하던 시대에는 위정자들의 마음을 도덕적으로 선하게 인도하는 게 무엇보다 급선무였습니다. 그래서 내세웠던 것이 어진 정치, 바로 인정仁政이었습니다. 정치가 어질어지면 전국시대와 같은 폭력적인 시대가 오는 걸 미리 막을 수도 있겠다고 생각했습니다.

단웅이 인이 사람의 심성의 문제만은 아니었군요?

공자 저에겐 절박한 정치적 문제였습니다.

단웅이 하지만 지금의 관점으로 보면 민주적인 생각 같지는 않아요.

공자 그런 후대의 비판이 있었다는 걸 잘 알고 있습니다. 제가 살아갔던 시대의 한계가 아니었을까요? 춘추시대를 지배한 통치 관념은 종법주의宗法主義였습니다. 이 생각과 민주주의는 서로 맞지 않는 측면이 너무도 많지요.

단웅이 종법주의에 대해 알고 싶어요.

공자 아까 주종 질서라는 말을 했었지요? 세상을 다스리는 주인이나 주군이 따로 있고, 그를 믿고 따르며 복종하는 다수가 있다는 생각이 바로 종법 관념입니다. 당연히 모든 사람이 평등한 권리를 지니고 태어난다는 민주주의적 생각과는 거리가 멀겠지요? 이러한 주종 관계가 모든 인간관계로 확장된 것이 종법주의라고 할 수 있습니다. 대표적인 예가 가문 질서입니다. 나라와 마찬가지로 가문 역시 한 명의 주인인 가부장이 다스리고, 나머지 가족들은 그의 명에 복종하는 겁니다.

단웅이 철저한 상명하복 문화네요?

공자 어찌 보면 그렇게도 생각할 수 있습니다. 하지만 이런 종법 관념이 유지될 수밖에 없었던 시대적 배경도 고려해봐야 합니다. 당시의 사회경제적 발달 상태에서 부와 권력은 모든 사람에게 고르게 퍼져나가기 힘든 상황이었습니다. 힘이 소수에게 집중될 수밖에 없었지요. 그리고 이 소수의 사람이 서로 다투지 않고 협력하기 위해 한 명의 지배자를 뽑은 겁니다. 나머지 수많은 서민은 이 지도자를 받아들여서 믿고 따르는 도리밖에 없었겠지요? 이런 방식으로 사회조직은 분열과 투쟁을 피하며 슬기롭게 단결할 수 있었던 겁니다.

단웅이 현대 사회가 선거라는 제도로 하는 일을 조금 다르게 했던 셈이네요? 어차피 완벽한 평등 사회는 지금껏 인류가 만들어내지 못한 이상이니까요?

공자 그렇지요. 요즘 사람들이 상대적으로 풍요한 권리를 누리고 사는 건 사회적 생산력이 발달하고 그렇게 축적된 부가 널리 퍼져나가 개인의 권리 의식이 그만큼 커졌기 때문이 아닐까요? 주나라 시대는 그럴 수 있는 시대가 아니었습니다. 그런데도 일부 후대 학자들은 저를 봉건 시대의 지배자들을 옹호했던 노예주 철학자라고 비웃었고, 심지어 역사에서 지워버리려고까지 들었습니다. 무척 애통한 일이었지요.

단웅이 중국 5.4 운동 당시 일어났던 공자 배격 운동을 말씀하시는 건가요?

공자 물론입니다. 저의 사상을 낡고 타락한 봉건 지배 사상이라고 보아 마구 헐뜯고 배척했습니다. 저를 기리는 사당을 부수고 유가 사상 자체를 교육하지 못하도록 막기도 했었지요. 물론 유가의 관념 중 일부는 현대 사회와 너무 맞지 않아 버려져도 무방할 겁니다. 하지만 그 안에 담긴 보편적 지혜와 통찰마저 무작정 내버린다는 것은 도저히 납득할 수 없었습니다.

단웅이 하지만 요즘은 분위기가 많이 바뀌었어요. 유가의 현재적 가치를 다시 발굴하자는 움직임이 활발하게 일어나고 있습니다.

공자 그 점은 무척 다행이라고 생각합니다.

단웅이 다시 어진 정치 애기를 듣고 싶어요. 저는 선생님께서 주장하신 인을 그저 사람들 마음 안에 담긴 선한 본성 정도로만 여겨왔거든요. 그렇게 심각한 정치적 의미가 담겨있을 줄은 미처 생각하지 못했어요.

공자 아마도 많은 사람이 그렇게 생각하고 있겠지요. 하지만 저처럼 철저하게 정치적인 삶을 산 사람도 드물 겁니다. 현실 정치와 동떨어진 이론적 목표를 조금도 세워본 적이 없었다고 말할 수 있을 정도입니다.

단웅이 그러고 보니까 선생님께서 어진 정치를 실현할 현명한 군주를 찾아 천하를 헤매셨다는 애길 들은 기억이 나네요.

공자 맞습니다. 철환천하轍環天下라고들 부르지요. 제자들이 모는 수

레를 타고 이 나라 저 나라를 떠돌았다고 해서 붙여진 말입니다.

단웅이　오해도 많이 받으셨겠네요?

공자　당연합니다. 벼슬 욕심 때문에 구차하게 여러 나라를 기웃거린다는 조롱을 수도 없이 들었습니다. 겉모습만 본다면 그런 오해를 받을 만도 했겠지요? 어진 군주를 만나 훌륭한 정치를 여한 없이 구현해보고 싶었던 겁니다. 불행하게도 그런 군주를 만날 수는 없었습니다.

단웅이　그런데 정말 궁금한 게 있어요. 설령 그런 군주 한 명을 만나셔서 어진 정치를 실현하셨다고 쳐요. 하지만 그런 군주보다 그렇지 않은 군주가 더 많다면 그게 무슨 소용이 있나요? 금방 잊히고 말았을 것 같거든요. 게다가 선생님께서 사신 시대는 무도했다면서요? 어진 정치만으로 힘이 강한 주변 나라들과 경쟁해서 과연 살아남을 수 있었을까요?

공자　하하! 지금 그 말은 제가 천하를 돌아다니며 어진 정치를 설파했을 때 어리석은 군주들이 보였던 반응들과 너무나 닮아있군요! 다들 그런 말을 하면서 저의 제안을 거절하곤 했었습니다.

단웅이　아차, 죄송해요!

공자　아닙니다, 아니에요! 오히려 솔직히 말해 줘서 고맙습니다. 단 한 명의 군주만을 설득했다고 해서 과연 세상 전체가 바뀌겠는가? 그게 첫 질문이지요? 물론 당장 세상 전체가 바뀌지는 않았겠지만 분명 천천히 변화가 찾아왔을 것으로 확신합니다. 모든 좋은 것들은 따라하는 게 인간의 본성 아니던가요? 어진 정치는 언뜻 무력을 사용한 강압적 정치보다 비효율적일 것처럼 보이지만, 백성들의 자발적 동의를 얻어 이루어지는 것이기에 오히려 엄청나게 효율적인 통치방식입니다. 예를 들어볼까요? 초등학교 담임선생님께서 불호령을 내리며 학생들에게 청소를 시키신다고 칩시다. 청소가 끝나고도 더러운 때가 보이면 무섭게 혼내기도 하시겠지요? 학생들은 선생님이 무서워서 아마 열심히 청소는 할 겁니다. 하지만 선생님에 대한 두려움은 반감을 키울 수밖에 없을 것이고, 결국 말을 듣지 않고 저항하는 학생들도 생기게 될 겁니다. 엄청난 위험 요소가 생기게 된 셈입니다. 또한 두려움 탓에 비자발적으로 시작한 청소이니만큼 정말 보이지 않는 곳까지 구석구석 정성스럽게 하게 될까요? 선생님의 눈초리만 피할 수 있다면 꾀를 부리지 않을까요? 겉으로는 번듯하게 청소가 된 것처럼 보이겠지만 곳곳에 빈틈이나 허점이 있을 것이고, 무의미한 청소가 시도 때도 없이 자꾸 되풀이되어야만 할 겁니다. 학급이 정상적으로 유지될 수 있을까요? 자, 이제 다음 질문에 대한 답으로 넘어가 볼까요? 어진 정치로 평화롭게 다스려지는 나라가 주변의 무도한 강대국들 사이에서 과연 힘으로 버텨낼 수 있을 것인가? 이런 질문이었지요? 잘 생각해보면 이미 답은 나와 있다고 생각합니다만.

단웅이 맞습니다! 선생님 말씀의 의미를 이해했어요! 무력만을 키운 강대국이 실은 모래알처럼 분열되기 쉬운 약한 나라일 수 있고, 어진 정치로 잘 다스려진 나라가 겉모습은 비록 약해 보이지만 위기의 순간에 더 강한 충성심으로 똘똘 뭉치게 될 테니 오히려 더 강한 나라다, 그런 말씀을 하고 싶으신 거잖아요?

공자 옳습니다! 하나를 가르치면 열을 알아듣는군요. 기분이 아주 좋습니다. 군사력도 분명 한 나라의 국력을 재는 중요한 기준이 될 겁니다. 하지만 군사들의 사기가 저하되어 있다거나, 지도자에 대한 강한 도덕적 믿음이 없다면 그게 다 무슨 소용이겠습니까? 부패한 강군은 정직한 필부匹夫들에게도 패하게 되어 있습니다. 진정한 국력은 민심으로부터 나오는 것입니다.

단웅이 어질게 다스리겠다는 통치자의 결심이 정말 중요했겠네요?

공자 그렇습니다. 당장 눈앞의 이익이나 욕망의 성취보다 세상 전체를 편안하고 즐거운 곳으로 만들겠다는 의지가 중요합니다. 불행하게도 그런 원대한 뜻을 품은 군주를 만나지는 못했습니다.

공자의 제자들과 유가의 가르침

단웅이 크게 실망하셨을 텐데, 그다음 계획은 무엇이 있으셨어요? 플랜 B 같은 거 말이에요.

공자 글쎄요. 정치를 통해 세상을 교화하지 못한다면 저에게 남은 길은 하나밖에 없었지요. 바로 교육이었습니다.

단웅이 마침 선생님의 교육관도 자못 궁금했었어요.

공자 저의 최대 목표는 현명한 군주를 도와 이상적인 정치를 구현해 보이는 것이었지만, 만약 그게 제 생애에서 이룰 수 없는 꿈이라면 그 꿈을 제자들에게 물려줄 수는 있었습니다. 그렇게 되면 먼 훗날 언젠가는 제자 가운데 누군가가, 혹은 그 제자의 제자들 가운데 누군가가 제 꿈을 대신 실현해 줄 수도 있는 것이니까요.

단웅이 그렇다면 선생님의 정치적 신념들이 교육과정에 잘 반영되었겠네요?

공자 그렇습니다. 『논어』에 등장하는 제자들과 나눈 수많은 대화가 그 증거인 셈이지요. 무엇보다 저는 사사로운 개인적 욕심에서 벗어나라고 제자들에게 충고했습니다. 훌륭한 유가가 되려면 적어도 사리사욕에 빠져서는 안 되겠기에 그랬었지요.

단웅이 그런데 선생님의 그런 가르침이 언뜻 무욕無欲을 강조하는 도가道家 사상과 비슷해 보이는 것도 사실이에요. 현실을 고치려는 것도 일종의 욕망인데, 그렇게 세상사에 초연하기만 해서는 거친 정치판에 뛰어들기 힘들 것 같거든요.

공자 욕망을 아예 없애라는 것이 아니라 잘 조절하라는 게 제 취지였습니다. 하지만 아까도 얘기했듯이 욕망이란 인간의 의지만으로 벗어나기에는 너무나 강한 힘이어서 아주 세게 통제하지 않으면 저절로 부풀려지려는 특징을 가지고 있지요. 그 때문에 욕망을 줄이라고 더욱 강하게 강조했던 것입니다.

단웅이 욕망을 줄이면 어떻게 되나요?

공자 사특한 마음이 정화되어 자기 자신은 물론이고 세상 전체가 투명하게 보이기 시작하지요. 진실 앞에 마주해야만 올바른 생각도 나오는 법인데, 욕망은 진실을 마주할 수 있는 시선을 가리는 차단막 같은 것입니다. 그 막을 걷고 현실을 똑바로 바라보면, 그 순간 우리가 걸어가야 할 바른길이 나타나게 됩니다.

단웅이 성인聖人의 도道로군요?

공자 맞습니다. 욕망은 자기 자신에게만 집중된 이기심이기도 합니다. 이 이기심을 줄여야만 다른 사람들의 모습이 보이고, 나아가 그들의 삶에 관심을 둘 여유도 생기는 법입니다. 그러한 관심을 확장해 나가면 인류 전체를 사랑하려는 성인의 마음에까지 도달할 수 있는 거지요.

단웅이 통치자들을 향해 그 누구보다 먼저 그 경지에 이르라고 충고하셨던 거네요?

공자 군주들 그 누구도 들으려 하지 않았지만 그게 제 목표였습니다. 일단 통치자가 바뀌어야 아랫사람들도 바뀔 수 있고, 나라의 백성 전체가 바뀔 수 있다고 믿었으니까요.

단웅이 제자들을 성인으로 만들려는 계획이셨어요?

공자 쉽지 않았겠지만 그럴 수 있다면 좋겠다고 생각했습니다. 제자들 가운데 요堯임금이나 순舜임금 같은 성인이 나오지 말라는 법도 없지 않습니까? 그래요! 제 교육의 궁극적 목표는 성인을 길러내는 것이었습니다. 적어도 성인의 길을 세상에 널리 전파할 수 있는 인재를 길러내는 것이었지요.

단웅이 하지만 세상에는 둔재들도 많잖아요? 그런 어리석은 제자들은 포기하신 거예요?

공자 아닙니다. 제자들 각자의 그릇에 맞게 교육 방식을 조금씩 달리했습니다. 기예를 익혀야 할 제자에게는 각자에게 맞는 기예를 전수해줘서 적어도 세상에서 독립할 수 있도록 도왔지요. 그보다 뛰어난 제자들은 전문적인 학문 분야를 배우도록 해 세상에 크게 쓰이도록 격려했습니다. 아쉽게도 성인의 길을 향해 나아갈 수 있는 훌륭한 재목은 거의 없었습니다. 안회라는 제자 정도였는데 불행히도 일찍 죽고 말았지요.

단웅이 슬픔이 크셨겠네요?

공자 그랬습니다. 하지만 안회가 오래 살았다고 한들 어찌 쉽게 성인의 경지를 넘볼 수 있었겠습니까? 제자들 한 명 한 명마다 다 제 몫의 쓰임새가 있었고, 저는 그들의 성향에 맞게 나아가야 할 길을 터주는 데에서 큰 보람을 느꼈습니다. 『논어』에 등장하는 많은 내용이 그 과정에서 탄생한 것들입니다.

단웅이 『논어』에서 같은 질문을 한 제자들에게 각자 다른 대답을 해주셨던 이유를 이제야 알게 되었습니다. 음, 정말 어려운 질문을 드려야 될 순간이 온 것 같은데요. 사실 선생님께서는 사후에 왕으로 추앙받으셨잖아요? 신분상으로는 아니었지만 실제로는 성인의 계보를 잇는 왕과 버금간다고 여겨져 소왕素王이라 칭해지기도 하셨고, 문선왕文宣王이라는 시호를 받으셨다고도 들었어요. 그렇다면 선생님께선 스스로 성인이라고 생각하지는 않으셨나요?

공자 후대의 유가 학자들이 저를 왕으로 높여 떠받들었다는 소식은 익히 들어 알고 있었습니다. 고마운 마음이긴 하지만 정중하게 사양하고 싶습니다. 저는 결코 성인이 아니며, 그저 성인이 되고자 인간의 길을 묵묵히 걷던 성실한 학자였을 뿐입니다.

단웅이 하지만 선생님을 성인으로 숭배했기 때문에 그에 힘입어 유가의 학문이 더욱 번성할 수 있었던 것도 사실이잖아요?

공자 그럴 수는 있습니다. 그러나 세상에는 각각의 직분에 맞는 이름이 정해져 있는 겁니다. 아버지를 어머니라고 부를 수는 없는 노릇 아닐까요? 이처럼 이름에는 저마다 그 이름에 걸맞은 실질이 정해져 있기에 그 질서를 함부로 어겨서는 안 되는 겁니다. 저를 신처럼 떠받드는 건 제가 추구했던 삶의 목표와 어긋나있고, 더 나아가 유가 정신의 본질을 훼손하는 짓입니다. 『논어』를 읽어본다면 이런 저의 마음이 잘 드러나리라고 생각합니다.

단웅이 그럼 유가의 본질은 종교와는 전혀 무관한 건가요?

공자 그렇습니다! 저는 그 어디에서도 신을 섬기라거나, 저 자신이 신적 존재라는 이야기를 한 적이 없습니다. 그러한 초월적 존재가 어딘가에 있을 수는 있겠지만, 인간의 삶과는 다른 질서에 속해 있지요. 우리는 인간으로 태어나 인간인 채로 죽습니다. 저의 관심사는 오로지 인간의 현실적 삶에만 집중되어 있었습니다.

단움이 종교화된 유가인 유교는 선생님의 참뜻을 담고 있지 않다는 말씀이신 거네요?

공자 그렇습니다.

단움이 그렇다면 유가가 지나치게 권위적이라는 비판에 대해서는 어떻게 생각하세요? 특히 근대를 지나오며 동양이 서양에게 지배당한 데에는 유가로 대표되는 고루한 전통 사상이 한몫했다는 비난도 꽤 있거든요.

공자 현대적 관점에 입각해서, 저나 제가 주장한 유가 사상을 권위적이라고 평가하는 건 얼마든지 가능하다고 봅니다. 그런 비판을 달게 받겠습니다. 하지만 제가 살았던 역사적 시대를 충분히 고려한다면 그런 일방적인 비판만 할 수는 없을 겁니다. 이미 말했다시피 춘추시대에 등장했던 모든 나라는 군주가 다스리는 계급사회였습니다. 민주주의의 평등 개념이 등장하기 훨씬 전이었지요. 저의 정치사상은 그런 계급사회를 전제로 해서 만들어졌던 겁니다. 한 개인이 시대를 완전히 초월할 수는 없는 법이지요.

단움이 선생님의 사상도 결국은 시대의 산물이라는 말씀이시네요?

공자 그렇습니다. 다만 제 사상 안에 담긴 보편적인 어떤 면들을 오늘에 되살려 잘 활용하면 되는 겁니다. 동양이 서양에 뒤처져 식민지가 됐던 이유를 유가에서 찾는 문제도 살펴볼까요? 하나의 문명이 다른 문명에게 침략당하는 과정에는 다양한 원인들이 작동할 겁니다. 가장 중요한 건 역시 군사력 아닐까요? 알렉산더 왕이 세계를 정복한 근본 동력이 바로 군사력이었습니다. 몽골제국이 전 세계로 영역을 넓힐 수 있었던 것도 결국 군사력 때문이었지요? 문화의 힘만으로는 다른 나라들을 쉽게 정복하지 못합니다. 그리고 강한 군사력의 배경에는 좋은 무기를 만들어낼 수 있는 과학기술과 훌륭한 전략을 짜낼 수 있는 실전 경험이 두루 필요할 겁니다. 그렇다면 동양이 서양에 비해 열세였던 것은 문화의 힘이 모자라서만은 아니었던 거지요. 물론 우리 유가가 과학기술을 경시하고 군사전략의 운용 면에서 다소 소극적이었을 수는 있습니다. 하지만 유가 사상 자체에 기술을 무시하라거나 군사 분야를 소홀히 여겨도 좋다는 내용은 그 어디에도 없습니다.

단웅이 동양이 서양에 비해 근대화에 뒤처졌던 원인을 유가에서만 찾는 건 문제가 있겠네요?

공자 그렇습니다. 그건 아주 복합적인 원인들로부터 일어난 일입니다.

단웅이 이번엔 선생님께서 기초를 놓으신 유가 사상이 후대에 어떤 경로로 발전해 어떤 영향을 끼쳤는지 설명을 듣고 싶어요.

공자 아주 어려운 질문이로군요. 유가라고 해서 단 하나의 전통으로 수렴됐던 건 아닙니다. 다양한 분파가 서로 다른 강조점을 앞세워 시대마다 등장했었지요. 어쩔 수 없이 큰 흐름 몇 가지로 요약해야만 하겠습니다. 그래도 좋을까요?

단웅이 더 자세한 내용은 따로 공부하도록 하겠습니다. 전체적인 그림만 그려주셔도 좋습니다.

공자 제가 세상에서 사라지고 난 후 제자들이 작은 학파들로 분열됐다는 얘기는 기억하시겠지요?

단웅이 그럼요. 자사子思나 자하子夏 또 증자曾子 등의 계열로 분화됐다는 말씀을 해 주셨어요.

공자 네. 그렇게 저의 제자들은 각자의 전문성을 내세워 세상에서 널리 쓰이게 됐습니다. 그 가운데 특히 활약이 돋보였던 게 자하 계열이었습니다. 자하는 효를 강조했던 증자와 달리 사회윤리의 토대로 예를 전면에 내세웠지요.

단웅이 예라면 선생님의 트레이드마크가 아니었나요?

공자 하하! 그렇긴 하지요. 세상 사람들은 저를 예의 대가로 여겼고, 저 자신도 어렸을 때 예를 익히는 것으로부터 학문을 시작했었으니까요.

단웅이 그렇다면 자하라는 제자야말로 선생님의 학문을 정통으로 계승했던 거네요?

공자 꼭 그렇지만은 않습니다. 저의 생각은 나이가 들수록 차츰 발전하고 깊어져서 삶의 마지막에 이르러는 『주역』周易처럼 형이상학적인 세계에도 깊이 빠져들었지요. 예는 저의 사상 가운데 매우 중요한 요소이긴 하지만 일부일 뿐입니다.

단웅이 그래도 결국 자하라는 분이 선생님의 예를 발전시켜 유명해지셨던 것 아닌가요? 그런 말씀을 하시려던 게 맞죠?

공자 맞습니다! 자하는 제자들 가운데 가장 빛나는 성공을 거뒀습니다. 그의 학파는 당시 가장 부유한 나라였던 제齊나라에 정착해 세를 불려 나갔습니다. 직하稷下라는 수도에 학교를 열었기에 이들을 직하 학파라고도 부르지요. 그리고 그 학파에서 불세출의 대학자 한 명을 배출하게 됩니다.

단웅이 그게 누구죠?

공자 바로 순자荀子입니다.

단웅이 정말요? 성악설을 주장했던 분 맞죠? 선생님과는 많이 다른 학설을 주장하신 분 아닌가요?

공자 꼭 다르다고만은 할 수 없습니다. 예를 사회규범으로 이해해서 적용하려다 보면 순자와 같은 결론에 도달할 수밖에 없지요. 성악설性惡說이라 하는 것도 사람이 제대로 교육을 받지 못하면 악으로 흐를 가능성이 크다는 취지였습니다. 인간의 마음 안에 악마가 들어 있다고 본 양 그런 식으로 오해하면 곤란하지요! 순자는 순진한 이상주의자가 아니었습니다. 현실에서의 경험을 충실히 반영해 사회를 실질적으로 개혁하려던 훌륭한 실천가였습니다. 어떤 점에서는 저를 빼닮았지요.

단웅이 하지만 교육의 중요성을 강조하려다가 결국엔 법과 같은 제도를 중시하게도 된 거잖아요? 사람들의 자유도 억압하고요.

공자 그건 순자를 계승한 법가法家들이 한 일입니다. 한비자韓非子 같은 사람들은 순자의 철학을 형식적으로만 받아들여 법을 통한 효율적이고 기능적인 통치에만 골몰했지요. 순자의 사상이 법가와 똑같았던 건 아닙니다. 인간의 생각이란 그렇게 예측할 수 없는 방식으로 발전하기도 하는 겁니다.

단웅이 선생님께서 주장하신 예가 엉뚱하게도 법가로 발전했던 건 사실이로군요?

공자 그렇지요. 당시 전국시대를 풍미했던 대표적인 철학이 순자의 교육철학이었습니다. 사회제도의 개선을 통해 인간사회의 도덕적 선을 구조적으로 보장하려고 했던 것이지요. 그런데 그것이 엉뚱하게 법률만능주의로 왜곡되었던 겁니다.

단웅이 선생님 생각엔 그럼 어떻게 해야 했다고 보세요?

공자 예를 성급하게 제도화하기에 앞서서, 사람들로 하여금 그 안에 담긴 참된 취지를 이해하도록 만들어 이를 자발적으로 실천하도록 해야만 했습니다. 말하자면 사람들의 마음을 먼저 살펴서 움직이도록 해야만 했던 겁니다. 그걸 해낸 사람이 맹자孟子입니다.

단웅이 아, 그분은 잘 알아요. 성선설性善說을 주장하신 분이죠?

공자 그렇습니다. 하지만 맹자가 태어난 모습 그대로 방임해도 사람의 마음이 저절로 선해진다고 주장했던 건 아닙니다. 선해지려는 경향성을 지니고 태어났음을 강조했던 것이지요. 그래서 그 마음을 잘 갈고닦아 넓히면 성인의 경지에 오를 수도 있다고 설파했습니다. 당연히 그 갈고닦는 과정은 마음의 수양을 동반하게 됩니다. 결국 순자가 말한 교육이 들어가게 되는 겁니다.

단웅이 관점만 달랐지 맹자의 사상도 교육을 중시하는 거네요?

공자 그렇지요. 다만 제도보다 더 근본적인 차원에서 변화를 추구한 겁니다. 바로 인간의 심성이지요. 때문에 후대의 송나라 유가들은 맹자를 정통으로 받들고 순자는 배척하게 됩니다.

단웅이 송나라라면 성리학性理學을 말씀하시는 건가요?

공자 그렇습니다. 송대 유가 지식인들은 인간 마음의 구조를 밝혀 이를 우주의 바른 원리에 합치시키려고 노력했습니다. 이른바 천명天命이나 도道가 그것입니다. 인간의 심성 속에 천지자연의 도가 이미 깃들어 있다고 본 겁니다.

단웅이 그런데 여기서 정말 궁금한 게 있어요. 선생님께서는 현실 너머의 초월적인 세계에 대해서는 거의 말씀하지 않으셨잖아요? 하지만 성리학에 대해 공부하다 보면 너무 어려워요. 눈에 보이지 않는 세계에 대해 너무 큰 관심이 있었던 것 같거든요.

공자 그렇게 볼 수도 있지요. 성리학이 다루는 문제가 현실의 실천적 차원에서 점점 멀어져 형이상학적인 담론으로 빠져든 측면이 분명 존재합니다. 천리天理라거나 본연지성本然之性 같은 개념들은 당장 우리의 삶과는 무관한 사변으로 이루어져 있습니다. 당나라 때 성행했던 불교 성론性論의 영향을 크게 받았다는 의견도 있을 정도지요.

단웅이 그럼 선생님께서 주장하셨던 실용적인 지혜로부터 많이 벗어난 건 아닐까요?

공자 하하! 그렇긴 합니다만, 저도 늘그막엔 『주역』에 침잠했었다는 얘기를 아까 했었지요? 비록 겉으로는 말하지 않았을지라도 제 생각 속에는 성리학적인 관심과 일치하는 요소들도 상당히 잠재해 있었던 겁니다. 다만 그게 어떤 방식으로 발전했을지 저로서는 가늠할 길이 없을 따름입니다.

단웅이 성리학자이신 공자님 모습은 잘 상상이 안 돼요.

공자 이해합니다. 유가 지식인 가운데는 성리학性理學이 추구한 지나친 심성 수양과 지식에 대한 강조를 못마땅해하는 사람들도 많았습니다. 그런 사람들은 제가 펼친 학문을 실천 유학이라 불러 성리학과 구별하려고도 했지요. 그들을 양명학자陽明學者라고 부릅니다.

단웅이 양명학 얘기도 많이 듣긴 했는데 저로선 차이를 잘 모르겠어요.

공자 유가의 본령인 실천성을 회복시키려 했다고 보면 됩니다. 성리학이 천리를 주장하지만 이건 현실과 너무 동떨어져 있지요? 하늘의 문제는 원대하지만 당장의 급선무는 아니니까요. 또 유학을 성인이 되기 위한 학문이라고 말하지만, 성인의 길 역시 너무 높고 먼 곳에 있지요? 서민들에게는 아득히 다가갈 수 없는 세계인 셈입니다. 게다가 천리와 성인의 세계로 접근하려면 오랜 시간과 비싼 돈을 들여 공부와 수양을 거쳐야 하는데, 그걸 할 수 있는 사람이 몇이나 되겠습니까? 그래서 양명학자들은 성性 대신 일상에서 움직이는 마음, 즉 심心을 강조하게 됐고, 지식의 추구보다는 현실에서 매일 해야만 하는 실천궁행實踐躬行을 앞세우게 된 겁니다. 까마득히 멀리 있는 것으로만 보였던 진리의 세계를 현실의 삶 안으로 끌어들인 셈이지요.

단웅이 그런데 양명학이 우리나라에선 이단으로 취급됐다고 들었어요.

공자 한국이 특히 심했다고 들었습니다. 하지만 양명학과 성리학은 둘 다 저의 사상을 계승한 훌륭한 학문 체계들입니다. 우열을 논할 수 없습니다.

단웅이 앞으로 잘 공부해보도록 하겠습니다.

공자 응원하겠습니다.

단웅이 아쉽게도 이제 곧 헤어질 시간이 다가왔는데요. 저희 같은 젊은 후생들에게 꼭 해 주시고 싶은 말씀이 있으면 부탁드리겠습니다.

공자 이별해야 한다니 저 역시 아쉽군요. 드리고 싶은 말이 매우 많지만, 이것 하나만은 반드시 하고 싶습니다. 서로 사랑하십시오! 사람은 어울려 살아야만 하는 운명입니다. 물론 혼자가 가장 편하다고 느껴질 때도 많을 겁니다. 혼자로도 충분하다고 생각하기 쉬운 시대인 것도 같습니다. 하지만 인류는 혼자로는 부족합니다. 타인을 감싸 주고 받아들여 공동체를 발전시켜 나가야 합니다. 제가 평생 주장했던 인의 핵심도 바로 그것입니다.

단웅이　타인을 인정하고 그들과 평화롭게 공존하라는 말씀 잘 새기겠습니다.

공자　정확히 이해하셨습니다.

단웅이　그럼 공자 선생님, 먼 길 편안히 가시기를 빌겠습니다. 안녕히 가세요. 고맙습니다.

공자　고맙습니다.

참고 문헌

김학주 역, 『논어』, 명문당, 1973.
시마다 겐지, 김석근 옮김, 『주자학과 양명학』, 까치, 1986.
에두아르 샤반느, 『Les Histoire des Memoires』 중 서문, 미번역 불어원전.
H.G. 크릴, 이성규 옮김, 『공자-인간과 신화』, 지식산업사, 2012.
사진 자료 출처: 국립중앙도서관(https://www.nl.go.kr).

선한 본성을 지키며 살아가기

—맹자, 『맹자』

정재철

천하의 넓은 집인 인仁에 거처하며,
천하의 바른 자리인 예禮에 서며,
천하의 큰 도리인 의義를 행한다.
뜻을 얻으면 백성과 함께 도를 행하고,
뜻을 얻지 못하면 홀로 그 도를 행한다.
부귀가 마음을 방탕하게 하지 못하며,
빈천이 절개를 바꾸게 하지 못하며,
위력이 지조를 굽히게 할 수 없다.
이러한 사람을 대장부라고 부른다.

맹자와 『맹자』

단비 "젊은이들이여, 호연지기浩然之氣를 가져라"라는 말을 많이 들었는데, 『맹자』에 나오는 말이라고 하더라고요. 맹자를 처음부터 제대로 배우고 싶다는 마음이 솟아났는데, 맹자는 언제 태어났고 어떻게 살다 갔는지 궁금합니다.

정 교수 맹자 孟子, B.C.372~B.C.289의 성은 맹 孟이고 이름은 가 軻입니다. 자 字는 자여 子輿·자거 子車입니다. 그를 맹가 孟軻라고 부르지 않고 맹자 孟子라고 부르는 것은 존칭의 의미를 담고 있습니다. 이는 공자 孔子의 이름은 구 丘인데 공구 孔丘라고 부르지 않고 공자라고 말하는 것과 같습니다. 맹자는 춘추시대 노 魯나라의 공족 公族인 맹손 孟孫의 후손으로 알려져 있습니다. 그는 중국에서 전국시대에 해당하는 B.C.372년에 공자의 고향인 곡부 曲阜, 지금의 산둥성 취푸에서 멀지 않은 추읍 鄒邑, 지금의 산둥성 추현에서 태어나 B.C.289년에 83세를 일기로 세상을 떠났습니다. 아버지는 맹손격 孟孫激으로 일찍 세상을 떠났는데, 어머니 장씨 仉氏는 세 번이나 집을 옮겨가며 맹자의 교육에 힘썼습니다. 맹자는 공자의 손자인 자사 子思의 문인에게 수학하였고, 공자가 편찬한 오경 五經을 통달하였습니다. 이후 그는 전국을 돌아다니며 제후들에게 유세하였으나 뜻을 이루지 못하였고, 결국 고향으로 돌아와 문인들과 함께 공자의 뜻을 펼쳐 『맹자』를 지었습니다.

맹자

단비 역사 시간에 맹자가 활동한 전국시대는 제자백가 諸子百家가 활

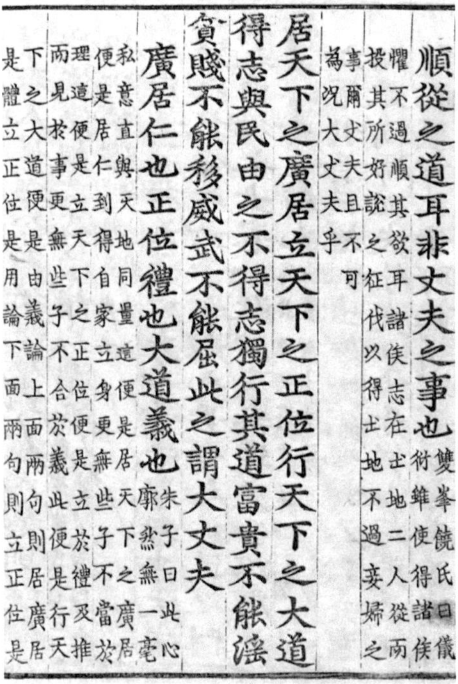

順從之道耳非丈夫之事也雙峯饒氏曰儀衍雖使得諸侯懼不過順其欲耳諸侯志在土地二人從而投其所好說之征伐以得土地不過妾婦之事爾丈夫且不可爲況大丈夫乎

居天下之廣居立天下之正位行天下之大道得志與民由之不得志獨行其道富貴不能淫貧賤不能移威武不能屈此之謂大丈夫

廣居仁也正位禮也大道義也朱子曰此心廓然無一毫私意直與天地同量這便是居天下之廣居便是居仁到得自家立身更無些子不當於理這便是立天下之正位便是立於禮及推而見於事更無些子不合於義此便是行天下之大道便是由義論上面兩句則居廣居是體立正位是用論下面兩句則立正位是

『맹자』 등문공장구 하편

동하던 때라고 들었습니다. 맹자는 어떤 학설을 주장했나요?

정 교수 중국의 학술과 사상은 공자가 살았던 춘추시대부터 맹자가 살았던 전국시대에는 아홉 유파에 열 명의 사상가[九流十家]가 활동했습니다. 맹자는 유가儒家에 속합니다. 당시 유가들은 춘추시대에 공자에 의해 완성된 왕도정치王道政治를 현실정치에 실천하고자 했습니다. 특히 맹자가 활동했던 때는 전무후무할 정도로 제가들의 주장이 고조되었던 시기였습니다. 당시 어떤 사상가는 낭만 사상을 주장하기도 했고, 어떤 사상가는 공리사상을 주장하기도 했습니다. 또한 진秦나라와 초楚나라에서는 상앙商鞅과 오기吳起를 등용하고, 제齊나라에서는 『손자병법』孫子兵法으로 널리 알려진 손자와 전기田忌를 등용하여 이웃 나라를 정벌하는 데에 온 힘을 기울였습니다.

맹자는 당시 세상을 어지럽히고 있던 이설들은 단지 새롭고 기이한 것을 추구할 뿐이고, 세도世道에는 조금도 도움이 되지 못할 뿐만 아니라 인심人心에도 해가 된다고 생각했습니다. 따라서 그는 국가와 사회를 바로잡기 위해서는 반드시 공자에 의해 완성된 유학을 부흥시켜 "인심을 바로 잡고, 사설邪說을 그치게 해야 한다"고 주장했습니다. 그리고 그는 이러한 주장을 실천하기 위해 제齊나라 선왕宣王과 위魏나라 혜왕惠王 등을 만나 인정仁政을 펼칠 것을 권유하였습니다. 그러나 당시 왕들은 힘의 우위를 통해 중국의 통일을 이루고자 하였고, 결국 맹자의 주장은 왕들에게 외면을 받게 되었습니다. 오히려 그의 주장은 유가와 대립했던 이가異家들에 의해 사정에 어둡다는 비판을 받기도 했습니다.

단비 『맹자』는 누가 지었나요? 그리고 『맹자』는 모두 몇 편으로 구성되어 있나요?

정 교수 『맹자』의 작자에 대해서는 여러 가지 설이 있습니다. 맹자가 스스로 지었다는 설이 있고, 제자들이 기록했다는 설이 있으며, 맹자와 제자들이 함께 지었다는 설이 있습니다. 한漢나라 때에 사마천司馬遷은 맹자가 '문인인 만장萬章 등과 함께 『시경』詩經과 『서경』書經을 정리하고, 공자의 뜻을 펼쳐 『맹자』 7편을 지었다'고 하였습니다. 그러나 당唐나라 때에 한유韓愈는 '맹자가 세상을 떠난 후에 그의 문인들이 맹자가 말한 것을 기록하였다'고 하였습니다. 뒤이어 송宋나라 때에 조공무晁公武는 '『맹자』에 나오는 제나라 선왕과 위나라 혜왕은 모두 맹자가 세상을 떠난 후에 붙여준 시호인 것을 예로 들어 이 책은 맹자의 사후에 문인들이 지은 것이다'라고 하였습니다. 현재에는 『맹자』는 맹자의 문인들이 들은 것을 기록하고, 맹자가 이를 다시 수정하여 문장과 필세를 통일하였으며, 맹자가 세상을 떠난 후에 문인들이 제후들의 시호를 추가해 놓은 것으로 보고 있습니다.

『맹자』는 책의 이름으로 보면 『노자』老子·『장자』莊子 등과 같이 제자서와 같고, 책의 체제로 보면 『논어』論語와 유사합니다. 앞에서 사마천은 "맹자가 『맹자』 7편을 지었다"라고 하였는데, 지금 우리가 읽고 있는 맹자는 '양혜왕', '공손추', '등문공', '이루', '만장', '고자', '진심' 등 모두 7편으로 이루어져 있습니다. 한나라 때에 조기趙岐는 이 7편이 『맹자』 내서內書이고, 이외에도 '성선변', '문설', '효경', '위정' 등 외서外書 4편이 있다고 했습니다. 그러나 그는 이 외서 4편은 글의 내용이 깊지 못하고 내서 7편과 중복된 것이 많은 것으로 보아 후대에 추가된 것이라고 주장했습니다. 그는 『맹자』 내서 7편을 상하로 나누어 총 14편으로 만들었습니다. 이 책에는 총 261장, 34,685자가 수록되어 있습니다.

단비 『맹자』는 춘추시대에 활동한 공자의 도를 이었다고 들었는데요. 그렇다면 『논어』와 『맹자』는 어떤 차이가 있나요?

정 교수 앞서 말했듯이 『맹자』는 공자의 도를 펼친 책이고, 맹자가 펼친 사상은 공자의 사상을 이은 것입니다. 그러나 공자가 활동한 춘추시대와 맹자가 활동한 전국시대는 정치나 사회 환경이 많이 달랐고, 공자와 맹자의 개성과 수양 방법이 달랐습니다. 그에 따라 『논어』와 『맹자』는 그 문장과 내용에 있어서 적지 않은 차이를 보여 주고 있습니다. 예를 들면, 『논어』의 문장은 기세가 평이하나 『맹자』의 문장은 기세가 격정적이고, 『논어』의 문장은 요약되어 있고 의미는 폭이 넓으나 『맹자』의 문장은 기세는 성대하고 말은 잘 펼쳐져 있습니다. 또한 내용에 있어서도 『논어』에서는 "본성은 서로 가깝다"라고 말했지만 『맹자』에서는 곧바로 "본성은 선하다"라고 말했습니다. 그리고 『논어』에서는 다만 '인仁'을 말했지만 『맹자』에서는 '인'과 '의義'를 함께 말했습니다. 또한 『논어』에서는 다만 '지志'를 말했지만 『맹자』에서는 '지언知言'과 '양기養氣'로 나누어 말했습니다. 이와 같이 『맹자』의 문장과 내용은 『논어』와 적지 않은 차이를 보여 주고 있고, 그에 따라 『맹자』는 후대에 사람들이 한문 문장을 학습하거나 유학 사상을 체계적으로 이해하는 데 많은 도움을 주었습니다.

맹자의 인성론과 정치철학

단웅이 도덕 시간에 맹자는 성선설性善說을 주장했다고 들었는데요. 그가 주장한 성선설은 유학 사상에서 어떤 의미가 있는지요?

정 교수 성性은 사람들이 선천적으로 부여받은 심리 활동을 말합니다. 공자는 "성은 서로 가깝다[性相近也]"라고 말하여, '성은 순수하게 만들 수 있다'는 철학적 개념을 제시하였습니다. 맹자는 인성人性은 환경과 교육에 의해 변화할 수 있다는 것을 인정했습니다. 그러나 그는 사람이 태어날 때에는 선하다는 것을 긍정하여, '성은 선善하다'라는 명제를 제기했습니다. 그리고 그는 타고난 본성이 선한 것의 근거로 사단설四端說을 들었습니다. 그는 사람들이 태어나면서부터 모두 남에게 차마 하지 못하는 마음인 불인지심不忍之心을 지니고 있다고 하였습니다. 그 예로 그는 어린아이가 우물에 들어가려고 하는 것을 보게 되면 모두 놀라며 불쌍히 여기는 마음이 생기는데, 이 마음은 어린아이의 부모와 교제를 하기 위한 것도 아니고, 동네 친구들에게 어린아이를 구해 주었다는 칭찬을 받기 위해서도 아니며, 어린아이를 구하지 않았다는 비난을 받기 싫어해서도 아니라고 했습니다. 이어 그는 이것이 자신도 모르는 사이에 마음속에 자리하고 있던 선한 본성이 우물에 들어가려는 어린아이를 보고 불현듯 일어난 것이라고 했습니다.

맹자는 이에서 한 걸음 더 나아가 "측은하게 여기는 마음이 없으면 사람이 아니고, 자신의 악을 부끄러워하고 남의 악을 미워하는 마음이 없으면 사람이 아니며, 사양하는 마음이 없으면 사람이 아니고, 옳고 그름을 가리는 마음이 없으면 사람이 아니다"라고 하여, 사람들이 태어나면서부터 가지고 있는 선한 마음을 측은지심惻隱之心, 수오지심羞惡之心, 사양지심辭讓之心, 시비지심是非之心 네 가지로 구분하였습니다. 그리고 그는 이 네 가지에서 측은한 마음은 인仁의 단서이고, 부끄러워하는 마음은 의義의 단서이며, 사양하는 마음은 예禮의 단서이고, 시비를 가리는 마음은 지智의 단서라고 하였습니다. 이것이 바로 그가 말한 사단四端입니다. 사람들이 위와 같이 사단을 지니고 있는 것은 사람들의 타고난 본성이 선하기 때문이라고 하였습니다. 이와 같이 맹자가 주장한 성선설은 철학적으로 크게 두 개의 의미를 지니고 있습니다.

먼저 적극적 방면으로 두 가지가 있습니다. 첫째, 사람은 '본성을 따라야 한다[順性]'는 것입니다. 이는 곧 인성은 본래 선하기 때문에 타고난 본성을 따르게 되면 선한 사람이 될 수 있다는 것을 의미합니다. 그는 인성이 선한 것은 마치 물이 아래로 흐르는 것과 같은데, 사람들은 선하지 않은 것이 없고 물은 아래로 흐르지 않은 것이 없다고 말했습니다. 둘째, 선한 본성을 확충하는 것입니다. 앞서 말했듯이 사단이 비록 사람의 마음에 자리 잡고 있더라도 그 시작은 매우 미약하므로 더욱 확충하지 않으면 선한 마음을 일으킬 수 없습니다. 우리가 선한 마음을 확충하게 되면 자아를 충실하게 하고 사람들이 모두 선행을 할 수도 있으며 성인이 될 수도 있습니다.

다음으로 소극적 방면으로 두 가지가 있습니다. 첫째, 선한 마음을 보존하고 기르는 것[存養]입니다. 사람들이 비록 어떤 일을 할 때에 마음속에 보존되어 있는 선한 싹이 솟아 나오더라도, 그 선한 마음은 매우 미약하므로 외재적인 영향을 받아 사라지기 쉽습니다. 따라서 반드시 보존해 길러야만 네 가지 선한 단서를 잃지 않을 수 있습니다. 둘째, 욕심을 다스리는 것입니다. 음식을 먹거나 남녀가 사랑하는 것은 사람이나 짐승이나 크게 차이가 없습니다. 맹자는 본성 중에 인욕人欲이 있다는 것을 부인하지 않았습니다. 다만 이목구비의 감각기관들은 생각을 할 수가 없으므로 이 감각기관에 작용하는 인욕을 따르면 반드시 몸과 마음을 해치게 됩니다. 이와 반대로 인욕을 제어

하여 그 세력을 확장시키지 않고 이성의 지휘를 받게 되면 선한 본성을 오래 보존할 수 있게 됩니다.

단웅이 앞에서 맹자는 당시 제후들에게 유세하면서 왕도정치를 주장했다고 했는데요. 그가 주장한 왕도정치는 성선설과 어떤 관련이 있나요?

정 교수 앞에서 말한 성선설은 맹자의 유학 사상의 뿌리라고 말할 수 있습니다. 당시 제후들은 밖으로는 공격과 정벌을 잘하는 사람을 어진 사람으로 여겨 우대하였고, 안으로는 세금을 과중하게 부과하여 백성들을 도탄에 빠트렸습니다. 이에 대해 맹자는 제후들에게 유세하면서 '사람들에게 차마 하지 못하는 마음[不忍人之心]'을 확충하여, '사람들에게 차마 하지 못하는 정치[不忍人之政]'를 펼칠 것을 주장했습니다. 이와 같은 그의 정치사상은 크게 세 가지로 나누어 볼 수 있습니다.

먼저 맹자는 왕도정치를 귀하게 여기고 패도정치覇道政治를 천시하였습니다. 그가 말한 왕도정치는 세 가지로 나눌 수 있습니다. 첫째, 은혜를 미루어 나가 백성을 보호하는 것입니다. 그는 제나라 선왕에게 "은혜를 미루어 나가면 천하를 보존할 수 있지만, 은혜를 미루어 나가지 못하면 아내와 자녀도 보호할 수 없다"고 말했습니다. 둘째, 백성들과 즐거움을 같이 하는 것입니다. 그는 제나라 선왕에게 백성들이 왕의 음악을 연주하는 소리를 듣고 모두 이마를 찡그리고 눈을 흘기면서, '부모와 자녀가 서로 보지 못하고 형제와 처자들이 서로 떨어져 있다'고 말한다면, 그것은 백성들과 즐거움을 함께 하는 것이 아니라고 하였습니다. 셋째, 백성을 기르고 교육하는 것입니다. 이것은 공자가 "부유하게 한 후에 교육을 시킨다"라고 말한 것과 같은 의미입니다. 이에 대해 맹자는 백성들이 풍년에는 위로 부모를 봉양하고 아래로 처자를 기르며, 흉년이 들어도 이들이 사망에서 벗어나게 한 후에 선행을 하도록 가르쳐야 한다고 말했습니다.

다음으로 맹자는 정치를 말하면서 백성을 귀하게 여기고 임금을 가볍게 보는 민본주의를 강조했습니다. 그는 임금과 신하는 평등하며 임금은 백성의 공복公僕이라 하고, 임금이 백성을 보호하지 못하면 백성들은 임금에게 저항할 수 있다고 하였습니다. 그는 이러한 민본주의에 기초하여 폭군에 대해서는 혁명을 일으켜 임금을 바꿀 수 있다는 혁명론을 주장했습니다. 그 예로 주周나라를 세운 무왕武王이 은나라의 폭군인 주왕紂王을 정벌한 것에 대해 질문을 받자, 맹자는 인의를 해친 잔적殘賊한 일부에 불과한 주왕紂王을 죽인 것이라고 말했습니다.

마지막으로 맹자는 이전 시대의 성왕聖王들이 만들어 놓은 제도를 준수하고, 어진 사람을 등용할 것을 주장하였습니다. 그가 말한 성왕들은 요堯임금·순舜임금·우왕禹王·탕왕湯王·문왕文王·무왕武王 등을 말합니다. 그는 여러 차례에 걸쳐 이들 성왕들의 인격과 도덕의 위대함을 말하고, 애민愛民과 양민養民의 공적을 설명하였으며, 백성을 애도하고 폭군들을 정벌한 공훈을 말했습니다. 이어 그는 반드시 어질고 유능한 관리들로 하여금 임금을 보좌하여 성왕들이 남긴 제도를 준수하도록 해야 한다고 강조했습니다. 그는 성왕들이 남겨준 제도는 정밀한 기계와 같고, 어질고 유능한 신하는 능력 있는 기사와 같다고 했습니다. 따라서 그는 좋은 물건을 만들기 위해서는 기계와 기사가 서로 필요하듯이, 왕도정치를 이루기 위해서는 성왕의 제도와 어질고 유능한 신하가 반드시 함께 있어야 한다고 했습니다.

단웅이 맹자는 40세에 마음이 흔들리지 않았다고 들었는데요. 우리는 아침에 일어나 문 밖을 나서면서부터 저녁이 되어 집에 돌아올 때까지, 하루에도 수십 번씩 마음이 바뀌는 것을 경험하고 있습니다. 맹자가 어떻게 마음을 다스렸기에 40세에 흔들리지 않을 수 있었는지요?

정 교수 맹자는 40세에 마음이 흔들리지 않게 된 이유로 '호연지기를 잘 기르는 것[善養浩然之氣]'을 들었습니다. 그가 말한 호연지기는 우주 안에 가득 찬 넓고 큰 정기精氣를 가리킵니다. 당시 사람들은 자신을 포함해 모든 생명체는 우주의 정기를 받고 태어났다고 생각했습니다. 이에 대해 맹자는 "호연지기는 지극히 크고 지극히 강하므로[至大至剛], 곧게 길러 해치는 것이 없으면 이 기가 천지 사이에 꽉 차게 된다"고 하였습니다. 이와 같이 그는 우주의 모든 생명 중에서 사람이 우주의 가장 크고 강한 기를 받고 태어난 것으로 보았습니다. 따라서 그는 우주 안에 호연지기가 가득 차게 하려면 오직 사람들이 이 기를 곧게 길러 해치는 것이 없어야 한다고 했습니다. 그리고 그는 우주 안에 호연지기가 가득 차게 하는 방법으로 의와 도를 실천하는 것이라고 하였습니다.

맹자가 말한 의와 도는 사람이 마땅히 해야 할 선한 행위인 도덕 이성을 말하고, 호연지기는 사람의 몸에서 작용하는 생리작용을 말합니다. 그는 사람이 마땅히 해야 할 의와 도[도덕 이성]를 끊임없이

호연지기를 느낄 수 있는 정선의 신묘년 풍악도첩

실천하게 되면 사람의 몸에서 작용하는 호연지기[생리 작용]가 곧게 길러지게 된다고 생각했습니다. 그런데 그가 말한 의와 도[도덕 이성]는 사람의 의지[志]가 구체적인 행위로 나타난 것입니다. 그는 이 의지와 호연지기의 관계에 대해 말하면서 "지志는 기氣의 장수이다"라고 하였습니다. 그가 40세에 마음이 흔들리지 않게 된 이유는 끊임없는 마음공부를 통해 의지로써 기에 의해 일어나는 인욕을 막아 선한 본성을 유지했기 때문입니다. 사람들은 세상을 살면서 항상 물욕에 사로잡혀 있으면서도 스스로 이를 알지 못하는 경우가 많습니다. 따라서 사람은 어떤 일을 하려고 할 때에 반드시 그 일이 선한 것인지 아니면 악한 것인지 잘 헤아려 보아야 합니다. 그 일이 선한 경우에는 계속 진행해도 되지만 선하지 못한 경우에는 의지로써 이것을 제어해야만 하늘에서 부여 받은 선한 본성을 유지할 수 있습니다. 맹자는 바로 이것을 실천했기 때문에 40세에 어떤 유혹에도 마음이 흔들리지 않게 되었습니다.

단뭉이 우리의 선인들은 언제 세상에 나아가고 언제 세상에서 물러날 것인가를 놓고 고심이 많았다고 들었습니다. 맹자는 혼란이 극심했던 시대를 살면서 자신의 진퇴에 대해 어떻게 대처했는지요?

정 교수 맹자는 자신을 포함해 선비가 취할 처신에 대해 매우 중시했습니다. 맹자는 선비가 세상으로 나아가는 것이 세 가지가 있고, 세상에서 물러나는 것이 세 가지가 있다고 하였습니다. 첫째, 군주가 맞이할 때 공경을 다하여 예가 있으며 장차 그 말을 행하겠다고 하면 나아가고, 예모禮貌가 쇠하지는 않았으나 그의 말이 행해지지 않으면 떠나는 것입니다. 둘째, 비록 그의 말이 행해지지는 않으나 맞이할 때 공경을 다하여 예가 있으면 나아가고, 예모가 쇠하면 떠나는 것입니다. 셋째, 아침도 먹지 못하고 저녁도 먹지 못하여 굶주리고 배고파 문을 나갈 수 없을 때, 임금이 이 말을 듣고 말하기를 "내가 크게는 그 도를 행하지 못하고 또 그의 말을 실천하지 못해서 내 땅에서 배고프고 굶주리게 했으니, 이를 부끄럽게 여긴다" 하고 구원해 준다면, 또한 받을 수 있지만 죽음을 면하는 정도에 그칠 뿐입니다. 맹자는 이와 같이 선비가 세상에 출사할 때에는 도를 실천하는 것을 최우선으로 여겼고, 예가 쇠하지 않은 것을 다음으로 여겼으며, 굶주려 죽는 것에서 벗어나는 것을 가장 낮게 보았습니다. 지금 사람들은 대부분 세상에 나아갈 때에 정신이나 의리보다는 물질이나 이익을 중시하고 있습니다. 이러한 시대에 출사의 조건으로 도의 실천을 가장 중시했던 맹자의 처세 방법에 대해 한 번쯤 되새겨볼 만합니다.

단웅이 맹자는 세상을 살아가면서 자신이 취할 방향을 어떻게 설정했나요. 예를 들어 사람들이 하고자 하는 일이 긍정적인 면과 부정적인 면이 동시에 존재한다면, 맹자는 이에 대해 어떻게 대처했는지요?

정 교수 맹자는 세상을 살아가면서 취할 행동으로 '중도를 쓰고[用中道] 권도에 통달할 것[達權變]'을 주장했습니다. '중도를 쓴다'는 것은 공자가 '지나치거나 미치지 못하는 것이 없다[無過不及]'고 말한 것과 같은 의미로, 중용의 도를 중시하여 양극단으로 치닫는 것을 피하는 것입니다. 맹자는 양극단의 예로 고대에 성현으로 일컬어지던 백이伯夷와 유하혜柳下惠의 처세를 들었습니다.

백이는 은나라를 정벌한 주나라 무왕의 행위가 의롭지 않다고 여기고 수양산에 들어가 고사리를 캐 먹다 죽었습니다. 그는 섬길 만한 군주가 아니면 섬기지 않았으며, 벗할 만한 사람이 아니면 벗하지 않았으며, 악한 사람의 조정에서는 벼슬하지 않고, 악한 사람과는 말하지 않았습니다. 악한 사람의 조정에서 벼슬하는 것과 악한 사람과 말하는 것을 마치 조정에서 입는 옷을 입고 조정에서 쓰는 관冠을 쓰고서 진흙탕과 숯 구덩이에 앉아 있는 것처럼 여겼으며, 악을 미워하는 마음을 미루어 넓혀서 시골 사람과 함께 서 있을 때에 그 사람의 관이 바르지 않으면 마치 그가 자신을 더럽히기라도 할 것처럼 뒤돌아보지 않고 떠났습니다. 이 때문에 제후 중에 초빙하는 말을 잘 꾸며서 찾아오는 자가 있어도 받아들이지 않았으니, 받아들이지 않은 것은 또한 벼슬에 나아가는 것을 좋게 여기지 않았기 때문입니다.

유하혜는 춘추시대에 노魯나라의 현자賢者로 직도直道를 지켜 임금을 섬긴 것으로 알려져 있습니다. 그는 더러운 군주 섬기기를 부끄러워하지 않았으며, 작은 벼슬을 하찮게 여기지 않았습니다. 벼슬에 나아가면 자기의 현명함을 숨기지 않고 반드시 자기 도리를 다하였으며, 벼슬길에서 버림받아도 원망하지 않았고 곤액困厄을 당하여도 근심하지 않았습니다. 그러므로 유하혜가 말하기를 "너는 너이고 나는 나이니, 네가 내 곁에서 옷을 걷고 맨몸을 드러낸들 네가 어찌 나를 더럽힐 수 있겠는가"라고 하였습니다. 그러므로 그는 느긋하게 남들과 함께 있으면서도 스스로 올바름을 잃지 않아서 떠나려고 하다가도 만류하여 멈추게 하면 멈추었습니다. 만류하여 멈추게 하면 멈춘 것은 또한 떠나감을 좋게 여기지 않았기 때문입니다.

맹자는 "백이는 좁고[隘] 유하혜는 공손하지 못하였다.[不恭]"라고 하였습니다. 이는 그가 백이와 유하혜가 취한 좁은 행동과 공손하지 못한 행동은 모두 중도가 아니라고 본 것을 의미합니다. 또한 맹자는 '순우곤淳于髡이 형수가 물에 빠졌는데 손을 잡고 구하는 것이 예에 맞는 것인가?'라고 묻자, 맹자는 '형수가 물에 빠졌을 때에 손을 잡고 구하는 것은 권權이다.'라고 답하였습니다. 이것은 사람들은 때에 따라서 고정불변하는 방식에서 벗어나 권도權道를 행해야 한다고 말한 것입니다.

단웅이 앞에서 맹자는 왕도정치를 말하면서 백성들이 부유하게 만든 후에 교육을 시켜야 한다고 하였습니다. 이로 보아 맹자의 경제사상은 왕도정치의 핵심이 된다고 생각하는데, 맹자의 경제사상이 우리에게 어떤 도움을 줄 수 있을까요?

정 교수 맹자는 왕도정치를 말하면서 백성을 부유하게 만드는 것을 최우선 과제로 보았습니다. 그가 살았던 전국시대는 정부와 민간의 경제가 모두 농업에 의존하였으므로, 백성들이 부유하거나 피폐하게 되는 것은 전적으로 농업의 생산력에 달려 있었습니다. 그는 이 핵심 과제를 해결하는 방법으로 세 가지를 말했습니다. 첫째, 생산을 제어하는 것입니다. 그 방법으로 맹자는 백성들에게 경작지를 고르게 나누어 주어야 한다고 했습니다. 경작지가 고르지 못하면 생산가가 고르지 못하게 되어, 남는 자는 게으르게 되고 모자라는 자는 생명을 유지할 수 없기 때문입니다. 둘째, 농업을 권장하는 것입니다. 그는 백성들이 경작을 포기하지 않게 하려면 정부에서 법률을 제정하여 뽕나무를 심어 누에를 치게 하고, 가축을 기르되 임신할 때를 잃지 않게 하며, 목재를 구할 때에 어린나무를 자르지 않고, 물고기를 잡을 때에 어린 물고기를 잡지 않도록 해야 한다고 주장했습니다. 셋째, 세금을 줄여주는 것입니다. 그 구체적인 방법으로 맹자는 경작물의 십 분의 일만 세금으로 거둘 것을 주장했습니다. 또한 그는 시장에서는 거래세를 받지 않고, 관문에서는 통행세를 받지 않으며, 주민들에게는 주민세를 받지 않아야 한다고 주장하였습니다. 이와 같이 민생을 무엇보다 우선시했던 맹자의 경제사상은 현대에 경제 정책을 시행하는 데에도 많은 참고가 될 것입니다.

단움이 맹자 하면 가장 먼저 떠오르는 것이 '맹모삼천지교孟母三遷之敎'

입니다. 또한 '맹모단기孟母斷機'라는 고사성어도 기억이 나는데요. 이러한 말들은 맹자가 교육을 중시했기 때문에 생긴 것으로 생각됩니다. 맹자의 교육사상은 무엇인지요?

정 교수 맹자가 살았던 전국시대에는 정치와 교육을 하나로 보는 정교합일政敎合一의 시대였습니다. 따라서 위정자들은 백성들을 다스릴 때에 백성을 부유하게 만든 이후에는 반드시 백성을 교육하는 데 힘썼습니다. 특히 맹자는 교육을 매우 중시한 사상가입니다. 그는 위나라 혜왕에게 유세하면서 '형벌을 줄이고 세금을 가볍게 하며 깊이 밭을 갈고 김을 매게 한 후에, 청년들이 한가한 날에 효제孝悌와 충신忠信을 닦게 해야 한다'고 말했습니다. 그가 이와 같이 교육을 중시한 이유는 사람들이 의식주가 해결되었는데도 교육을 시키지 않으면, 결국은 나태해져 짐승에 가깝게 된다고 생각했기 때문입니다.

맹자는 백성들을 교육하는 방법에도 관심이 컸습니다. 그는 각종의 교육 방법을 운용하여 사람들의 지식을 증가시키고 사람들의 인품을 제고하며, 사람들의 기질을 변화시켜야 한다고 말하였습니다. 그는 구체적으로 다섯 가지의 교육 방법을 제시하였습니다. 첫째, 가뭄에 단비가 내리듯이 사람을 변화시키는 것입니다. 둘째, 덕을 완성시켜 주는 것입니다. 셋째, 재능을 이루어 주는 것입니다. 넷째, 물음에 대답을 하는 것입니다. 다섯째, 직접 배우지 않고 책을 통해 사숙私淑하는 것입니다. 첫째 방법은 마치 천지가 만물을 살게 하는 것같이 상호 교류하는 과정에서 인격이 무의식적으로 감응하여 스스로 변화하는 것을 말합니다. 덕을 완성시키는 방법과 재능을 이루어 주는 방법은 개성을 발전시키는 것을 말하고, 물음에 대답하는 방법은 지속적인 학문 과정을 통해 깨달음을 얻게 하는 것을 말합니다. 마지막으로 책을 통해 사숙하는 방법은 간접적으로 학문을 향해 나아가게 하는 것을 말합니다.

다음으로 맹자는 학습하는 방법에도 주목하였습니다. 그는 학습하는 방법으로 네 가지를 제시하였습니다. 첫째, 규칙을 정하는 것입니다. 그는 목수가 사람들을 가르칠 때는 반드시 컴퍼스와 직각자로 가르치듯이, 학습자들은 반드시 정해진 규칙이 있어야 한다고 하였습니다. 둘째, 순서가 있어야 한다는 것입니다. 맹자는 물이 흐를 때에 모든 구덩이를 채우고 나서야 아래로 흘러가듯이, 도에 뜻을 둔 학습자들은 반드시 학습의 단계를 밟은 이후에 통달할 수 있게 된다고 하였습니다. 셋째, 전심전력全心全力하는 것입니다. 이에 대해 맹자는 활쏘기를 배우는 자들을 비유하여, 전심전력으로 활쏘기를 배운 사람과 기러기가 날아올 것을 예상하면서 활쏘기를 배운 사람은 그 결과가 같지 않다고 하였습니다. 넷째, 항심恒心을 지니고 있는 것입니다. 이에 대해 맹자는 우물을 파는 것에 비유하여, 아홉 길[九仞]을 팠는데도 샘물이 나오지 않는다고 해서 우물을 포기해서는 안 된다고 하였습니다.

그리고 맹자는 교육 환경에도 많은 관심을 가지고 있었습니다. 이는 공자가 『논어』에서 "어진 마을에 거처하는 것이 아름다움이 된다"라고 말한 것과 같은 의미입니다. 맹자는 사람들이 비록 선천적으로 선한 본성을 갖추고 있더라도, 후천적으로 교육 환경에 따라서 사람들의 기질과 체질이 같지 않게 된다고 하였습니다. 그 예로 맹자는 임금의 궁실과 거마車馬와 의복은 대부분 일반 사람들과 같지만, 임금이 일반 사람과 다르게 행동하는 것은 임금의 교육 환경이 그렇게 만든 것이라고 했습니다. 따라서 그는 교육 환경이 학습에 미치는 영향은 매우 강하다고 보았고, 날마다 선한 사람과 거처하면 기약하지 않았는데도 선한 사람이 되고, 날마다 악한 사람과 거처하면 기약하지 않았는데도 악한 사람이 된다고 했습니다.

이 밖에도 맹자는 교수·학습하는 과정과 목적에 있어서 변하지 않는 표준을 제시하였습니다. 그는 학습자들이 자질의 우열이나 학습 능력의 속도를 따질 것 없이, 반드시 이러한 표준화된 교수·학습에 매진해야 한다고 말했습니다. 예를 들어 그는 대목수는 졸렬한 목수를 가르친다고 해서 먹줄을 고치지 않고, 활 스승은 졸렬한 궁사를 가르친다고 해서 활시위를 당기는 표준을 바꾸지 않는다고 했습니다. 따라서 그는 비록 초학자들이 처음에는 이와 같은 표준에 이르지 못하더라도, 반드시 이와 같은 표준에 도달하기를 기약해야만 마침내 성숙한 표준에 도달할 수 있게 된다고 보았습니다.

마지막으로 맹자의 교육사상에서 주목해야 할 것은 그가 인정人情을 매우 중시한 것입니다. 그는 교수·학습하는 과정에서 가정의 화목한 분위기를 유지할 것을 강조하였습니다. 그는 그 방법의 하나로 '자녀는 서로 바꾸어서 가르쳐야 한다'고 말했습니다. 교육자는 학습자에게 반드시 바르게 행동할 것을 요구하는데, 학습자가 바르게 행동하지 못하면 성을 내게 되고, 계속해서 성을 내게 되면 학습자는 반대로 마음이 상하게 됩니다. 그러나 공자는 '자녀를 바꾸어 가르치는 것'을 실천하지 않았습니다. 공자는 아들인 백어伯魚가 뜰을 지나가는 것을 보고 '너는 시를 배웠느냐? 시를 배우지 않으면 올바르게 말할 수가 없다'고 말하자, 백어는 뜰에서 물러나 시를 배웠다고 하였습니다. 따라서 맹자가 '자녀는 서로 바꾸어서 가르쳐야 한다'고 말한 것은 공자의 교육 방법에서 진일보한 것으로 볼 수 있습니다.

단뭉이 『논어』의 문장은 공자의 언행을 간략하게 기록한 것이라고 들었는데요. 『맹자』의 문장은 『논어』의 문장과 비교하면 무엇이 다른가요?

정 교수 맹자는 전국시대에 활동한 사상가 중에서 특히 웅변술에 뛰어났던 것으로 알려져 있습니다. 그가 지은 문장들은 당송唐宋 시대에 활약한 고문가의 문장에 직접 영향을 주었습니다. 앞서 말했듯이 『맹자』와 『논어』는 문장의 체제는 유사하지만 문장의 풍격은 크게 다릅니다. 『맹자』에도 짧은 문장이 있긴 하지만 대부분의 서사가 생동적인 장편으로 이루어져 있습니다. 따라서 『논어』의 문장은 간략하면서도 질박하고, 『맹자』의 문장은 규모가 크면서도 거리낌이 없습니다. 이러한 차이는 공자와 맹자의 개성이 다른 데다가 춘추시대와 전국시대 간 문장의 변화를 보여 주는 것입니다. 『맹자』의 문장은 다음과 같은 특징을 지니고 있습니다.

먼저 『맹자』의 문장은 명확한 비유를 구사하여 추상적이고 복잡한 도의 이치를 설득력 있게 설명했습니다. 그 예로 맹자는 위나라 혜왕에게 왕도정치를 펼칠 것을 권하면서, '하지 않는 것[不爲]'과 '할 수 없는 것[不能]'의 차이를 비교해 말한 것을 들 수 있습니다. 먼저 그는 '할 수 없는 것'을 '태산을 허리에 끼고서 북해北海를 뛰어넘는 것'에 비유하고, '하지 않는 것'을 '어른을 위해 나무를 꺾는 것'에 비유하였습니다. 그리고 그는 혜왕이 왕도정치를 하지 않는 것은 '태산을 허리에 끼고서 북해를 뛰어넘는 것'이 아니고 '어른을 위해 나무를 꺾는 것'과 같다고 하였습니다. 그는 이처럼 명확하게 구별되는 두 가지의 비유를 통해 '하지 않는 것'과 '할 수 없는 것'의 차이를 밝혔습니다.

다음으로 『맹자』의 문장은 본론을 말하기에 앞서 주제와 관련된 사례를 제시해 상대방의 심리를 장악하여 형세를 유리하게 이끌어 냈습니다. 한 예로 맹자가 제나라 선왕에게 두 가지의 간단명료한 사례를 통해 국정에 대한 임금의 책임을 강조한 것을 들 수 있습니다. 먼저 그는 왕의 신하가 처자를 친구에게 맡겼는데 추위에 굶주리게 하고 돌보지 않았다면 '어떻게 할 것인가?'라고 질문하여, 왕으로 하여금 '쫓아버리겠다'는 답을 유도했습니다. 이어 그는 옥 관리가 옥 간수를 잘 다스리지 못했다면 '어떻게 할 것인가?'라고 질문하여, 왕으로 하여금 '그만두게 하겠다'는 답을 유도했습니다. 마지막으로 그는 나라가 잘 다스려지지 못했다면 '어떻게 할 것인가?'라고 질문하여, 왕으로 하여금 '자신이 물러나야 한다'는 답을 유도했습니다.

마지막으로 『맹자』의 문장은 우언과 고사를 잘 활용하여 추상적인 설명 없이 추상적인 도리를 선명하게 드러냈습니다. 한 예로 맹자는 대영지戴盈之라는 사람에게 닭을 훔치는 사람의 고사를 통하여, 세금을 가볍게 하는 것은 하루도 미룰 수 없는 일이라고 말한 것을 들 수 있습니다. 대영지는 맹자에게 '당장 세금을 십 분의 일로 줄이는 것은 쉽지 않으므로 내년에 시행하는 것이 어떻겠는가?'라고 말했습니다. 그러자 맹자는 날마다 이웃집 닭을 한 마리씩 훔치는 사람에게 '그것은 군자의 도가 아니므로 한 달에 한 마리로 줄였다가 내년에 그만두는 것이 어떻겠는가?'라고 반문했습니다. 이어 그는 '의에 맞지 않으면 바로 그만두어야 되지 어찌 내년까지 기다릴 수 있겠는가?'라는 말로 끝을 맺었습니다.

후대에 끼친 영향

단비 역사 시간에 조선 시대를 다루면서 이황李滉과 이이李珥가 '사단[四端]'과 '칠정[七情]'의 관계를 놓고 철학 논쟁을 벌였다고 들었습니다. 이 두 학자가 주장한 사단은 맹자가 사람의 본성이 선하다는 네 가지 단서를 말하는 것인지요? 그렇다면 이 두 사람이 논쟁한 사단칠정론은 우리나라의 사상사에서 어떠한 의미가 있는지요?

정 교수 우리나라의 사상계는 조선 시대에 들어와 인간의 도덕적 근원을 밝히고 인격의 실현을 위한 실천 근거를 해명하는 심성心性의 문제가 깊이 다루어졌습니다. 이로부터 맹자가 주장한 사단에 근거해 성립된 사단칠정론四端七情論이 주요 논쟁으로 자리했습니다. 앞서 말했듯이 '사단'은 맹자가 사용한 용어로 인간의 성품이 선하다는 것을 증명하는 선한 감정을 말합니다. 맹자는 이 네 가지 선한 감정은 인간의 네 가지 성품인 인의예지仁義禮智의 단서가 된다고 말했습니다. '칠정'은 『예기』에 나오는 말로 인간의 자연스러운 감정을 희노애구애오욕喜怒哀懼愛惡欲으로 구별해 놓은 것입니다. 사단칠정론은 서로 다른 경전에서 나오는 두 가지 감정이 어떻게 연결되어 있는가를 규명하는 것입니다. 이에 대해 주희는 『주자어류』朱子語類에서 "사단은 이理가 발동한 것이고, 칠정은 기氣가 발동한 것이다"라고 하여, 두 유형의 감정인 사단과 칠정을 각각 이와 기에 소속시켰습니다.

조선 중기, 이황은 1553년에 지은 「천명신도」天命新圖에서 "사단은 이가 발동한 것이고 칠정은 기가 발동한 것이다"라고 하여 주희의 학설에 동조했습니다. 그러나 같은 시기에 활동한 기대승奇大升은 칠정을 사단에 포함시켜 칠정에 근거하여 사단이 발생한다고 주장했습니다. 이황이 세상을 떠나고 나서 2년 후 이이와 성혼成渾에 의해 사단칠정 논쟁이 다시 일어나 7년 동안 이어졌습니다. 이이는 기대승의 입장을 지지하여 '사단과 칠정의 양쪽 모두 기만 발동하고 이는 발동함이 없이 기를 타고 있다'고 하여 '일도설一途說'을 주장하였고, 성혼은 이황의 입장을 지지하여 '사단과 칠정은 주리主理와 주기主氣의 양면으로 설명할 수 있다'고 하며 '양면설兩面說'을 주장했습니다.

학계에서는 이황의 '호발설互發說'이 지닌 이원론적 경향은 사화士禍가 빈번했던 시기에 탐욕적인 권력 집단과 의리를 추구하는 선비 집단의 갈등 속에서 의리의 순수성을 밝히려는 입장을 반영한 것으로 보고 있습니다. 또한 이이의 '일도설'이 지닌 일원론적 경향은 명종 말기에서 선조 초기까지 사림 정치가 시작되는 시기에 정치적 참여와 사회적 통합을 추구하는 시대적 요구와 관련이 있는 것으로 보고 있습니다. 사단칠정 논쟁은 이후 이황의 입장을 지지하는 영남학파와 이이의 입장을 지지하는 기호학파가 학파로서 확고하게 정립되어 갔는데, 이는 결국 동인과 서인 사이에 벌어진 당쟁의 이론적인 근거가 되기도 하였습니다. 이와 같이 맹자의 사단설에 기초해 형성된 사단칠정 논쟁은 주희에 의해 완성된 중국의 성리학적 인성론을 보다 심화시켰다는 점에서 사상사적 의미를 찾을 수 있습니다.

단비 맹자는 인격의 완성을 위해 무엇을 강조했나요? 그리고 이러한 맹자의 주장이 현대를 살아가는 우리에게 어떤 도움이 될 수 있는지요?

정 교수 맹자는 사람이 인격을 완성하기 위해서 마땅히 행해야 할 준칙으로 의義의 실천을 강조했습니다. 앞서 살폈듯이 맹자가 주장한 성선설과 양기론은 모두 의를 실천하는 과정에서 나온 것입니다. 공자는 『논어』에서 "군자는 의義에 밝고 소인은 이利에 밝다"라고 하여, 군자와 소인을 구별하는 기준으로 의와 이를 제시하였습니다. 군자가 지향하는 의리는 사람이 반드시 따라야 할 도덕법칙을 말하고, 소인이 추구하는 이익은 개인의 사사로운 이익을 말합니다. 또한 공자는 『논어』에서 "이利를 보면 의義를 생각한다"라고 말하거나, "의롭지 않으면서 부유하고 귀하게 되는 것은 나에게 있어서 뜬구름과 같다"고 말했습니다. 이와 같이 공자는 의와 이의 조화를 강조하고, 정의에 합당한 이는 의와 같은 개념으로 보아 두 가지가 대립 갈등하는 관계가 아니라 상호 보완하는 관계로 보았습니다.

앞서 말했듯이 맹자가 주장한 성선설은 사람들이 태어나면서부터 의를 포함한 인의예지라는 선한 본성의 단서를 지니고 있다는 것을 의미합니다. 그러나 맹자가 '네 가지 단서'라고 말한 것에서 보듯이, 의를 포함한 인의예지는 사람이 도덕 본성에 도달하는 내적인 잠재력이나 가능성일 뿐이지, 아직은 그것들 자체가 도덕 본성을 의미하는 것은 아닙니다. 비록 사람들이 타고나면서부터 선한 본성의 단서인 의를 지니고 있었다고 하더라도, 이것은 단지 사람이 사람답게 되는 선천적인 조건에 불과합니다. 우리가 살아가는 세상에는 언제나 의롭지 못한 사람이 살고 있고, 의롭지 못한 일이 비일비재하게 일어나고 있습니다. 이러한 현상이 발생한 것은 사람들이 먹거나[食] 사랑하는 것[色]과 같은 생존 문제로 인하여 타고난 선한 본성을 잃어버렸기 때문입니다. 따라서 잃어버린 본성을 다시 회복하기 위해서는 의지[도덕 이성]로써 몸에서 일어나는 욕구[호연지기 浩然之氣]를 다스려야 합니다. 앞서 말했듯이 맹자가 주장한 양기론은 바로 이처럼 타고난 선한 본성의 단서인 의를 일상의 삶에서 실천하여 인격을 완성하는 것을 의미합니다.

『맹자』에는 이와 같이 인격의 완성을 위해서 반드시 행해야 할 의의 실천에 대한 내용이 곳곳에 나타나 있습니다. 이를 가장 잘 보여주는 것이 『맹자』의 첫 구절인 「양혜왕장구상」의 제1장입니다. 이곳에서 위나라 혜왕은 맹자를 보자마자 "선생께서 천 리를 멀다 하지 않고 오셨으니, 또한 장차 무엇으로 우리나라를 이롭게[利] 할 수 있습니까?"라고 말하였고, 맹자는 이에 답하여 "왕께서는 하필 이利를 말씀하십니까? 인의仁義가 있을 뿐입니다"라고 말했습니다. 이어 맹자는 "윗사람과 아랫사람이 서로 이익을 취하려고 하면 나라가 위태롭게 될 것입니다"라고 말하여, 사람들이 자신만의 이익을 도모하면 필연적으로 사회의 도덕 질서는 무너지게 된다고 보았습니다. 그는 이에서 한 걸음 더 나아가 "사는 것 또한 내가 바라는 것이고 의義를 실천하는 것 또한 내가 바라는 것인데, 이 두 가지를 함께 얻을 수 없다면 사는 것을 버리고 의를 취할 것이다"라고 했습니다. 또한 그는 "하나의 불의를 행하고 한 명의 죄 없는 사람을 죽여야만 천하를 얻을 수 있다면, 모두 하지 않을 것이다"라고 했습니다.

앞서 말했듯이 공자는 의를 중시하면서도 이利 또한 일정 정도 인정하였다면, 맹자는 이利를 경시하여 이利가 사회의 도덕 질서를 해치는 부정적인 것으로 이해했습니다. 현대 사회는 개인의 이익[利] 추구를 최고의 가치로 여기는 물질 중심의 시대라고 말할 수 있습니다. 이처럼 물질 만능의 시대에는 인간의 도덕성을 훼손하거나 사회 전체의 이익에 반하는 일들이 빈번하게 일어나게 됩니다. 이러한 시대에 '사는 것을 버리고 의리를 취한다[捨生取義]'고 말한 맹자의 의리 정신은 개인의 이익 추구에만 급급한 현대 사회에서 초래된 병폐를 치유하고, 우리 사회의 구성원 전체가 이익을 공유하며 인간의 보편적 도덕 가치를 지향하는 사회로 나아가는 데 도움이 될 수 있을 것입니다.

참고 문헌

맹자, 『맹자』 한문대계 1, 일본 부산방 富山房, 1909.

맹자, 『맹자집주』 사서집주 2, 이이회, 1983.

맹자, 『맹자』 전4권, 학민문화사, 1989.

맹자, 『맹자집주』, 이회, 2013.

맹자, 차주환 옮김, 『맹자』, 명문당, 2003.

맹자, 박경환 옮김, 『맹자』, 홍익출판사, 2005.

맹자, 장기근 옮김, 『맹자집주신강』 전3권, 명문당, 2006.

맹자, 윤재근 옮김, 『맹자』 전2권, 동학사, 2009.

맹자, 김용옥 옮김, 『맹자 사람의 길』 전2권, 통나무, 2012.

맹자, 동양고전연구회 옮김, 『맹자』, 민음사, 2016.

맹자, 성백효 옮김, 『최신판 맹자집주』, 한국인문고전연구소, 2017.

금장태, 『한국유학의 탐구』, 서울대학교 출판부, 1999.

박영진, 「의리 문제에 대한 공자와 맹자의 인식 연구」, 『동양고전연구』 제68집, 2017.

안용진, 「공자의 의리사상 연구」, 『유교사상연구』27Œ, ₩m PYŒ, 2006.

함영대, 『성호학파의 맹자학』, 태학사, 2011.

徐復觀, 「中國文學中的氣的問題」, 『徐復觀先生集 2』, 臺灣 學生書局, 1969.

周何, 田博元 主編, 『國學導讀叢編 1』, 臺灣 康橋出版公司, 1979.

사진 자료 출처: 국립중앙도서관(http://www.nl.go.kr).

기이한 이야기 속 역사의 진실을 찾아서

—일연, 『삼국유사』

이유진

> 제왕帝王이 일어나려고 할 때는 부명符命을 받고 도록圖籙을 얻게 된다고 하여 반드시 보통사람과 다름이 있었다. 그런 후에야 능히 큰 변화를 타서 제왕의 지위를 잡고 대업大業을 이룰 수 있는 것이다. 그런즉 삼국三國의 시조始祖가 모두 신이神異한 데서 나왔다는 것이 어찌 괴이하다고 할 수 있겠는가! 이것이 기이紀異편을 이 책의 처음에 실은 까닭이며, 의도가 여기에 있다.

일연의 생애와 마지막 소망

단웅이 『삼국유사』三國遺事가 대단히 친숙한 고전이라고 생각해서 수업을 신청했는데 제대로 배우거나 완독한 경험이 없어서 걱정됩니다. 저자 일연이 고려 때 승려였다는 사실만 알고 그가 어떤 시대와 삶을 살다 간 인물이었는지 제대로 느껴 볼 기회가 없었던 것 같아요.

이 교수 우리 학생들이 많이 들어 익숙한 것 같지만 처음부터 끝까지 읽어 본 경험은 거의 없는 고전 중 하나가 『삼국유사』일 거예요. 『삼국유사』의 저자 일연一然, 1206~1289은 평생 선승禪僧, 참선參禪의 길을 걸어가고자 한 인물이었습니다. 승려가 되기 전 이름은 '김견명金見明'으로 경주慶州 장산군獐山郡에서 지방 향리의 아들로 태어났지요. 아버지를 일찍 여의고 9살 때 해양海陽 무량사無量寺에 공부하러 갔다가 14살 때 출가해서 설악산 진전사陳田寺 장로長老였던 대웅大雄으로부터 구족계具足戒를 받았습니다. 일연은 어렸을 때부터 공부의 폭이 넓기로 유명했는데, 특히 역사 문제에 관심을 가지고 깊이 있게 연구해 보고자 하는 포부를 가지고 있었다고 합니다. 1227년 승과에 급제해서 보당암寶幢庵·무주암無住庵·묘문암妙門庵 등지에 머물면서 수련에 몰두했고, 1237년 삼중대사三重大師, 1246년 선사禪師, 1259년 대선사大禪師의 지위에 올랐답니다.

단움이 어려운 수련과정을 거치면서도 역사에 관심을 가지고 공부를 계속해 나가셨다는 부분이 특히 인상적입니다.

이 교수 덕분에 오늘날 우리가 『삼국유사』를 읽을 수 있게 되었지요. 일연의 생애 이야기를 계속해 봅시다. 1261년에는 원종元宗, 1219~1274의 부름을 받아 강화도 선월사禪月寺 주지가 되어 보조국사普照國師 지눌知訥 스님을 계승하게 됩니다. 지눌 스님은… 맞아요, 조계종曹溪宗을 창시해 한국 불교에 큰 영향을 준 선사이시죠. 일연은 스승들의 가르침을 계승해 설법과 강론을 크게 펴서 명성을 얻게 됩니다. 왕에게 설

일연의 상

일연의 생애를 기록한 탑비

법할 정도로 높은 존경을 받았고 1283년에는 왕에게 설법하는 '국존國尊'으로 추대되기까지 하지요. 그러나 지위나 존경에 연연하지 않고 고향으로 돌아와 노모를 봉양했으며, 만년에는 인각사麟角寺에 은거하면서 『삼국유사』를 마무리 지었다고 알려져 있습니다.

단뭉이 일연은 왜 하필 『삼국유사』에 마지막 힘을 기울이려고 했을까요?

이 교수 일연이 살다간 세상은 전란의 흔적이 가득했던 민족의 수난기였어요. 13세기 초, 부족의 세력을 결집한 몽골은 유라시아대륙을 석권하며 세력을 확장해 갔는데 고려를 본격적으로 공격하기 시작한 시점은 1231년으로 추정됩니다. 이후 수십 년간 몽골의 무자비한 살육과 약탈이 계속되었지요. 일연은 국가의 상징과도 같았던 황룡사 9층 목탑이 불타는 것과 몽골에 항복하는 현실을 목격했습니다. 우리

경상북도 군위에 위치한 인각사

가 일연의 삶을 알아가기 위해서는 치열한 투쟁과 위기의식, 상처로 가득했던 당시 시대를 마음으로 느끼고 공감할 수 있어야 합니다. 84세 나이로 입적入寂하기 전까지 일연은 가는 곳마다 사라져 가는 우리의 고문서와 설화 등을 모았다고 합니다. 이렇게 평생 모아온 자료들 덕분에 말년에 이르러 『삼국유사』를 집필할 수 있었습니다. 큰 스님으로 참선과 구도의 길만 추구한 것이 아니라, 우리 정신과 문화를 수호하기 위해서 마지막 힘을 다하고자 한 것이지요.

유사遺事와 사기史記

단비　『삼국유사』와 『삼국사기』는 어떤 점에서 같고 다를까요? 『삼국유사』와 『삼국사기』 모두 삼국시대의 역사를 다루고 있지만, 왠지

『삼국유사』는 불교의 설법과 강론을 다룬 내용이 많을 것 같고, 『삼국사기』는 사마천司馬遷의 『사기』처럼 역사서의 성격이 강할 것 같아요.

이 교수 『삼국유사』에 불교의 설법과 강론만 담겨 있다고 보기는 어려워요. 일연은 역사에 깊은 조예를 가지고 있었고 이전의 역사서들과 다른 방식으로 우리 안에서 영원히 살아 숨쉴 수 있는 새로운 역사를 제시해 보려고 했습니다. 질문해 준 것처럼 『삼국유사』는 우리 민족사를 연구하는데 빠질 수 없는 중요한 자료로, 고대 삼국의 역사를 다루었다는 측면에서 『삼국사기』와 비견되기도 합니다. 김부식金富軾, 1075~1151이 엮은 『삼국사기』에는 삼국시대 이전에 존재했던 신화나 전설을 다룬 내용이 대부분 빠져 있어요. 그런데 일연은 유실된 고대의 신화, 설화 등에 대한 자료들을 모두 모아 『삼국유사』에 담아내려고 했지요.

단비 『삼국사기』를 편찬한 김부식은 고려시대 문인관료였다고 배웠는데, 승려였던 일연과 신분이 달랐기 때문에 『삼국유사』와 『삼국사기』의 방향이 달라진 것일까요?

이 교수 『삼국사기』가 정사正史 중심의 전통 사서史書의 형식을 지향했다면, 『삼국유사』는 형식보다 역사 이면의 진실을 전달하는 데 집중했다고 볼 수 있어요. 『삼국사기』는 고려중기에 김부식의 주도로 편찬되었는데, 고대사에 존재하는 신화적 요소들을 배제하고 오직 유학의 명제에 맞추기 위해 오히려 역사적 사실을 왜곡했다는 비판을 받기도 하지요. 『삼국유사』에서 중요한 위상을 차지하는 단군신화의 내용 역시 『삼국사기』에는 빠져 있어요. 비이성, 비합리적 세계관을 배제하는 것을 『삼국사기』의 가장 큰 특성으로 언급하기도 합니다.

『삼국사기』는 형식부터 『삼국유사』와 다릅니다. 『삼국사기』는 기전체의 역사서로서 본기本紀 28권고구려 10권, 백제 6권, 신라·통일신라 12권, 지志 9권, 표表 3권, 열전列傳 10권으로 이루어져 있습니다. 복잡해 보이지만 동양에서 널리 통용되는 사서史書의 일반적인 체제라고 이해하면 쉽습니다.

「본기」本紀는 천자의 전기·국가의 대사를 천자 재위의 연월에 따라 기록된 내용을 다루고, 「열전」列傳은 신하의 세가표, 전기, 외국의 것을 나란히 기록한 것입니다. 본기·열전의 순으로 실리는 경우가 많아서 '기전체紀傳體'라고 부르기도 한답니다. 「표」表는 연표·세계표·인명표가 들어간 것인데 오늘날 책에 부록으로 있는 '찾아보기'를 떠올리면 적절할 것 같습니다. 「지」志는 본기·열전에 포함되지 않는 사회의 중요사항을 서술하고, 예·악·천문·오행·식화·형법·지리·관직 등의 통치제도와 문물·경제·자연현상을 내용별로 분류한 것이지요. 이렇게 『삼국사기』가 역사서로서의 형식, 체제를 중시했다면, 『삼국유사』는 이야기의 연속성과 디테일을 추구했다고 볼 수 있겠습니다. 『삼국사기』, 『삼국유사』의 체제나 내용이 달랐던 이유는 작자 개인에 의한 것이라기보다는 '시대'가 달랐기 때문으로 이해해 보면 어떨까 해요. 김부식이 살다간 시대는 치열한 정쟁政爭의 시대라고 볼 수 있지요. 이러한 배경에서 『삼국사기』는 정치사와 현실계 문제에 초점을 맞추고자 했고 체계와 내용 또한 『삼국유사』와 다른 사서, 사전 같은 지향을 나타낸다고 볼 수 있어요.

일연이 살아간 시대는 무신 정권기로부터 몽골의 침입, 강화도 천도, 대몽항쟁의 실패에 이르기까지 참 거칠고 험난했던 민족의 수난기였지요. 특히 일연은 몽골에 의해 불탄 황룡사를 직접 목격하고 큰 충격을 받았다고 합니다. 우리의 역사가 한순간에 잿더미로 파괴되는 모습을 지켜봐야 했으니까요.

사람이 힘든 일을 겪을 때, 이겨내기 위해서는 더 많은 용기와 힘이 필요하잖아요? 일연은 우리 민족이 일궈온 역사의 '굳셈'을 이야기 형태로 전해 주면서 사람들에게 용기를 전해 주려고 했던 것 같아요. 일연이 만약 『삼국유사』에서 단군신화를 다루지 않았더라면 어땠을까요. 우리 민족의 근원으로 용기와 희망을 전해준 단군신화가 온전히 전해지지 못했을지도 모를 일이지요. 육당 최남선은 『삼국사기』와 『삼국유사』의 가치를 비교하면서 둘 중 어느 하나만 꼭 지닐 수 있다면 『삼국사기』를 내려놓아야 한다고 평가하기도 했답니다. 『삼국유사』가 우리 문화의 원형과 정신을 간직하고 있다는 측면에서 그 가치를 더 높게 평가한 것이지요.

단비 『삼국유사』의 내용도 『삼국사기』 못지않게 복잡한 형식으로 이루어져 있는 것 같아요. 소제목도 많은데 의미를 잘 모르겠어요.

이 교수 『삼국유사』는 5권 2책 9편 144항목으로 구성되어 있습니다. 9개 편목에 신화, 전설, 민담, 불교설화 등 139편이나 되는 설화들을 수록하고 있는 우리 민족의 설화집성으로 평가됩니다. 9편은 「왕력」王曆, 「기이」紀異, 「흥법」興法, 「탑상」塔像, 「의해」義解, 「신주」神呪, 「감통」感通, 「피은」避隱, 「효선」孝善으로 이루어져 있습니다. 『삼국사기』가 전통 사서의 형식을 지향한다면, 『삼국유사』는 큰 주제별로 이야기가 정리되어 있다고 보면 이해가 쉬울 거예요. 그럼 왕력부터 효선까지 편명의 내용을 간단히 짚어 볼까요?

「왕력」 편은 고구려, 백제, 신라, 가락국, 후고구려, 후백제 등의 연표라고 보면 됩니다. 「기이」 편은 『삼국유사』에서 특별한 의미를를 지니는데, 고조선부터 후삼국까지의 신비로운 이야기들이 등장합니다. 여기서 '기紀'는 『삼국사기』의 '본기'에 해당하는 부분이라고 볼 수 있어요. 해당 시대의 임금과 관련된 이야기가 주로 나오는데, 뒤에 '이異'가 붙어 현실 속의 권력 관계 못지않게 중요한 신비로운 이야기들이 상당한 비중을 차지하고 있지요. 건국신화의 신비한 요소들은 물론, '만파식적萬波息笛'이나 '처용가處容歌'에 대한 이야기도 모두 「기이」 편에 등장하고 있지요.

「흥법」, 「탑상」, 「의해」, 「신주」 편은 우리 민족의 불교사를 이루는 중대한 역사적 순간들이 총망라되어 있습니다. 일연의 시대에 이르러 몽골의 침략으로 파괴되었지만 본래 이 땅이 불교적 이상세계인 불국토佛國土였음을 상기시키는 이야기들이 중심을 이룬다고 볼 수 있어요. 「흥법」 편은 불교를 이 땅에 받아드리게 된 역사적 배경과 불교가 사람들의 삶을 바꾼 계기들이 이야기 형태로 담겨 있지요. 「탑상」 편은 탑과 불상을 다루는데 단순한 유래담이 아니라 당대 사람들이 부처를 눈으로 보고, 느끼고, 기억했던 방식과 상징을 함축하고 있다는 측면에서 음미해 볼 만해요. 「의해」 편은 불국토를 이루기 위해 애썼던 고승들에 관한 전기를, 「감통」 편은 다른 세상 및 그에 속한 존재들과의 감응과 소통을 주제로 하고 있지요. 『삼국유사』 후반부에서 가장 널리 알려진 이야기들 그러니까 「광덕과 엄장」, 「김현감호」, 「도솔가」 등이 모두 여기 「감통」 편에 수록되어 있습니다. 「피은」 편은 세속적 세계와 구별되는 인물들의 행적을 중심으로 해요. 불국토를 세워나가는 데 공이 있었던 스승들에 관한 이야기들이라고 이해하면 조금 쉬울 거예요. 「효선」 편은 부모님에 대한 효, 선행을 다루는데, 부모님을 단순히 물질로 봉양하는 것에 그치지 않고 정성과 마음을 다하는 일화들로 가득합니다.

유사遺事로 복원한 우리의 역사

단움이 「기이」 편이 『삼국유사』에서 중요한 의미를 지니는 이유는 무엇일까요?

이 교수 『삼국유사』 서문에서 일연이 『삼국유사』를 지은 뜻을 밝힌 바 있는데 내용을 살펴볼 필요가 있겠습니다. 서문에서 일연은 "옛날 성인聖人이 예악禮樂으로써 나라를 일으키고 인의仁義로써 가르침을 베푸는 데 있어 괴력난신怪力亂神에 대해서는 말하지 않았다. 그러나 제왕帝王이 일어날 때는 부명符命을 받고 도록圖籙을 얻으며 반드시 보통 사람과 다름이 있었다. 그런 후에야 능히 큰 변화를 타서 제왕의 지위를 잡고 대업大業을 이룰 수 있던 것이다. (여기서는 길어서 생략하지만 고대 삼황三皇 등 중요한 신화의 내용이 요약적으로 등장하니 나중에 책을 자세히 읽어 봅시다…) 이후의 일들을 어찌 다 일일이 기록할 수 있겠는가? 그런즉 삼국三國의 시조始祖가 모두 신이神異한 데서 나왔다는 것이 어찌 괴이하다고 할 수 있겠는가! 이것이 기이紀異편을 이 책의 처음에 실은 까닭이며, 의도가 여기에 있다"라고 언급한 바 있어요. 일연은 현실, 합리에 기반하고 있는 보통의 역사가 아니라 '그 이상'의 가치를 추구하고자 했습니다. 예컨대 일연은 천신天神이 곰이었던 웅녀熊女와 결합하여 낳은 단군檀君을 우리 민족의 기원으로 보고 있지요. 이러한 신화적 이야기를 현실적 시각에서 참과 거짓, 합리와 비합리로 분별하려고 했다면 단군신화는 우리 역사에서 배제되었을 거예요. 실제로 『삼국사기』에서는 배제되었고요.

서문에 등장한 괴력난신怪力亂神이란 괴이, 용력, 패란, 귀신을 뜻하는데, 흔히 유교적 세계관과 대립하는 개념으로 알려져 있지요. 『논어』論語 「술이」述而 편에 "공자께서는 괴력난신에 대해서 말씀하시지 않았다子不語怪力亂神"라는 구절이 나오는데, 괴력난신이란 유교의 합리적인, 그러니까 덕德으로 질서정연하게 다스려지는 세상 반대편에 존재하는 요소들로 이해하면 될 것 같습니다. 하지만 세상의 일이라는 것이 꼭 합리적인 방식으로 설명될 수 있는 것은 아니잖아요. 일연은 옛날부터 제왕들이 세상에 등장하는 과정이 남달랐다고 하면서, 삼국三國의 시조始祖도 마찬가지였다고 강조한 바 있어요. 상상인 듯, 꿈인 듯, 일상이 아닌 요소들이 우리 삶에서 어떤 강력한 힘을 발휘하는지에 대해서 본격적으로 이야기해 보자고 그런 의도에서 「기이」 편을 『삼국유사』의 첫 순서에 넣었다고 말하고 있지요.

단웅이 중요한 내용인 것 같은데 아직도 어렵습니다. 좀 더 친숙한 예를 들어주셨으면 좋겠습니다.

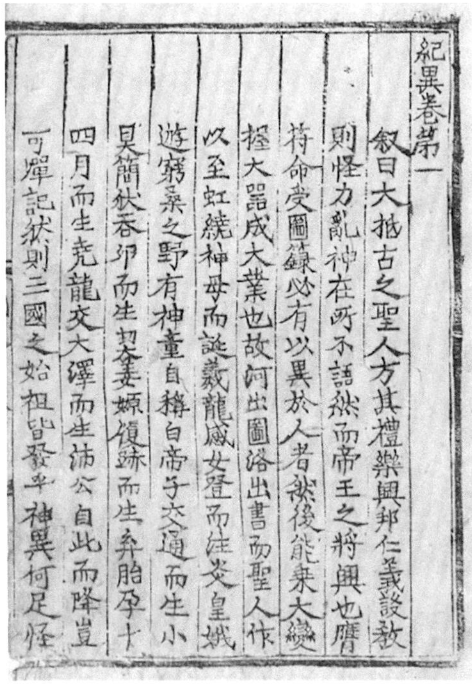

紀異卷第一
叙曰大抵古之聖人方其禮樂興邦仁義設教
則怪力亂神在所不語然而帝王之將興也膺
符命受圖籙必有以異於人者然後能乘大變
握大器成大業也故河出圖洛出書而聖人作
以至虹繞神母而誕羲龍感女登而注炎皇娥
遊窮桑之野有神童自稱白帝子交通而生小
昊簡狄吞卵而生契姜嫄履跡而生弃胎孕十
四月而生堯龍交大澤而生沛公自此而降豈
可殫記然則三國之始祖皆發乎神異何足怪

『삼국유사』 서문

이 교수 「기이」 편은 신화와 같이 신이한 이야기들도 가득합니다. 아마 여러분이 어려서부터 들어보았고 익숙한 이야기들이 많을 거예요. 그런데 『삼국유사』를 살펴보면 꼭 「기이」 편에만 신이한 이야기들이 집중된 것은 아니라는 것을 알 수 있어요. 「흥법」, 「탑상」, 「의해」 편에도 불국토를 그리는 신이한 이적이 가득하고요, 「신주」 편과 「감통」 편도 마찬가지입니다. 「효선」 편조차 일상의 시공간을 뛰어넘어 전생과 이생의 부모 모두에게 효도하는 신비로운 이야기가 등장해요. 그런데도 「기이」 편이 맨 앞에 등장하고, 서문에서도 강조된 이유가 무엇일까요?

단웅이 잘 모르겠습니다. 「기이」 편에 삼국의 시조들이 등장하니까 웅장한 서막, 신탁같이 힘을 실어 주고자 한 것은 아닐까요.

이 교수 영웅의 대서사시 서두와 같이 말이지요?

단웅이 서사시는 아직 제대로 접해본 적이 없어서 말씀드리기가 어렵지만… 신화적 모티브를 주제로 하는 영화나 게임을 보면 항상 묵직한 목소리의 내레이션이 등장해서 인물에 대한 예언, 탄생, 역사적 배경을 설명하거든요. 『삼국유사』의 모든 차례에 신비로운 이야기들이 가득하다면 「기이」 편 자체가 서두의 역할을 한 것이 아닐까요?

이 교수 『삼국유사』 전체에 기틀을 잡아주는 역할을 했을 것이라는 의견이군요! 좋은 지적입니다. 그런데 '이異'가 무작정 신비롭기만 한 이야기, 현실적 맥락과 동떨어져 있는 이야기라고 오해하지는 않았으면 좋겠어요. 아까 앞에서 「기이」 편의 '기紀'가 『삼국사기』의 본기에 해당하는 부분이라고 소개했었지요? 당시 시대적 맥락, 권력관계와 연계되어 있다는 것을 잊으면 곤란합니다. 신화, 설화에 등장하는 신비한 요소들이 흥미만 더하기 위해 설정된 것은 아니거든요. 예컨대 「처용랑 망해사」에 등장하는 '가무歌舞'는 신라가 망하기까지의 과정을 예고하고 경계하는 상징으로 여겨지고, 통일 직후 신라 신문왕이 용에게서 얻었다는 '만파식적'은 나라를 수호하는 새로운 상징으로써 읽히기도 합니다. 만약, 『삼국유사』가 연대기적인 기록을 우선으로 하는 전통 사서의 형식이었다면, 오늘날 우리가 고대역사에 대해 이해하고 상상할 수 있는 단서들이 모두 사라졌을지도 모르는 일이지요. 『삼국유사』가 빠트린 일을 모으고 수집해서 후세에 전해지도록 했다는 것을 꼭 기억해 주기 바랍니다. 방금 단웅이가 말해준 것처럼, 「기이」 편은 『삼국유사』의 서막 역할을 단단하게 맡아주면서 『삼국유사』 전체의 특성을 응축하고 있는 것으로 볼 수 있겠습니다.

단웅이 한 가지 더 궁금한 점이 있습니다. 「기이」 편에는 인간이 아닌 다른 세계의 존재들이 등장하는데요. 어째서 일상에서 볼 수 없는 낯선 존재들을 가깝게 표현한 것일까요?

이 교수 일반적으로 사서史書는 합리성에 기반해서 '사실史實'을 가려내고자 하지요. 엄정한 시각에서 참과 거짓을 빈틈없이 가려낸다는 측면에서 보면 『삼국유사』는 빈틈이 참으로 많은 실패한 역사책으로 볼 수 있겠어요. '유사遺事'는 본래 빠뜨린 일들을 수집하는 작업이지요. 『삼국유사』는 현실뿐 아니라 상상하고, 꿈꾼 듯 경계가 모호한 일들도 수집하고자 했습니다. 본래 세상을 바라보는 눈은 하나가 아니지요. 역사가 다양하게 해석될 수 있는 이유이기도 합니다. 『삼국유사』는 여기서 한 발 더 나갔습니다. 사람만이 이 세상의 유일한 존재가 아니라, 곰, 호랑이, 용, 역신 등도 함께 공존하는 것이 '진짜 세상'이라고 본 것이지요. 우리의 일상과 반대되는 곳에 있는 존재들에게 굉장히 열려 있어서, 가깝고 익숙한 존재로 그려냈지요.

인간보다 더 인간다운 호랑이 처녀의 사랑 이야기

단비 『삼국유사』는 기이한 세계, 존재에 대해서 기꺼이 포용하는 세계관을 바탕으로 한다는 말씀이군요. 말씀을 듣다 보니 저도 생각나는 이야기가 있는데, 이異의 세계관을 포용한 예시로 볼 수 있는지 모르겠습니다. 『삼국유사』를 처음부터 끝까지 완독한 적은 없지만 몇 가지 이야기들을 동화책으로 접한 적이 있어요. 「호랑이 처녀의 사랑 이야기」라고 동화책으로 처음 접했는데 나중에 알고 보니 이 이야기가 『삼국유사』에 나오는 「김현감호」金現感虎를 바탕으로 한 것이었어요.

이 교수 「김현감호」는 「기이」 편이 아니라 「감통」 편에 등장하는 이야기지요. 하지만 『삼국유사』의 세계관이 본래 호랑이, 곰, 용, 뱀, 천마, 역신 등 온갖 존재들이 인간과 경계없이 섞이며 공생하는 지향을 보인다는 점에서 함께 이야기해 볼 수 있겠네요. 「김현감호」의 이야기가 어떤 점에서 인상 깊었나요?

단웅이 처음에는 인간과 호랑이가 사랑에 빠진다는 줄거리 자체가 흥미로웠습니다. 그런데 「김현감호」에 두 가지 이야기가 함께 붙어 있었는데… 어째서 두 개의 전혀 다른 이야기가 붙어 있는지 그 의도를 잘 모르겠습니다.

이 교수 맞아요. 「김현감호」에는 두 가지 서로 닮은 듯 다른 이야기가 등장하고 있지요. 두 이야기 모두 인간과 호랑이 처녀의 사랑을 다루지만 결말이나 캐릭터 등 세부적인 내용은 전혀 다르답니다. 전혀 다

경주, 흥륜사 전경

른 분위기라서 일연이 왜 아무런 관계없는 이야기를 이렇게 붙여 놓았을까 의구심을 가질 수도 있겠네요. 혹시 대강의 줄거리라도 기억나는 내용이 있다면 이야기해 봅시다.

단웅이 먼저, 김현金現과 호녀虎女의 이야기는 신라를 배경으로 하고 있어요. 김현이 흥국사의 전탑을 밤이 깊도록 돌고 있는데 한 처녀가 염불하며 따라 돌았고, 서로 사랑에 빠졌다는 이야기로 시작됩니다. 처녀가 혼자 집으로 돌아가려고 했는데 김현이 굳이 집을 따라가겠다고 우겼어요. 처녀의 집은 산 깊숙한 곳이었고 노모가 홀로 집을 지키고 있었는데, 노모는 김현을 보고 걱정했어요. 처녀의 오빠들이 곧 집으로 돌아오면 무사하지 못할 것 같다고요. 처녀가 김현을 집에 숨겼는데 오빠들이 돌아와 인간 냄새가 난다고 한바탕 소란을 일으켰지요. 처녀는 김현에게 자신의 정체가 호랑이임을 털어놓으며 오빠들이 그동안 사람들을 해친 죄와 사랑하는 김현의 출세를 위해 기꺼이 희생하겠다고 말했고… 정말로 약속을 지켜서 자신을 희생하는 비극적 사랑 이야기로 끝났던 것 같아요.

또 다른 이야기 하나는 배경이 중국이었고 '신도징'이라는 인물이 주인공이었어요. 신도징이 길을 가다가 눈이 많이 와서 피할 곳을 찾아 한 집에 들어섰는데 늙은 부모와 어여쁜 처녀가 사는 집이었어요. 신도징도 김현처럼 처녀에게 한눈에 반해서 청혼을 하고 처녀의 부모도 어찌 된 일인지 흔쾌히 허락해 주어서 두 사람은 함께 가정을 이루고 자식들도 낳고 알콩달콩 살아가게 되었지요. 그런데 신도징과 호녀의 이야기는 결말이 조금 엉뚱했던 것으로 기억납니다. 신도징과 처녀가 옛집 그러니까 두 사람이 처음 만났던 처녀의 옛집에 들렀는데 거기 호랑이 가죽이 남아 있었거든요. 그러자 처녀가 갑자기 호랑이 가죽을 뒤집어쓰고 호랑이로 변해서 신도징과 낳은 자식들까지 다 버리고 산으로 뛰어 들어가는 것으로 이야기가 끝났어요.

이 교수 줄거리의 대강을 아주 잘 기억하고 있었군요. 두 이야기의 시간적 배경이 신라 원성왕元聖王, 당唐나라 정원貞元 연간이라는 것과 김현과 호녀가 처음 만난 장소가 흥국사가 아니라 흥륜사興輪寺라는 것 등 자세한 내용은 나중에 작품을 다시 읽어보면서 확인해 보기 바랍니다. 아까 두 개의 전혀 다른 이야기가 함께 묶여 있는 것이 이상하다고 말했는데, 「김현감호」 끝에 일연이 이야기들에 대해 평한 내용을 함께 살펴보면 이해를 도울 수 있을 것 같아요. 여기서 일연은 "신도징과 김현 두 사람이 짐승과 접했는데 변하여 사람의 아내가 된 것은 같다. 그러나 신도징과 부부가 되었던 호녀가 사람을 배반하는 시를 준 뒤에 으르렁거리고 할퀴고 달아난 것은 김현의 호랑이와 다르다"고 두 이야기의 공통점과 차이점을 분별한 바 있습니다. 그러면서 「김현감호」에 대한 평가를 더 많이 언급했어요. "김현의 범은 어쩔 수 없이 사람을 상하게 했으나 좋은 방책을 가르쳐 줘서 사람들을 구했다. 짐승도 어질기가 그와 같은 것이 있는데 사람으로서도 짐승만 못한 자가 있으니 어찌 된 것인가"라고 했지요. '신도징-호녀'의 이야기에 등장하는 호녀에 대해서는 사람에게 배반의 뜻을 담긴 시를 주고 난 뒤 으르렁거리고 할퀴고 달아났다고 이야기를 요약할 뿐 자세한 평을 더하지는 않았습니다.

단웅이 「김현감호」는 인간만이 세상의 유일한 존재가 아니며 인간 이외의 존재와 감통하는 넓은 세계관을 제시하고 있다는 측면에서 이해하면 될까요? 저는 사실 신도징과 호녀의 이야기가 더 신경이 쓰였어요. 신도징과 호녀는 자식도 낳고 행복하게 살았는데 갑자기 호녀가 모든 것을 버리고 떠나간 것은 왜였는지 설명이 되지 않았습니다. 일연은 '배반'이라고 표현했지만…호녀는 정말로 신도징을 배반한 것일까요?

이 교수 오늘날 「김현감호」는 다양한 방식으로 해석되고 있어요. 먼저 「김현감호」라는 제목은 '김현이 호랑이를 감동시켰다'가 아니라 '김현이 호랑이와 감응하다' 혹은 '김현은 호랑이와 감응했지만, 신도징은 호랑이와 감응하지 못했다'로 해석해 볼 수도 있다는 것이지요. 「김현감호」에 등장하는 호녀의 모습에 대해서도 새로운 해석을 시도해 볼 수 있겠습니다. 「김현감호」에 등장하는 호녀의 모습은 뭐랄까 인간보다 더 '이상적인 인간'다운 모습으로 그려지고 있지요. 자기 자신의 생명을 희생해 가면서 오빠들이 지은 살생에 대한 죄와 단 하룻밤 인연을 맺은 김현의 출세를 모두 책임지려고 하잖아요. 이러한 호녀의 비범한 선택이 12세기 당시 여성들에게 요구된 가부장적인 의식구조의 영향을 받은 것이라고 보는 시각도 있어요. 호녀의 선택이 자발적인 선택이 아니라 가부장적인 의식에 지배된 결과로 보는 것이지요.

반면에 '신도징-호녀'의 이야기는 사랑 그 자체에 대한 고뇌를 담아낸 이야기라고 보는 해석이 있답니다. 만약 호녀가 신도징과의 삶이 안정적이고 행복했다면 "항상 시절이 변할까 걱정하였다"라는 시를 짓지 않았을 것이라고 본 것이지요. 호녀는 신도징과 사랑에 빠져 가정을 이루지만 그와 함께 하는 삶이 만족스럽지 못했다는 거예요. 호랑이의 본성에 따라 자유로운 산림 생활에 대한 갈망이 늘 있던 차에 마침 호랑이 가죽을 보고 돌아갈 기회를 얻게 된 것이지요. 이러한 호녀의 선택은 사랑의 덧없음, 움직이는 진솔한 인간의 감정을 있는 그대로 자연스럽게 드러냈다는 측면에서 흥미로워요.

「서동요」, 화락을 향한 염원

단웅이 이렇게 『삼국유사』에 수록된 이야기들에 다양한 해석이 적용될 수 있는지, 적용해도 되는지 몰랐습니다. 『삼국유사』는 주로 국어

백제 무왕武王이 된 서동이 궁성 남쪽에 연못을 파서 꾸몄다는 궁남지

시간에 향가를 중심으로 살폈었는데, 구절마다 상징하는 내용을 하나 하나 암기하느라 바빠서 작품을 제대로 감상할 겨를도 없었던 것 같아요. 향가 작품에 얽힌 이야기도 들려주셨으면 좋겠습니다.

이 교수 『삼국유사』에는 향가 14수가 실려 있지요. 나도 국어시험을 앞두고 4구체, 8구체, 10구체 형식에 해당하는 향가들을 외우고, 수업시간에 중요하게 언급된 주제의식 등을 꼼꼼하게 살폈던 기억이 납니다. 만약, 일연이 우리가 향가를 암기 위주로 공부한다는 사실을 알게 된다면 무척 속상해했을 것 같다는 엉뚱한 생각도 했답니다. 『삼국유사』에 실려 있는 향가는 설화와 함께 넓고도 깊게 해석될 수 있는 열린 가능성을 가진 텍스트라고 볼 수 있습니다.

단비 향가가 넓고도 깊게 해석될 수 있는 열린 가능성을 지닌다는 말씀을 듣고 보니 「서동요」薯童謠가 가장 먼저 떠오릅니다. 「서동요」는 4구체 향가로, 분량은 짧지만 배경설화에 다양한 해석과 상상이 더해져서 드라마, 영화 등 여러 방면에서 재창작된 사례가 가장 풍부한 작품이었습니다. 「서동요」의 배경설화는 사랑, 재물, 신분상승 등 흥미로운 요소들로 가득해서 전체적으로 유쾌한 분위기를 형성하고 있는 것 같아요. 다른 향가 작품들은 불교적 세계관을 기반으로 초월적 경험의 진실성을 노래하는 작품들이라고 외웠는데 실제로 공감하기는 어려웠습니다.

「도천수관음가」禱千手觀音歌는 눈이 먼 아이를 향한 어머니의 간절한 기원을, 「제망매가」祭亡妹歌는 누이의 죽음이라는 무거운 주제를 다루고 있잖아요. 그에 반해 「서동요」에서는 젊은 남녀의 재기발랄함이 느껴져서 가장 좋았습니다. 「서동요」에 다른 해석을 적용해 볼 수 있을까요?

이 교수 「서동요」는 선화공주善花公主가 서동을 밤에 몰래 안고 간다는 짤막한 내용으로 이루어져 있지요. 그런데 배경설화에 제시된 '시점'을 되짚어 보면 작품의 주제가 전혀 다르게 읽힐 가능성도 있습니다. 「서동요」에 신라 진평왕眞平王, 579~632이 등장하고 있는데, 진평왕 대에는 고구려, 백제, 신라 삼국 간 경쟁이 격해져서 전쟁이 빈발했답니다. 특히 백제와 사이가 좋지 못했습니다. 「서동요」의 배경설화에서 서동이 선화공주와 결혼해서 금을 통해 절도 창건하고 진평왕을 비롯해서 나라 사람들에게 신임을 얻어 '무왕'이 되었다고 나와 있지요. 반면에 『삼국사기』에는 백제 무왕武王이 진평왕과 치열하게 대립하면서 신라의 여러 성을 빼앗은 인물이었다고 기록되어 있어요.

단비　그럼 「서동요」와 배경설화는 실제 역사와는 거리가 먼 창작된 작품일까요?

이 교수　「서동요」 배경설화에 대해 신빙성 논란이 존재하는 것은 사실입니다. 무왕은 법왕法王, ?~600의 아들이라고 기록되어 있는데 「서동요」의 배경설화에는 마를 캐는 미천한 삶을 살아가는 것으로 되어 있잖아요. 이러한 설화의 내용을 참고해서 몰락 왕족의 후예, 법왕의 서자 등으로 추정되기도 하고요. 서동이 무왕이 아니라 실은 동성왕東城王, ?~501이라는 이야기도 있고 정말로 다양한 가설이 존재하고 있습니다.

단비　「서동요」에 대해서는 아직 구체적이고 확실한 해석을 할 수 없겠네요. 최근 익산에서 발견된 쌍릉이 무왕인 서동과 선화공주의 무덤일 가능성이 높다는 뉴스를 보고 「서동요」를 떠올렸었는데 역사와 문학을 연결 짓는 시도는 의미가 없는 것일까요?

이 교수　익산에서 '서동 축제'가 열린다는 소식을 접한 적이 있습니다. 서동이 마를 캐고 아이들을 모아 「서동요」를 불렀던 그 시절 백제의 마을을 재현하고, 백제 사람들로 분장한 전문 배우들이 관람객과 어우러져 상황극을 하는 활동도 이루어지고 있다고 들었습니다. 익산에서 발견된 쌍릉의 주인공이 진짜 서동과 선화공주일 수도 있고, 아닐 수도 있겠습니다.

본래 신라인들이 향가를 지어 부른 것은 노래의 주술적 힘을 믿었기 때문이라고 합니다. 정성을 다하여 노래를 부르면 하늘도 감동한다고 믿어서 어렵고 힘든 고비 때마다 정성껏 노래를 지어 불렀다고 해요. 아까 언급한 「도천수관음가」, 「제망매가」가 그러했듯이 「서동요」도 실은 사랑보다는 염원이 담긴 노래가 아니었을까 합니다. 서동 개인의 사랑과 출세보다는 신라와 백제의 화합을 염원하는 노래였을 듯합니다. 역사 속 진평왕-무왕은 무섭게 대립하는 사이였지만, 「서동요」에 등장하는 서동과 진평왕은 선화공주를 매개로 가족으로 거듭나고 화락하는 사이가 되었지요.

단비 이제 『삼국유사』를 상상하고 꿈꾸는 역사 그 자체라고 부르고 싶어요. 얼마만큼 믿고 상상하는지에 따라 다양한 방식으로 읽히고 해석될 수 있을 것 같습니다. 그런 의미에서 「처용가」도 제 나름의 시각에서 해석해 보고 싶습니다. 그동안 「처용가」의 주인공 처용이 아랍인, 왕에게 인질로 잡힌 호족의 아들, 역신을 다스리는 무당 등으로 해석될 수 있다고 배웠는데, 저는 향가 작자로서 음악인의 모습이 담겨 있다는 새로운 해석을 시도해 보고 싶습니다. 이전에 없었던 해석이라 엉뚱하다는 이야기를 들을 수도 있겠지만요. 「김현감호」에 등장하는 '신도징-호녀'의 이야기에서 호녀가 신도징과의 사랑에서 벗어나 본인의 모습으로 돌아가고자 했던 것처럼, 「처용가」의 주인공 처용도 변심한 아내를 떠나가고자 하는 마음을 표현한 것이 아닐까 합니다.

이 교수 흥미로운 시각입니다! 『삼국유사』는 가치가 없다고 제외되고, 소홀하게 다루어진 역사를 하나씩 복원하고 해석하는 과정에서 탄생했습니다. 그 결과 정사를 지향하는 『삼국사기』가 포함하지 못한 다채로운 세계관을 모두 포용할 수 있게 되었지요. 『삼국유사』가 일연의 불교적 사고방식에 기인한 저술이라는 평가도 있습니다만, 그보다는 공백 상태로 설명되지 않는 역사, 사건, 세계에 대해서 해명해 보고자 한 것이 우선이 되지 않았을까 합니다.

삼국의 기원으로 최근 그 중요성이 다시 한번 강조되고 있는 삼한三韓의 역사도 『삼국사기』에서는 자세히 다루어지지 않았습니다. 반면에 『삼국유사』는 삼국 이전의 여러 국가의 기원을 우리 역사로 포용하려고 했던 측면에서 그 가치를 다시 한번 생각하게 합니다. 『가락국기』駕洛國記를 전재하면서, 고대국가들의 개국 신화의 존재 가능성을 암시하고 있지요. 진한 땅에 있었다는 신라 6부의 시조 알천양산촌閼川楊山村·돌산고허촌突山高墟村·취산진지촌觜山珍支村·무산대수촌茂山大樹村·금산가리촌金山加利村·명활산고야촌明活山高耶村 등의 존재를 비롯하여 아달라 이사금阿達羅尼師今 때 일본으로 건너간 「연오랑 세오녀」 설화까지 명쾌한 해석이 이루어지지 않은 과제들이 참 많이 남아 있습니다. 어쩌면 일연 시대에도 미처 다 풀지 못한 민족의 역사적 공백, 해석의 문제를 우리에게 과제로 남겨준 것은 아닐까 합니다.

참고 문헌

강인구·김두진·김상현·장충식·황패강, 『역주 삼국유사』, 이회문화사, 2002.
최남선, 『六堂 崔南善 全集』, 영락, 2003.
고운기, 『일연을 묻는다 : 위대한 國師』, 현암사, 2006.
김두진, 『삼국유사의 사학사적 연구』, 일조각, 2014.
남동신, 『일연과 삼국유사』, 신서원, 2007.
서철원, 『향가의 역사와 문화사』, 지식과교양, 2011.
신형식, 『삼국사기의 종합적 연구』, 경인문화사, 2011.
육당연구학회, 『최남선과 근대 지식의 기획』, 현실문화, 2015.
정구복, 『삼국사기의 현대적 이해』, 서울대학교 출판부, 2004.
화경고전문학연구회, 『삼국유사의 문학적 탐구』, 이회문화사, 2009.

김유미 단국대학교 자유교양대학 교수
문학박사, 현대문학 전공
한국연극평론가협회 부회장 역임, 연극평론가
아동청소년극포럼 편집장
연극평론집 『내일을 위한 오늘의 연극』, 논문집 『종합교양잡지와 연극비평지의 탄생』 등 다수

윤승준 단국대학교 자유교양대학 교수
문학박사, 고전문학 전공
한국교양기초교육원 대학 교양교육 컨설턴트
한국교양교육학회 부회장
「우리 고전을 읽고 쓴다는 것」, 「고전교육의 교육적 성과 분석 연구」, 「Liberal Education, 그 오래된 미래를 향하여」 등 논저 다수

성은애 단국대학교 문과대학 영미인문학과 교수
문학박사, 영국소설 전공
영미문학연구회 편집기획위원
한국문학번역원 이사
『두 도시 이야기』, 『젊은 예술가의 초상』, 「19세기 팬데믹과 영국소설」, 「영국 교양소설의 진화」, 「역사와 유령」 등 논저와 번역서 다수
『영국소설과 서술기법』, 『영미문학의 길잡이』, 『영미명작, 좋은 번역을 찾아서』 등 공저 다수

이항재 단국대학교 외국어대학 러시아어학과 교수
문학박사, 19세기 러시아문학 전공
한국러시아문학회 회장 역임
『소설의 정치학』, 『러시아 문학의 이해』, 『러시아 문학사』 등 논저와 번역서 다수

이현영 단국대학교 자유교양대학 강사
문학박사, 현대소설 전공

서문석 단국대학교 경영경제대학 경제학과 교수
경제학박사, 경제사 전공
한국경영사학회 부회장
『한국자본주의의 개척자들』, 『韓國經濟發展への經路』, 『과학적 사고와 인간』 등 논저 다수

이현경 단국대학교 자유교양대학 강사
문학박사, 심리학, 현대소설, 영상문화학 전공
영화평론가
『영화, 내 맘대로 봐도 괜찮을까?』, 『대중서사 장르의 모든 것』, 『영화의 장르, 장르의 영화』, 『순결과 음란』 등 논저 다수

김주환 동아대학교 기초교양대학 교수
미국 조지아 주립대학교 사회학박사, 사회이론 및 사회사상 전공
비판사회학회, 한국문화사회학회, 한국이론사회학회 임원
『포획된 저항』, 「후기 푸코의 실존의 미학 기획의 사회학적 재구성을 위하여」, 「말의 힘과 사회적 주술 의례」, 「선물 교환에서 물신과 주술 그리고 적대와 사회적인 것의 문제」 등 논저 다수

임승필 가톨릭관동대학교 VERUM 교양대학 초빙교수
인디애나대학교 철학박사, 칸트 및 서양근대철학 전공
경희대학교 후마니타스칼리지 객원교수, 단국대학교 교양기초교육연구소 전임연구원 역임
「이성과 믿음의 관계에 대한 하만과 칸트의 견해: 흄의 딜레마에 대한 대응을 중심으로」, 「영혼 불멸의 믿음에 대한 칸트의 견해: 『모든 것들의 끝』을 중심으로」, 「형이상학의 꿈으로 해명한 영을 보는 사람의 꿈」 등 논저 다수

이봉우 단국대학교 사범대학 과학교육과 교수
교육학박사, 물리교육 전공
『과학선생님, 영국가다』, 『과학적 사고와 인간』, 「물리교육 관점에서 뉴턴 광학의 탐색」 등 논저 다수

조헌국 단국대학교 교육대학원 교육학과 교수
교육학박사, 물리교육 전공
한국물리학회 평의원, 한국과학교육학회 이사, 학습자중심교과교육학회 학술이사, 한국감성과학회 이사 등
『과학으로 보는 예술, 예술로 보는 과학』, 「미래 교육 및 미래 학교의 전망을 통한 과학교육의 방향과 과제」, 「Discussion for how to apply artificial intelligence to physics education」 등 논저 다수

오준영 단국대학교 통합과학교육연구소 교수
이학박사, 과학철학 전공
한양대학교(서울) 교수, 한국분석철학회 연구이사 역임
「Understanding the Scientific Creativity」, 「Using the Lakatosian Conflict Map for Conceptual Change」 등 논저 다수
한국과학교육학회 학술상(2017)

윤채근 단국대학교 사범대학 한문교육과 교수
문학박사, 한문학 전공
단국대학교 일본연구소 소장
단국대학교 HK+사업단 단장
『한문소설과 욕망의 구조』, 『소설적 주체, 그 탄생과 전변』 등 논저 다수

정재철 단국대학교 사범대학 한문교육과 교수
문학박사, 한문학 전공
한국한문학회장
한국한문교육학회장
『이색 시의 사상적 조명』, 『고문진보 연구』, 『한유 문집 연구』 등 논저 다수

이유진 단국대학교 교양기초교육연구소 연구교수
문학박사, 고전문학 전공
한국고전번역원 연구원 역임
『설인귀 문학의 전승과 지향』, 「<삼국지연의>의 문학적 위상의 전변」, 「신자료 한문본 <소대성전>의 발굴과 의미」 등 논저 다수